Dichtu...
und Wi...

Herausgegeben
von Hans Schwab-Felisch
und Wolf Jobst Siedler

Dichtung und Wirklichkeit
Ullstein Buch Nr. 22901
im Verlag Ullstein GmbH,
Frankfurt/M – Berlin

Neuauflage von UB 3901

Umschlagentwurf: Theodor Bayer-Eynck
unter Verwendung der Radierung
Weberzug von Käthe Kollwitz
Archiv für Kunst und Geschichte, Berlin
Alle Rechte vorbehalten
Gerhart Hauptmann, DIE WEBER
© 1959 by Verlag Ullstein GmbH,
Frankfurt/M – Berlin
Alle Rechte, insbesondere der
Bühnenaufführung, der Rundfunk- und
Televisionssendung und Wiedergabe, der
Verfilmung und der mechanischen
Reproduktion sowie evtl. künftig noch
entstehende Rechte, vorbehalten. Diese
Rechte sind ausschließlich zu erwerben
von dem Verlag Felix Bloch Erben,
Berlin-Charlottenburg 2,
Hardenbergstraße 6
© 1963 by Verlag Ullstein GmbH,
Frankfurt/M – Berlin
Printed in Germany 1990
Druck und Verarbeitung: Ebner Ulm
ISBN 3 548 22901 8

Februar 1990
1117.–1136. Tsd.

CIP-Titelaufnahme
der Deutschen Bibliothek

Gerhart Hauptmann, Die Weber:
vollständiger Text des Schauspiels;
Dokumentation / Hans Schwab-Felisch. –
Neuaufl. von UB 3901, 1117.–1136. Tsd. –
Frankfurt/M; Berlin: Ullstein, 1990
  (Ullstein-Buch; Nr. 22901: Dichtung
  und Wirklichkeit)
  ISBN 3-548-22901-8
NE: Schwab-Felisch, Hans [Hrsg.];
Hauptmann, Gerhart: Die Weber; GT

Hans Schwab-Felisch

Gerhart Hauptmann
Die Weber

Vollständiger Text des Schauspiels
Dokumentation

Dichtung und Wirklichkeit

GERHART HAUPTMANN: DIE WEBER

Schauspiel

*Geschrieben:
Frühjahr 1891 bis Frühjahr 1892 in Schreiberhau
Erstveröffentlichung: Buchausgabe 1892*

*Meinem Vater Robert Hauptmann
widme ich dieses Drama.*

Wenn ich Dir, lieber Vater, dieses Drama zuschreibe, so geschieht es aus Gefühlen heraus, die Du kennst und die an dieser Stelle zu zerlegen keine Nötigung besteht.
Deine Erzählung vom Großvater, der in jungen Jahren, ein armer Weber, wie die Geschilderten hinterm Webstuhl gesessen, ist der Keim meiner Dichtung geworden, die, ob sie nun lebenskräftig oder morsch im Innern sein mag, doch das Beste ist, was »ein armer Mann wie Hamlet ist« zu geben hat.

*Dein
Gerhart.*

DRAMATIS PERSONAE

DREISSIGER, Parchentfabrikant
FRAU DREISSIGER
PFEIFER, Expedient ⎫
NEUMANN, Kassierer ⎬ bei
DER LEHRLING ⎬ Drei-
DER KUTSCHER JOHANN ⎬ ßiger
EIN MÄDCHEN ⎭
WEINHOLD, Hauslehrer
  bei Dreißigers Söhnen
PASTOR KITTELHAUS
FRAU PASTOR KITTELHAUS
HEIDE, Polizeiverwalter

KUTSCHE, Gendarm
WELZEL, Gastwirt
FRAU WELZEL
ANNA WELZEL
WIEGAND, Tischler
EIN REISENDER
EIN BAUER
EIN FÖRSTER
SCHMIDT, Chirurgus
HORNIG, Lumpensammler
DER ALTE WITTIG, Schmiedemeister

Weber:

BÄCKER
MORITZ JÄGER
DER ALTE BAUMERT
MUTTER BAUMERT
BERTHA BAUMERT
EMMA BAUMERT
FRITZ, Emmas Sohn,
  vier Jahre alt
AUGUST BAUMERT
DER ALTE ANSORGE
FRAU HEINRICH

DER ALTE HILSE
FRAU HILSE
GOTTLIEB HILSE
LUISE, Gottliebs Frau
MIELCHEN, seine Tochter, sechs
  Jahre alt
REIMANN
HEIBER
EIN KNABE, acht Jahre alt
FÄRBEREIARBEITER

Eine große Menge junger und alter Weber und Weberfrauen

Die Vorgänge dieser Dichtung geschehen in den vierziger Jahren in Kaschbach im Eulengebirge sowie in Peterswaldau und Langenbielau am Fuße des Eulengebirges.

ERSTER AKT

Ein geräumiges, graugetünchtes Zimmer in Dreißigers Haus zu Peterswaldau. Der Raum, wo die Weber das fertige Gewebe abzuliefern haben. Linker Hand sind Fenster ohne Gardinen, in der Hinterwand eine Glastür, rechts eine ebensolche Glastür, durch welche fortwährend Weber, Weberfrauen und Kinder ab- und zugehen. Längs der rechten Wand, die, wie die übrigen, größtenteils von Holzgestellen für Parchent verdeckt wird, zieht sich eine Bank, auf der die angekommenen Weber ihre Ware ausgebreitet haben. In der Reihenfolge der Ankunft treten sie vor und bieten ihre Ware zur Musterung. Expedient Pfeifer steht hinter einem großen Tisch, auf welchen die zu musternde Ware vom Weber gelegt wird. Er bedient sich bei der Schau eines Zirkels und einer Lupe. Ist er zu Ende mit der Untersuchung, so legt der Weber den Parchent auf die Waage, wo ein Kontorlehrling sein Gewicht prüft. Die abgenommene Ware schiebt derselbe Lehrling ins Repositorium. Den zu zahlenden Lohnbetrag ruft Expedient Pfeifer dem an einem kleinen Tischchen sitzenden Kassierer Neumann jedesmal laut zu.

Es ist ein schwüler Tag gegen Ende Mai. Die Uhr zeigt zwölf. Die meisten der harrenden Webersleute gleichen Menschen, die vor die Schranken des Gerichts gestellt sind, wo sie in peinigender Gespanntheit eine Entscheidung über Tod und Leben zu erwarten haben. Hinwiederum haftet allen etwas Gedrücktes, dem Almosenempfänger Eigentümliches an, der, von Demütigung zu Demütigung schreitend, im Bewußtsein, nur geduldet zu sein, sich so klein als möglich zu machen gewohnt ist. Dazu kommt ein starrer Zug resultatlosen, bohrenden Grübelns in allen Mienen. Die Männer, einander ähnelnd, halb zwerghaft, halb schulmeisterlich, sind in der Mehrzahl flachbrüstige, hüstelnde, ärmliche Menschen mit schmutzigblasser Gesichtsfarbe: Geschöpfe des Webstuhls, deren Knie infolge vielen Sitzens gekrümmt sind. Ihre Weiber zeigen weniger Typisches auf den ersten Blick; sie sind aufgelöst, gehetzt, abgetrieben — während die Männer eine gewisse klägliche Gravität zur Schau tragen — und zerlumpt, wo die Männer geflickt sind. Die jungen Mädchen sind mitunter nicht ohne Reiz; wächserne Blässe, zarte Formen, große, hervorstehende, melancholische Augen sind ihnen dann eigen.

KASSIERER NEUMANN, *Geld aufzählend.* Bleibt sechzehn Silbergroschen zwei Pfennig.

ERSTE WEBERFRAU, *dreißigjährig, sehr abgezehrt, streicht das Geld ein mit zitternden Fingern.* Sind Se bedankt.

NEUMANN, *als die Frau stehenbleibt.* Nu? stimmt's etwa wieder nich?

ERSTE WEBERFRAU, *bewegt, flehentlich.* A paar Fenniche uf Vorschuß hätt ich doch halt a so neetig.

NEUMANN. Ich hab a paar hundert Taler neetig. Wenn's ufs Neetighaben ankäm —! *Schon mit Auszahlen an einen andern Weber beschäftigt, kurz:* Ieber den Vorschuß hat Herr Dreißiger selbst zu bestimmen.

ERSTE WEBERFRAU. Kennt ich da vielleicht amal mit'n Herrn Dreißiger selber red'n?

EXPEDIENT PFEIFER, *ehemaliger Weber. Das Typische an ihm ist unverkennbar; nur ist er wohlgenährt, gepflegt gekleidet, glatt rasiert, auch ein starker Schnupfer. Er ruft barsch herüber.* Da hätte Herr Dreißiger weeß Gott viel zu tun, wenn er sich um jede Kleenigkeit selber bekimmern sollte. Dazu sind wir da. *Er zirkelt und untersucht mit der Lupe.* Schwerenot! Das zieht. *Er packt sich einen dicken Schal um den Hals.* Macht de Tiere zu, wer reinkommt.

DER LEHRLING, *laut zu Pfeifer.* Das is, wie wenn man mit Kletzen red'te.

PFEIFER. Abgemacht sela! — Waage! *Der Weber legt das Webe auf die Waage.* Wenn Ihr ock Eure Sache besser verstehn tät't. Trepp'n hat's wieder drinne... ich seh gar nich hin. A guter Weber verschiebt's Aufbäumen nich wer weeß wie lange.

BÄCKER *ist gekommen. Ein junger, ausnahmsweise starker Weber, dessen Gebaren ungezwungen, fast frech ist. Pfeifer, Neumann und der Lehrling werfen sich bei seinem Eintritt Blicke des Einvernehmens zu.* Schwere Not ja! Da soll eener wieder schwitz'n wie a Laugensack.

ERSTER WEBER, *halblaut.* 's sticht gar sehr nach Regen.

DER ALTE BAUMERT *drängt sich durch die Glastür rechts. Hinter der Tür gewahrt man die Schulter an Schulter gedrängt, zusammengepfercht wartenden Webersleute. Der Alte ist nach vorn gehumpelt und hat sein Pack in der Nähe des Bäcker auf die Bank gelegt. Er setzt sich daneben und wischt sich den Schweiß.* Hier is 'ne Ruh verdient.

BÄCKER. Ruhe is besser wie a Beehmen Geld.

DER ALTE BAUMERT. A Beehmen Geld mechte ooch sein. Gu'n Tag ooch, Bäcker!

BÄCKER. Tag ooch, Vater Baumert! Ma muß wieder lauern, wer weeß wie lange!

ERSTER WEBER. Das kommt nich druf an. A Weber wart't an Stunde oder an'n Tag. A Weber is ock 'ne Sache.

PFEIFER. Gebt Ruhe dahinten! Man versteht ja sei eegenes Wort nich.

ERSTER AKT

BÄCKER, *leise*. A hat heute wieder sein'n tälsch'n Tag.

PFEIFER, *zu dem vor ihm stehenden Weber*. Wie oft hab ich's Euch schonn gesagt! besser putzen sollt'r. Was ist denn das für 'ne Schlauderei? Hier sind Klunkern drinne, so lang wie mei Finger, und Stroh und allerhand Dreck.

WEBER REIMANN. 's mecht halt a neu Noppzängl sein.

LEHRLING *hat das Webe gewogen*. 's fehlt auch am Gewicht.

PFEIFER. Eine Sorte Weber ist hier so — schade fier jede Kette, die man ausgibt. O Jes's, zu meiner Zeit! Mir hätt's woll mei Meister angestrichen. Dazumal da war das noch a ander Ding um das Spinnwesen. Da mußte man noch sei Geschäfte verstehn. Heute da is das nich mehr neetig. — Reimann zehn Silbergroschen.

WEBER REIMANN. E Fund wird doch gerech'nt uf Abgang.

PFEIFER. Ich hab keine Zeit. Abgemacht sela. Was bringt Ihr?

WEBER HEIBER *legt sein Webe auf. Während Pfeifer untersucht, tritt er an ihn und redet halblaut und eifrig in ihn hinein*. Sie werden verzeihen, Herr Feifer, ich meecht Sie gittichst gebet'n hab'n, ob Se vielleicht und Se wollt'n so gnädig sein und wollt'n mir den Gefall'n tun und ließen mir a Vorschuß dasmal nich abrechn'.

PFEIFER, *zirkelnd und guckend, höhnt*. Nu da! Das macht sich ja etwan. Hier is woll d'r halbe Einschuß wieder auf a Feifeln geblieb'n?

WEBER HEIBER, *in seiner Weise fortfahrend*. Ich wollt's ja gerne uf de neue Woche gleiche mach'n. Vergangne Woche hatt ich bloß zwee Howetage uf'n Dominium zu leist'n. Dabei liegt Meine krank derheeme...

PFEIFER, *das Stück an die Waage gebend*. Das is eben wieder 'ne richt'ge Schlauderarbeit. *Schon wieder ein neues Webe in Augenschein nehmend*. So ein Salband, bald breit, bald schmal. Emal hat's den Einschuß zusammengeriss'n, wer weeß wie sehr, dann hat's wieder mal 's Sperrittl auseinandergezog'n. Und auf a Zoll kaum siebzig Faden Eintrag. Wo is denn der iebriche? Wo bleibt da die Reelletät? Das wär so was!

WEBER HEIBER *unterdrückt Tränen, steht gedemütigt und hilflos*.

BÄCKER, *halblaut zu Baumert*. Der Packasche mecht ma noch Garn d'rzune koofen.

ERSTE WEBERFRAU, *welche nur wenig vom Kassentisch zurückgetreten war und sich von Zeit zu Zeit mit starren Augen hilfesuchend umgesehen hat, ohne von der Stelle zu gehn, faßt sich ein Herz und wendet sich von neuem flehentlich an den Kassierer*. Ich kann halt balde... ich weeß gar nich, wenn Se mir das Mal und geb'n mir keen'n Vorschuß... o Jesis, Jesis.

PFEIFER *ruft herüber*. Das is a Gejesere. Laßt bloß a Herr Jesus in Frieden. Ihr habt's ja sonst nich so ängstlich um a Herr Jesus. Paßt

lieber auf Euern Mann uf, daß und man sieht'n nich aller Augenblicke
hinterm Kretschamfenster sitz'n. Wir kenn kein'n Vorschuß geb'n.
Wir miss'n Rechenschaft ablegen dahier. 's is auch nich unser Geld.
Von uns wird's nachher verlangt. Wer fleißig is und seine Sache versteht und in der Furcht Gottes seine Arbeit verricht't, der braucht
ieberhaupt nie keen'n Vorschuß nich. Abgemacht Seefe.
NEUMANN. Und wenn a Bielauer Weber 's vierfache Lohn kriegt, da
verfumfeit er's vierfache und macht noch Schulden.
ERSTE WEBERFRAU, *laut, gleichsam an das Gerechtigkeitsgefühl aller
appellierend:* Ich bin gewiß ni faul, aber ich kann ni mehr aso fort.
Ich hab halt doch zweemal an Iebergang gehabt. Und was de mei
Mann is, der is ooch bloßich halb; a war beim Zerlauer Schäfer, aber
der hat'n doch au nich kenn'n von sein'n Schad'n helf'n, und da...
Zwing'n kann ma's doch nich... Mir arbeit'n gewiß, was wir ufbringen. Ich hab schonn viele Woch'n keen'n Schlaf in a Aug'n
gehabt, und 's wird auch schonn wieder gehn, wenn ock ich und ich
wer de Schwäche wieder a bissel raus krieg'n aus a Knoch'n. Aber
Se miss'n halt ooch a eenziges bissel a Einsehn hab'n. *Inständig,
schmeichlerisch flehend:* Sind S' ock scheen gebet'n und bewilligen
m'r dasmal a paar Greschl.
PFEIFER, *ohne sich stören zu lassen.* Fiedler elf Silbergroschen.
ERSTE WEBERFRAU. Bloß a paar Greschl, daß m'r zu Brote komm'n.
D'r Pauer borgt nischt mehr. Ma hat a Häufl Kinder...
NEUMANN, *halblaut und mit komischem Ernst zum Lehrling.* Die Leinweber haben alle Jahre ein Kind, alle walle, alle walle, puff, puff,
puff.
DER LEHRLING *gibt ebenso zurück.* Die Blitzkröte ist sechs Wochen blind
— *summt die Melodie zu Ende* — alle walle, alle walle, puff, puff, puff.
WEBER REIMANN, *das Geld nicht anrührend, das der Kassierer ihm aufgezählt hat.* M'r hab'n doch jetzt immer dreizehntehalb Beehmen
kriegt fer a Webe.
PFEIFER *ruft herüber.* Wenn's Euch nicht paßt, Reimann, da braucht'r
bloß ein Wort sag'n. Weber hat's genug. Vollens solche, wie ihr seid.
Für'n volles Gewichte gibt's auch 'n vollen Lohn.
WEBER REIMANN. Daß hier was fehl'n sollte an'n Gewichte...
PFEIFER. Bringt ein fehlerfreies Stück Parchent, da wird auch am Lohn
nichts fehl'n.
WEBER REIMANN. Daß 's hier und sollte zu viel Placker drinne hab'n,
das kann doch reen gar nich meeglich sein.
PFEIFER, *im Untersuchen.* Wer gut webt, der gut lebt.
WEBER HEIBER *ist in der Nähe Pfeifers geblieben, um nochmals einen
günstigen Augenblick abzupassen. Über Pfeifers Wortspiel hat er mitgelächelt, nun tritt er an ihn und redet ihm zu wie das erste Mal:* Ich

wollte Se gittichst gebeten hab'n, Herr Feifer, ob Se vielleicht und Se wollt'n aso barmherzig sein und rech'nt 'n mir a Fimfbeehmer Vorschuß dasmal nich ab. Meine liegt schon seit d'r Fasnacht krumm im Bette. Se kann m'r keen Schlag Arbeit nich verricht'n. Da muß ich a Spulmädel bezahl'n. Deshalb...

PFEIFER *schnupft.* Heiber, ich hab nich bloß Euch alleene abzufertig'n. Die andern woll'n auch drankommen.

WEBER REIMANN. So hab ich de Werfte kriegt — aso hab ich se ufgebäumt und wieder runtergenommen. A besser Garn, wie ich kriegt hab, kann ich nich zurickbringen.

PFEIFER. Paßt's Euch nich, da braucht'r Euch bloß keene Werfte mehr abzuhol'n. Wir hab'n 'r genug, die sich's Leder von a Fießen dernach ablauf'n.

NEUMANN, *zu Reimann.* Wollt Ihr das Geld nich nehmen?

WEBER REIMANN. Ich kann mich durchaus aso nich zufriede geben.

NEUMANN, *ohne sich weiter um Reimann zu bekümmern.* Heiber zehn Silbergroschen. Geht ab fünf Silbergroschen Vorschuß. Bleiben fünf Silbergroschen.

WEBER HEIBER *tritt heran, sieht das Geld an, steht, schüttelt den Kopf, als könnte er etwas gar nicht glauben, und streicht das Geld langsam und umständlich ein.* O meins, meins! — *Seufzend.* Nu, da da!

DER ALTE BAUMERT, *Heibern ins Gesicht.* Jaja, Franze! Da kann eens schon manchmal 'n Sefzrich tun.

WEBER HEIBER, *mühsam redend.* Sieh ock, ich hab a krank Mädel derheeme zu lieg'n. Da mecht a Fläschel Medezin sein.

DER ALTE BAUMERT. Wo tutt's er'n fehlen?

WEBER HEIBER. Nu sieh ock, 's wa halt von kleen uf a vermickertes Dingl. Ich weeß gar nich... na, dir kann ich's ja sag'n: se hat's mit uf de Welt gebracht. Aso 'ne Unreenichkeit ieber und ieber bricht 'r halt durchs Geblitte.

DER ALTE BAUMERT. Ieberall hat's was. Wo eemal 's Armut is, da kommt ooch Unglicke ieber Unglicke. Da is o kee Halt und keene Rettung.

WEBER HEIBER. Was hast d'nn da eingepackt in dem Tiechl?

DER ALTE BAUMERT. Mir sein halt gar blank derheeme. Da hab ich halt unser Hundl schlacht'n lassen. Viel is ni dran, a war o halb d'rhungert. 's war a klee, nettes Hundl. Selber abstechen mocht ich 'n nich. Ich konnt mer eemal kee Herze nich fass'n.

PFEIFER *hat Bäckers Webe untersucht, ruft.* Bäcker dreizehntehalb Silbergroschen.

BÄCKER. Das is a schäbiges Almosen, aber kee Lohn.

PFEIFER. Wer abgefertigt is, hat's Lokal zu verlassen. Wir kenn uns vorhero nich rihren.

BÄCKER, *zu den Umstehenden, ohne seine Stimme zu dämpfen*. Das is a schäbiges Trinkgeld, weiter nischt. Da soll eens treten vom friehen Morg'n bis in die sinkende Nacht. Und wenn man achtz'n Tage ieberm Stuhle geleg'n hat, Abend fer Abend wie ausgewund'n, halb drehnig vor Staub und Gluthitze, da hat man sich glicklich drei-z'ntehalb Beehmen erschind't.

PFEIFER. Hier wird nich gemault!

BÄCKER. Vo Ihn laß ich mersch Maul noch lange nich verbiet'n.

PFEIFER *springt mit dem Ausruf*. Das mecht ich doch amal sehn! *nach der Glastür und ruft ins Kontor*. Herr Dreißicher, Herr Dreißicher, mechten Sie amal so freundlich sein!

DREISSIGER *kommt. Junger Vierziger. Fettleibig, asthmatisch. Mit strenger Miene*. Was gibt's denn, Pfeifer?

PFEIFER, *glubsch*. Bäcker will sich's Maul nich verbieten lassen.

DREISSIGER *gibt sich Haltung, wirft den Kopf zurück, fixiert Bäcker mit zuckenden Nasenflügeln*. Ach so — Bäcker! *Zu Pfeifer*. Is das der? *Die Beamten nicken.*

BÄCKER, *frech*. Ja, ja, Herr Dreißicher! *Auf sich zeigend*. Das is der — *auf Dreißiger zeigend*. und das is der.

DREISSIGER, *indigniert*. Was erlaubt sich denn der Mensch!?

PFEIFER. Dem geht's zu gutt! Der geht aso lange aufs Eis tanzen, bis a's amal versehen hat.

BÄCKER, *brutal*. O du Fennigmanndl, halt ock du deine Fresse. Deine Mutter mag sich woll ei a Neumonden beim Besenreit'n am Luzifer versehn hab'n, daß aso a Teiwel aus dir geworn is.

DREISSIGER, *in ausbrechendem Jähzorn, brüllt*. Maul halten! auf der Stelle Maul halten, sonst... *Er zittert, tut ein paar Schritte vorwärts.*

BÄCKER, *mit Entschlossenheit ihn erwartend*. Ich bin nich taub. Ich heer noch gut.

DREISSIGER *überwindet sich, fragt mit anscheinend geschäftsmäßiger Ruhe*. Is der Bursche nicht auch dabei gewesen?

PFEIFER. Das is a Bielauer Weber. Die sind ieberall d'rbei, wo's 'n Unfug zu machen gibt.

DREISSIGER, *zitternd*. Ich sag' euch also: passiert mir das noch einmal und zieht mir noch einmal so eine Rotte Halbbetrunkener, so eine Bande von grünen Lümmeln am Hause vorüber wie gestern abend — mit diesem niederträchtigen Liede...

BÄCKER. 's Bluttgericht meenen Se woll?

DREISSIGER. Er wird schon wissen, welches ich meine. Ich sag' euch also: hör' ich das noch einmal, dann lass' ich mir einen von euch rausholen, und — auf Ehre, ich spaße nicht — den übergebe ich dem Staatsanwalt. Und wenn ich rausbekomme, wer dies elende Machwerk von einem Liede...

BÄCKER. Das is a schee Lied, das!
DREISSIGER. Noch ein Wort, und ich schicke zur Polizei — augenblicklich. Ich fackle nicht lange. Mit euch Jungens wird man doch noch fertig werden. Ich bin doch schon mit ganz anderen Leuten fertig geworden.
BÄCKER. Nu das will ich gloob'n. Aso a richtiger Fabrikante, der wird mit zwee-, dreihundert Webern fertich, eh man sich umsieht. Da läßt a ooch noch ni a paar morsche Knoch'n iebrich. Aso eener der hat vier Mag'n wie 'ne Kuh und a Gebiß wie a Wolf. Nee, nee, da hat's nischt!
DREISSIGER, *zu den Beamten.* Der Mensch bekommt keinen Schlag mehr bei uns.
BÄCKER. Oh, ob ich am Webstuhle d'rhungere oder im Straßengrab'n, das is mir egal.
DREISSIGER. Raus, auf der Stelle raus!
BÄCKER, *fest.* Erst will ich mei Lohn hab'n.
DREISSIGER. Was kriegt der Kerl, Neumann?
NEUMANN. Zwölf Silbergroschen, fünf Pfennige.
DREISSIGER *nimmt überhastig dem Kassierer das Geld ab und wirft es auf den Zahltisch, so daß einige Münzen auf die Diele rollen.* Da! — hier! und nu rasch mir aus den Augen!
BÄCKER. Erscht will ich mei Lohn hab'n.
DREISSIGER. Da liegt sein Lohn; und wenn er nun nich macht, daß er rauskommt... Es ist grade zwölf... Meine Färber machen gerade Mittag...!
BÄCKER. Mei Lohn geheert in meine Hand. Hieher geheert mei Lohn. *Er berührt mit den Fingern der rechten die Handfläche der linken Hand.*
DREISSIGER, *zum Lehrling.* Heben Sie's auf, Tilgner.
DER LEHRLING *tut es, legt das Geld in Bäckers Hand.*
BÄCKER. Das muß all's sein richt'gen Paß gehn. *Er bringt, ohne sich zu beeilen, in einem alten Beutel das Geld unter.*
DREISSIGER. Nu? *Als nun Bäcker sich noch immer nicht entfernt, ungeduldig.* Soll ich nun nachhelfen? *Unter den dichtgedrängten Webern ist eine Bewegung entstanden. Jemand stößt einen langen tiefen Seufzer aus. Darauf geschieht ein Fall. Alles Interesse wendet sich dem neuen Ereignis zu.*
DREISSIGER. Was gibt's denn da?
VERSCHIEDENE WEBER UND WEBERFRAUEN. 's is eener hingeschlag'n 's is a klee hiprich Jungl. Is's etwa de Kränkte oder was?!
DREISSIGER. Ja... wie denn? Hingeschlagen? *Er geht näher.*
ALTER WEBER. A liegt halt da. *Es wird Platz gemacht.*
Man sieht einen achtjährigen Jungen wie tot an der Erde liegen.
DREISSIGER. Kennt jemand den Jungen?

ALTER WEBER. Aus unserm Dorfe is a nich.
DER ALTE BAUMERT. Der sieht ja bald aus wie Heinrichens. *Er betrachtet ihn genauer.* Ja, ja! Das is Heinrichens Gustavl.
DREISSIGER. Wo wohnen denn die Leute?
DER ALTE BAUMERT. Nu, oben bei uns, in Kaschbach, Herr Dreißiger. Er geht Musicke machen, und am Tage da liegt a ieberm Stuhle. Se han neun Kinder, und 's zehnte is unterwegens.
VERSCHIEDENE WEBER UND WEBERFRAUEN. Den Leut'n geht's gar sehr kimmerlich. — Den regnet's in de Stube. — Das Weib hat keene zwee Hemdl fer die neun Burschen.
DER ALTE BAUMERT, *den Jungen anfassend.* Nu, Jungl, was hat's denn mit dir? Da wach ock uf!
DREISSIGER. Faßt mal mit an, wir wollen ihn mal aufheben. Ein Unverstand ohnegleichen, so'n schwächliches Kind diesen langen Weg machen zu lassen. Bringen Sie mal etwas Wasser, Pfeifer!
WEBERFRAU, *die ihn aufrichten hilft.* Mach ock ni etwa Dinge und stirb, Jungl!
DREISSIGER. Oder Kognak, Pfeifer, Kognak is besser.
BÄCKER *hat, von allen vergessen, beobachtend gestanden. Nun, die eine Hand an der Türklinke, ruft er laut und höhnisch herüber.* Gebt 'n ock was zu fressen, da wird a schonn zu sich kommen. *Ab.*
DREISSIGER. Der Kerl nimmt kein gutes Ende. — Nehmen Sie ihn unterm Arm, Neumann. Langsam, langsam... so... so... wir wollen ihn in mein Zimmer bringen. Was wollen Sie denn?
NEUMANN. Er hat was gesagt, Herr Dreißiger! Er bewegt die Lippen.
DREISSIGER. Was willst du denn, Jungl?
DER JUNGE *haucht.* Mich hungert!
DREISSIGER *wird bleich.* Man versteht ihn nich.
WEBERFRAU. I gloobe, a meinte...
DREISSIGER. Wir werden ja sehn. Nur ja nich aufhalten. — Er kann sich bei mir aufs Sofa legen. Wir werden ja hören, was der Doktor sagt. *Dreißiger, Neumann und die Weberfrau führen den Jungen ins Kontor. Unter den Webern entsteht eine Bewegung, wie bei Schulkindern, wenn der Lehrer die Klasse verlassen hat. Man reckt und streckt sich, man flüstert, tritt von einem Fuß auf den andern, und in einigen Sekunden ist das Reden laut und allgemein.*
DER ALTE BAUMERT. Ich gloob immer, Bäcker hat recht.
MEHRERE WEBER UND WEBERFRAUEN. A sagte ja o aso was. — Das is hier nischt Neues, daß amal een'n d'r Hunger schmeißt. — Na ieberhaupt, was de den Winter erscht wern soll, wenn das hie und 's geht aso fort mit der Lohnzwackerei. — Und mit a Kartoffeln wird's das Jahr gar schlecht. — Hie wird's au nich anderscher, bis mer alle vollens uf'n Rick'n liegn.

ERSTER AKT

DER ALTE BAUMERT. Am best'n, ma macht's wie d'r Nentwich Weber, ma legt sich a Schleefl um a Hals un knippt sich am Webstuhle uf. Da, nimm der 'ne Prise, ich war in Neurode, da arbeit mei Schwager in d'r Fabricke, wo se 'n machen, a Schnupptabak. Der hat m'r a paar Kerndl gegeb'n dahier. Was trägst denn du in dem Tiechl Scheenes?

ALTER WEBER. 's is bloß a bissel Perlgraupe. D'r Wag'n vom Ullbrichmiller fuhr vor m'r her. Da war a Sack a bissel ufgeschlitzt. Das kommt mir gar sehr zupasse, kannst gloob'n.

DER ALTE BAUMERT. Zweiundzwanzig Miehlen sein in Peterschwalde, und fer unsereens fällt doch nischt ab.

ALTER WEBER. Ma muß ebens a Mut nich sink'n lass'n. 's kommt immer wieder was und hilft een a Stickl weiter.

WEBER HEIBER. Ma muß ebens, wenn d'r Hunger kommt, zu a vierzehn Nothelfern beten, und wenn ma daderfon etwa ni satt wird, da muß ma an Steen ins Maul nehmen und dran lutschen. Gell, Baumert?

Dreißiger, Pfeifer und der Kassierer kommen zurück.

DREISSIGER. Es war nichts von Bedeutung. Der Junge ist schon wieder ganz munter. *Erregt und pustend umhergehend.* Es bleibt aber immer eine Gewissenlosigkeit. Das Kind ist ja nur so'n Hälmchen zum Umblasen. Es ist rein unbegreiflich, wie Menschen... wie Eltern so unvernünftig sein können. Bürden ihm zwei Schock Parchent auf, gute anderthalb Meilen Wegs. Es ist wirklich kaum zu glauben. Ich werde einfach müssen die Einrichtung treffen, daß Kindern überhaupt die Ware nicht mehr abgenommen wird. *Er geht wiederum eine Weile stumm hin und her.* Jedenfalls wünsche ich dringend, daß so etwas nicht mehr vorkommt. — Auf wem bleibt's denn schließlich sitzen? Natürlich doch auf uns Fabrikanten. Wir sind an allem schuld. Wenn so'n armes Kerlchen zur Winterszeit im Schnee steckenbleibt und einschläft, dann kommt so'n hergelaufener Skribent, und in zwei Tagen, da haben wir die Schauergeschichte in allen Zeitungen. Der Vater, die Eltern, die so'n Kind schicken... i bewahre, wo werden die denn schuld sein! Der Fabrikant muß ran, der Fabrikant ist der Sündenbock. Der Weber wird immer gestreichelt, aber der Fabrikant wird immer geprügelt: das is'n Mensch ohne Herz, 'n Stein, 'n gefährlicher Kerl, den jeder Preßhund in die Waden beißen darf. Der lebt herrlich und in Freuden und gibt den armen Webern Hungerlöhne. — Daß so'n Mann auch Sorgen hat und schlaflose Nächte, daß er sein großes Risiko läuft, wovon der Arbeiter sich nichts träumen läßt, daß er manchmal vor lauter Dividieren, Addieren und Multiplizieren, Berechnen und wieder Berechnen nicht weiß, wo ihm der Kopf steht, daß er hunderterlei bedenken und überlegen muß und immerfort sozusagen auf Tod und Leben kämpft und konkurriert, daß kein Tag vergeht ohne Ärger und Verlust: darüber schweigt des Sängers Höflichkeit. Und was hängt nicht alles am Fabrikanten, was saugt nicht alles an ihm und will von ihm leben! Nee, nee! Ihr solltet nur manchmal in meiner Haut stecken, ihr würdet's bald genug satt kriegen. *Nach einiger Sammlung.* Wie hat sich dieser Kerl, dieser Bursche da, dieser Bäcker, hier aufgeführt! Nun wird er gehen und ausposaunen, ich wäre wer weiß wie unbarmherzig. Ich setzte die Weber bei jeder Kleinigkeit mir nichts dir nichts vor die Tür. Ist das wahr? Bin ich so unbarmherzig?

VIELE STIMMEN. Nee, Herr Dreißicher!

DREISSIGER. Na, das scheint mir doch auch so. Und dabei ziehen diese Lümmels umher und singen gemeine Lieder auf uns Fabrikanten, wollen von Hunger reden und haben so viel übrig, um den Fusel quartweise konsumieren zu können. Sie sollten mal die Nase hübsch woanders neinstecken und sehen, wie's bei den Leinwandwebern aussieht. Die können von Not reden. Aber ihr hier, ihr Parchentweber, ihr steht noch so da, daß ihr Grund habt, Gott im stillen zu danken. Und ich frage die alten, fleißigen und tüchtigen Weber, die hier sind: kann ein Arbeiter, der seine Arbeit zusammenhält, bei mir auskommen oder nicht?

SEHR VIELE STIMMEN. Ja, Herr Dreißicher!

DREISSIGER. Na, seht ihr! — So'n Kerl wie der Bäcker natürlich nicht. Aber ich rate euch, haltet diese Burschen im Zaume. Wird mir's zu bunt, dann quittiere ich. Dann löse ich das Geschäft auf, und dann könnt ihr sehn, wo ihr bleibt. Dann könnt ihr sehn, wo ihr Arbeit bekommt. Bei Ehren-Bäcker sicher nicht.

ERSTE WEBERFRAU *hat sich an Dreißiger herangemacht, putzt mit kriechender Demut Staub von seinem Rock.* Se hab'n sich a brinkel angestrichen, gnädicher Herr Dreißicher.

DREISSIGER. De Geschäfte gehen hundsmiserabel, das wißt ihr ja selbst. Ich setze zu, statt daß ich verdiene. Wenn ich trotzdem dafür sorge, daß meine Weber immer Arbeit haben, so setze ich voraus, daß das anerkannt wird. Die Ware liegt mir da in Tausenden von Schocken, und ich weiß heut noch nicht, ob ich sie jemals verkaufen werde. — Nun hab' ich gehört, daß sehr viele Weber hierum ganz ohne Arbeit sind, und da... na, Pfeifer mag euch das Weitere auseinandersetzen. — Die Sache ist nämlich die: damit ihr den guten Willen seht... ich kann natürlich keine Almosen austeilen, dazu bin ich nicht reich genug, aber ich kann bis zu einem gewissen Grade den Arbeitslosen Gelegenheit geben, wenigstens 'ne Kleinigkeit zu verdienen. Daß ich dabei ein immenses Risiko habe, ist ja meine Sache. — Ich denke mir halt: wenn sich ein Mensch täglich 'ne Quarkschnitte erarbeiten kann, so ist das doch immer besser, als wenn er überhaupt hungern muß. Hab' ich nicht recht?

VIELE STIMMEN. Ja, ja, Herr Dreißicher!
DREISSIGER. Ich bin also gern bereit, noch zweihundert Webern Beschäftigung zu geben. Unter welchen Umständen, wird euch Pfeifer auseinandersetzen. *Er will gehen.*
ERSTE WEBERFRAU *vertritt ihm den Weg, spricht überhastet, flehend und dringlich.* Gnädicher Herr Dreißicher, ich wollte Sie halt recht freindlich gebet'n hab'n, wenn Se vielleicht... ich hab halt zweimal an Iebergang gehabt.
DREISSIGER, *eilig.* Sprecht mit Pfeifer, gute Frau, ich hab' mich so schon verspätet. *Er läßt sie stehen.*
WEBER REIMANN *vertritt ihm ebenfalls den Weg. Im Tone der Kränkung und Anklage.* Herr Dreißicher, ich muß mich wirklich beklag'n. Herr Feifer hat m'r... Ich hab doch fer mei Webe jetzt immer zwölftehalb Beehmen kriegt...
DREISSIGER *fällt ihm in die Rede.* Dort sitzt der Expedient. Dorthin wendet Euch: das is die richtige Adresse.
WEBER HEIBER *hält Dreißiger auf.* Gnädicher Herr Dreißicher — *stotternd und mit wirrer Hast.* Ich wollte Se vielmals gittigst gebeten han, ob mir vielleicht und a kennde mer... ob mer d'r Herr Feifer vielleicht und a kennde... a kennde...
DREISSIGER. Was wollt Ihr denn?
WEBER HEIBER. Da Vorschuß, den ich 's letzte Mal, ich meene, da ich...
DREISSIGER. Ja, ich verstehe Euch wirklich nicht.
WEBER HEIBER. Ich war a brinkl sehr in Not, weil...
DREISSIGER. Pfeifers Sache, Pfeifers Sache. Ich kann wirklich nicht... macht das mit Pfeifer aus. *Er entweicht ins Kontor. Die Bittenden sehen sich hilflos an. Einer nach dem andern tritt seufzend zurück.*
PFEIFER, *die Untersuchung wieder aufnehmend.* Na, Annl, was bringst du?
DER ALTE BAUMERT. Was soll's denn da setz'n fer a Webe, Herr Feifer?
PFEIFER. Fürs Webe zehn Silbergroschen.
DER ALTE BAUMERT. Nu das macht sich!
Bewegung unter den Webern, Flüstern und Murren.

ZWEITER AKT

Das Stübchen des Häuslers Wilhelm Ansorge zu Kaschbach im Eulengebirge. In einem engen, von der sehr schadhaften Diele bis zur schwarz verräucherten Balkendecke nicht sechs Fuß hohen Raum sitzen: zwei junge Mädchen, Emma und Bertha Baumert, an Webstühlen — Mutter Baumert, eine kontrakte Alte, auf einem Schemel am Bett, vor sich ein Spulrad — ihr Sohn August, zwanzigjährig, idiotisch, mit kleinem Rumpf

und Kopf und langen, spinnenartigen Extremitäten, auf einem Fußschemel, ebenfalls spulend. Durch zwei kleine, zum Teil mit Papier verklebte und mit Stroh verstopfte Fensterlöcher der linken Wand dringt schwaches, rosafarbenes Licht des Abends. Es fällt auf das weißblonde, offene Haar der Mädchen, auf ihre unbekleideten, magern Schultern und dünnen wächsernen Nacken, auf die Falten des groben Hemdes im Rücken, das, nebst einem kurzen Röckchen aus härtester Leinewand, ihre einzige Bekleidung ist. Der alten Frau leuchtet der warme Hauch voll über Gesicht, Hals und Brust: ein Gesicht, abgemagert zum Skelett, mit Falten und Runzeln in einer blutlosen Haut, mit versunkenen Augen, die durch Wollstaub, Rauch und Arbeit bei Licht entzündlich gerötet und wäßrig sind, einen langen Kropfhals mit Falten und Sehnen, eine eingefallene, mit verschossenen Tüchern und Lappen verpackte Brust.
Ein Teil der rechten Wand, mit Ofen und Ofenbank, Bettstelle und mehreren grell getuschten Heiligenbildern, steht auch noch im Licht. — Auf der Ofenstange hängen Lumpen zum Trocknen, hinter dem Ofen ist altes, wertloses Gerümpel angehäuft. Auf der Ofenbank stehen einige alte Töpfe und Kochgeräte, Kartoffelschalen sind zum Dörren auf Papier gelegt. — Von den Balken herab hängen Garnsträhnen und Weifen. Körbchen mit Spulen stehen neben den Webstühlen. In der Hinterwand ist eine niedrige Tür ohne Schloß. Ein Bündel Weidenruten ist daneben an die Wand gelehnt. Mehrere schadhafte Viertelkörbe stehen dabei. — Das Getöse der Webstühle, das rhythmische Gewuchte der Lade, davon Erdboden und Wände erschüttert werden, das Schlurren und Schnappen des hin und her geschnellten Schiffchens erfüllen den Raum. Da hinein mischt sich das tiefe, gleichmäßig fortgesetzte Getön der Spulräder, das dem Summen großer Hummeln gleicht.

MUTTER BAUMERT, *mit einer kläglichen, erschöpften Stimme, als die Mädchen mit Weben innehalten und sich über die Gewebe beugen.* Mißt er schonn wieder knipp'n!?

EMMA, *das ältere der Mädchen, zweiundzwanzigjährig. Indem sie gerissene Fäden knüpft.* Eine Art Garn is aber das au!

BERTHA, *fünfzehnjährig.* Das is aso a bissel Zucht mit der Werfte.

EMMA. Wo a ock bleibt aso lange? A is doch fort schonn seit um a neune.

MUTTER BAUMERT. Nu ebens, ebens! Wo mag a ock bleiben, ihr Mädel?

BERTHA. Ängst Euch beileibe ni, Mutter!

MUTTER BAUMERT. 'ne Angst is das immer!

EMMA *fährt fort zu weben.*

BERTHA. Wart amal, Emma!

EMMA. Was is denn?

BERTHA. Mir war doch, 's kam jemand.

EMMA. 's wird Ansorge sein, der zu Hause kommt.

ZWEITER AKT

FRITZ, *ein kleiner, barfüßiger, zerlumpter Junge von vier Jahren, kommt hereingeweint.* Mutter, mich hungert.
EMMA. Wart, Fritzl, wart a bissel! Großvater kommt gleich. A bringt Brot mit und Kerndl.
FRITZ. Mich hungert aso, Mutterle!
EMMA. Ich sag dersch ja. Bis ock nich einfältich. A wird ja gleich kommen. A bringt a scheenes Brotl mit und Kerndlkoffee. — Wenn ock wird Feierabend sein, da nimmt Mutter de Kartuffelschalen, die trägt se zum Pauer, und der gibbt er derfire a scheenes Neegl Puttermilch fersch Jungl.
FRITZ. Wo is er'n hin, Großvater?
EMMA. Beim Fabrikanten is a, abliefern a Kette, Fritzl.
FRITZ. Beim Fabrikanten?
EMMA. Ja, ja, Fritzl! unten bei Dreißichern in Peterschwalde.
FRITZ. Kriegt a da Brot?
EMMA. Ja, ja, a gibbt 'n 's Geld, und da kann a sich Brot koofen.
FRITZ. Gibbt der Großvatern viel Geld?
EMMA, *heftig.* O heer uf, Junge, mit dem Gerede. *Sie fährt fort zu weben, Bertha ebenfalls. Gleich darauf halten beide wieder inne.*
BERTHA. Geh, August, frag Ansorgen, ob a nich will an leucht'n. *August entfernt sich, Fritz mit ihm.*
MUTTER BAUMERT, *mit überhandnehmender, kindischer Angst, fast winselnd.* Ihr Kinder, ihr Kinder, wo der Mann bleibt?!
BERTHA. A wird halt amal zu Hauffen reingegangen sein.
MUTTER BAUMERT *weint.* Wenn a bloß nich etwan in a Kretscham gegang'n wär!
EMMA. Wenn ock nich, Mutter! Aso eener is unser Vater doch nich.
MUTTER BAUMERT, *von einer Menge auf sie einstürzender Befürchtungen außer sich gebracht.* Nu, nu... nu sagt amal, was soll nu bloß wern? Wenn a 's nu... wenn a nu zu Hause kommt... Wenn a 's nu versauft und bringt nischt ni zu Hause? Keene Handvoll Salz is mehr im Hause, kee Stickl Gebäcke. 's mecht an Schaufel Feurung sein...
BERTHA. Laß's gutt sein, Mutter! m'r hab'n Mondschein. M'r gehn in a Pusch. M'r nehmen uns August'n mite und hol'n a paar Rittl.
MUTTER BAUMERT. Gelt, daß euch d'r Jäger und kriegt euch zu pack'n!
ANSORGE, *ein alter Weber mit hünenhaftem Knochenbau, der sich tief bücken muß, um ins Zimmer zu gelangen, steckt Kopf und Oberkörper durch die Tür. Haupt- und Barthaare sind ihm stark verwildert.* Was soll denn sein?
BERTHA. Se mechten Licht machen!
ANSORGE, *gedämpft, wie in Gegenwart eines Kranken sprechend.* 's is ja noch lichte.
MUTTER BAUMERT. Nu laß du uns ooch noch im Finstern sitzen.

ANSORGE. Ich muß mich halt ooch einrichten. *Er zieht sich zurück.*
BERTHA. Nu da siehste's, aso geizig is a.
EMMA. Da muß man nu sitzen, bis 'n wird passen.
FRAU HEINRICH *kommt. Eine dreißigjährige Frau, die ein Kind unterm Herzen trägt. Aus ihrem abgemüdeten Gesicht spricht marternde Sorge und ängstliche Spannung.* Gu'n Abend mitnander.
MUTTER BAUMERT. Nu, Heinrichen, was bringst uns denn?
FRAU HEINRICH, *welche hinkt.* Ich hab' m'r an Scherb eingetreten.
BERTHA. Nu komm her, setz dich. Ich wer sehn, daß ich 'n rauskriege. *Frau Heinrich setzt sich, Bertha kniet vor ihr nieder und macht sich an ihrer Fußsohle zu schaffen.*
MUTTER BAUMERT. Wie geht's d'n derheeme, Heinrichen?
FRAU HEINRICH, *verzweifelter Ausbruch.* 's geht heilig bald nimehr. *Sie kämpft vergebens gegen einen Strom von Tränen. Nun weint sie stumm.*
MUTTER BAUMERT. Fer unsereens, Heinrichen, wärsch am besten, d'r liebe Gott tät a Einsehn hab'n und nähm uns gar von d'r Welt.
FRAU HEINRICH, *ihrer nicht mehr mächtig, schreit weinend heraus.* Meine armen Kinder derhungern m'r! *Sie schluchzt und winselt.* Ich weeß m'r keen'n Rat nimehr. Ma mag anstell'n, was ma will, ma mag rumlaufen, bis ma liegenbleibt. Ich bin mehr tot wie lebendig, und is doch und is kee Anderswern. Neun hungriche Mäuler, die soll eens nu satt machen. Von was d'n, hä? Nächten Abend hatt ich a Stickl Brot, 's langte noch nich amal fier de zwee Kleenst'n. Wem sollt ich's d'nn geb'n, hä? Alle schrien sie in mich nein: Mutterle mir, Mutterle mir... Nee, nee! Und dad'rbei kann ich jetzt noch laufen. Was soll erscht wern, wenn ich zum Lieg'n komme? Die paar Kartoffeln hat uns 's Wasser mitgenommen. Mir hab'n nischt zu brechen und zu beißen.
BERTHA *hat die Scherbe entfernt und die Wunde gewaschen.* M'r woll'n a Fleckl drum bind'n; *zu Emma...* Such amal eens!
MUTTER BAUMERT. 's geht uns ni besser, Heinrichen.
FRAU HEINRICH. Du hast doch zum wenigsten noch deine Mädel. Du hast'n Mann, der de arbeiten kann, aber meiner, der is m'r vergangne Woche wieder hingeschlag'n. Da hat's 'n doch wieder gerissen und geschmissen, daß ich vor Himmelsangst ni wußte, was anfangen mit'n. Und wenn a so an Anfall gehabt hat, da liegt a m'r halt wieder acht Tage feste im Bette.
MUTTER BAUMERT. Meiner is ooch nischt nimehr wert. A fängt ooch an und klappt zusammen. 's liegt 'n uf d'r Brust und im Kreuze. Und abgebrannt sind m'r ebenfalls ooch bis uf a Fennich. Wenn a heut ni und a bringt a paar Greschl mit, da weeß ich ooch ni, was weiter werd'n soll.
EMMA. Kannst's glooben, Heinrichen. Wir sein aso weit... Vater hat

ZWEITER AKT

mußt Ami'n mitnehmen. Wir miss'n 'n schlacht'n lass'n, daß m'r ock reen wieder amal was in a Mag'n krieg'n.

FRAU HEINRICH. Hätt'r nich an eenziche Handvoll Mehl iebrich?

MUTTER BAUMERT. O ni aso viel, Heinrichen; kee Kerndl Salz is mehr im Hause.

FRAU HEINRICH. Nu da weeß ich nich! *Erhebt sich, bleibt stehen, grübelt.* Da weeß ich wirklich nee! — Da kann ich m'r eemal nich helfen. *In Wut und Angst schreiend:* Ich wär ja zufriede, wenn's uf Schweinfutter langte! Aber mit leeren Händen darf ich eemal nich heemkommen. Das geht eemal nich. Da verzeih mersch Gott. Ich weeß mer da eemal keen'n andern Rat nimehr. *Sie hinkt, links nur mit der Ferse auftretend, schnell hinaus.*

MUTTER BAUMERT *ruft ihr warnend nach*. Heinrichen, Heinrichen! mach ni etwan 'ne Tummheit.

BERTHA. Die tut sich kee Leids an. Gloob ock du das nich.

EMMA. Aso macht's doch die immer. *Sie sitzt wieder am Stuhl und webt einige Sekunden.*

AUGUST *leuchtet mit dem brennenden Talglicht seinem Vater, dem alten Baumert, der sich mit einem Garnpack hereinschleppt, voran.*

MUTTER BAUMERT. O Jes's, o Jes's, Mann, wo bleibst ock du aso lange!?

DER ALTE BAUMERT. Na, beeß ock ni gleich. Laß mich ock erscht a brinkl verblasen. Sieh lieber dernach, wer de mitkommt.

MORITZ JÄGER *kommt gebückt durch die Tür. Ein strammer, mittelgroßer, rotbäckiger Reservist, die Husarenmütze schief auf dem Kopf, ganze Kleider und Schuhe auf dem Leibe, ein sauberes Hemd ohne Kragen dazu. Eingetreten, nimmt er Stellung und salutiert militärisch. In forschem Ton.* Gu'n-abend, Muhme Baumert!

MUTTER BAUMERT. Nu da, nu da! bist du wieder zu Hause? Hast du uns noch nich vergessen? Nu da setz dich ock. Komm her, setz dich.

EMMA, *einen Holzstuhl mit dem Rocke säubernd und Jäger hinschiebend.* Gu'n Abend, Moritz! Willst amal wieder sehn, wie's bei armen Leuten aussieht?

JÄGER. Nu sag m'r ock, Emma! ich wollt's ja ni gloob'n. Du hast ja a Jungl, das balde kann Soldate werden. Wo hast d'r d'nn den angeschafft?

BERTHA, *die dem Vater die wenigen mitgebrachten Lebensmittel abnimmt, Fleisch in eine Pfanne legt und in den Ofen schiebt, während August Feuer anmacht.* Du kennst doch a Finger Weber?

MUTTER BAUMERT. M'r hatt'n 'n doch hier mit im Stiebl. A wollt se ja nehmen, aber a war doch halt eemal schonn ganz marode uf de Brust. Ich ha doch das Mädel gewarnt genug. Konnt se woll heern? Nu is a längst tot und vergessen, und die kann sehn, wie s' a Jungen durchbringt. Nu sag m'r ock, Moritz, wie is denn dirsch gangen?

DER ALTE BAUMERT. Nu sei ock ganz stille, Mutter, fer den is Brot gewachsen; der lacht uns alle aus; der bringt Kleeder mite wie a Ferscht und an silberne Zylinderuhre und obendruf noch zehn Taler baar Geld.

JÄGER, *großpratschig hingepflanzt, im Gesicht ein prahlerisches Schwerenöterlächeln.* Ich kann nich klagen. Mir is's ni schlecht gangen under a Soldaten.

DER ALTE BAUMERT. A is Pursche gewest bein Rittmeester. Heer ock, a red't wie de vornehmen Leute.

JÄGER. Das feine Sprechen hab ich mer aso angewehnt, daß iich's gar nimeh loo'n kann.

MUTTER BAUMERT. Nee, nee, nu sag mir ock! aso a Nischtegutts, wie das gewest is, und kommt aso zu Gelde. Du warscht doch ni nich fer was Gescheuts zu gebrauchen; du konntst doch kee Strähnl hintereinander abhaspeln. Ock immerfort naus; Meesekasten ufstell'n und Rotkätlsprenkel, das war dir lieber. Nu, is nich wahr?

JÄGER. 's is wahr, Muhme Baumert. Ich fing ni ock Kätl, ich fing ooch Schwalben.

EMMA. Da konnten wir immerzu reden: Schwalben sind giftig.

JÄGER. Das war mir egal. Wie is Euch d'nn d'rgangen, Muhme Baumert?

MUTTER BAUMERT. O Jes's, gar gar schlimm in a letzten vier Jahr'n. Sieh ock, ich ha halt 's Reißen. Sieh d'r bloß amal meine Finger an. Ich weeß halt gar nich, hab ich an Fluß kriegt oder was? Ich bin d'r halt aso elende! Ich kann d'r kee Glied ni bewegen. 's gloobt's kee Mensch, was ich muß fer Schmerzen d'rleiden.

DER ALTE BAUMERT. Mit der is jetzt gar schlecht. Die macht's nimehr lange.

BERTHA. Am Morgen zieh mersche an, am Abend zieh mersche aus. M'r missen se fittern wie a kleenes Kind.

MUTTER BAUMERT, *fortwährend mit kläglicher, weinerlicher Stimme.* Ich muß mich bedien lassen hinten und vorne. Ich bin mehr als krank. Ich bin ock 'ne Last. Was hab ich schon a lieben Herrgott gebeten, a soll mich doch bloßich abruffen. O Jes's, o Jes's, das ist doch halt zu schlimm mit mir. Ich weeß doch gar nich... de Leute kennten denken... aber ich bin doch 's Arbeiten gewehnt von Kindheet uf. Ich hab doch meine Sache immer konnt leisten, und nu uf eemal — *sie versucht umsonst, sich zu erheben* — 's geht und geht nimehr. Ich hab an guten Mann und gute Kinder hab ich, aber wenn ich das soll mit ansehn... Wie sehn die Mädel aus!? Kee Blutt haben se bald nimehr in sich. An Farbe haben se wie de Leintiecher. Das geht doch immer egal fort mit dem Schemeltreten, ob's aso an Mädel dient oder nich. Was hab'n die fer a bißl Leben. 's ganze Jahr kommen se nich vom Bänkl runter. Ni amal a paar Klunkern hab'n se sich der-

ZWEITER AKT

schind't, daß se sich kennten d'rmite bedeck'n und kennten sich amal vor a Leuten sehn lassen oder an Schritt in die Kirche machen und kennten sich amal 'ne Erquickung holen. Aussehn tun se wie de Galgengeschlinke, junge Mädel von funfzehn und zwanzig.

BERTHA, *am Ofen.* Nu das raucht wieder aso a bißl!

DER ALTE BAUMERT. Nu, da sieh ock den Rauch. Na, da nimm amal an, kann woll hier Wandel wern? A sterzt heilig bald ein, d'r Owen. Mir missen 'n sterzen lassen, und a Ruß, den missen m'r schlucken. Mir husten alle, eener mehr wie d'r andre. Was hust't, hust't, und wenn's uns derwischt und wenn gleich de Plautze mitegeht, da frägt uns ooch noch kee Mensch dernach.

JÄGER. Das is doch Ansorchens Sache, das muß a doch ausbessern.

BERTHA. Der wird uns woll ansehn. A mukscht aso mehr wie genug.

MUTTER BAUMERT. Dem nehmen m'r aso schonn zu viel Platz weg.

DER ALTE BAUMERT. Und wemm'r erscht uffmucken, da fliegen m'r naus. A hat bald a halb Jahr keene Mietzinse ni besehn.

MUTTER BAUMERT. Aso a eelitzicher Mann, der kennte doch umgänglich sein.

DER ALTE BAUMERT. A hat au nischt, Mutter, 's geht 'n o beese genug, wenn a ooch keen'n Staat macht mit seiner Not.

MUTTER BAUMERT. A hat doch sei Haus.

DER ALTE BAUMERT. Nee, Mutter, was redst 'n. An dem Hause dahier, da is ooch noch nich a klee Splitterle seine.

JÄGER *hat sich gesetzt und eine kurze Pfeife mit schönen Quasten aus der einen, eine Quartflasche Branntwein aus der andern Rocktasche geholt.* Das kann auch hier bald nimehr aso weitergehn. Ich hab mei Wunder gesehn, wie das hierum aso aussieht under a Leuten. Da leben ja in a Städten de Hunde noch besser wie ihr.

DER ALTE BAUMERT, *eifrig.* Gelt, gelt ock? Du weeßt's auch!? Und sagt man a Wort, da heeßt's bloß, 's sein schlechte Zeiten.

ANSORGE *kommt, ein irdenes Näpfchen mit Suppe in der einen, in der andern Hand einen halbfertig geflochtenen Viertelkorb.* Willkommen, Moritz! Bist du auch wieder da?

JÄGER. Scheen Dank, Vater Ansorge.

ANSORGE, *sein Näpfchen ins Röhr schiebend.* Nu sag m'r ock an: du siehst ja bald aus wie a Graf.

DER ALTE BAUMERT. Zeich amal dei scheen Uhrla. A hat 'n neuen Anzug mitbracht und zehn Taler baar Geld.

ANSORGE, *kopfschüttelnd.* Nu ja ja! — Nu nee nee!

EMMA, *die Kartoffelschalen in ein Säckchen füllend.* Nu will ich ock gehn mit a Schal'n. Vielleicht wird's langen uf a Neegl Abgelassene. *Sie entfernt sich.*

JÄGER, *während alle mit Spannung und Hingebung auf ihn achten.* Na nu nehmt amal an: wie oft habt ihr m'r nich de Helle heiß gemacht. Dir wern se Moritz lehr'n, hieß 's immer, wart ock, wenn de wirscht zum Militär kommen. Na nu seht ersch, mir is gar gutt gegangen. A halb Jahr da hatt ich de Kneppe. Willig muß man sein, das is 's Haupt. Ich ha 'n Wachtmeister die Stiewln geputzt; ich ha 'n 's Ferd gestriegelt, Bier geholt. Ich war aso gefirre wie a Wieslichen. Und uf 'n Posten war ich: Schwerkanon ja, mei Zeug, das mußt ock immer aso finkeln. Ich war d'r erschte im Stalle, d'r erschte beim Appell, d'r erschte im Sattel; und wenn's zur Attacke ging — marsch marsch! heiliges Kanonrohr, Kreuzdonnerschlag, Herrrdumeinegitte!! Und ufgepaßt hab ich wie a Schießhund. Ich dacht halt immer: hier hilft's nischt, hier mußt de dran glooben; und da rafft ich m'r halt a Kopp zusammen, und da ging's ooch; und da kam's aso weit, daß d'r Rittmeester und sagte vor d'r ganzen Schwadron ieber mich: das is ein Husar, wie a sein muß. *Stille. Er setzt die Pfeife in Brand.*

ANSORGE, *kopfschüttelnd.* Da hast du aso a Glicke gehabt?! Nu ja ja! — nu nee nee! *Er setzt sich auf den Boden, die Weidenruten neben sich, und flicht, ihn zwischen den Beinen haltend, an seinem Korbe weiter.*

DER ALTE BAUMERT. Da woll'n m'r hoffen, daß de uns dei Glicke mitebringst. — Nu soll mer woll amal mittrinken?

JÄGER. Nu ganz natierlich, Vater Baumert, und wenn's alle is, kommt mehr. *Er schlägt ein Geldstück auf den Tisch.*

ANSORGE, *mit blödem, grinsendem Erstaunen.* O mei, mei, das gieht ja hier zu ... da kreescht a Braten, da steht a Quart Branntwein — *er trinkt aus der Flasche* — sollst laba, Moritz! Nu ja ja! nu nee nee! *Von jetzt an wandert die Schnapsflasche.*

DER ALTE BAUMERT. Kennten m'r nich zum wenigsten zu allen heiligen Zeiten aso a Stickl Gebratnes hab'n, stats daß ma kee Fleisch zu sehn kriecht ieber Jahr und Tag? — Aso muß ma warten, bis een wieder amal aso a Hundl zulauft wie das hier vor vier Wochen: und das kommt ni ofte vor im Leben.

ANSORGE. Hast du Ami'n schlachten lassen?

DER ALTE BAUMERT. Ob a m'r vollens ooch noch derhungern tat ...

ANSORGE. Nu ja ja — nu nee nee.

MUTTER BAUMERT. Und war aso a nette, betulich Hundl.

JÄGER. Seid ihr hierum immer noch aso happich uf Hundebraten?

DER ALTE BAUMERT. O Jes's, Jes's, wenn m'r ock wull hätt'n 'n genug.

MUTTER BAUMERT. Nu da da, aso a Stickl Fleesch is gar ratlich.

DER ALTE BAUMERT. Hast du keen Geschmack nimehr uf so was? Nu da bleib ock bei uns hier, Moritz, da werd a sich bald wieder einfinden.

ANSORGE, *schnüffelnd.* Nu ja ja — nu nee nee, das is ooch noch 'ne Guttschmecke, das macht gar a lieblich Gerichl.

ZWEITER AKT

DER ALTE BAUMERT, *schnüffelnd.* D'r reene Zimt, mecht man sprechen.
ANSORGE. Nu sag uns amal deine Meinung, Moritz. Du weißt doch, wie's in d'r Welt draußen zugeht. Werd das nu hier amal andersch werden mit uns Webern, oder wie?
JÄGER. Ma sollt's wirklich hoffen.
ANSORGE. Mir kenn d'r nich leben und nich sterben hier oben. Uns geht's leider beese, kannst's glooben. Eener wehrt sich bis ufs Blutt. Zuletzt muß man sich drein geb'n. De Not frißt een 's Dach ieberm Koppe und a Boden unter a Fießen. Frieher, da man noch am Stuhle arbeeten konnte, da hat man sich halbwegens mit Kummer und Not doch kunnt aso durchschlag'n. Heute kann ich m'r schonn ieber Jahr und Tag kee Stickl Arbeit mehr erobern. Mit der Korbflechterei is ooch ock, daß man sei bißl Leben aso hinfristen tutt. Ich flechte bis in de Nacht nein, und wenn ich ins Bette falle, da hab ich an Beemen und sechs Fenniche derschindt't. Du hast doch Bildung, nu da sag amal selber, kann da woll a Auskommen sein bei der Teurung? Drei Taler muß ich hinschmeißen uf Haussteuer, een'n Taler uf Grundabgaben, drei Taler uf Hauszinse. Vierzehn Taler kann ich Verdienst rechnen. Bleib'n fer mich sieben Taler ufs ganze Jahr. Da dervon soll ma sich nu bekochen, beheizen, bekleiden, beschuhn, ma soll sich bestricken und beflicken, a Quartier muß ma hab'n und was da noch alles kommt. — Is's da a Wunder, wenn ma de Zinse ni zahl'n kann?
DER ALTE BAUMERT. 's mißt amal eener hingehn nach Berlin, und mißt's 'n Keeniche vorstell'n, wie's uns aso geht.
JÄGER. Ooch nich aso viel nutzt das, Vater Baumert. 's sein er schonn genug in a Zeitungen druf zu sprechen gekommen. Aber die Reichen, die drehn und die wenden an Sache aso... die ieberteifeln a besten Christen.
DER ALTE BAUMERT, *kopfschüttelnd.* Daß se in Berlin den Pli nich hab'n!
ANSORGE. Sag du amal, Moritz, kann das woll meeglich sein? Is da gar kee Gesetze d'rfor? Wenn eens nu und schind't sich 's Bast von a Händen und kann doch seine Zinse ni ufbringen, kann m'r d'r Pauer mei Häusl da wegnehmen? 's is halt a Pauer, der will sei Geld hab'n. Nu weeß ich gar nich, was de noch wern soll. — Wenn ich halt und ich muß aus dem Häusl nausgehn... *Durch Tränen hervorwürgend:* Hier bin ich geborn, hier hat mei Vater am Webstuhle gesessen, mehr wie virzig Jahr. Wie oft hat a zu Muttern gesagt: Mutter, wenn's mit mir amal a Ende nimmt, das Häusl halt feste. Das Häusl hab ich erobert, meent a iebersche. Hie is jeder Nagel an durchwachte Nacht, a jeder Balken a Jahr trocken Brot. Da mißt ma doch denken...
JÄGER. Die nehmen een 's Letzte, die sein's kumpabel.

ANSORGE. Nu ja ja! — nu nee nee! Kommt's aber aso weit, da wär mirsch schonn lieber, se triegen mich naus, stats daß ich uf meine alten Tage noch nauslaufen mißte. Das bißl Sterben da! Mei Vater starb ooch gerne genug. — Ock ganz um de Letzte, da wollt'n a bißl angst wern. Wie ich aber zu'n ins Bette kroch, da wurd a ooch wieder stille. — Wenn ma's aso bedenkt: dazemal war ich a Jungl von dreizehn Jahr'n. Miede war ich, und da schlief ich halt ein, bei dem kranken Manne — ich verstand's doch nich besser — und da ich halt ufwachte, war a schonn kalt.

MUTTER BAUMERT, *nach einer Pause.* Greif amal ins Röhr, Bertha, und reich Ansorgen de Suppe.

BERTHA. Dahier eßt, Vater Ansorge!

ANSORGE, *unter Tränen essend.* Nu nee nee — nu ja ja!

Der alte Baumert hat angefangen, das Fleisch aus der Pfanne zu essen.

MUTTER BAUMERT. Nu, Vater, Vater, du wirscht dich doch gedulden kenn'n. Laß ock Berthan vor richtig vorschirr'n.

DER ALTE BAUMERT, *kauend.* Vor zwee Jahren war ich's letzte Mal zum Abendmahle. Gleich dernach verkooft ich a Gottstischrock. Dad'rvon kooften m'r a Stickl Schweinernes. Seitdem da hab ich kee Fleesch nimehr gessen bis heut abend.

JÄGER. Mir brauchen o erscht kee Fleesch, fer uns essen's de Fabrikanten. Die waten im Fette rum bis hieher. Wer das ni gloobt, der brauch ock nuntergehn nach Bielau und nach Peterschwalde. Da kann ma sei Wunder sehn: immer e Fabrikantenschloß hintern andern. Immer e Palast hintern andern. Mit Spiegelscheiben und Türmeln und eisernen Zäunen. Nee, nee, da spiert keener nischt von schlechten Zeiten. Da langt's uf Gebratnes und Gebacknes, uf Ekllpaschen und Kutschen, uf Guvernanten und wer weeß was. Die sticht d'r Haber aso sehr! Die wissen gar nich, was se schnell anstell'n vor Reechtum und Iebermut.

ANSORGE. In a alten Zeiten da war das ganz a ander Ding. Da ließen de Fabrikanten a Weber mitleben. Heute da bringen se alles alleene durch. Das kommt aber daher, sprech ich: d'r hohe Stand gloobt nimehr a keen Herrgott und keen Teiwel ooch nich. Da wissen se nischt von Geboten und Strafen. Da stehl'n se uns halt a letzten Bissen Brot und schwächen und untergraben uns das bißl Nahrung, wo se kenn'n. Von den Leuten kommt's ganze Unglicke. Wenn unsre Fabrikanten und wär'n gute Menschen, da wär'n ooch fer uns keene schlechten Zeiten sein.

JÄGER. Da paßt amal uf, da wer ich euch amal was Scheenes vorlesen. *Er zieht einige Papierblättchen aus der Tasche.* Komm, August, renn in de Schölzerei und hol noch a Quart. Nu, August, du lachst ja in een Biegen fort.

ZWEITER AKT

MUTTER BAUMERT. Ich weeß nich, was mit dem Jungen is, dem geht's immer gutt. Der lacht sich de Hucke voll, mag's kommen wie's will. Na, feder, feder! *August ab mit der leeren Schnapsflasche.* Gelt ock, Alter, du weeßt, was gutt schmeckt?

DER ALTE BAUMERT, *kauend, vom Essen und Trinken mutig erregt.* Moritz, du bist unser Mann. Du kannst lesen und schreiben. Du weeßt's, wie's um de Weberei bestellt is. Du hast a Herze fer de arme Weberbevelkerung. Du sollt'st unsere Sache amal in de Hand nehmen dahier.

JÄGER. Wenn's mehr ni is. Das sollte mir ni druf ankommen; dahier! den alten Fabrikantenräudeln, den wollt ich viel zu gerne amal a Liedl ufspiel'n. Ich tät m'r nischt draus machen. Ich bin a umgänglicher Kerl, aber wenn ich amal falsch wer und ich krieg's mit der Wut, da nehm ich Dreißichern in de eene, Dittrichen in de andre Hand und schlag se mit a Keppen an'nander, daß 'n 's Feuer aus a Augen springt. — Wenn mir und m'r kennten's ufbringen, daß m'r zusammenhielten, da kennt m'r a Fabrikanten amal an solchen Krach machen ... Da braucht m'r keen'n Keenich derzu und keene Regierung, da kennten m'r eenfach sagen: mir woll'n das und das und aso und aso ni, und da werd's bald aus een'n ganz andern Loche feifen dahier. Wenn die ock sehn, daß ma Krien hat, da ziehn se bald Leine. Die Betbrieder kenn ich! Das sein gar feige Luder.

MUTTER BAUMERT. 's is wirklich bald wahr. Ich bin gewiß ni schlecht. Ich bin gewiß immer diejenige gewest, die gesagt hat, die reichen Leute missen ooch sein. Aber wenn's aso kommt ...

JÄGER. Vor mir kennte d'r Teiwel alle hol'n, der Rasse vergennt ich's.

BERTHA. Wo is denn der Vater? *Der alte Baumert hat sich stillschweigend entfernt.*

MUTTER BAUMERT. Ich weeß nich, wo a mag hin sein.

BERTHA. Is etwan, daß er das Fleescherne nimehr gewehnt is?!

MUTTER BAUMERT, *außer sich, weinend.* Nu da seht ihrsch, nu da seht ihrsch! Da bleibt's 'n noch ni amal. Da wird a das ganze bissel scheenes Essen wieder von sich geben.

DER ALTE BAUMERT *kommt wieder, weinend vor Ingrimm.* Nee, nee! mit mir is bald gar alle. Mich hab'n se bald aso weit! Hat man sich amal was Guttes dergattert, da kann ma's nich amal mehr bei sich behalt'n. *Er sitzt weinend nieder auf die Ofenbank.*

JÄGER, *in plötzlicher Aufwallung, fanatisch.* Und dad'rbei gibt's Leute, Gerichtsschulzen, gar nicht weit von hier, Schmärwampen, die de's ganze Jahr nischt weiter zu tun haben, wie unsern Herrgott im Himmel a Tag abstehl'n. Die woll'n behaupten, de Weber kennten gutt und gerne auskommen, se wär'n bloß zu faul.

ANSORGE. Das sein gar keene Mensche. Das sein Unmensche, sein das.

JÄGER. Nu laß ock gutt sein, a hat sei Fett. Ich und d'r rote Bäcker, mir hab'n 's 'n eingetränkt, und bevor m'r abzogen zu guter Letzte, sangen m'r noch's Bluttgerichte.
ANSORGE. O Jes's, Jes's, is das das Lied?
JÄGER. Ja, ja, hie hab ich's.
ANSORGE. 's heeßt doch, gloob ich, 's Dreißicherlied oder wie.
JÄGER. Ich wersch amal vorlesen.
MUTTER BAUMERT. Wer hat denn das Lied derfund'n?
JÄGER. Das weeß kee Mensch nich. Nu heert amal druf.

Er liest, schülerhaft buchstabierend, schlecht betonend, aber mit unverkennbar starkem Gefühl. Alles klingt heraus: Verzweiflung, Schmerz, Wut, Haß, Rachedurst.

> Hier im Ort ist ein Gericht,
> noch schlimmer als die Vehmen,
> wo man nicht erst ein Urteil spricht,
> das Leben schnell zu nehmen.
>
> Hier wird der Mensch langsam gequält,
> hier ist die Folterkammer,
> hier werden Seufzer viel gezählt
> als Zeugen von dem Jammer.

DER ALTE BAUMERT *hat, von den Worten des Liedes gepackt und im Tiefsten aufgerüttelt, mehrmals nur mühsam der Versuchung widerstanden, Jäger zu unterbrechen. Nun geht alles mit ihm durch; stammelnd, unter Lachen und Weinen, zu seiner Frau.* Hier ist die Folterkammer. Der das geschrieben, Mutter, der sagt die Wahrheet. Das kannst du bezeugen... Wie heeßt's? Hier werden Seufzer... wie? hie wern se viel gezählt...
JÄGER. Als Zeugen von dem Jammer.
DER ALTE BAUMERT. Du weeßt's, was mir aso seufz'n een Tag um a andern, ob m'r stehn oder liegen.
JÄGER, *während Ansorge, ohne weiterzuarbeiten, in tiefer Erschütterung zusammengesunken dasitzt, Mutter Baumert und Bertha fortwährend die Augen wischen, fährt fort zu lesen.*

> Die Herren Dreißiger die Henker sind,
> die Diener ihre Schergen,
> davon ein jeder tapfer schind't,
> anstatt was zu verbergen.
>
> Ihr Schurken all, ihr Satansbrut...

ZWEITER AKT

DER ALTE BAUMERT, *mit zitternder Wut den Boden stampfend.* Ja. Satansbrut!!
JÄGER *liest.*
>Ihr höllischen Kujone,
>ihr freßt der Armen Hab und Gut,
>und Fluch wird euch zum Lohne.

ANSORGE. Nu ja ja, das is auch an Fluch wert.
DER ALTE BAUMERT, *die Faust ballend, drohend.* Ihr freßt der Armen Hab und Gut! —
JÄGER *liest.*
>Hier hilft kein Bitten und kein Flehn,
>umsonst ist alles Klagen.
>»Gefällt's euch nicht, so könnt ihr gehn
>am Hungertuche nagen.«

DER ALTE BAUMERT. Wie steht's? Umsonst ist alles Klagen? Jedes Wort... jedes Wort... da is all's aso richtig wie in d'r Bibel. Hier hilft kein Bitten und kein Flehn!
ANSORGE. Nu ja ja! nu nee nee! da tutt schonn nischt helfen.
JÄGER *liest.*
>Nun denke man sich diese Not
>und Elend dieser Armen,
>zu Haus oft keinen Bissen Brot,
>ist das nicht zum Erbarmen?

>Erbarmen, ha! ein schön Gefühl,
>euch Kannibalen fremde,
>ein jedes kennt schon euer Ziel,
>'s ist der Armen Haut und Hemde.

DER ALTE BAUMERT *springt auf, hingerissen zu deliranter Raserei.* Haut und Hemde. All's richtig, 's is der Armut Haut und Hemde. Hier steh ich, Robert Baumert, Webermeister von Kaschbach. Wer kann vortreten und sag'n... Ich bin ein braver Mensch gewest mei lebelang, und nu seht mich an! Was hab ich davon? Wie seh ich aus? Was hab'n se aus mir gemacht? Hier wird der Mensch langsam gequält. *Er reckt seine Arme hin.* Dahier, greift amal an, Haut und Knochen. Ihr Schurken all, ihr Satansbrut!! *Er bricht weinend vor verzweifeltem Ingrimm auf einem Stuhl zusammen.*
ANSORGE *schleudert den Korb in die Ecke, erhebt sich, am ganzen Leibe zitternd vor Wut, stammelt hervor.* Und das muß anderscher wern, sprech ich, jetzt uf der Stelle. Mir leiden's nimehr! Mir leiden's nimehr, mag kommen, was will.

DRITTER AKT

Die Schenkstube im Mittelkretscham zu Peterswaldau, ein großer Raum, dessen Balkendecke durch einen hölzernen Mittelpfeiler, um den ein Tisch läuft, gestützt ist. Rechts von dem Pfeiler, so daß nur der Pfosten verdeckt wird, liegt die Eingangstür in der Hinterwand. Man sieht durch sie in den großen Hausraum, der Fässer und Brauergerät enthält. Im Innern, rechts von der Tür in der Ecke, befindet sich das Schenksims: eine hölzerne Scheidewand von Mannshöhe mit Fächern für Schankutensilien; dahinter ein Wandschrank, enthaltend Reihen von Schnapsflaschen; zwischen Scheidewand und Likörschrank ein kleiner Platz für den Schenkwirt. Vor dem Schenksims steht ein mit bunter Decke gezierter Tisch. Eine hübsche Lampe hängt darüber, mehrere Rohrstühle stehen darum. Unweit davon an der rechten Wand führt eine Tür mit der Aufschrift »Weinstube« ins Honoratiorenstübchen. Noch weiter vorn rechts tickt die alte Standuhr. Links von der Eingangstür, an der Hinterwand, steht ein Tisch mit Flaschen und Gläsern und weiterhin in der Ecke der große Kachelofen. Die linke Seitenwand hat drei kleine Fenster, darunter hinlaufend eine Bank, davor je einen großen hölzernen Tisch, die schmale Seite der Wand zugekehrt. An den Breitseiten der Tische stehen Bänke mit Lehnen, an den inneren Schmalseiten je ein einzelner Holzstuhl. Das große Lokal ist blau getüncht, mit Plakaten, Bilderbogen und Buntdrucken behängt, darunter das Porträt Friedrich Wilhelms IV.

Scholz Welzel, ein gutmütiger Koloß von über fünfzig Jahren, läßt hinter dem Schenksims Bier aus einem Fasse in ein Glas laufen. Frau Welzel plättet am Ofen. Sie ist eine stattliche, sauber gekleidete Frau von noch nicht fünfunddreißig Jahren. Anna Welzel, eine siebzehnjährige, hübsche Person mit prachtvollen, rotblonden Haaren, sitzt, propre gekleidet und mit einer Stickarbeit beschäftigt, hinter dem gedeckten Tisch. Einen Augenblick blickt sie von der Arbeit auf und lauscht, denn aus der Ferne kommen Töne eines von Schulkindern gesungenen Grabchorals. Meister Wiegand, der Tischler, sitzt an dem gleichen Tisch in seiner Arbeitstracht hinter einem Glase bayrischen Bieres. Er ist ein Mann, dem man anmerkt: er weiß, worauf es in der Welt ankommt, wenn man ein Ziel erreichen will, nämlich auf Pfiffigkeit, Schnelligkeit und rücksichtsloses Fortschreiten. Ein Reisender am Säulentisch kaut mit Eifer an einem deutschen Beefsteak. Er ist mittelgroß, wohlgenährt, wohlaufgeschwemmt, aufgelegt zur Heiterkeit, lebhaft und frech. Er trägt sich modern. Seine Reiseeffekten, Tasche, Musterkoffer, Schirm, Überzieher und Plüschdecke, liegen neben ihm auf Stühlen.

WELZEL, *dem Reisenden ein Glas Bier zutragend, seitwärts zu Wiegand.*
's is ja heute d'r Teifel los in dem Peterschwalde.

DRITTER AKT

WIEGAND, *mit einer scharfen, trompetenden Stimme.* Nu, 's ist halt doch Liefertag bei Dreißichern oben.

FRAU WELZEL. 's ging aber doch sonste nich aso lebhaft zu.

WIEGAND. Nu, 's kennte vielleicht sein, 's wär wegen da zweehundert neuen Webern, die a will noch annehmen jetzte.

FRAU WELZEL, *immer plättend.* Ja, ja, das wird's sein. Will a zweehundert, da wern er woll sechshundert kommen sein. M'r habn 'r ja genug von der Sorte.

WIEGAND. O Jes's, Jes's, die langen zu. Und wenn's den ooch schlecht geht, die sterben ni aus. Die setzen mehr Kinder in de Welt, wie m'r gebrauchen kenn'n. *Der Choral wird einen Augenblick stärker hörbar.* Nu kommt au noch das Begräbnis d'rzu. D'r Fabich Weber is doch gestorben.

WELZEL. Der hat lange genug gemacht. Der lief doch schonn ieber Jahr und Tag ooch bloß rum wie a Gespenste.

WIEGAND. Kannst's glooben, Welzel, aso a klee numpern Sargl, a so a rasnich klee, winzig Dingl, das hab ich doch noch keemal ni zusammengeleimt. Das war d'r a Leichl, das wog noch nich neunzig Fund.

DER REISENDE, *kauend.* Ich verstehe bloß nich... wo man hinblickt, in irgend'ne Zeitung, da liest man die schauerlichsten Geschichten von der Webernot, da kriegt man einen Begriff von der Sache, als wenn hier die Leute alle schon dreiviertel verhungert wären. Und wenn man dann so'n Begräbnis sieht. Ich kam grade im Dorfe rein. Blechmusik, Schullehrer, Schulkinder, der Pastor und ein Zopp Menschen hinterdrein, Herrgott, als wenn der Kaiser von China begraben würde. Ja, wenn die Leute das noch bezahlen können...! *Er trinkt Bier. Nachdem er das Glas wieder hingestellt, plötzlich mit frivoler Leichtigkeit.* Nich wahr, Fräulein? Hab' ich nich recht?

ANNA *lächelt verlegen und stickt eifrig weiter.*

DER REISENDE. Gewiß 'n Paar Morgenschuhe für'n Herrn Papa.

WELZEL. Oh, ich mag solche Dinger erscht nich an a Fuß ziehn.

DER REISENDE. Na hör'n Sie mal an! Mein halbes Vermögen gäb' ich, wenn die Pantoffel für mich wär'n.

FRAU WELZEL. Fer sowas, da hat er ee'mal kee Verständnis nich.

WIEGAND, *nachdem er mehrmals gehüstelt, mit dem Stuhle gerückt und einen Anlauf zum Reden genommen hat.* Der Herr haben sich ieber das Begräbnis wunderlich ausgedrückt. Nu sagen Sie mal, junge Frau, das is doch 'n kleines Leichenbegängnis?

DER REISENDE. Ja, da frag' ich mich aber... Das muß doch barbarisch Geld kosten. Wo kriegen die Leute das Geld nu her?

WIEGAND. Se werden ergebenst entschuldigen, mein Herr, das is so'ne Unverständlichkeit unter der hiesigen armen Bevölkerungsklasse.

Mit Erlaubnis zu sagen, die machen sich so'ne iebertriebliche Vorstelligkeit von wegen der schuldigen Ehrfurcht und pflichtmäßigen Schuldigkeit gegen selig entschlafene Hinterbliebene. Wenn das und sind gar verstorbene Eltern, da is das nu so ein Aberglaube, da wird von den nächsten Nachkommen und Erblassern das Letzte zusammengekratzt, und was die Kinder nich auftreiben, das wird von den nächsten Magnaten geborgt. Und da kommen die Schulden bis ieber die Ohren; Hochwürden der Pastor wird verschuldet, der Küster und was da alles fer Leute herumstehn. Und das Getränk und das Essen und dergleichen Notdurft. Nee, nee, ich lobe mir respektive Kindlichkeit, aber nich, daß die Leidtragenden ihr ganzes Leben unter Verpflichtungen davor gedrückt werden.

DER REISENDE. Erlauben Sie mal, das müßte doch der Pastor den Leuten ausreden.

WIEGAND. Se werden ergebenst entschuldigen, mein Herr, ich muß hier befürworten, daß jede kleine Gemeinde ihr kirchliches Gotteshaus hat und ihren Seelenhirten Hochwürden erhalten muß. An so'nem großen Begräbnisfest, da hat die hohe Geistlichkeit ihre scheene Iebervorteilung. Desto zahlreicher so eine Grablegung gehandhabt wird, je umfänglicher auch die Offertorien fließen. Wer die hiesigen arbeitenden Verhältnisse kennt, der kann mit unmaßgeblicher Bestimmtheit behaupten, die Herren Farrer dulden bloß widerstreblich die stillen Begräbnisse.

HORNIG *kommt. Kleiner, o-beiniger Alter, ein Ziehband um Schulter und Brust. Er ist Lumpensammler.* Scheen gu'n Tag ooch. An eefache mecht ich bitten. Na, junge Frau, hab'n Se was Lumpiges? Jungfer Anna! Scheene Zoppbändl, Hemdbändl, Strumpfbändl hab ich im Wägl, scheene Stecknadeln, Haarnadeln, Häkel und Esel. Alles geb ich fer a paar Lumpen. *In verändertem Tone.* Von den Lumpen da wird a scheen weiß Papierl gemacht, und da schreibt der liebe Schatz a hibsch Briefl druf.

ANNA. Oh, ich bedank mich, ich mag keen'n Schatz.

FRAU WELZEL, *einen Bolzen einlegend.* Aso is das Mädel. Vom Heiraten will se nischt wissen.

DER REISENDE *springt auf, scheinbar freudig überrascht, tritt an den gedeckten Tisch und streckt Anna die Hand hinüber.* Das ist gescheit, Fräulein, machen Sie's wie ich. Topp! Geben Sie mir die Patsch! Wir beide bleiben ledig.

ANNA, *puterrot, gibt ihm die Hand.* Nun, Sie sein doch schon verheiratet?!

DER REISENDE. I Gott bewahre, ich tu' bloß so. Sie denken wohl, weil ich den Ring trage?! Ach, den habe ich bloß an den Finger gesteckt, um meine bestrickende Persönlichkeit vor unlauteren Angriffen zu schützen. Vor Ihnen fürchte ich mich nicht. *Er steckt den Ring in die*

DRITTER AKT

Tasche. — Sagen Sie mal im Ernst, Fräulein, wollen Sie sich niemals auch nur so'n ganz kleenes bissel verheiraten!

ANNA, *kopfschüttelnd.* O wärsch doch!

FRAU WELZEL. Die bleibt Ihn ledig odersch muß was sehr Rares sein.

DER REISENDE. Nu warum auch nich? 'n reicher schlesischer Magnat hat die Kammerjungfer seiner Mutter geheiratet, und der reiche Fabrikant Dreißiger hat ja auch 'ne Scholzentochter genommen. Die ist nich halb so hübsch wie Sie, Fräulein, und fährt jetzt fein in Equipage mit Livreediener. Warum d'nn nicht? *Er geht umher, sich dehnend und die Beine vertretend.* Eine Tasse Kaffee werd' ich trinken. *Ansorge und der alte Baumert kommen, jeder mit einem Pack, und setzen sich still und demütig zu Hornig an den vordersten Tisch links.*

WELZEL. Willkommen! Vater Ansorge, sieht man dich wieder amal?!

HORNIG. Kommst du ooch noch amal aus dei'n verräucherten Geniste gekrochen?

ANSORGE, *unbeholfen und sichtlich verlegen.* Ich hab m'r wieder amal 'ne Werfte geholt.

DER ALTE BAUMERT. A will fer zehn Beehmen arbeiten.

ANSORGE. Ich hätt's ni gemacht, aber mit der Korbflechterei hat's auch a Ende genommen.

WIEGAND. 's is immer besser wie nischt. A tut's ja ock, daß 'r 'ne Beschäftigung hat. Ich bin sehr gut bekannt mit Dreißigern. Vor acht Tagen nahm ich 'n de Doppelfenster raus. Da red'ten m'r drieber. A tut's bloß aus Barmherzigkeit.

ANSORGE. Nu ja ja — nu nee nee.

WELZEL, *den Webern je einen Schnaps vorsetzend.* Hie wird sein. Nu sag amal, Ansorge. Wie lange hast du dich ni mehr rasieren lassen? — Der Herr mecht's gerne wissen.

DER REISENDE *ruft herüber.* Ach, Herr Wirt, das hab' ich doch nicht gesagt. Der Herr Webermeister ist mir nur aufgefallen durch sein ehrwürdiges Aussehen. Solche Hünengestalten bekommt man nicht oft zu sehen.

ANSORGE *krant sich verlegen den Kopf.* Nu ja ja — nu nee nee.

DER REISENDE. Solche urkräftige Naturmenschen sind heutzutage sehr selten. Wir sind von der Kultur so beleckt...aber ich hab' noch Freude an der Urwüchsigkeit. Buschige Augenbrauen! So'n wilder Bart...

HORNIG. Nu sehn S' ock, werter Herr, ich wer Ihn amal was sag'n: bei da Leuten da langt's halt ni uf a Balbier, und a Rasiermesser kenn se sich schonn lange ni derschwingen. Was wächst, wächst. Uf a äußern Menschen kenn die nischt verwenden.

DER REISENDE. Aber ich bitte Sie, lieber Mann, wo werd' ich denn... *Leise zum Wirt.* Darf man dem Haarmenschen 'n Glas Bier anbieten?

WELZEL. I beileibe, der nimmt nischt. Der hat gar kom'sche Mucken.
DER REISENDE. Na, dann nicht. Erlauben Sie, Fräulein? *Er nimmt an dem gedeckten Tische Platz.* Ich kann Sie versichern, Ihr Haar sticht mir schon, seit ich reinkam, derart in die Augen, dieser matte Glanz, diese Weichheit, diese Fülle! *Er küßt gleichsam entzückt seine Fingerspitzen.* Und diese Farbe...wie reifer Weizen. Wenn Sie mit dem Haar nach Berlin kommen, Sie machen Furore. Parole d'honneur, mit dem Haar können Sie an den Hof gehen... *Zurückgelehnt das Haar betrachtend.* Prachtvoll, einfach prachtvoll.
WIEGAND. Derwegen hat se ja auch eine schöne Benennung erfahren.
DER REISENDE. Wie heißt sie denn da?
ANNA *lacht immerfort in sich hinein.* Oh, heer'n Se nich drauf!
HORNIG. Das is doch d'r Fuchs, ni wahr?
WELZEL. Nu heert aber uf! Macht m'r das Mädel ni noch vollends gar verdreht! Se hab'n 'r schonn Raupen genug in a Kopp gesetzt, Heut will se an Grawen, morgen soll's schonn a Firscht sein.
FRAU WELZEL. Mach du das Mädel ni schlecht, Mann! Das is kee Verbrechen, wenn d'r Mensch will vorwärtskommen. Aso wie du freilich denkst, aso denken ni alle. Das wär auch ni gutt, da käm keener vom Flecke, da blieben se alle sitzen. Wenn Dreißigers Großvater aso hätte gedacht, da wär a woll sein a armer Weber geblieben. Itzt sein se steinreich. D'r alte Tromtra war o nich mehr wie a armer Weber, nu hat a zwelf Rittergieter und is obendruf adlig gewor'n.
WIEGAND. Alles, was de recht is, Welzel. In der Sache da is deine Frau uf'm rechtlichen Wege. Das kann ich underfertigen. Hätt ich aso wie du gedacht, wo wär'n ock itzt meine sieben Gesellen?
HORNIG. Du weeßt druf zu laufen, das muß dir d'r Neid lassen. Wenn d'r Weber noch uf zwee Been rumlauft, da machst du'n schonn a Sarg fertig.
WIEGAND. Wer de will mitkummen, muß sich derzu halten.
HORNIG. Ja, ja, du hältst dich o noch derzu. Du weeßt besser wie a Doktor, wenn d'r Tod um a Weberkindl kommt.
WIEGAND, *kaum noch lächelnd, plötzlich wütend.* Und du weeßt's besser wie de Pol'zei, wo de Nipper sitzen unter a Webern und die de sich jede Woche a hibsch Neegl Spul'n iebrig machen. Du kommst nach Lumpen und nimmst o a Feifl Schußgarn, wenn's druf ankommt.
HORNIG. Und dei Weizen blieht uf'm Kirchhowe. Je mehr daß uf de Hobelspäne schlafen gehn, um desto besser fer dich. Wenn du die vielen Kindergräbl ansiehst, da kloppst du d'r uf a Bauch und sagst: 's war heuer wieder a gudes Jahr; de kleen'n Kreppe sein wieder gefall'n wie de Maikäwer von a Bäumen. Da kann ich m'r wieder a Quart zulegen de Woche.
WIEGAND. Derwegen, da wär ich noch lange kee Hehler.

DRITTER AKT 35

HORNIG. Du machst heechstens amal an reichen Parchentfabrikanten an toppelte Rechnung oder holst a paar iebrige Brettl von Dreißichersch Bau, wenn d'r Mond amal grade ni scheint.

WIEGAND, *ihm den Rücken wendend.* Oh, red du, mit wem de willst. ock mit mir nich. *Plötzlich wieder.* Lügenhornig!!

HORNIG. Totentischler!

WIEGAND, *zu den Anwesenden.* A kann's Vieh behexen.

HORNIG. Sieh dich vor, sag ich d'r bloß, sonst mach ich amal mei Zeichen. *Wiegand wird bleich.*

FRAU WELZEL *war hinausgegangen und setzt nun dem Reisenden Kaffee vor.* Soll ich Ihn'n a Kaffee lieber ins Stiebl tragen?

DER REISENDE. I, was denken Sie! *Mit einem schmachtenden Blick auf Anna.* Hier will ich sitzen, bis ich sterbe.

EIN JUNGER FÖRSTER UND EIN BAUER, *der letztere mit einer Peitsche, kommen. Beide.* Gu'n Mittag! *Sie bleiben am Schenksims stehen.*

DER BAUER. Zwee Ingwer mechten mir hab'n.

WELZEL. Willkommen mitnander! *Er gießt das Verlangte ein; die beiden ergreifen die Gläschen, stoßen damit an, trinken davon und stellen sie auf den Schenksims.*

DER REISENDE. Nun, Herr Förster, tüchtigen Marsch gemacht?

DER FÖRSTER. 's geht. Ich komme von Steinseifferschdorf. *Erster und zweiter alter Weber kommen und setzen sich zu Ansorge, Baumert und Hornig.*

DER REISENDE. Entschuldigen Sie, sind Sie Gräflich Hochheimscher Förster?

DER FÖRSTER. Gräflich Keilsch bin ich.

DER REISENDE. Freilich, freilich, das wollt' ich ja auch sagen. Es ist hier zu schlimm mit den vielen Grafen und Baronen und Freiherrlichen Gnaden. Man muß'n Riesengedächtnis hab'n. Zu was haben Sie denn die Axt, Herr Förster?

DER FÖRSTER. Die hab' ich Holzdieben weggenommen.

DER ALTE BAUMERT. Unse Herrschaft, die nimmt's gar sehr genau mit a paar Scheiten Brennholz.

DER REISENDE. Nu erlauben Sie, das geht doch auch nicht, wenn da jeder holen wollte...

DER ALTE BAUMERT. Mit Verlaub zu reden, hie is das wie ieberall mit a kleen'n und a großen Dieben; hier sein welche, die treiben Holzhandel im großen und wern reich von gestohlenen Holze. Wenn aber a armer Weber...

ERSTER ALTER WEBER *unterbricht Baumert.* Mir derfen kee Zweigl nehmen, aber de Herrschaft, die greift uns desto forscher an, die zieht uns 's Leder egelganz ieber de Ohren runter. Da sein zu entrichten Schutzgelder, Spinngelder, Naturalleistungen, da muß ma umsonste Gänge laufen und Howearbeit tun, ob ma will oder nich.

ANSORGE. 's is halt aso: was uns d'r Fabrikante iebrich läßt, das holt uns d'r Edelmann vollens aus d'r Tasche.

ZWEITER ALTER WEBER *hat am Nebentisch Platz genommen.* Ich hab's o 'n gnädijen Herrn selber gesagt. Se werd'n gittigst verzeihn, Herr Graf, meent ich ieber'n, das Jahr kann ich aso viel Howetage eemal ni leisten. Ich streit's eemal nich! Denn warum? Se wern entschuldijen, mir hat's Wasser alles zuschanden gemacht. Mei bissel Acker hat's weggeschwemmt. Ich muß Tag und Nacht schaffen, wenn ich leben will. Aso a Unwetter. Ihr Leute, ihr Leute! Ich stand ock immer und rang de Hände. Der scheene Boden, der kam ock immer aso über a Berg rundergewellt und ins Häusl nein; und der scheene, teure Samen!... O Jes's, o Jes's, da hab ich ock immer aso in de Wolken neingeprillt, und acht Tage lang hab ich geflennt, daß ich bald keene Straße ni mehr sah... Und dernach konnt ich mich mit achzig schweren Radwern Boden über a Berg wieder nufquäl'n.

DER BAUER, *roh.* Ihr macht ja a schauderhaftiges Gelammetiere dahier. Was de d'r Himmel schickt, das mißt mir uns alle gefall'n lass'n. Und wenn's euch sonst nich zum besten geht, wer is denn schuld wie ihr selber? Wie's Geschäft gutt ging, was habt'r gemacht? All's verspielt und versoffen habt'r. Hätt ihr euch dazemal was derspart, da wär jetzt a Notpfennig da sein, da braucht'r kee Garn und kee Holz stehl'n.

ERSTER JUNGER WEBER, *mit einigen Kameraden im »Hause«, der Diele, spricht laut zur Tür herein.* A Pauer bleibt a Pauer, und wenn a schläft bis um neune.

ERSTER ALTER WEBER. Das is jetzt aso: d'r Pauer und d'r Edelmann, die ziehn a een'n Strange. Will a Weber an Wohnung hab'n, da sagt d'r Pauer: ich geb d'r a klee Lechl zum drinne wohn. Du zahlst m'r scheene Zinse und hilfst m'r mei Heu und mei Getreide reinbringen, und wenn de ni willst, da sieh, wo de bleibst. Kommt eener zum zweeten, der macht's wie d'r erschte.

DER ALTE BAUMERT, *grimmig.* Ma is wie a Griebsch, an dem alle rumfressen.

DER BAUER, *aufgebracht.* Oh, ihr verhungerten Luder, zu was wärt ihr zu gebrauchen? Kennt ihr an Flug in a Acker dricken? Kennt ihr woll 'ne gleiche Furche ziehn oder 'ne Mandel Habergarben uf a Wag'n reechen? Ihr seid ja zu nischt nutze wie zum Faulenzen und bei a Weibern liegen. Ihr wärt Scheißkerle! Ihr kennt een was nitzen. *Er hat indes gezahlt und geht ab. Der Förster folgt ihm lachend. Welzel, der Tischler und Frau Welzel lachen laut, der Reisende für sich. Als das Gelächter verstummt, tritt Stille ein.*

HORNIG. Aso a Pauer, der is wie a Bremmerochse... Wenn ich ni

DRITTER AKT

wißte, was hie fir 'ne Not is. In den Derfern hie nuff, was hat man da alles zu sehn kriegt! Zu viern und fünfen lagen se nackt uf en'n eenzichen Strohsack.

DER REISENDE, *in milde verweisendem Ton.* Erlauben Sie mal, lieber Mann. Über die Not im Gebirge sind doch die Ansichten recht verschieden, wenn Sie lesen können...

HORNIG. Oh, ich les' all's vom Blatte runder, aso gutt wie Sie. Nee, nee, ich wersch wissen, ich bin genug rumkommen bei da Leuten. Wenn man's Kupsel Sticka vierzig Jahr uf'n Puckel hehabt hat, da wird ma woll was wissen zuguderletzt. Wie warsch denn mit Fullern? Die Kinder, die klaubten mit Nachbarsch Gänsen im Miste rum. Gestorben sein de Leute — nackend — uf a Fliesen im Hause. Stinkende Schlichte hab'n se gefressèn vor Himmelsangst. Hingerafft hat se d'r Hunger zu Hunderten und aber Hunderten.

DER REISENDE. Wenn Sie lesen können, müssen Sie doch auch wissen, daß die Regierung genaue Nachforschungen hat anstell'n lassen und daß...

HORNIG. Das kennt man, das kennt man: da kommt so a Herr von der Regierung, der alles schon besser weeß, wie wenn a's gesehn hätte. Der geht aso a bissel im Dorfe rum, wo de Bache ausfließt und de scheensten Häuser sein. De scheen'n blanken Schuhe, die will a sich weiter ni beschmutzen. Da denkt a halt, 's wird woll ieberall aso scheen aussehn, und steigt in de Kutsche und fährt wieder heem. Und da schreibt a nach Berlin, 's wär und wär eemal keene Not nich. Wenn a aber und hätte a bissel Geduld gehabt und wär in da Derfern nufgestiegen, bis wo de Bache eintritt, und ieber die Bache nieber uf de kleene Seite oder gar abseit, wo de klee'n eenzelnen Klitschen stehn, die alten Schaubennester an a Bergen, die de manchmal aso schwarz und hinfällig sein, daß 's 'n Streichhelzl ni verlohnt, um aso a Ding anzustecken, da wär a woll andersch hab'n nach Berlin bericht't. Zu mir hätten se soll'n kommen, de Herrn von d'r Regierung, die's nich haben glooben wollen, daß hier 'ne Not wär. Ich hätt'n amal was ufgezeicht. Ich wollt'n amal de Augen ufkneppen in allen den Hungernestern hier nein.

Man hört draußen das Weberlied singen.

WELZEL. Da singen se schonn wieder das Teifelslied.

WIEGAND. Die stell'n ja 's ganze Dorf uf a Kopp.

FRAU WELZEL, 's is reen, als wenn was in d'r Luft läg.

Jäger und Bäcker, Arm in Arm, an der Spitze einer Schar junger Weberburschen, betreten lärmend das »Haus« und von da die Wirtsstube.

JÄGER. Schwadron halt! Abgesessen! *Die Angekommenen begeben sich zu den verschiedenen Tischen, an denen bereits Weber sitzen, mit ihnen Gespräche anknüpfend.*

HORNIG, *Bäcker zurufend.* Nu sag ock bloß, was geht denn vor, daß 'r aso ei hellen Haufen beinander seid?
BÄCKER, *bedeutsam.* Vielleichte wird amal was vorgehn. Gelt ock, Moritz?!
HORNIG. Nu wärsch doch! Macht ock ni Dinge.
BÄCKER. 's is o schonn Blut geflossen. Willst's sehn?
Er streift seinen Ärmel herauf und zeigt ihm blutende Impfstellen am nackten Oberarm. Wie er, so tun auch viele der jungen Weber an den übrigen Tischen.
BÄCKER. Beim Bader Schmidt war'n mir, impfen lassen.
HORNIG. Na nu wird's Tag. Da kann man sich ni wundern, daß aso a Teeps is uf allen Gassen. Wenn solche Leubel im Dorfe rumschwuchtern...!
JÄGER, *sich protzenhaft aufspielend, mit lauter Stimme.* Gleich zwee Quart, Welzel! Ich zahl's. Denkst etwan, ich hab kee Puttputt? Nu harr ock sachte! Wenn mir sonst wollten, da kennten mir Scheps trinken und Kaffee lappern bis morgen frieh, aso gutt wie a Reisender. *Gelächter unter den jungen Webern.*
DER REISENDE, *mit komischem Erstaunen.* Meinen Sie mir, oder meinen Sie mich? *Der Wirt, die Wirtin und ihre Tochter, Tischler Wiegand und der Reisende lachen.*
JÄGER. Immer den, der fragt.
DER REISENDE. Erlauben Sie mal, junger Mensch, Ihr Geschäft scheint recht gut zu gehen.
JÄGER. Ich kann ni klag'n. Ich bin Konfektionsreisender. Ich mach mit'n Fabrikanten Halbpart. Je mehr d'r Weber hungert, um desto fetter speis ich. Je größer de Not, desto größer mei Brot.
BÄCKER. Das haste gutt gemacht, sollst laba, Moritz!
WELZEL *hat den Kornschnaps gebracht. Auf dem Rückwege zum Schenksims bleibt er stehn und wendet sich langsam in all seinem Phlegma und seiner Massigkeit wieder den Webern zu. Mit ebensoviel Ruhe wie Nachdruck.* Laßt ihr den Herrn zufrieden, der hat euch nischt nich getan.
STIMMEN JUNGER WEBER. Mir tun 'n ja auch nischt.
Frau Welzel hat mit dem Reisenden einige Worte gewechselt. Sie nimmt die Tasse mit dem Kaffeerest und bringt sie in das Nebenstübchen. Der Reisende folgt ihr dahin unter dem Gelächter der Weber.
STIMMEN JUNGER WEBER, *singend.*

   Die Herren Dreißiger die Henker sind,
   die Diener ihre Schergen...

WELZEL. Pscht, pscht! Das Lied singt, wo 'r wollt. Ei mein Hause duld ich's nich.

DRITTER AKT

ERSTER ALTER WEBER. A hat ganz recht; laßt ihr das Singen.

BÄCKER *schreit.* Aber bei Dreißigern miß mer noch amal vorbeiziehn. Der muß unser Lied noch amal zu heer'n kriegen.

WIEGAND. Treibt's ock ni gar zu tolle, daß a ni etwa amal falsch versteht! *Gelächter und Hoho!!*

DER ALTE WITTIG, *ein grauhaariger Schmied, ohne Mütze, in Schurzfell und Holzpantinen, rußig, wie er aus der Werkstatt kommt, ist eingetreten und wartet am Schenksims stehend auf ein Glas Branntwein.* Laß ock du die geruhig a bissel a Theater machen. Die Hunde, die de viel kläffen, beißen nich.

STIMMEN ALTER WEBER. Wittig, Wittig!

WITTIG. Hie hängt a. Was gibbt's denn?

STIMMEN ALTER WEBER. Wittig ist da. — Wittig, Wittig! — Komm her, Wittig, setz dich zu uns! — Komm her zu uns, Wittig!

WITTIG. Ich wer mich in Obacht nehmen und wer mich zu solchen Goten setzen.

JÄGER. Komm, trink amal mit.

WITTIG. O behalt dir den'n Branntwein. Will ich trinken, zahl ich 'n selber. *Er setzt sich mit seinem Schnapsglas zu Baumert und Ansorge. Dem letzteren auf den Bauch klopfend.* Was haben die Weber fer eine Speis? Sauerkraut und Läusefleisch.

DER ALTE BAUMERT, *ekstatisch.* Nu aber wie d'nn da, wenn se nu und sein nimehr zufriede dermit?

WITTIG, *mit gemachtem Staunen den Weber dumm anglotzend.* Nu, nu, nu, sag mer ock, Heinerle, bist du's? *Unbändig herauslachend.* Ihr Leute, ihr Leute, ich lach mich tot. Der ale Baumert will Rebellion machen. Nu wern mersch hab'n: itzt fangen de Schneider ooch an, dann wern de Bälämmel rebellisch, dann de Mäuse und Ratten. O du meine Gitte, das werd a Tanz werden! *Er will sich ausschütten vor Lachen.*

DER ALTE BAUMERT. Nu sieh ock, Wittig, ich bin no immer derselbigte wie frieher. Ich sag o itzt noch: wenn's im guten ging, wärsch besser.

WITTIG. Dreck werd's gehn, aber nich im guden. Wo wär aso was im guden gangen? Is's etwa ei Frankreich im guden gangen? Hat etwa d'r Robspier a Reichen de Patschel gestreechelt? Da hieß's bloß: Allee, schaff fort! Immer nuf uf de Giljotine! Das muß gehn, allong sangfang. De gebratnen Gänse kommen een ni ins Maul geflog'n.

DER ALTE BAUMERT. Wenn ich ock und hätte hallwäge mein Auskommen...

ERSTER ALTER WEBER. Uns steht halt 's Wasser bis hierum, Wittig.

ZWEITER ALTER WEBER. Ma mag bald gar nimehr heem gehn. Ob ma nu schachtert, oder ma legt sich schlafen, ma hungert uf beede Arten.

ERSTER ALTER WEBER. D'rheeme verliert man vollens ganz a Verstand.

ANSORGE. Mir is jetzt schonn eegal, 's kommt aso oder aso.
STIMMEN ALTER WEBER, *mit steigender Erregung.* Nirgend hat ma Ruh. — O ken'n Geist nich zur Arbeit hat man. — Oben bei uns in Steenkunzendorf sitzt eener schonn a ganzen Tag an d'r Bache und wäscht sich, nackt, wie'n Gott gemacht hat. Dem hat's gar a Kopp verwirrt.
DRITTER ALTER WEBER *erhebt sich, vom Geiste getrieben, und fängt an, mit »Zungen« zu reden, den Finger drohend erhoben.* Es ist ein Gericht in der Luft! Gesellet euch nicht zu den Reichen und Vornehmen! Es ist ein Gericht in der Luft! Der Herr Zebaoth... *Einige lachen. Er wird auf den Sitz niedergedrückt.*
WELZEL. Der derf ock a eenzichtes Gläsl trinken, da wirrt's 'n gleich aus'n Koppe.
DRITTER ALTER WEBER *fährt wieder auf.* Doch ha! sie glauben an keinen Gott, noch weder Hell noch Himmel. Religion ist nur ihr Spott...
ERSTER ALTER WEBER. Laß gutt sein, laß!
BÄCKER. Laß du den Mann sei Gesetzl beten. Das kann sich manch eens zu Herzen nehmen.
VIELE STIMMEN, *tumultuarisch.* Laßt 'n reden! — Laßt 'n!
DRITTER ALTER WEBER, *mit gehobener Stimme.* Daher die Helle die Seele weit aufgesperrt und den Rachen aufgetan, ohn alle Maße, daß hinunterfahren alle die, so die Sache der Armen beugen und Gewalt üben im Recht der Elenden, spricht der Herr. *Tumult. Der alte Weber, plötzlich schülerhaft deklamierend.*

>Und doch wie wunderlich geht's,
>wenn man es recht will betrachten,
>wenn man des Leinewebers Arbeit will verachten!

BÄCKER. Mir sein aber Parchentweber. *Gelächter.*
HORNIG. A Leinwebern geht's noch viel elender. Die schleichen ock bloßich noch wie de Gespenster zwischen a Bergen rum. Ihr dahier habt doch noch Krien zum ufmucken.
WITTIG. Denkst du etwan, hie is schon 's Schlimmste vorieber? Das bißl Forsche, was die noch im Leibe hab'n, das werd'n 'r de Fabrikante schon ooch vollens austreiben.
BÄCKER. A hat ja gesagt: de Weber werden noch fer 'ne Quarkschnitte arbeiten. *Tumult.*
VERSCHIEDENE ALTE UND JUNGE WEBER. Wer hat das gesagt?
BÄCKER. Das hat Dreißiger ieber Weber gesagt.
EIN JUNGER WEBER. Das Aas sollt man ärschlich ufknippen.
JÄGER. Heer amal uf mich, Wittig, du hast immer aso viel derzählt von d'r franzeschen Revolution. Du hast immer 's Maul aso voll genom-

DRITTER AKT　　　　　　　　　　　　　　　　　　　41

men. Nu kennte vielleicht bald Gelegenheit wern, daß eener und kennte zeigen, wie's mit'm beschaffen is: ob a a Großmaul is oder a Ehrenmann.

WITTIG, *jähzornig aufbrausend.* Sag noch ee Wort, Junge! Hast du geheert Kugeln pfeifen? Hast du uf Vorposten gestanden ei Feindesland?

JÄGER. Nu, bis ock ni falsch. Mir sein ja Kamraden. Ich hab's ja ni schlimm gemeent.

WITTIG. Uf die Kamradschaft plamp ich. Du Laps, ufgeblasener!
Gendarm Kutsche kommt.

MEHRERE STIMMEN. Pscht, pscht, Pol'zei!
Es wird eine unverhältnismäßig lange Zeit gezischt, bis völlige Ruhe eingetreten ist.

KUTSCHE, *unter tiefem Schweigen aller übrigen seinen Platz an der Mittelsäule einnehmend.* An kleen Korn mecht ich bitten. *Wiederum völlige Ruhe.*

WITTIG. Nu, Kutsche, sollst woll amal zum Rechten sehn hier bei uns?

KUTSCHE, *ohne auf Wittig zu hören.* Gu'n Tak o, Meister Wiegand.

WIEGAND, *noch immer in der Ecke vor dem Schenksims.* Scheen Dank, Kutsche.

KUTSCHE. Wie geht's Geschäft?

WIEGAND. Dank fer de Nachfrage.

BÄCKER. D'r Verwalter hat Angst, m'r kennten uns a Magen verderben von dem vielen Lohn, das m'r kriegen. — *Gelächter.*

JÄGER. Gell ock, Welzel, mir hab'n alle Schweinernes gegessen und Fetttunke und Kleeßl und Sauerkraut, und itzt trink m'r erscht noch Schlampanjerwein. — *Gelächter.*

WELZEL. Hinten rum scheint die Sonne.

KUTSCHE. Und wenn ihr und hätt gleich Schlampanjer und Gebratnes, derwegen werd ihr noch lange ni zufrieden sein. Ich hab o keen'n Schlampanjer, und 's muß halt auch gehn.

BÄCKER, *mit Bezug auf Kutsches Nase.* Der begißt seine kohlrote Gurke mit Branntwein und Schepsbier. Dad'rvon wird se ooch reif. — *Gelächter.*

WITTIG. Aso a Schandarm hat a schweres Leben: eemal muß a an verhungerten Betteljungen ins Loch stecken, dann muß a wieder amal a hibsch Webermädel verfihrn, dann muß a sich wieder amal sternhagelsmäßig bekreeschen und 's Weib durchpriegeln, daß se vor Himmelangst zu a Nachbarn gelaufen kommt; und aso uf'n Ferde rumschappern, in a Federn liegen bis um neune, das is gar kee leichte Ding dahie!

KUTSCHE. Schwatz du immerzu! Du wirscht dich schonn noch beizeiten um a Hals räden. Ma weeß ja längst, was du fer a Briederle bist. Dei ufrihrerisch Maulwerk das is längst bekannt bis nauf zum Landrat. Ich kenn een'n, der bringt ieber Jahr und Tag Weib und Kind eis Armenhaus mit Saufen und Kretschamhocken und sich selber ins Gefängnis, der wird ufhetzen und ufhetzen, bis 's wird a Ende mit Schrecken nehmen.

WITTIG *lacht bitter heraus.* Wer weeß ooch, was kommt?! Uf de Letzte kannste gar recht haben. *Jähzornig hervorbrechend.* Kommt's aber aso weit, dann weeß ich ooch, wem ich's zu verdanken hab, wer mich verklatscht hat bei a Fabrikanten und uf d'r Herrschaft und verschänd't und verleumd't, daß ich keen'n Schlag Arbeit mehr beseh — wer mir de Pauern hat uf a Hals gehetzt und de Miller, daß ich de ganze Woche kee Pferd zum Beschlagen kriege oder an Reefen um a Rad zu machen. Ich weeß, wer das is. Ich hab die infame Karnalje emal vom Ferde gezogen, weil se an kleen'n tummen Jungen wägen a paar unreifen Birnen mit'n Ochsenziemer hat durchgewalkt. Und ich sag dir, du kennst mich, bringst du mich ins Gefängnis, da mach du ooch gleich dei Testament. Heer ich ock was von weiter Ferne läuten, da nehm ich, was ich kriege, 's is nu a Hufeisen oder Hammer, 'ne Radspeiche oder a Wassereimer, und da such ich dich uf, und wenn ich dich soll aus'n Bette holen von deinem Mensche weg, ich reiß dich raus und schlag d'r a Schädel ein, so wahr wie ich Wittig heeße. *Er ist aufgesprungen und will auf Kutsche losgehn.*

ALTE UND JUNGE WEBER, *ihn zurückhaltend.* Wittig, Wittig, bleib bei Verstande.

KUTSCHE *hat sich unwillkürlich erhoben; sein Gesicht ist blaß. Während des Folgenden retiriert er. Je näher der Tür, desto mutiger wird er. Die letzten Worte spricht er schon auf der Türschwelle, um im nächsten Augenblick zu verschwinden.* Was willst du von mir? Mit dir hab ich nischt nich zu schaffen. Ich hab mit a hiesichten Webern zu reden. Dir hab ich nischt nich getan. Du gehst mich nischt an. Euch Webern aber soll ich's ausrichten: d'r Herr Polizeiverwalter läßt euch verbieten, das Lied zu singen — das Dreißicherlied, oder wie sich's genennt. Und wenn das Gesinge uf d'r Gasse ni gleich ufheert, da wird a d'rfire sorgen, daß ihr im Stockhause mehr Zeit und Ruhe kriegt. Da kennt 'r dann singen bei Wasser und Brot, aso lange wie d'r lustig seid. *Ab.*

WITTIG *schreit ihm nach.* Gar nischt hat a uns zu verbieten, und wenn wir prill'n, daß de Fenster schwirr'n, und wenn ma uns heert bis in Reechenbach, und wenn wir singen, daß allen Fabrikanten de Häuser ieberm Koppe zusammenstirzen und allen Verwaltern de Helme uf'm Schädel tanzen. Das geht niemanden nischt an.

BÄCKER *ist inzwischen aufgestanden, hat pantomimisch das Zeichen zum Singen gegeben und beginnt nun selbst mit allen gemeinschaftlich.*

Hier im Ort ist ein Gericht,
noch schlimmer als die Vehmen,
wo man nicht erst ein Urteil spricht,
das Leben schnell zu nehmen.

Der Wirt sucht zu beruhigen, wird aber nicht gehört. Wiegand hält sich die Ohren zu und läuft fort. Die Weber erheben sich und ziehen unter dem Gesang der folgenden Verse Wittig und Bäcker nach, die durch Winke usw. das Zeichen zum allgemeinen Aufbruch gegeben haben.

Hier wird der Mensch langsam gequält,
hier ist die Folterkammer,
hier werden Seufzer viel gezählt
als Zeugen von dem Jammer.

Der größte Teil der Weber singt den folgenden Vers schon auf der Straße, nur einige junge Burschen noch im Innern der Stube, während sie zahlen. Am Schluß der nächsten Strophe ist das Zimmer leer bis auf Welzel, seine Frau, seine Tochter, Hornig und den alten Baumert.

Ihr Schurken all, ihr Satansbrut,
ihr höllischen Kujone,
ihr freßt der Armen Hab und Gut,
und Fluch wird euch zum Lohne.

WELZEL *räumt mit Gleichmut Gläser zusammen.* Die sein ja heute gar tälsch.
Der alte Baumert ist im Begriff zu gehn.
HORNIG. Nu sag bloß, Baumert, was is denn im Gange?
DER ALTE BAUMERT. Zu Dreißichern gehn woll'n se halt, sehn, daß a was zulegt zum Lohne dahier.
WELZEL. Machst du ooch noch mit bei solchen Tollheeten?!
DER ALTE BAUMERT. Nu sieh ock, Welzel, an mir liegt's nich. A Junges kann manchmal, und a Altes muß. *Ein wenig verlegen ab.*
HORNIG *erhebt sich.* Das sollt mich doch wundern, wenn's hie ni amal beese käm.
WELZEL. Daß die alten Krepper a vollens a Verstand verliern!?
HORNIG. A jeder Mensch hat halt 'ne Sehnsucht.

VIERTER AKT

Peterswaldau. — Privatzimmer des Parchentfabrikanten Dreißiger. Ein im frostigen Geschmack der ersten Hälfte unseres Jahrhunderts luxuriös ausgestatteter Raum. Die Decke, der Ofen, die Türen sind weiß: die Tapete gradlinig kleingeblümt und von einem kalten, bleigrauen Ton. Dazu kommen rotüberzogene Polstermöbel aus Mahagoniholz, reich geziert und geschnitzt, Schränke und Stühle von gleichem Material und wie folgt verteilt: rechts, zwischen zwei Fenstern mit kirschroten Damastgardinen, steht der Schreibsekretär, ein Schrank, dessen vordere Wand sich herabklappen läßt; ihm gerade gegenüber das Sofa, unweit davon ein eiserner Geldschrank, vor dem Sofa der Tisch, Sessel und Stühle; an der Hinterwand ein Gewehrschrank. Diese sowie die andern Wände sind durch schlechte Bilder in Goldrahmen teilweise verdeckt. Über dem Sofa hängt ein Spiegel mit stark vergoldetem Rokokorahmen. Eine einfache Tür links führt in den Flur, eine offene Flügeltür der Hinterwand in einen mit dem gleichen ungemütlichen Prunk überladenen Salon. Im Salon bemerkt man zwei Damen, Frau Dreißiger und Frau Pastor Kittelhaus, damit beschäftigt, Bilder zu besehen — ferner den Pastor Kittelhaus im Gespräch mit dem Kandidaten und Hauslehrer Weinhold.

KITTELHAUS, *ein kleines, freundliches Männchen, tritt gemütlich plaudernd und rauchend mit dem ebenfalls rauchenden Kandidaten in das Vorzimmer; dort sieht er sich um und schüttelt, da er niemand bemerkt, verwundert den Kopf.* Es ist ja durchaus nicht zu verwundern, Herr Kandidat: Sie sind jung. In Ihrem Alter hatten wir Alten — ich will nicht sagen dieselben Ansichten, aber doch ähnliche. Ähnliche jedenfalls. Und es ist ja auch was Schönes um die Jugend — um alle die schönen Ideale, Herr Kandidat. Leider nur sind sie flüchtig, flüchtig wie Aprilsonnenschein. Kommen Sie erst in meine Jahre! Wenn man erst mal dreißig Jahre das Jahr zweiundfünfzigmal — ohne die Feiertage — von der Kanzel herunter den Leuten sein Wort gesagt hat, dann ist man notwendigerweise ruhiger geworden. Denken Sie an mich, wenn es mit Ihnen so weit sein wird, Herr Kandidat.
WEINHOLD, *neunzehnjährig, bleich, mager, hochaufgeschossen, mit schlichtem, langem Blondhaar. Er ist sehr unruhig und nervös in seinen Bewegungen.* Bei aller Ehrerbietung, Herr Pastor... Ich weiß doch nicht... Es existiert doch eine große Verschiedenheit in den Naturen.
KITTELHAUS. Lieber Herr Kandidat, Sie mögen ein noch so unruhiger Geist sein — *im Tone eines Verweises.* Und das sind Sie — Sie mögen noch so heftig und ungebärdig gegen die bestehenden Verhältnisse angehen, das legt sich alles. Ja, ja, ich gebe ja zu, wir haben ja Amtsbrüder, die in ziemlich vorgeschrittenem Alter noch recht jugendliche Streiche machen. Der eine predigt gegen die Branntweinpest und gründet Mäßigkeitsvereine, der andere verfaßt Aufrufe, die sich unleugbar recht ergreifend lesen. Aber was erreicht er damit? Die Not unter den Webern wird, wo sie vorhanden ist, nicht gemildert. Der soziale Frieden dagegen wird untergraben. Nein, nein, da möchte

VIERTER AKT

man wirklich fast sagen: Schuster, bleib bei deinem Leisten! Seelsorger, werde kein Wanstsorger! Predige dein reines Gotteswort, und im übrigen laß den sorgen, der den Vögeln ihr Bett und ihr Futter bereitet hat und die Lilie auf dem Felde nicht läßt verderben. — Nun aber möcht' ich doch wirklich wissen, wo unser liebenswürdiger Wirt so plötzlich hingekommen ist.

FRAU DREISSIGER *kommt mit der Pastorin nach vorn. Sie ist eine dreißigjährige, hübsche Frau von einem kernigen und robusten Schlage. Ein gewisses Mißverhältnis zwischen ihrer Art zu reden oder sich zu bewegen und ihrer vornehm reichen Toilette ist auffällig.* Se haben ganz recht, Herr Pastor. Wilhelm macht's immer so. Wenn 'n was einfällt, da rennt er fort und läßt mich sitzen. Da hab' ich schon so drüber gered't, aber da mag man sagen, was man will.

KITTELHAUS. Liebe, gnädige Frau, dafür ist er Geschäftsmann.

WEINHOLD. Wenn ich nicht irre, ist unten etwas vorgefallen.

DREISSIGER *kommt. Echauffiert, aufgeregt.* Nun, Rosa, ist der Kaffee serviert?

FRAU DREISSIGER *schmollt.* Ach, daß du ooch immer fortlaufen mußt.

DREISSIGER, *leichthin.* Ach, was weißt du!

KITTELHAUS. Um Vergebung! Haben Sie Ärger gehabt, Herr Dreißiger?

DREISSIGER. Den hab' ich alle Tage, die Gott der Herr werden läßt, lieber Herr Pastor. Daran bin ich gewöhnt. Nun, Rosa?! Du sorgst wohl dafür.

FRAU DREISSIGER *geht mißlaunig und zieht mehrmals heftig an dem breiten gestickten Klingelzug.*

DREISSIGER. Jetzt eben — *nach einigen Umgängen* — Herr Kandidat, hätte ich Ihnen gewünscht, dabei zu sein. Da hätten Sie was erleben können. Übrigens... Kommen Sie, fangen wir unsern Whist an!

KITTELHAUS. Ja, ja, ja und nochmals ja! Schütteln Sie des Tages Staub und Last von den Schultern, und gehören Sie uns!

DREISSIGER *ist ans Fenster getreten, schiebt eine Gardine beiseite und blickt hinaus. Unwillkürlich:* Bande!!! — Komm doch mal her, Rosa! *Sie kommt.* Sag doch mal: dieser lange, rothaarige Mensch dort!

KITTELHAUS. Das ist der sogenannte rote Bäcker.

DREISSIGER. Nu sag mal, ist das vielleicht derselbe, der dich vor zwei Tagen insultiert hat? Du weißt ja, was du mir erzähltest, als dir Johann in den Wagen half.

FRAU DREISSIGER *macht einen schiefen Mund, gedehnt.* Ich wöß nich mehr.

DREISSIGER. Aber so laß doch jetzt das Beleidigttun. Ich muß das nämlich wissen. Ich habe die Frechheiten nun nachgerade satt. Wenn es der ist, so zieh' ich ihn nämlich zur Verantwortung. *Man hört das Weberlied singen.* Nun hören Sie bloß, hören Sie bloß!

KITTELHAUS, *überaus entrüstet*. Will denn dieser Unfug wirklich immer noch kein Ende nehmen? Nun muß ich aber wirklich auch sagen: es ist Zeit, daß die Polizei einschreitet. Gestatten Sie mir doch mal! *Er tritt ans Fenster.* Nun sehen Sie an, Herr Weinhold! Das sind nun nicht bloß junge Leute, da laufen auch alte, gesetzte Weber in Masse mit. Menschen, die ich lange Jahre für höchst ehrenwert und gottesfürchtig gehalten habe, sie laufen mit. Sie nehmen teil an diesem unerhörten Unfug. Sie treten Gottes Gesetz mit Füßen. Wollen Sie diese Leute vielleicht nun noch in Schutz nehmen?

WEINHOLD. Gewiß nicht, Herr Pastor. Das heißt, Herr Pastor, cum grano salis. Es sind eben hungrige, unwissende Menschen. Sie geben halt ihre Unzufriedenheit kund, wie sie's verstehen. Ich erwarte gar nicht, daß solche Leute...

FRAU KITTELHAUS, *klein, mager, verblüht, gleicht mehr einer alten Jungfer als einer alten Frau.* Herr Weinhold, Herr Weinhold! aber ich bitte Sie!

DREISSIGER. Herr Kandidat, ich bedaure sehr... Ich habe Sie nicht in mein Haus genommen, damit Sie mir Vorlesungen über Humanität halten. Ich muß Sie ersuchen, sich auf die Erziehung meiner Knaben zu beschränken, im übrigen aber meine Angelegenheiten mir zu überlassen, mir ganz allein! Verstehen Sie mich?

WEINHOLD *steht einen Augenblick starr und totenblaß und verbeugt sich dann mit einem fremden Lächeln. Leise.* Gewiß, gewiß, ich habe Sie verstanden. Ich sah es kommen; es entspricht meinen Wünschen. *Ab.*

DREISSIGER, *brutal.* Dann aber doch möglichst bald, wir brauchen das Zimmer.

FRAU DREISSIGER. Aber Wilhelm, Wilhelm!

DREISSIGER. Bist du wohl bei Sinnen? Du willst einen Menschen in Schutz nehmen, der solche Pöbeleien und Schurkereien wie dieses Schmählied da verteidigt?!

FRAU DREISSIGER. Aber Männdel, Männdel, er hat's ja gar nich...

DREISSIGER. Herr Pastor, hat er's verteidigt, oder hat er's nicht verteidigt?

KITTELHAUS. Herr Dreißiger, man muß es seiner Jugend zugute halten.

FRAU KITTELHAUS. Ich weiß nicht, der junge Mensch ist aus einer so guten und achtbaren Familie. Vierzig Jahr' war sein Vater als Beamter tätig und hat sich nie auch nur das geringste zuschulden kommen lassen. Die Mutter war so überglücklich, daß er hier ein so schönes Unterkommen gefunden hatte. Und nun, nun weiß er sich das so wenig wahrzunehmen.

PFEIFER *reißt die Flurtür auf, schreit herein.* Herr Dreißicher, Herr Dreißicher! se hab'n 'n feste. Se mechten kommen. Se haben een'n gefangen.

VIERTER AKT

DREISSIGER, *hastig*. Ist jemand zur Polizei gelaufen?

PFEIFER. D'r Herr Verwalter kommt schonn die Treppe ruf.

DREISSIGER, *in der Tür*. Ergebener Diener, Herr Verwalter! Es freut mich, daß Sie gekommen sind.

KITTELHAUS *macht den Damen pantomimisch begreiflich, daß es besser sei, sich zurückzuziehen. Er, seine Frau und Frau Dreißiger verschwinden in den Salon.*

DREISSIGER, *im höchsten Grade aufgebracht, zu dem inzwischen eingetretenen Polizeiverwalter*. Herr Verwalter, ich habe nun endlich einen der Hauptsänger von meinen Färbereiarbeitern festnehmen lassen. Ich konnte das nicht mehr weiter mit ansehen. Die Frechheit geht einfach ins Grenzenlose. Es ist empörend. Ich habe Gäste, und diese Schufte erdreisten sich... sie insultieren meine Frau, wenn sie sich zeigt; meine Knaben sind ihres Lebens nicht sicher. Ich riskiere, daß sie meine Gäste mit Püffen traktieren. Ich gebe Ihnen die Versicherung, wenn es in einem geordneten Gemeinwesen ungestraft möglich sein sollte, unbescholtene Leute, wie ich und meine Familie, fortgesetzt öffentlich zu beschimpfen... ja dann... dann müßte ich bedauern, andere Begriffe von Recht und Gesittung zu haben.

POLIZEIVERWALTER, *etwa fünfzigjähriger Mann, mittelgroß, korpulent, vollblütig. Er trägt Kavallerieuniform mit Schleppsäbel und Sporen*. Gewiß nicht... Nein, gewiß nicht, Herr Dreißiger! Verfügen Sie über mich. Beruhigen Sie sich nur, ich stehe ganz zu Ihrer Verfügung. Es ist ganz in der Ordnung... Es ist mir sogar sehr lieb, daß Sie einen der Hauptschreier haben festnehmen lassen. Es ist mir sehr recht, daß die Sache nun endlich mal zum Klappen kommt. Es sind so'n paar Friedensstörer hier, die ich schon lange auf der Pike habe.

DREISSIGER. So'n paar grüne Burschen, ganz recht, arbeitsscheues Gesindel, faule Lümmels, die ein Luderleben führen, Tag für Tag in den Schenken rumhocken, bis der letzte Pfennig durch die Gurgel gejagt ist. Aber nun bin ich entschlossen, ich werde diesen berufsmäßigen Schandmäulern das Handwerk legen, gründlich. Es ist im allgemeinen Interesse, nicht nur im eigenen Interesse.

POLIZEIVERWALTER. Unbedingt! ganz unbedingt, Herr Dreißiger. Das kann Ihnen kein Mensch verdenken. Und soviel in meinen Kräften steht...

DREISSIGER. Mit dem Kantschu müßte man hineinfahren in das Lumpengesindel.

POLIZEIVERWALTER. Ganz recht, ganz recht. Es muß ein Exempel statuiert werden.

GENDARM KUTSCHE *kommt und nimmt Stellung. Man hört, da die Flurtür offen ist, das Geräusch von schweren Füßen, welche die Treppe herauf-*

poltern. Herr Verwalter, ich melde gehorsamst: m'r hab'n einen Menschen festgenommen.

DREISSIGER. Wollen Sie den Menschen sehen, Herr Polizeiverwalter?

POLIZEIVERWALTER. Ganz gewiß, ganz gewiß. Wir wollen ihn zuallererst mal aus nächster Nähe betrachten. Tun Sie mir den Gefallen, Herr Dreißiger, und bleiben Sie ganz ruhig. Ich verschaffe Ihnen Genugtuung, oder ich will nicht Heide heißen.

DREISSIGER. Damit kann ich mich nicht zufrieden geben, der Mensch kommt unweigerlich vor den Staatsanwalt.

JÄGER *wird von fünf Färbereiarbeitern hereingeführt, die, an Gesicht, Händen und Kleidern mit Farbe befleckt, direkt von der Arbeit herkommen. Der Gefangene hat die Mütze schief sitzen, trägt eine freche Heiterkeit zur Schau und befindet sich infolge des vorherigen Branntweingenusses in gehobenem Zustand.* O ihr älenden Kerle! Arbeiter wollt 'r sein? Kamraden wollt 'r sein? Eh ich das machte – eh ich mich vergreifen tät a mein'n Genossen, da tät ich denken, die Hand mißt m'r verfaul'n dahier! *Auf einen Wink des Verwalters hin veranlaßt Kutsche, daß die Färber ihre Hände von dem Opfer nehmen. Jäger steht nun frei und frech da, während um ihn alle Türen verstellt werden.*

POLIZEIVERWALTER *schreit Jäger an.* Mütze ab, Flegel! *Jäger nimmt sie ab, aber sehr langsam, ohne sein ironisches Lächeln aufzugeben.* Wie heißt du?

JÄGER. Hab ich mit dir schonn die Schweine gehit't?

Unter dem Eindruck der Worte entsteht eine Bewegung unter den Anwesenden.

DREISSIGER. Das ist stark.

POLIZEIVERWALTER *wechselt die Farbe, will aufbrausen, kämpft den Zorn nieder.* Das übrige wird sich finden. Wie du heißt, frage ich dich! *Als keine Antwort erfolgt, rasend.* Kerl, sprich, oder ich lasse dir fünfundzwanzig überreißen.

JÄGER, *mit vollkommener Heiterkeit und ohne auch nur durch ein Wimperzucken auf die wütende Einrede zu reagieren, über die Köpfe der Anwesenden hinweg zu einem hübschen Dienstmädchen, das, im Begriff, den Kaffee zu servieren, durch den unerwarteten Anblick betroffen, mit offenem Munde stehengeblieben ist.* Nu sag m'r ock, Plättbrettl-Emilie, bist du jetzt bei der Gesellschaft?! Na da sieh ock, daß de hier nausfind'st. Hie kann amal d'r Wind gehn, und der bläst alles weg ieber Nacht. *Das Mädchen starrt Jäger an, wird, als sie begreift, daß die Rede ihr gilt, rot vor Scham, schlägt sich die Hände vor die Augen und läuft hinaus, das Geschirr zurücklassend, wie es gerade steht und liegt. Wiederum entsteht eine Bewegung unter den Anwesenden.*

VIERTER AKT

POLIZEIVERWALTER, *nahezu fassungslos zu Dreißiger.* So alt wie ich bin, eine solche unerhörte Frechheit ist mir doch...

JÄGER *spuckt aus.*

DREISSIGER. Kerl, du bist in keinem Viehstall, verstanden?!

POLIZEIVERWALTER. Nun bin ich am Ende mit meiner Geduld. Zum letztenmal: wie heißt du?

KITTELHAUS, *der während der letzten Szene hinter der ein wenig geöffneten Salontür hervorgeblickt und gehorcht hat, kommt nun, durch die Geschehnisse hingerissen, um, bebend vor Erregung, zu intervenieren.* Er heißt Jäger, Herr Verwalter. Moritz... nicht? Moritz Jäger. *Zu Jäger.* Nu sag bloß, Jäger, kennst du mich nich mehr?

JÄGER, *ernst.* Sie sein Pastor Kittelhaus.

KITTELHAUS. Ja, dein Seelsorger, Jäger! Derselbe, der dich als kleines Wickelkind in die Gemeinschaft der Heiligen aufgenommen hat. Derselbe, aus dessen Händen du zum erstenmal den Leib des Herrn empfangen hast. Erinnerst du dich noch? Da hab' ich mich nun gemüht und gemüht und dir das Wort Gottes ans Herz gelegt. Ist das nun die Dankbarkeit?

JÄGER, *finster, wie ein geduckter Schuljunge.* Ich hab' ja een Taler Geld ufgelegt.

KITTELHAUS. Geld, Geld... Glaubst du vielleicht, daß das schnöde, erbärmliche Geld... Behalt dir dein Geld, das ist mir viel lieber. Was das für ein Unsinn ist! Sei brav, sei ein Christ! Denk an das, was du gelobt hast. Halt Gottes Gebote, sei gut und sei fromm. Geld, Geld...

JÄGER. Ich bin Quäker, Herr Pastor, ich gloob an nischt mehr.

KITTELHAUS. Was, Quäker, ach rede doch nicht! Mach, daß du dich besserst, und laß unverdaute Worte aus dem Spiel! Das sind fromme Leute, nicht Heiden wie du. Quäker! was Quäker!

POLIZEIVERWALTER. Mit Erlaubnis, Herr Pastor. *Er tritt zwischen ihn und Jäger.* Kutsche! binden Sie ihm die Hände! *Wüstes Gebrüll von draußen:* Jäger! Jäger soll rauskommen!

DREISSIGER, *gelinde erschrocken wie die übrigen Anwesenden, ist unwillkürlich ans Fenster getreten.* Was heißt denn das nun wieder?

POLIZEIVERWALTER. Oh, das versteh' ich. Das heißt, daß sie den Lumpen wieder raushaben wollen. Den Gefallen werden wir ihnen nun aber mal nicht tun. Verstanden, Kutsche? Er kommt ins Stockhaus.

KUTSCHE, *mit dem Strick in der Hand, zögernd.* Mit Respekt zu vermelden, Herr Verwalter, wir werden woll unsere Not haben. Es ist eine ganz verfluchte Hetze Menschen. De richt'ge Schwefelbande, Herr Verwalter. Da is der Bäcker, da is der Schmied...

KITTELHAUS. Mit gütiger Erlaubnis — um nicht noch mehr böses Blut zu machen, würde es nicht angemessener sein, Herr Verwalter, wir versuchten es friedlich? Vielleicht verpflichtet sich der Jäger, gutwillig mitzugehen oder so...

POLIZEIVERWALTER. Wo denken Sie hin!! Meine Verantwortung! Auf so etwas kann ich mich unmöglich einlassen. Vorwärts, Kutsche! nich lange gefackelt!

JÄGER, *die Hände zusammenlegend und lachend hinhaltend.* Immer feste, feste, aso feste, wie 'r kennt. 's is ja doch nich uf lange. *Er wird gebunden von Kutsche mit Hilfe der Kameraden.*

POLIZEIVERWALTER. Nu vorwärts, marsch! *Zu Dreißiger.* Wenn Sie Sorge haben, dann lassen Sie sechs Mann von den Färbern mitgehen. Die können ihn in die Mitte nehmen. Ich reite voran, Kutsche folgt. Wer sich entgegenstellt, wird niedergehauen.

Geschrei von unten: Kikeriki—i!! Wau wau, wau!

POLIZEIVERWALTER, *nach dem Fenster drohend.* Kanaillen! ich werde euch bekikerikien und bewauwauen. Marsch, vorwärts! *Er schreitet voran hinaus mit gezogenem Säbel, die andern folgen mit Jäger.*

JÄGER *schreit im Abgehen.* Und wenn sich de gnäd'ge Frau Dreißichern o noch aso stolz macht, die is deshalb ni mehr wie unsereens. Die hat mein Vater viel hundertmal fer drei Fennige Schnaps vorgesetzt. Schwadron links schwenkt, marsch, marsch! *Ab mit Gelächter.*

DREISSIGER, *nach einer Pause, scheinbar gelassen.* Wie denken Sie, Herr Pastor? Wollen wir nun nicht unsern Whist machen? Ich denke, der Sache steht nun nichts mehr im Wege. *Er zündet sich eine Zigarre an, dabei lacht er mehrmals kurz, sobald sie brennt, laut heraus:* Nu fang' ich an, die Geschichte komisch zu finden. Dieser Kerl! *In einem nervösen Lachausbruch:* Es ist aber auch unbeschreiblich lächerlich. Erst der Krakeel bei Tisch mit dem Kandidaten. Fünf Minuten darauf empfiehlt er sich. Fort über alle Berge! Dann diese Geschichte. Und nun spielen wir unsern Whist weiter.

KITTELHAUS. Ja aber... *Gebrüll von unten.* Ja, aber... Wissen Sie: die Leute machen einen so schrecklichen Skandal.

DREISSIGER. Ziehen wir uns einfach in das andere Zimmer zurück. Da sind wir ganz ungestört.

KITTELHAUS, *unter Kopfschütteln.* Wenn ich nur wüßte, was in diese Menschen gefahren ist! Ich muß dem Kandidaten darin recht geben, wenigstens war ich bis vor kurzem auch der Ansicht, die Webersleute wären ein demütiger, geduldiger und lenksamer Menschenschlag. Geht es Ihnen nicht auch so, Herr Dreißiger?

DREISSIGER. Freilich waren sie geduldig und lenksam, freilich waren es früher gesittete und ordentliche Leute. Solange nämlich die Humanitätsdusler ihre Hand aus dem Spiele ließen. Da ist ja den Leuten lange genug klargemacht worden, in welchem entsetzlichen Elend sie drinstecken. Bedenken Sie doch: all die Vereine und Komitees

VIERTER AKT

zur Abhilfe der Webernot. Schließlich glaubt es der Weber, und nun hat er den Vogel. Nun komme einer her und rücke ihnen den Kopf wieder zurecht. Jetzt ist er im Zuge. Jetzt murrt er ohne aufzuhören. Jetzt paßt ihm das nicht und jen's nicht. Jetzt möchte alles gemalt und gebraten sein.
Plötzlich ein vielstimmiges, aufschwellendes Hurragebrüll.

KITTELHAUS. So haben sie denn mit all ihrer Humanität nichts weiter zuwege gebracht, als daß aus Lämmern über Nacht buchstäblich Wölfe geworden sind.

DREISSIGER. Ach was! bei kühlem Verstande, Herr Paster, kann man der Sache vielleicht sogar noch 'ne gute Seite abgewinnen. Solche Vorkommnisse werden vielleicht in den leitenden Kreisen nicht unbemerkt bleiben. Möglicherweise kommt man dort doch mal zu der Überzeugung, daß es so nicht mehr lange weitergehen kann, daß etwas geschehen muß, wenn unsre heimische Industrie nicht völlig zugrunde gehen soll.

KITTELHAUS. Ja, woran liegt aber dieser enorme Rückgang, sagen Sie bloß?

DREISSIGER. Das Ausland hat sich gegen uns durch Zölle verbarrikadiert. Dort sind uns die besten Märkte abgeschnitten, und im Inland müssen wir ebenfalls auf Tod und Leben konkurrieren, denn wir sind preisgegeben, völlig preisgegeben.

PFEIFER *kommt atemlos und blaß hereingewankt.* Herr Dreißicher, Herr Dreißicher!

DREISSIGER, *bereits in der Salontür, im Begriff zu gehen, wendet sich geärgert.* Nu, Pfeifer, was gibt's schon wieder?

PFEIFER. Nee, nee... nu laßt mich zufriede!

DREISSIGER. Was ist denn nu los?

KITTELHAUS. Sie machen einem ja Angst; reden Sie doch!

PFEIFER, *immer noch nicht bei sich.* Na, da laßt mich zufriede! nee so was! nee so was aber ooch! Die Obrigkeit... na, den wird's gutt gehn.

DREISSIGER. In's Teufels Namen, was is Ihnen denn in die Glieder geschlagen? Hat jemand den Hals gebrochen?

PFEIFER, *fast weinend vor Angst, schreit heraus.* Se hab'n a Jäger Moritz befreit, a Verwalter gepriegelt und fortgejagt, a Schandarm gepriegelt und fortgejagt. Ohne Helm... a Säbel zerbrochen... nee, nee!

DREISSIGER. Pfeifer, Sie sind wohl übergeschnappt.

KITTELHAUS. Das wäre ja Revolution.

PFEIFER, *auf einem Stuhl sitzend, am ganzen Leibe zitternd, wimmernd.* Herr Dreißicher, 's wird ernst! Herr Dreißicher, 's wird ernst!

DREISSIGER. Na, dann kann mir aber die ganze Polizei...

PFEIFER. Herr Dreißicher, 's wird ernst!

DREISSIGER. Ach, halten Sie's Maul, Pfeifer! Zum Donnerwetter!
FRAU DREISSIGER, *mit der Pastorin aus dem Salon.* Ach, das ist aber wirklich empörend, Wilhelm. Der ganze schöne Abend wird uns verdorben. Nu hast du's, nu will die Frau Pastern am liebsten zu Hause gehn.
KITTELHAUS. Liebe, gnädige Frau Dreißiger, es ist doch vielleicht heute wirklich das beste...
FRAU DREISSIGER. Aber Wilhelm, du solltest doch auch mal gründlich dazwischen fahren.
DREISSIGER. Geh du doch und sag's 'n! Geh du doch! Geh du doch! *Vor dem Pastor stillstehend, unvermittelt.* Bin ich denn ein Tyrann? Bin ich denn ein Menschenschinder?
KUTSCHER JOHANN *kommt.* Gnäd'ge Frau, ich hab de Pferde derweile angeschirrt. A Jorgel und 's Karlchen hat d'r Herr Kandedate schon in a Wagen gesetzt. Kommt's gar schlimm, da fahr m'r los.
FRAU DREISSIGER. Ja, was soll denn schlimm kommen?
JOHANN. Nu ich weeß halt au ni. Ich meen halt aso! 's wern halt immer mehr Leute. Se hab'n halt doch a Verwalter mit samst'n Schandarme fortgejagt.
PFEIFER. 's wird ernst, Herr Dreißiger! 's wird ernst!
FRAU DREISSIGER, *mit steigender Angst.* Ja, was soll denn werden? Was wollen die Leute? Se könn uns doch nich ieberfallen, Johann?
JOHANN. Frau Madame, 's sein riede Hunde drunter.
PFEIFER. 's wird ernst, bittrer Ernst.
DREISSIGER. Maul halten, Esel! Sind die Türen verrammelt?
KITTELHAUS. Tun Sie mir den Gefallen... Tun Sie mir den Gefallen... Ich habe einen Entschluß gefaßt... Tun Sie mir den Gefallen... *Zu Johann:* Was verlangen denn die Leute?
JOHANN, *verlegen.* Mehr Lohn woll'n se halt hab'n, die tummen Luder.
KITTELHAUS. Gut, schön! — Ich werde hinausgehen und meine Pflicht tun. Ich werde mit den Leuten mal ernstlich reden.
JOHANN. Herr Paster, Herr Paster! das lassen Se ock unterwegens. Hie is jedes Wort umsonste.
KITTELHAUS. Lieber Herr Dreißiger, noch ein Wörtchen. Ich möchte Sie bitten: stellen Sie Leute hinter die Tür, und lassen Sie sogleich hinter mir abschließen.
FRAU KITTELHAUS. Ach, willst du das wirklich, Joseph?
KITTELHAUS. Ich will es. Ich will es. Ich weiß, was ich tue. Hab keine Sorge, der Herr wird mich schützen.
FRAU KITTELHAUS *drückt ihm die Hand, tritt zurück und wischt sich Tränen aus den Augen.*
KITTELHAUS, *indes von unten herauf ununterbrochen das dumpfe Geräusch einer großen, versammelten Menschenmenge heraufdringt.* Ich werde

VIERTER AKT

mich stellen... Ich werde mich stellen, als ob ich ruhig nach Hause ginge. Ich will doch sehen, ob mein geistliches Amt... ob nicht mehr so viel Respekt bei diesen Leuten... Ich will doch sehen... *Er nimmt Hut und Stock.* Vorwärts also, in Gottes Namen. *Ab, begleitet von Dreißiger, Pfeifer und Johann.*

FRAU KITTELHAUS. Liebe Frau Dreißiger — *sie bricht in Tränen aus und umhalst sie* — wenn ihm nur nicht ein Unglück zustößt!

FRAU DREISSIGER, *wie abwesend.* Ich weeß gar nich, Frau Pastern, mir is aso... Ich weeß gar nich, wie mir zumute is. So was kann doch reen gar nich menschenmeeglich sein. Wenn das aso is... das is ja grade, als wie wenn's Reichtum a Verbrechen wär. Sehn S' ock, wenn mir das hätte jemand gesagt, ich weeß gar nich, Frau Pastern, am Ende wär ich lieber in mein kleenlichen Verhältnissen drinnegeblieben.

FRAU KITTELHAUS. Liebe Frau Dreißiger, es gibt in allen Verhältnissen Enttäuschungen und Ärger genug.

FRAU DREISSIGER. Nu freilich, nu freilich, das denk ich mir doch ooch eben. Und daß mir mehr haben als andere Leute... nu Jes's, mir haben's doch ooch nich gestohlen. 's is doch Heller fer Fennig uf rechtlichem Wege erworben. So was kann doch reen gar nich meeglich sein, daß die Leute ieber een herfallen. Is denn mein Mann schuld, wenn's Geschäfte schlecht geht?

Von unten herauf dringt tumultuarisches Gebrüll. Während die beiden Frauen noch bleich und erschrocken einander anblicken, stürzt Dreißiger herein.

DREISSIGER. Rosa, wirf dir was über und spring in den Wagen, ich komme gleich nach! *Er stürzt nach dem Geldschrank, schließt ihn auf und entnimmt ihm verschiedene Wertsachen.*

JOHANN *kommt.* Alles bereit! Aber nu schnell, eh's Hintertor ooch besetzt is!

FRAU DREISSIGER, *in panischem Schrecken den Kutscher umhalsend.* Johann, liebster Johann! Rett' uns, allerallerallerbester Johann! Rette meine Jungen, ach, ach...

DREISSIGER. Sei doch vernünftig! Laß doch den Johann los!

JOHANN. Madam, Madam! Sein S' ock ganz ruhig. Unse Rappen sein gutt im Stande. Die holt keener ein. Wer de ni beiseite geht, wird iebergefahr'n. *Ab.*

FRAU KITTELHAUS, *in ratloser Angst.* Aber mein Mann? Aber, aber mein Mann? Aber, Herr Dreißiger, mein Mann?

DREISSIGER. Frau Pastor, Frau Pastor, er ist ja gesund. Beruhigen Sie sich doch nur, er ist ja gesund.

FRAU KITTELHAUS. Es ist ihm was Schlimmes zugestoßen. Sie sagen's bloß nicht. Sie sagen's bloß nicht.

DREISSIGER. O lassen Sie's gut sein, die werden's bereun. Ich weiß ganz genau, wessen Hände dabei waren. Eine so namenlose, schamlose Frechheit bleibt nicht ungerochen. Eine Gemeinde, die ihren Seelsorger mißhandelt, pfui Teufel! Tolle Hunde, nichts weiter, toll gewordene Bestien, die man demgemäß behandeln wird. *Zu Frau Dreißiger, die wie betäubt dasteht:* Nu so geh doch und rühr dich. *Man hört gegen die Haustür schlagen.* Hörst du denn nicht? Das Gesindel ist wahnsinnig geworden. *Man hört Klimpern von zerbrechenden Scheiben, die im Parterre eingeworfen werden.* Das Gesindel hat den Sonnenkoller. Da bleibt nichts übrig, wir müssen machen, daß wir fortkommen.

Man hört vereint rufen. Expedient Feifer soll rauskommen! — Expedient Feifer soll rauskommen!

FRAU DREISSIGER. Feifer, Feifer, sie wollen Feifer raushaben.

PFEIFER *stürzt herein.* Herr Dreißicher, am Hintertor stehn o schonn Leute. De Haustier hält keene drei Minuten mehr. D'r Wittigschmied haut mit an Ferdeeimer drauf nei wie a Unsinniger.

Von unten Gebrüll lauter und deutlicher. Expedient Feifer soll rauskommen! — Expedient Feifer soll rauskommen!

FRAU DREISSIGER *rennt davon, wie gejagt; ihr nach Frau Kittelhaus. Beide ab.*

PFEIFER *horcht auf, wechselt die Farbe, versteht den Ruf und ist im nächsten Moment von wahnsinniger Angst erfaßt. Das Folgende weint, wimmert, bettelt, winselt er in rasender Schnelligkeit durcheinander. Dabei überhäuft er Dreißiger mit kindischen Liebkosungen, streichelt ihm Wangen und Arme, küßt seine Hände und umklammert ihn schließlich wie ein Ertrinkender, ihn dadurch hemmend und fesselnd und nicht von ihm loslassend.* Ach liebster, scheenster, allergnädigster Herr Dreißicher, lassen Sie mich nich zuricke, ich hab Ihn immer treu gedient; ich hab ooch de Leute immer gutt behandelt. Mehr Lohn, wie festgesetzt war, konnt ich'n doch nich geben. Verlassen Se mich nich, se machen mich kalt. Wenn se mich finden, schlagen se mich tot. Ach Gott im Himmel, ach Gott im Himmel! Meine Frau, meine Kinder...

DREISSIGER, *indem er abgeht, vergeblich bemüht, sich von Pfeifer loszumachen.* Lassen Sie mich doch wenigstens los, Mensch! Das wird sich ja finden; das wird sich ja alles finden. *Ab mit Pfeifer.*

Einige Sekunden bleibt der Raum leer. Im Salon zerklirren Fenster. Ein starker Krach durchschallt das Haus, hierauf brausendes Hurra, danach Stille. Einige Sekunden vergehen, dann hört man leises und vorsichtiges Trappen die Stufen zum ersten Stock empor, dazu nüchterne und schüchterne Ausrufe:

links! — oben nuf! — pscht! — langsam! langsam! — schipp ock nich! — hilf schirjen! — praatz, hab ich a Ding! — macht fort, ihr

VIERTER AKT 55

Wirgebänder! — mir gehn zur Hochzeit! — geh du nei! — o geh du!
*Es erscheinen nun junge Weber und Webermädchen in der Flurtür, die
nicht wagen einzutreten und eines das andere hereinzustoßen suchen.
Nach einigen Sekunden ist die Schüchternheit überwunden, und die
ärmlichen, magern, teils kränklichen, zerlumpten oder geflickten Gestalten verteilen sich in Dreißigers Zimmer und im Salon, alles zunächst
neugierig und scheu betrachtend, dann betastend. Mädchen versuchen
die Sofas; es bilden sich Gruppen, die ihr Bild im Spiegel bewundern.
Es steigen einzelne auf Stühle, um die Bilder zu betrachten und herabzunehmen, und dazwischen strömen immer neue Jammergestalten vom
Flur herein.*
EIN ALTER WEBER *kommt.* Nee, nee, da laßt mich aber doch zufriede!
Unten da fangen se gar schonn an und richten an Sache zugrunde.
Nu die Tollheet! Da is doch kee Sinn und kee Verstand o nich drinne.
Ums Ende wird das noch gar sehr a beese Ding. Wer hie an hellen
Kopp behält, der macht ni mit. Ich wer mich in Obacht nehmen und
wer mich an solchen Untaten beteiligen!
*Jäger, Bäcker, Wittig mit einem hölzernen Eimer, der alte Baumert
und eine Anzahl junger und alter Weber kommen wie auf der Jagd
nach etwas hereingestürmt, mit heiseren Stimmen durcheinanderrufend.*
JÄGER. Wo is a hin?
BÄCKER. Wo is der Menschenschinder?
DER ALTE BAUMERT. Kenn mir Gras fressen, friß du Sägespäne.
WITTIG. Wenn m'r 'n kriegen, knippen mer 'n uf.
ERSTER JUNGER WEBER. Mir nehmen 'n bei a Been'n und schmeißen 'n
zum Fenster naus, uf de Steene, daß a bald fer immer liegenbleibt.
ZWEITER JUNGER WEBER *kommt.* A is fort ieber alle Berge.
ALLE. Wer denn?
ZWEITER JUNGER WEBER. Dreißicher.
BÄCKER. Feifer o?
STIMMEN. Sucht Feifern! sucht Feifern!
DER ALTE BAUMERT. Such, such, Feiferla, 's is a Weberschmann auszuhungern. *Gelächter.*
JÄGER. Wenn mersch o ni kriegen, das Dreißicherviech... arm soll a
wern.
DER ALTE BAUMERT. Arm soll a wern wie 'ne Kirchenmaus. Arm soll
a wern.
Alle stürmen in der Absicht zu demolieren auf die Salontür zu.
BÄCKER, *der voraneilt, macht eine Wendung und hält die andern auf.* Halt,
heert uf mich! Sei.mer hier fertig, da fang m'r erscht recht an. Von
hier aus geh mer nach Bielau nieder, zu Dittrichen, der de mechan'-
schen Webstihle hat. Das ganze Elend kommt von a Fabriken.
ANSORGE *kommt vom Flur herein. Nachdem er einige Schritte gemacht,*

bleibt er stehen, sieht sich ungläubig um, schüttelt den Kopf, schlägt sich vor die Stirn und sagt: Wer bin ich? D'r Weber Anton Ansorge. Is a verruckt gewor'n, Ansorge? 's is wahr, mit mir dreht sich's ums Kreisel rum wie 'ne Bremse. Was macht a hier? Was a lustig is, wird a woll machen. Wo is a hier, Ansorge? *Er schlägt sich wiederholt vor den Kopf.* Ich bin ni gescheut! Ich steh fer nischt. Ich bin ni recht richtig. Geht weg, geht weg! Geht weg, ihr Rebeller! Kopp weg, Beene weg, Hände weg! Nimmst du m'r mei Häusl, nehm ich d'r dei Häusl. Immer druf! *Mit Geheul ab in den Salon. Die Anwesenden folgen ihm mit Gejohl und Gelächter.*

FÜNFTER AKT

Langenbielau. — Das Weberstübchen des alten Hilse. Links ein Fensterchen, davor ein Webstuhl, rechts ein Bett, dicht daran gerückt ein Tisch. Im Winkel rechts der Ofen mit Bank. Um den Tisch, auf Ritsche, Bettkante und Holzschemel sitzend: der alte Hilse, seine ebenfalls alte, blinde und fast taube Frau, sein Sohn Gottlieb und dessen Frau Luise bei der Morgenandacht. Ein Spulrad mit Garnwinde steht zwischen Tisch und Webstuhl. Auf den gebräunten Deckbalken ist allerhand altes Spinn-, Spul- und Webegerät untergebracht. Lange Garnsträhnen hängen herunter. Vielerlei Prast liegt überall im Zimmer umher. Der sehr enge, niedrige und flache Raum hat eine Tür nach dem »Hause«, in der Hinterwand. Dieser Tür gegenüber im »Hause« steht eine andere Tür offen, die den Einblick gewährt in ein zweites, dem ersten ähnliches Weberstübchen. Das »Haus« ist mit Steinen gepflastert, hat schadhaften Putz und eine baufällige Holztreppe hinauf zur Dachwohnung. Ein Waschfaß auf einem Schemel ist teilweise sichtbar; ärmliche Wäschestücke, Hausrat armer Leute steht und liegt durcheinander. Das Licht fällt von der linken Seite in alle Räumlichkeiten.

DER ALTE HILSE, *ein bärtiger, starkknochiger, aber nun von Alter, Arbeit, Krankheit und Strapazen gebeugter und verfallener Mann. Veteran, einarmig. Er ist spitznasig, von fahler Gesichtsfarbe, zittrig, scheinbar nur Haut, Knochen und Sehnen und hat die tiefliegenden, charakteristischen, gleichsam wunden Weberaugen. — Nachdem er sich mit Sohn und Schwiegertochter erhoben, betet er:* Du lieber Herrgott, mir kenn dir gar nich genug Dank bezeigen, daß du uns auch diese Nacht in deiner Gnade und Giete und hast dich unser erbarmt. Daß mir auch diese Nacht nich han keen'n Schaden genommen, Herr, deine Giete reicht so weit, und mir sein arme, beese, sindhafte Menschenkinder, ni wert, daß dei Fuß uns zertritt, aso sindhaftich und ganz verderbt sein mir.

FÜNFTER AKT   57

Aber du, lieber Vater, willst uns ansehn und annehmen um deines
teuren Sohnes, unsers Herrn und Heilands Jesus Christus willen.
Jesu Blut und Gerechtigkeit, das is mein Schmuck und Ehrenkleid.
Und wenn auch mir und mer wern manchmal kleenmietig under
deiner Zuchtrute — wenn und der Owen d'r Läutrung und brennt gar
zu rasnich heiß — da rech's uns ni zu hoch an, vergib uns unsre
Schuld. Gib uns Geduld, himmlischer Vater, daß mir nach diesem
Leeden und wern teilhaftig deiner ewigen Seligkeit. Amen.

MUTTER HILSE, *welche vorgebeugt mit Anstrengung gelauscht hat, weinend:*
Nee, Vaterle, du machst a zu a scheenes Gebete machst du immer.
Luise begibt sich ans Waschfaß, Gottlieb ins gegenüberliegende Zimmer

DER ALTE HILSE. Wo is denn's Madel?

LUISE. Nieber nach Peterschwalde — zu Dreißichern. Se hat wieder a
paar Strähne verspult nächt'n Abend.

DER ALTE HILSE, *sehr laut sprechend.* Na, Mutter, nu wer ich dersch
Rädla bringen.

MUTTER HILSE. Nu bring's, bring's, Aaler.

DER ALTE HILSE, *das Spulrad vor sie hinstellend.* Sieh ock, ich wollt
dersch ja zu gerne abnehmen.

MUTTER HILSE. Nee... nee... was tät ock ich anfangen mit der vielen
Zeit!?

DER ALTE HILSE. Ich wer d'r de Finger a bissel abwischen, daß nich
etwa 's Garn und wird fettig, heersch de? *Er wischt ihr mit einem
Lappen die Hände ab.*

LUISE, *vom Waschfaß.* Wo hätt mir ock Fettes gegessen?!

DER ALTE HILSE. Hab'n mer kee Fett, eß mirsch Brot trocken — hab'n
mer kee Brot, eß mer Kartoffeln — hab'n mer keene Kartoffeln ooch
nich, da eß mer trockne Kleie.

LUISE, *batzig.* Und hab'n mer kee Schwarzmehl, da machen mersch wie
Wenglersch unten, da sehn m'r dernach, wo d'r Schinder a verreckt
Ferd hat verscharrt. Das graben m'r aus, und da leben m'r amal a
paar Wochen von Luder: aso mach mersch! nich wahr?

GOTTLIEB, *aus dem Hinterzimmer.* Was Geier hast du fer a Geschwatze!?

DER ALTE HILSE. Du sollt'st dich mehr vorsehn mit gottlosen Reden!
Er begibt sich an den Webstuhl, ruft: Wollt'st m'r ni helfen, Gottlieb —
's sein ock a paar Fädel zum Durchziehn.

LUISE, *vom Waschfaß aus.* Gottlieb, sollst Vatern zureechen. *Gottlieb
kommt. Der Alte und sein Sohn beginnen nun die mühsame Arbeit des
Kammstechens. Fäden der Werfte werden durch die Augen der Kämme
oder Schäfte am Webstuhl gezogen. Kaum haben sie begonnen, so erscheint
im »Hause« Hornig.*

HORNIG, *in der Stubentür.* Viel Glick zum Handwerk!

DER ALTE HILSE UND SEIN SOHN. Scheen Dank, Hornig!

DER ALTE HILSE. Nu sag amal, wenn schläfst du d'nn eegentlich? Bei Tage gehst uf a Handel, in d'r Nacht stehst de uf Wache.
HORNIG. Ich hab doch gar keen'n Schlaf ni mehr!?
LUISE. Willkommen, Hornig!
DER ALTE HILSE. Na was bringst du Gudes?
HORNIG. Scheene Neuigkeeten, Meester. De Peterschwalder hab'n amal 'n Teiwel riskiert und haben a Fabrikant Dreißicher mitsamst der ganzen Familie zum Loche nausgejagt.
LUISE, *mit Spuren von Erregung.* Hornig liejt wieder amal in a hellen Morgen nein.
HORNIG. Dasmal nich, junge Frau! dasmal nich. — Scheene Kinderschirzl hätt ich im Wagen. Nee, nee, ich sag reene Wahrheet. Se haben 'n heilig fortgejagt. Gestern abend is a nach Reechenbach kommen. Na Gott zu dir! Da han s'n doch ni erscht amal woll'n behalt'n — aus Furcht vor a Webern —, da hat er doch plutze wieder fortgemußt uf Schweidnitz nein. —
DER ALTE HILSE; *er nimmt Fäden der Werfte vorsichtig auf und bringt sie in die Nähe des Kammes, durch dessen eines Auge der Sohn von der andern Seite mit einem Drahthäkchen greift, um die Fäden hindurchzuziehen.* Nu hast aber Zeit, daß de ufheerscht, Hornig!
HORNIG. Ich will ni mit heilen Knochen von d'r Stelle gehn. Nee, nee, das weeß ja bald jedes Kind.
DER ALTE HILSE. Nu sag amal, bin ich nu verwirrt, oder bist du verwirrt?
HORNIG. Nu das heeßt. Was ich dir erzählt hab, das is aso wahr wie Amen in d'r Kirche. Ich wollte ja nischt sagen, wenn ich und ich hätte nich d'rbei gestanden, aber aso hab ich's doch gesehn. Mit eegnen Augen, wie ich dich hier sehn tu, Gottlieb. Gedemoliert haben se 'n Fabrikanten sei Haus, unten vom Keller uf bis oben ruf unter de Dachreiter. Aus a Dachfenstern haben se 's Porzlan geschmissen — immer ieberseh Dach nunter. Wie viel hundert Schock Parchent liegen bloß in d'r Bache?! 's Wasser kann ni mehr fort, kannst's glooben; 's kam immer ieber a Rand riebergewellt; 's sah orntlich schwefelblau aus von dem vielen Indigo, den se haben aus a Fenstern geschitt't. Die himmelblauen Staubwolken, die kamen bloß immer aso gepulwert. Nee, nee, dort haben se schonn firchterlich geäschert. Ni ock etwa im Wohnhause, in d'r Färberei, uf a Speichern...! 's Treppengeländer zerschlagen, de Dielen ufgerissen und Spiegel zertrimmert, Sofa, Sessel, alles zerrissen und zerschlissen, zerschnitten und zerschmissen, zertreten und zerhackt — nee verpucht! kannst's glooben, schlimmer wie im Kriege.
DER ALTE HILSE. Und das sollten hiesige Weber gewest sein? *Er schüttelt langsam und ungläubig den Kopf. An der Tür haben sich neugierige Hausbewohner gesammelt.*

FÜNFTER AKT 59

HORNIG. Nu, was denn sonste? Ich kennte ja alle mit Namen genenn'n. Ich fihrt a Landrat durchs Haus. Da hab ich ja mit vielen gered't. Se war'n aso umgänglich wie sonste. Se machten ihre Sache aso sachte weg, aber se machten's grindlich. D'r Landrat red'te mit vielen. Da war'n se aso demietig wie sonste. Aber abhalt'n ließen se sich nich. Die scheensten Meebelsticke, die wurden zerhackt, ganz wie fersch Lohn.

DER ALTE HILSE. A Landrat hätt'st du durchs Haus gefihrt?

HORNIG. Nu, ich wer mich doch ni firchten. Ich bin doch bekannt bei den Leuten wie a beese Greschl. Ich hab doch mit keen nischt. Ich steh doch mit allen gut. Aso gewiß wie ich Hornig heeße, so wahr bin ich durchgegangen. Und ihr kennt's dreiste glooben: mir is orntlich weech wor'n hie rum — und 'n Landrat, dem sah ich's wohl ooch an — 's ging 'n nahe genug. Denn warum? Ma heerte ooch noch nich amal a eenzichtes Wort, aso schweigsam ging's her. Orntlich feierlich wurd een zumutte, wie die armen Hungerleider und nahmen amal ihre Rache dahier.

LUISE, *mit ausbrechender, zitternder Erregung, zugleich die Augen mit der Schürze reibend.* Aso is ganz recht, aso muß kommen!

STIMMEN DER HAUSBEWOHNER. Hier gäb's o Menschenschinder genug. — Da drieben wohnt glei eener. — Der hat vier Pferde und sechs Kutschwagen im Stalle und läßt seine Weber d'rfiere hungern.

DER ALTE HILSE, *immer noch ungläubig.* Wie sollte das aso rauskommen sein, dort drieben?

HORNIG. Wer weeß nu!? Wer weeß ooch!? Eener spricht so, d'r andre so.

DER ALTE HILSE. Was sprechen se denn?

HORNIG. Na Gott zu dir, Dreißiger sollte gesagt hab'n: de Weber kennten ja Gras fressen, wenn se hungern täten. Ich weeß nu weiter nich.

Bewegung auch unter den Hausbewohnern, die es einer dem andern unter Zeichen der Entrüstung weitererzählen.

DER ALTE HILSE. Nu heer amal, Hornig. Du kennt'st mir meinsweg'n sagen: Vater Hilse, morgen mußt du sterben. Das kann schonn meeglich sein, werd ich sprechen, warum denn ni? — Du kennt'st mir sagen: Vater Hilse, morgen besucht dich d'r Keenig von Preußen. Aber daß Weber, Menschen wie ich und mei Sohn, und sollten solche Sachen haben vorgehabt — nimmermehr! Nie und nimmer wer ich das glooben.

MIELCHEN, *siebenjähriges, hübsches Mädchen mit langen offenen Flachshaaren, ein Körbchen am Arm, kommt hereingesprungen. Der Mutter einen silbernen Eßlöffel entgegenhaltend.* Mutterle! sieh ock, was ich hab! Das sollst mer a Kleedl d'rfier koofen.

LUISE. Was kommst 'n du aso gejähdert, Mädel? *Mit gesteigerter Auf-*

regung und Spannung. Was bringst 'n da wieder geschleppt, sag emal. Du bist ja ganz hinter a Oden gekommen. Und de Feifel sein noch im Kerbel. Was soll denn das heeßen, Mädel?
DER ALTE HILSE. Mädel, wo hast du den Leffel her?
LUISE. Kann sein, se hat'n gefunden.
HORNIG. Seine zwee, drei Taler is der gutt wert.
DER ALTE HILSE, *außer sich.* Naus, Mädel! naus! Glei machst, daß d' naus kommst. Wirscht du glei folgen, oder soll ich a Priegel nehmen?! Und den Leffel trägst hin, wo d'n her hast. Naus! Willst du uns alle mitsammen zu Dieben machen, hä? Dare, dir wer ich's Mausen austreiben. — *Er sucht etwas zum Hauen.*
MIELCHEN, *sich an der Mutter Röcke klammernd, weint.* Großvaterle, hau mich nich, mer haben's doch ge-funden. De Spul... Spulkinder haben alle welche.
LUISE, *zwischen Angst und Spannung hervorstoßend.* Nu da siehst's doch, gefunden hat sie's. Wo hast's denn gefunden?
MIELCHEN, *schluchzend.* In Peterschwalde haben mersch gefunden, vor Dreißigersch Hause.
DER ALTE HILSE. Nu da hätt m'r ja de Bescheerung. Nu mach aber lang, sonster wer ich d'r uf a Trab helfen.
MUTTER HILSE. Was geht denn vor?
HORNIG. Itz will ich d'r was sag'n, Vater Hilse. Laß Gottlieben a Rock anziehn, a Leffel nehmen und ufs Amt tragen.
DER ALTE HILSE. Gottlieb, zieh d'r a Rock an!
GOTTLIEB, *schon im Anziehen begriffen, eifrig.* Und da wer ich uf de Kanzlei gehn und sprechen: aso sollten's nich iebel nehmen, aso a Kind hätte halt doch 'no nich aso 's Verständnis dervon. Und da brächt ich den Leffel. Heer uf zu flen'n, Mädel!
Das weinende Kind wird von der Mutter ins Hinterzimmer gebracht, dessen Tür sie schließt. Sie selbst kommt zurück.
HORNIG. Seine drei Taler kann der gutt Wert haben.
GOTTLIEB. Gib ock a Tiechl, Luise, daß a nich zu Schaden kommt. Nee, nee, aso, aso a teuer Dingl. *Er hat Tränen in den Augen, während er den Löffel einwickelt.*
LUISE. Wenn mir a hätt'n, kennt m'r viele Wochen leben.
DER ALTE HILSE. Mach, mach, feder dich! Feder dich aso sehr, wie de kannst! Das wär aso was! Das fehlt mir noch grade. Mach, daß mir den Satansleffel vom Halse kriegen.
Gottlieb ab mit dem Löffel.
HORNIG. Na nu wer ich ooch sehn, daß ich weiterkomme. *Er geht, unterhält sich im »Haus« noch einige Sekunden, dann ab.*
CHIRURGUS SCHMIDT, *ein quecksilbriges, kugliges Männchen mit weinrotem, pfiffigem Gesicht kommt ins »Haus«.* Gu'n Morgen, Leute! Na,

FÜNFTER AKT

das sind m'r scheene Geschichten. Kommt mir nur! *Mit dem Finger drohend:* Ihr habt's dick hintern Ohren. *In der Stubentür, ohne hereinzukommen:* Gu'n Morgen, Vater Hilse! *Zu einer Frau im »Hause«:* Nu, Mutterle, wie steht's mit'n Reißen? Besser, wie? Na säht Ihr woll! Vater Hilse, ich muß doch ooch mal schaun, wie's bei Euch aussieht. Was Teuwel is denn dem Mutterle?

LUISE. Herr Dokter, de Lichtadern sein 'r vertrockn't, se sieht gar gar nich mehr.

CHIRURGUS SCHMIDT. Das macht der Staub und das Weben bei Licht. Na sagt amal, kennt ihr euch darieber 'n Versch machen? Ganz Peterschwaldau is ja auf'n Beinen hierrieber. Ich setz mich heut frieh in meinen Wagen, denke nischt Iebels, nicht mit einer Faser. Höre da fermlich Wunderdinge. Was in drei Teiwels Namen ist denn in die Menschen gefahren, Hilse? Wüten da wie 'n Rudel Welfe. Machen Revolution, Rebellion; werden renitent, plündern und marodieren... Mielchen! wo is denn Mielchen? *Mielchen, noch rot vom Weinen, wird von der Mutter hereingeschoben.* Da, Mielchen, greif mal in meine Rockschöße. *Mielchen tut es.* Die Feffernisse sind deine. Na, na; nich alle auf einmal. Schwernotsmädel! Erst singen! Fuchs, du hast die... na? Fuchs, du hast die... Gans... Wart nur du, was du gemacht hast: du hast ja die Sperlinge uf'n Pfarrzaune Stengelscheißer genannt. Die haben's angezeigt beim Herr Kanter. Na nu sag bloß ein Mensch. An finfzehnhundert Menschen sind auf der Achse. *Fernes Glockenläuten.* Hört mal: in Reichenbach läuten sie Sturm. Finfzehnhundert Menschen. Der reine Weltuntergang. Unheimlich!

DER ALTE HILSE. Da kommen sie wirklich hierieber nach Bielau?

CHIRURGUS SCHMIDT. Nu freilich, freilich, ich bin ja durchgefahren. Mitten durch a ganzen Schwarm. Am liebsten wär ich abgestiegen und hätte glei jed'm a Pulwerle gegeben. Da trottelt eener hinterm andern her wie's graue Elend und verfiehren ein Gesinge, daß een fermlich a Magen umwend't, daß een richtig zu wirgen anfängt. Mei Friedrich uf'm Bocke, der hat genatscht wie a alt Weib. Mir mußten uns glei d'rhinterher 'n tichtichen Bittern koofen. Ich meechte kee Fabrikante sein, und wenn ich gleich uf Gummirädern fahr'n kennte. *Fernes Singen.* Horcht mal! Wie wenn man mit a Knecheln 'n alten, zersprungenen Bunzeltopp bearbeit. Kinder, das dauert nich fünf Minuten, da haben mer se hier. Adje, Leute. Macht keene Tummheiten. Militär kommt gleich dahinterher. Bleibt bei Verstande. Die Peterswaldauer hab'n a Verstand verloren. *Nahes Glockenläuten.* Himmel, nu fangen unsre Glocken auch noch an, da müssen ja die Leute vollens ganz verrickt wer'n. *Ab in den Oberstock.*

GOTTLIEB *kommt wieder. Noch im »Hause«, mit fliegendem Atem.* Ich hab se gesehn, ich hab se gesehn. *Zu einer Frau im »Hause«:* Se sein da,

Muhme, se sein da! *In der Tür:* Se sein da, Vater, se sein da! Se haben Bohnenstangen und Stichliche und Hacken. Se stehn schonn beim oberschten Dittriche und machen Randal. Se kriegen gloob ich Geld ausgezahlt. O Jes's, was wird ock noch werden dahier? Ich seh nich hin. Aso viel Leute, nee aso viel Leute! Wenn die erscht und nehmen an Anlauf — o verpucht, o verpucht! da sein unsere Fabrikanten o beese dran.

DER ALTE HILSE. Was bist denn so gelaufen! Du wirscht aso lange jächen, biste wirscht wieder amal dei altes Leiden haben, biste wirscht wieder amal uf'n Ricken liegen und um dich schlagen.

GOTTLIEB, *halb und halb freudig erregt*. Nu, ich mußte doch laufen, sonste hätten die mich ja feste gehalten. Se prillten ja schon alle: ich sollte de Hand auch hinrecken. Pate Baumert war ooch d'rbei. Der meent ieber mich, hol d'r ock ooch an Finfbeehmer, du bist o a armer Hungerleider. A sagte gar: sag du's dein'n Vater... Ich sollt's Ihn sagen, Vater, Se sollten kommen und sollten mithelfen, a Fabrikanten de Schinderei heemzahlen. *Mit Leidenschaft:* 's kämen jetzt andre Zeiten, meent a. Jetzt tät a ganz andre Ding werden mit uns Webern. M'r sollten alle kommen und 's mit helfen durchsetzen. Mir wollten alle jetzt o unser Halbfindl Fleesch zum Sonntage haben und an allen heiligen Tagen amal an Bluttwurscht und Kraut. Das tät jetzt alles a ganz andre Gesichte kriegen, meent' er ieber mich.

DER ALTE HILSE, *mit unterdrückter Entrüstung*. Und das will dei Pate sein?! Und heeßt dich a an solchen sträflichen Werke mit teelnehmen?! Laß du dich nich in solche Sachen ein, Gottlieb. Da hat d'r Teifel seine Hand im Spiele. Das is Satansarbeit, was die machen.

LUISE, *übermannt von leidenschaftlicher Aufregung, heftig*. Ja, ja, Gottlieb, kaffer du dich hinter a Owen, in de Helle, nimm d'r an Kochleffel in de Hand und 'ne Schissel voll Puttermilch uf de Knie, zieh d'r a Reckel an und sprich Gebetl, so bist'n Vater recht. — Und das will a Mann sein?

Lachen der Leute im »Hause«.

DER ALTE HILSE, *bebend, mit unterdrückter Wut*. Und du willst 'ne richtige Frau sein, hä? Da wer ich dirsch amal orntlich sagen. Du willst 'ne Mutter sein und hast so a meschantes Maulwerk dahier? Du willst dein'n Mädel Lehren geben und hetzt dein'n Mann uf zu Verbrechen und Ruchlosigkeiten?!

LUISE, *maßlos*. Mit Euren bigotten Räden... dad'rvon da is mir o noch nich amal a Kind satt gewor'n. Derwegen han se gelegen alle viere in Unflat und Lumpen. Da wurd ooch noch nich amal a eenzichtes Winderle trocken. Ich will 'ne Mutter sein, daß d's weeßt! und deswegen, daß d's weeßt, winsch ich a Fabrikanten de Helle und de Pest in a Rachen nein. Ich bin ebens 'ne Mutter. — Erhält ma woll so a Wirml?! Ich hab mehr geflennt wie Oden geholt von dem Augenblicke an, wo aso a Hiperle uf de Welt kam, bis d'r Tod und erbarmte sich drieber. Ihr habt Euch an Teiwel gescheert. Ihr habt gebet't und gesungen, und ich hab m'r de Fieße bluttich gelaufen nach een'n eenzichten Neegl Puttermilch. Wie viel hundert Nächte hab ich mir a Kopp zerklaubt, wie ich ock und ich kennte so a Kindl ock a eenzich Mal um a Kirchhoof rumpaschen. Was hat so a Kindl verbrochen, hä? und muß so a elendigliches Ende nehmen — und drieben bei Dittrichen, da wern se in Wein gebad't und mit Milch gewaschen. Nee, nee: wenn's hie losgeht — ni zehn Pferde soll'n mich zurickehalten. Und das sag ich: stirmen se Dittrichens Gebäude — ich bin de erschte, und Gnade jeden, der mich will abhalten. Ich hab's satt, aso viel steht feste.

DER ALTE HILSE. Du bist gar verfallen; dir is ni zu helfen.

LUISE, *in Raserei*. Euch is nich zu helfen. Lappärsche seid ihr. Haderlumpe, aber keene Manne. Gattschliche zum Anspucken. Weechquarkgesichter, die vor Kinderklappern Reißaus nehmen. Kerle, die dreimal »scheen Dank« sagen fer 'ne Tracht Priegel. Euch haben se de Adern so leer gemacht, daß ihr ni amal mehr kennt rot anlaufen im Gesichte. An Peitsche sollt ma nehmen und euch a Krien einbläun in eure faulen Knochen. *Schnell ab.*

Verlegenheitspause.

MUTTER HILSE. Was is denn mit Liesln, Vater?

DER ALTE HILSE. Nischte, Mutterle. Was soll denn sein?

MUTTER HILSE. Sag amal, Vater, macht mirsch bloß aso was vor, oder läuten de Glocken?

DER ALTE HILSE. Se wern een'n begraben, Mutter.

MUTTER HILSE. Und mit mir will's halt immer noch kee Ende nehmen. Warum sterb ich ock gar nich, Mann?

Pause.

DER ALTE HILSE *läßt die Arbeit liegen, richtet sich auf, mit Feierlichkeit.* Gottlieb! — Dei Weib hat uns solche Sachen gesagt. Gottlieb, sieh amal her! *Er entblößt seine Brust.* Dahier saß a Ding, aso groß wie a Fingerhutt. Und wo ich men'n Arm hab gelassen, das weeß d'r Keenig. De Mäuse haben mern nich abgefressen. *Er geht hin und her.* Dei Weib — an die dachte noch gar kee Mensch, da hab ich schonn mein Blutt quartweise fersch Vaterland verspritzt. Und deshalb mag se plärr'n, soviel wie se Lust hat. Das soll mir recht sein. Das is mir Schißkojenne. — Ferchten? Ich und mich ferchten? Vor was denn ferchten, sag m'r a eenzigtes Mal. Vor den paar Soldaten, die de vielleicht und kommen hinter a Rebellern her? O Jeckerle! wärsch doch! Das wär halb schlimm. Nee, nee, wenn ich schonn a bissel morsch bin uf a Rickgrat, wenn's druf ankommt, hab ich Knochen wie Elfenbeen. Da nehm ich's schonn noch uf mit a paar lumpigten Bajonettern. — Na und wenn's gar schlimm käm!? O viel zu gerne, viel zu gerne tät ich Feierabend machen. Zum Sterben ließ ich mich gewiß ni lange bitten. Lieber heut wie morgen. Nee, nee. Und's wär o gar! Denn was verläßt eens denn? Den alten Marterkasten wird ma doch ni etwa beweinen. Das Häufel Himmelsangst und Schinderei da, das ma Leben nennt, das ließ man gerne genug im Stiche. — Aber dann, Gottlieb! dann kommt was — und wenn man sich das auch noch verscherzt, dernachert is's erscht ganz alle.

GOTTLIEB. Wer weeß, was kommt, wenn eens tot is? Gesehn hat's keener.

DER ALTE HILSE. Ich sag dirsch, Gottlieb! zweifle nich an dem eenzigten, was mir armen Menschen haben. Fer was hätt ich denn hier gesessen — und Schemel getreten uf Mord vierzig und mehr Jahr? und hätte ruhig zugesehn, wie der dort drieben in Hoffahrt und Schwelgerei lebt und Gold macht aus mein'n Hunger und Kummer. Fer was denn? Weil ich 'ne Hoffnung hab. Ich hab was in aller der Not. *Durchs Fenster weisend:* Du hast hier deine Parte, ich drieben in jener Welt: das hab ich gedacht. Und ich laß mich vierteeln — ich hab 'ne Gewißheet. Es ist uns verheißen. Gericht wird gehalten; aber nich mir sein Richter, sondern: mein is die Rache, spricht der Herr, unser Gott.

EINE STIMME, *durchs Fenster*. Weber raus!

DER ALTE HILSE. Vor mir macht, was d'r lustig seid! *Er steigt in den Webstuhl.* Mich werd'r woll missen drinnelassen.

GOTTLIEB, *nach kurzem Kampf.* Ich wer gehn und wer arbeiten. Mag kommen, was will. *Ab. Man hört das Weberlied vielhundertstimmig und in nächster Nähe gesungen; es klingt wie ein dumpfes, monotones Wehklagen.*

STIMMEN DER HAUSBEWOHNER, *im »Hause«.* O jemersch, jemersch, nu kommen se aber wie de Ameisen. — Wo sein ock die vielen Weber her? — Schipp ock nich, ich will ooch was sehn. — Nu sieh ock die lange Latte, die de vorneweg geht. — Ach! ach! nu kommen se knippeldicke!

ORNIG *tritt unter die Leute im »Hause«.* Gelt, das is amal aso a Theater? So was sieht man nich alle Tage. Ihr sollt't ock rufkommen zum oberschten Dittriche. Da haben se schonn wieder a Ding gemacht, das an Art hat. Der hat kee Haus nimehr, keene Fabricke nimehr — keen Weinkeller nimehr, kee garnischte mehr. Die Flaschen, die saufen se aus ... da nehmen se sich gar nich erscht amal Zeit, de Froppen rauszureißen, Eens, zwee, drei sein de Hälse runter, ob se sich's Maul ufschneiden mit a Scherben oder nich. Manche laufen

FÜNFTER AKT

rum und blutten wie de Schweine. — Nu wern se den hiesigen Dittrich ooch noch hochnehmen. *Der Massengesang ist verstummt.*

STIMMEN DER HAUSBEWOHNER. Die sehn doch reen gar nich aso beese aus.

HORNIG. Nu laßt's gutt sein! wart's ock ab! Jetzt nehmen se de Gelegenheit erschte richtig in Augenschein. Sieh ock, wie se den Palast von allen Seiten ufs Korn nehmen. Seht ock den kleenen, dicken Mann — a hat'n Ferdeeimer mite. Das is a Schmied von Peterschwalde, a gar a sehr gefirre Männdl. Der haut de dicksten Tieren ein wie Schaumprezeln, das kennt 'r glooben. Wenn der amal an Fabrikanten in de Mache kriegt, der hat aber verspielt dahier!

STIMMEN DER HAUSBEWOHNER. Praatz, hast a Ding! — Da flog a Stein ins Fenster! — Nu kriegt's d'r alte Dittrich mit d'r Angst. — A hängt an Tafel raus, — An Tafel hängt a raus? — Was steht's denn druf? — Kannst du ni lesen? — Was sollte ock aus mir wern, wenn ich ni lesen kennte! — Na, lies amal! — Ihr sollt alle befriedigt werden, ihr sollt alle befriedigt werden. —

HORNIG. Das konnt a underwegens lassen. Helfen tutt's ooch nich aso viel. Die Brieder haben eegne Mucken. Hier is uf de Fabricke abgesehn. De mechan'schen Stihle, die woll'n se doch aus d'r Welt schaffen. Die sein's doch halt eemal, die a Handweber zugrunderichten: das sieht doch a Blinder. Nee, nee! die Christen sein heut eemal im Zuge. Die bringt kee Landrat und kee Verwalter zu Verstande — und keene Tafel schonn lange nich. Wer die hat sehn wirtschaften, der weeß, was' s geschlagen hat.

STIMMEN DER HAUSBEWOHNER. Ihr Leute, ihr Leute, aso 'ne Menschheet! — Was woll'n denn die? — *Hastig*: Die kommen ja ieber die Bricke rieber!? — *Ängstlich*: Die kommen woll uf de kleene Seite? *In höchster Überraschung und Angst*: Die kommen zu uns, die kommen zu uns. — Se hol'n de Weber aus a Häusern raus.

Alle flüchten, das »Haus« ist leer. Ein Schwarm Aufständischer, beschmutzt, bestaubt, mit von Schnaps und Anstrengung geröteten Gesichtern, wüst, übernächtig, abgerissen, dringt mit dem Ruf: Weber raus! *ins »Haus« und zerstreut sich von da in die einzelnen Zimmer. Ins Zimmer des alten Hilse kommen Bäcker und einige junge Weber, mit Knütteln und Stangen bewaffnet. Als sie den alten Hilse erkennen, stutzen sie, leicht abgekühlt.*

BÄCKER. Vater Hilse, heert uf mit der Exterei. Laßt Ihr das Bänkl dricken, wer Lust hat. Ihr braucht Euch keen'n Schaden nich mehr antreten. Davor wird gesorgt wern.

ERSTER JUNGER WEBER. Ihr sollt ooch keen'n Tag nich mehr hungrig schlafen gehn.

ZWEITER JUNGER WEBER. D'r Weber soll wieder a Dach ieber a Kopp und a Hemde uf a Leib kriegen.

DER ALTE HILSE. Wo bringt euch d'r Teiwel her mit Stangen und Äxten?

BÄCKER. Die schlag mer inzwee uf Dittrichens Puckel.

ZWEITER JUNGER WEBER. Die mach m'r gliehend und stoppen se a Fabrikanten in a Rachen, daß se auch amal merken, wie Hunger brennt.

DRITTER JUNGER WEBER. Kommt mit, Vater Hilse! mir geben kee Pardon.

ZWEITER JUNGER WEBER. Mit uns hat o keener Erbarmen gehabt. Weder Gott noch Mensch. Jetzt schaffen wir uns selber Recht.

DER ALTE BAUMERT *kommt herein, schon etwas unsicher auf den Füßen, einen geschlachteten Hahn unterm Arm. Er breitet die Arme aus.* Briederle — mir sein alle Brieder! Kommt an mei Herze, Brieder! *Gelächter.*

DER ALTE HILSE. Aso siehst du aus, Willem!?

DER ALTE BAUMERT. Gustav, du!? Gustav, armer Hungerleider, komm an mei Herze. *Gerührt.*

DER ALTE HILSE *brummt.* Laß mich zufriede.

DER ALTE BAUMERT. Gustav, aso is's. Glick muß d'r Mensch hab'n Gustav, schmeiß amal a Auge uf mich. Wie seh ich aus? Glick muß d'r Mensch haben! Seh ich nich aus wie a Graf? *Sich auf den Bauch schlagend.* Rat amal, was in dem Bauche steckt? A Edelmannsfressen steckt in dem Bauche. Glick muß d'r Mensch haben, da kriegt a Schlampancher und Hasengebratnes. — Ich wer euch was sagen: mir haben halt an Fehler gemacht: zulangen miß m'r.

ALLE, *durcheinander.* Zulangen miß m'r, hurra!

DER ALTE BAUMERT. Und wenn ma de erschten gutten Bissen verdrickt hat, da spiert ma's woll balde in d'r Natur. H—uchjesus, da kriegt man 'ne Forsche, aso stark wie a Bremmer. Da treibt's een de Stärke aus a Gliedmaßen ock aso raus, daß man gar nimehr sieht, wo man hinhaut. Verflugasich die Lust aber ooch!

JÄGER, *in der Tür, bewaffnet mit einem alten Kavalleriesäbel.* Mir hab'n a paar famoste Attacken gemacht.

BÄCKER. Mir hab'n die Sache schonn sehr gutt begriffen. Eens, zwee, drei, sind m'r drinne in a Häusern. Da geht's aber o schonn wie helles Feuer. Daß's ock aso prasselt und zittert. Daß de Funken spritzen wie in d'r Feueresse.

ERSTER JUNGER WEBER. Mir sollten gar amal a klee Feuerle machen.

ZWEITER JUNGER WEBER. Mir ziehn nach Reechenbach und zinden a Reichen de Häuser ieberm Koppe an.

JÄGER. Das wär den a Gestrichnes. Da kriegten se erscht gar viel Feuerkasse. *Gelächter.*

BÄCKER. Von hier ziehn m'r na Freiburg zu Tromtra'n.

JÄGER. M'r sollten amal de Beamten hochnehmen. Ich hab's gelesen, von a Birokratern kommt alles Unglicke.

ZWEITER JUNGER WEBER. Mir ziehn balde nach Breslau. Mir kriegen ja immer mehr Zulauf.

DER ALTE BAUMERT, *zu Hilse.* Nu trink amal, Gustav!

DER ALTE HILSE. Ich trink nie keen'n Schnaps.

DER ALTE BAUMERT. Das war in d'r alten Welt, heut sind mir in eener andern Welt, Gustav!

ERSTER JUNGER WEBER. Alle Tage is nich Kirm's. *Gelächter.*

DER ALTE HILSE, *ungeduldig.* Ihr Hellenbrände, was wollt ihr bei mir?!

DER ALTE BAUMERT, *ein wenig verschüchtert, überfreundlich.* Nu sieh ock, ich wollt d'r a Hähndl bringen. Sollst Muttern dervon an Suppe kochen.

DER ALTE HILSE, *betroffen, halb freundlich.* O geh und sag's Muttern.

MUTTER HILSE *hat, die Hand am Ohr, mit Anstrengung hingehorcht, nun wehrt sie mit den Händen ab.* Laßt mich zufriede. Ich mag keene Hiehndlsuppe.

DER ALTE HILSE. Hast recht, Mutter. Ich ooch nich. Aso eene schonn gar nich. Und dir, Baumert! dir will ich a Wort sag'n. Wenn de Alten schwatzen wie de kleen'n Kinder, da steht d'r Teiwel uf'm Koppe vor Freiden. Und daß ihrsch wißt! Daß ihrsch alle wißt: ich und ihr, mir haben nischt nich gemeen. Mit mein'n Willen seit'r nich hier. Ihr habt hier nach Recht und Gerechtigkeit nischt nich zu suchen!

STIMME. Wer nich mit uns is, der is wider uns.

JÄGER, *brutal drohend.* Du bist gar sehr schief gewickelt. Heer amal, Aaler, mir sind keene Diebe.

STIMME. Mir haben Hunger, weiter nischt.

ERSTER JUNGER WEBER. Mir woll'n leben und weiter nischt. Und deshalb haben m'r a Strick durchgeschnitten, an dem m'r hingen.

JÄGER. Und das war ganz recht! *Dem Alten die Faust vors Gesicht haltend*: Sag du noch ee Wort! Da setzt's a Ding nein — mitten ins Zifferblatt.

BÄCKER. Gebt Ruhe, gebt Ruhe! Laß du den alten Mann. Vater Hilse: aso denken mir eemal: eher tot, wie aso a Leben noch eemal anfangen.

DER ALTE HILSE. Hab ich's nich gelebt sechzig und mehr Jahr?

BÄCKER. Das is egal; anderscher muß's doch werden.

DER ALTE HILSE. Am Nimmermehrschtage.

BÄCKER. Was mir nich gutwillig kriegen, das nehmen mir mit Gewalt.

DER ALTE HILSE. Mit Gewalt? *Lacht.* Nu da laßt euch bald begraben dahier. Se wern's euch beweisen, wo de Gewalt steckt. Nu wart ock, Pirschl!

JÄGER. Etwa wegen a Soldaten? Mir sein auch Soldat gewest. Mit a paar Kompanien wern mir schonn fertig werden.

DER ALTE HILSE. Mid'n Maule, da gloob ich's. Und wenn ooch: zwee jagt'r naus, zehne kommen wieder rein.

STIMMEN, *durchs Fenster.* Militär kommt. Seht euch vor! *Allgemeines, plötzliches Verstummen. Man hört einen Moment schwach Querpfeifen und Trommeln. In die Stille hinein ein kurzer, unwillkürlicher Ruf:* O verpucht! ich mach lang! — *Allgemeines Gelächter.*

BÄCKER. Wer red't hier von ausreißen? Wer ist das gewest?

JÄGER. Wer tutt sich hier firchten vor a paar lumpichten Pickelhauben? Ich wer' euch kommandieren. Ich bin beim Kommiß gewest. Ich kenne den Schwindel.

DER ALTE HILSE. Mit was wollt er'n schissen? Woll mit a Priegeln, hä?

ERSTER JUNGER WEBER. Den alten Kropp laßt zufriede, a is ni recht richtig im Oberstiebel.

ZWEITER JUNGER WEBER. A bissel iebertrabt is a schonn.

GOTTLIEB *ist unbemerkt unter die Aufständischen getreten, packt den Sprecher.* Sollst du an alten Manne so fläm'sch kommen?

ERSTER JUNGER WEBER. Laß mich zufriede, ich hab nischt Beeses gesagt.

DER ALTE HILSE, *sich ins Mittel legend.* O laß du 'n labern. Vergreif dich nich, Gottlieb. A wird balde genug einsehn, wer de heute verwirrt is, ich oder er.

BÄCKER. Gehst mit uns, Gottlieb?

DER ALTE HILSE. Das wird a woll bleiben lassen.

LUISE *kommt ins Haus, ruft hinein.* O halt euch ni uf erscht. Mit solchen Gebetbichl-Hengsten verliert erscht keene Zeit. Kommt uf a Platz! Uf a Platz sollt'r kommen. Pate Baumert, kommt aso schnell, wie 'r kennt! D'r Major spricht mit a Leuten vom Ferde runter. Se sollten heemgehn. Wenn ihr ni schnell kommt, haben m'r verspielt.

JÄGER, *im Abgehen.* Du hast'n scheen'n tapfern Mann.

LUISE. Wo hätt ich an Mann? Ich hab gar kee'n Mann!

Im »Hause« singen einige:

> 's war amal a kleener Mann,
> he, juchhe!
> Der wollt a groß Weibl han.
> He didel didel dim dim dim heirassassa!

WITTIG *ist, einen Pferdeeimer in der Faust, vom Oberstock gekommen, will hinaus, bleibt im »Hause« einen Augenblick stehen.* Druf! wer de

FÜNFTER AKT

kee Hundsfott sein will, hurra! *Er stürmt hinaus. Eine Gruppe, darunter Luise und Jäger, folgen ihm mit Hurra.*

BÄCKER. Lebt g'sund, Vater Hilse, wir sprechen uns wieder. *Will ab.*

DER ALTE HILSE. Das gloob ich woll schwerlich. Finf Jahr leb ich nimehr. Und eher kommste ni wieder raus.

BÄCKER, *verwundert stehenbleibend.* Wo denn her, Vater Hilse?

DER ALTE HILSE. Aus'n Zuchthause; woher denn sonste?

BÄCKER, *wild herauslachend.* Das wär mir schonn lange recht. Da kriegt ma wenigstens satt Brot, Vater Hilse! *Ab.*

DER ALTE BAUMERT *war in stumpfsinniges Grübeln, auf einem Schemel hockend, verfallen; nun steht er auf.* 's is wahr, Gustav, an kleene Schleuder hab ich. Aber derwegen bin ich noch klar genug im Kopfe dahier. Du hast deine Meinung von der Sache, ich hab meine: Ich sag: Bäcker hat recht, nimmt's a Ende in Ketten und Stricken: im Zuchthause is immer noch besser wie derheeme. Da is mer versorgt; da braucht ma nich darben. Ich wollte ja gerne nich mitmachen. Aber sieh ock, Gustav, d'r Mensch muß doch a eeniges Mal an Augenblick Luft kriegen. *Langsam nach der Tür.* Leb gesund, Gustav. Sollte was vorfall'n, sprich a Gebetl fer mich mit, heerscht! *Ab.*

Von den Aufständischen ist nun keiner mehr auf dem Schauplatz. Das »Haus« füllt sich allmählich wieder mit neugierigen Bewohnern. Der alte Hilse knüpft an der Werfte herum. Gottlieb hat eine Axt hinterm Ofen hervorgeholt und prüft unbewußt die Schneide. Beide, der Alte und Gottlieb, stumm bewegt. Von draußen dringt das Summen und Brausen einer großen Menschenmenge.

MUTTER HILSE. Nu sag ock, Mann, de Dielen zittern ja aso sehr — was geht denn vor? Was soll denn hier werd'n? *Pause.*

DER ALTE HILSE. Gottlieb!

GOTTLIEB. Was soll ich denn?

DER ALTE HILSE. Laß du die Axt liegen.

GOTTLIEB. Wer soll denn Holz kleene machen? *Er lehnt die Axt an den Ofen. — Pause. —*

MUTTER HILSE. Gottlieb, heer du uf das, was d'r Vater sagt.

STIMME, *vor dem Fenster singend:*

> Kleener Mann, blei ock d'rheem,
> he, juchhe!
> Mach Schissel und Teller reen.
> Hei didel didel, dim dim dim. *Vorüber.*

GOTTLIEB *springt auf, gegen das Fenster mit geballter Faust.* Aas, mach mich ni wilde!
Es kracht eine Salve.

MUTTER HILSE *ist zusammengeschrocken.* O Jesus Christus, nu donnert's woll wieder!?

DER ALTE HILSE, *die Hand auf der Brust, betend.* Nu, lieber Herrgott im Himmel! schitze die armen Weber, schitz meine armen Brieder! *Es entsteht eine kurze Stille.*

DER ALTE HILSE, *für sich hin, erschüttert.* Jetzt fließt Blutt.

GOTTLIEB *ist im Moment, wo die Salve kracht, aufgesprungen und hält die Axt mit festem Griff in der Hand, verfärbt, kaum seiner mächtig vor tiefer innerer Aufregung.* Na, soll man sich etwa jetzt o noch kuschen?

EIN WEBERMÄDCHEN, *vom »Haus« aus ins Zimmer rufend.* Vater Hilse, Vater Hilse, geh vom Fenster weg. Bei uns oben ins Oberstiebl is 'ne Kugel durchs Fenster geflogen. *Verschwindet.*

MIELCHEN *steckt den lachenden Kopf zum Fenster herein.* Großvaterle, Großvaterle, se haben mit a Flinten geschossen. A paare sind hingefall'n. Eener, der dreht sich so ums Kringl rum, immer ums Rädl rum. Eener, der tat so zappeln wie a Sperling, dem man a Kopp wegreißt. Ach, ach und aso viel Blut kam getreescht —! *Sie verschwindet.*

EINE WEBERFRAU. A paar hab'n se kaltgemacht.

EIN ALTER WEBER, *im »Hause«.* Paßt ock uf, nu nehmen sie's Militär hoch.

EIN ZWEITER WEBER, *fassungslos.* Nee, nu seht bloß de Weiber, seht bloß de Weiber! Wern se nich de Recke hochheben! Wern se ni's Militär anspucken!

EINE WEBERFRAU *ruft herein.* Gottlieb, sieh dir amal dei Weib an, die hat mehr Krien wie du, die springt vor a Bajonettern rum, wie wenn se zur Musicke tanzen tät.

Vier Männer tragen einen Verwundeten durchs Haus. Man hört deutlich eine Stimme sagen 's is d'r Ulbrichs Weber. *Die Stimme nach wenigen Sekunden abermals*: 's wird woll Feierabend sein mit'n; a hat 'ne Prellkugel ins Ohr gekriegt. *Man hört die Männer eine Holztreppe hinaufgehen. Draußen plötzlich*: Hurra, hurra!

STIMMEN IM HAUSE. Wo haben s'n de Steene her? — Nu zieht aber Leine! — Vom Chausseebau. — Nu hattjee, Soldaten. — Nu regnet's Flastersteene.

Draußen Angstgekreisch und Gebrüll sich fortpflanzend bis in den Hausflur. Mit einem Angstruf wird die Haustür zugeschlagen.

STIMMEN IM »HAUSE«. Se laden wieder. — Se wern glei wieder 'ne Salve geb'n. — Vater Hilse, geht weg vom Fenster.

GOTTLIEB *rennt nach der Axt.* Was, was, was! Sein mir tolle Hunde!? Soll'n mir Pulver und Blei fressen stats Brot? *Mit der Axt in der Hand einen Moment lang zögernd, zum Alten*: Soll mir mei Weib

derschossen werd'n? Das soll nich geschehen! *Im Fortstürmen*: Uf-gepaßt, jetzt komm ich! *Ab.*
DER ALTE HILSE. Gottlieb, Gottlieb!
MUTTER HILSE. Wo ist denn Gottlieb?
DER ALTE HILSE. Beim Teiwel is a.
STIMME, *vom »Hause«*. Geht vom Fenster weg, Vater Hilse!
DER ALTE HILSE. Ich nich! Und wenn ihr alle vollens drehnig werd! *Zu Mutter Hilse mit wachsender Ekstase*: Hie hat mich mei himmlischer Vater hergesetzt. Gell, Mutter? Hie bleiben m'r sitzen und tun, was mer schuldig sein, und wenn d'r ganze Schnee verbrennt. *Er fängt an zu weben. Eine Salve kracht. Zu Tode getroffen, richtet sich der alte Hilse hoch auf und plumpt vornüber auf den Webstuhl. Zugleich erschallt verstärktes Hurra-Rufen. Mit Hurra stürmen die Leute, die bisher im Hausflur gestanden, ebenfalls hinaus. Die alte Frau sagt mehrmals fragend*: Vater, Vater, was is denn mit dir? *Das ununterbrochene Hurra-Rufen entfernt sich mehr und mehr. Plötzlich und hastig kommt Mielchen ins Zimmer gerannt.*
MIELCHEN. Großvaterle, Großvaterle, se treiben de Soldaten zum Dorfe naus, se haben Dittrichens Haus gestirmt, se machen's aso wie drieben bei Dreißichern. Großvaterle!? *Das Kind erschrickt, wird aufmerksam, steckt den Finger in den Mund und tritt vorsichtig dem Toten näher.* Großvaterle!?
MUTTER HILSE. Nu mach ock, Mann, und sprich a Wort, 's kann een'n ja orntlich angst werd'n.

HANS SCHWAB-FELISCH:

»Die Weber« — ein Spiegel des 19. Jahrhunderts

Ein Brief Gerhart Hauptmanns vom 5. März 1891 beginnt mit den Worten: »Ich bin auf klassischen Boden.« Hauptmann schrieb ihn im »Preußischen Hof« zu Langenbielau, am Fuße des Eulengebirges. Dort und in den umliegenden Ortschaften hatte im Juni 1844 der Weberaufstand stattgefunden. An seiner Dramatisierung arbeitete Hauptmann sporadisch seit etwa einem Jahr. Den Plan hierzu hatte er schon 1888, im Dreikaiserjahr, in Zürich gefaßt, als er sich dort einige Monate bei seinem Bruder Carl aufhielt. Jetzt befand er sich auf der »lange geplanten Studienreise« zum Schauplatz der historischen Ereignisse. Max Baginski, ein junger Redakteur des »Proletariers aus dem Eulengebirge«, führte ihn durch die Weberdörfer. Er hat 1905 über seine Tage mit Hauptmann in den »Sozialistischen Monatsheften« geschrieben.[*]

Baginski holte den schwarz gekleideten Dichter in der Gaststube des »Preußischen Hofes« ab. Sein Name war ihm bereits zu einer »Losung gegen soziale Bedrückung, Vorurteile und Moralverkrüppelung« geworden: 1888 war der »Bahnwärter Thiel« erschienen, und ein Jahr später hatte es einen Skandal gegeben, als das »Schnaps- und Zangenstück« »Vor Sonnenaufgang« uraufgeführt worden war. »Das Friedensfest« hatte 1890 Premiere gehabt und etwa zwei Monate vor Hauptmanns Begegnung mit Baginski auch »Einsame Menschen«. Der Eindruck, den der junge revolutionäre Dramatiker auf ihn machte, mag ihn überrascht haben: »Kein Mann des leichten gesellschaftlichen Verkehrs. Diskret, fast scheu, schweigsam. Versunkener, schwerer Träumer, dabei doch nicht irre zu führender Beobachter des Menschlichen und Allzumenschlichen. Nicht Goethe, eher Hölderlin.« Auch der Wirt vom »Preußischen Hof« dachte sich sein Teil über den fremden Gast aus Berlin. Er hielt Hauptmann für irgendeinen Regierungsbeamten, der entsandt sei, »den Notstand der Weber zu untersuchen«. Auffällig erschien es ihm allerdings, daß er sich dann mit Baginski einließ, einem Parteigänger der Roten, »die doch, so stand es im Kreisblatt zu lesen, aus Gründen ihrer Verhetzungspolitik die Not stets unerhört übertrieben«.

Die Überlegungen des Wirtes sind kennzeichnend für die Situation. Die Not der Weber stand zwar seit über einhundert Jahren ständig mehr oder weniger auf der Tagesordnung. 1890 aber war sie, nach einer

[*] siehe Seite 166 ff.

Mißernte, wieder einmal in das Blickfeld der Öffentlichkeit geraten. Wieder kamen Untersuchungskommissionen, wurden gute Ratschläge erteilt und halbe Maßnahmen ergriffen. So war es, immer wieder, seit Menschengedenken gewesen. Und ein soignierter Fremder, der im Frühjahr 1891, aus Berlin kommend, im Eulengebirge auftauchte, avancierte in den Gedanken der Einheimischen schnell zum Untersuchungsbeamten.

*

Das Webergewerbe in Schlesien ist alt. Es hat gute und schlechte Tage gesehen, seit Ende des 18. Jahrhunderts aber fast nur schlechte. Seine Blütezeit erlebte es gegen Ende der Regierungszeit Friedrichs des Großen. Der Export schlesischer Leinenwaren reichte damals überall hin, nach Übersee und in die Länder Europas. Doch selbst in den Zeiten der Konjunktur war die Lage »nicht immer für die wirklich arbeitenden Classen gedeihlich«. Schon die kleinste Stockung im Absatz »rief ihre Nothstände hervor«. Bereits 1793 kam es zu einem ersten Aufstand der Weber, »die seit unerdenklichen Zeiten geduldig auch das Schlimmste ertragen« hatten. In Liebau, Landshut und in anderen Orten wurden Garnhändlern und Kaufleuten Türen und Fenster eingeschlagen; aus Schweidnitz mußte Militär herbeigeholt werden. Ein Kaufmann hatte, so heißt es, den Webern, »welche über den niedrigen Leinwandpreis gejammert, zugerufen: ›Ihr könnt Heu und Stroh fressen.‹« Und sein Nachbar habe hinzugefügt: »Es wird an diesem noch nicht genug sein, jetzt kommt das Grüne (es war Ende März), da könnt ihr Gras fressen.« Diese Zumutungen sollen den Aufstand ausgelöst haben.

Er war keineswegs ganz harmlos. Das Vorbild der Französischen Revolution verlieh ihm teilweise einen ideologisch-revolutionären Charakter, den von 1844 nicht besessen hat. Die Unruhen griffen sogar auf Breslau und in einigen Dörfern auf die bäuerliche Bevölkerung über, die sich gegen ihre Grundherren empörte. Agitatoren hatten schon Wochen vorher im schlesisch-österreichischen Grenzdistrikt eine revolutionäre Stimmung vorbereitet. Überall kursierten »Aufruhrzettel«, Pamphlete der Empörung: »Wenn wir Linderung kriegen von den Edelleuten, so versprechen wir Ruhe, sonst bricht die Welt mit Haufen auf.« Oder: »Wenn die Herrschafften werden sein erschlagen, darnach wird es beßer werden. Kein König wird uns Herr, wir wollen sie nicht laßen, wir wollen Könige haben, aber sie müßen uns auch helffen.« Oder: »Die Soldaten sind unsere Kinder, die werden uns geschwind zu Dienste stehen. Überlegt es wohl. Vivat, es leben die Franzosen.« Hier ist eine andere Handschrift spürbar als 1844. Der Aufstand wurde niedergeschlagen. Bestraft wurden die Rädelsführer, ausdrücklich mitschuldig gesprochen aber auch die Kaufleute, die den Webern das Garn zu »unchristlichen Wucher«-Preisen verkauft hatten. Einiges wurde getan, den Übelständen abzuhelfen.

Merkwürdigerweise hat dieser Aufstand keinen Niederschlag in der Literatur gefunden, ganz im Gegensatz zu dem von 1844, der oft besungen worden ist.*) Wahrscheinlich, weil er in den ohnehin kriegerischen Zeiten das allgemeine Mitgefühl weniger auf sich zu lenken vermochte. Vielleicht aber auch deswegen, weil er echt revolutionäre Züge trug. Die Toten von 1844 erschienen als die unschuldigen Opfer eines kreatürlichen Aufschreis. Die von 1793 hingegen auch als Partisanen eines gärenden Zeitalters.

Einundvierzig Jahre danach blieb es ruhig im Webergebiet, obwohl sich nach einigen Jahren der Besserung die Lage immer mehr verschärfte. Seit 1807 und besonders von 1816 bis 1819 war die »Noth zu einem besonders hohen Grade gestiegen«: der König stellte mehrmals bedeutende Beträge zu ihrer Linderung zur Verfügung. Die Gründe für die verschärfte Depression werden von zeitgenössischen Beobachtern in der Kontinentalsperre, in der Emanzipation der spanischen Kolonien in Südamerika, in der Grenzsperre Rußlands gegen Preußen und in den Auswirkungen der Gewerbefreiheit gesehen, die es »jedem Pfuscher« erlaubte, sich als Leinwandkaufmann oder als Bleicher niederzulassen. Mehrere Versuche wurden unternommen, die schlesische Leinenweberei den neuen Verhältnissen anzupassen. Die ersten Spinnmaschinen wurden aufgestellt. Eine Zeitlang schien es sogar, als könnten einige Spinnschulen die Grundlagen für einen dauerhaften Wandel zum Besseren legen. Doch gingen die wenigen, die gegründet worden waren, bald wieder ein, weil sie von der Regierung nicht genügend gefördert wurden und weil die kaum unterrichteten, mißtrauischen und konservativen Weber ihnen fremd, wo nicht gar feindlich gegenüberstanden. 1836 bestand keine dieser Spinnschulen mehr. Andere Hilfsaktionen wurden unternommen. Die Preußische Seehandlung, einst von Friedrich dem Großen begründet, kaufte Leinwand in Schlesien mehr nach sozialen, als nach kaufmännischen Gesichtspunkten. Aber alles blieb Stückwerk. Vor allem hielt sich der technische Fortschritt im bescheidensten Rahmen; noch 1830 gab es im Webergebiet nur eine mechanische Flachsspinnerei. So blieben die schlesischen Weber in ihren handwerklichen Fähigkeiten hinter den Erfordernissen der neuen Zeit zurück. Sie wurden kokurrenzunfähig gegenüber der überall heranwachsenden ausländischen Leinen-Industrie. Die herrschenden Wirtschaftstheorien aber erlaubten keine schutzzöllnerischen Maßnahmen, deren es bedurft hätte. »Noth ist die beste Lehrmeisterin«, hieß es. Ausfuhrprämien wurden versagt.

*) siehe Seite 153 ff.

Als Preußen in den dreißiger Jahren sich wirtschaftlich erholte, in den vierzigern gar eine Konjunktur erlebte, blieb Schlesien am Rande des Aufschwunges. Eisenbahn und erste Industrialisierung kamen hauptsächlich dem Westen des Landes und Sachsen zugute. Der Zollverein von 1834 hatte zwar den Absatz im Gebiet dieses gemeinsamen Marktes erleichtert. Aber die industriell ungleich besser ausgerüstete englische Weberei und Spinnerei hatte mittlerweile überall auf dem Kontinent, auch in Deutschland, bedeutende Teile des Marktes erobert. Bei mehreren Generalkonferenzen des Zollvereins beantragten deshalb die süddeutschen Länder, vor allem Baden und Württemberg, Schutzzölle zugunsten der Leinenweberei. Die Anträge scheiterten am Widerstand Preußens, das »frei und groß in dem...Grundsatze des unbeschränkten Verkehrs beharret«. So gut dieser Grundsatz sein mag, er bedarf vieler Voraussetzungen. Sie waren sämtlich im schlesischen Webergebiet nicht vorhanden. Die permanente Notlage steuerte einer akuten Krise zu. Ende 1843 und Anfang 1844 brachten Breslauer Zeitungen Artikel über das Elend des Webervolks. Ihre Wirkung war in ganz Deutschland bemerkenswert. Am 27. Februar wurde in Schweidnitz eine Zentralvereinigung aller Hilfsorganisationen für die Weber ins Leben gerufen, die sich bereits in den einzelnen Landkreisen befanden. Tags zuvor hatten in Breslau die Grafen Dyhrn, Zieten und York und Gustav Freytag die Gründung eines Vereins zur Unterstützung der Weber beschlossen. Der Oberpräsident von Schlesien, Friedrich Theodor von Merckel, von dem Treitschke schreibt, er sei wie ein Landesvater verehrt worden, lehnte das Angebot ab, Präsident des Vereins zu werden.

Am 24. März forderte der Innenminister, Graf Arnim, von Merckel einen Bericht über die Zustände im Webergebiet. Der schlesische Oberpräsident folgte der Aufforderung am 7. April. Er leugnete das Bestehen eines »wirklichen« Notstandes. Jedenfalls sei ihm unbekannt, daß es schlimmer aussehe, als sonst periodenweise. Hingegen beschwerte er sich über die »ungewöhnlich rasche Verbreitung von Nachrichten über Hungersnoth der Weber und Spinner«. Und er fragte an, ob die Hilfsvereine einer Beschränkung unterworfen werden sollten. Im übrigen könnten die Weber bei Eisenbahn- und Straßenarbeiten genug Arbeit finden. Arnim wies ihn an, ein waches Auge auf die Vereine zu richten. Ihre Tätigkeit verbot er nicht.

Wie es in Wahrheit aussah, schildert der Regierungs-Assessor Alexander Schneer. Er war Sekretär des Breslauer Hilfsvereins und von ihm beauftragt worden, »über die Gründe der Noth Bericht zu erstatten«. Schneer besuchte im Mai 1844, also kurz vor dem Ausbruch des Aufstandes, etwa fünfzig Orte, und in jedem sprach er bei etwa fünfzehn bis zwanzig Familien vor. Bereits im Juli erschien das

Ergebnis seiner Untersuchungen »Über die Noth der Leinenarbeiter in Schlesien und die Mittel ihr abzuhelfen« im Berliner Verlag von Veit und Comp. Hauptmann hat aus diesem Bericht eine ganze Reihe von Wendungen wörtlich übernommen und sich an viele Mitteilungen Schneers gehalten. Zum Beispiel daran, daß die Weber an ihrem Glauben festhielten, »die Seeligkeit des Todten hänge von einem prunkenden Begräbnisse ab« und daran, daß die Bielauer Weber »im Allgemeinen als ein munteres und zugleich leichtsinniges Völkchen in der Provinz bekannt und berüchtigt« waren. (Der rote Bäcker stammt aus Bielau.) Auch die Namen Ansorge und Hornig stammen aus dem Bericht von Schneer.

Schneers Untersuchungen sind außerordentlich aufschlußreich und genau. Er fällt keine Pauschalurteile, sondern differenziert genau nach soziologischen, örtlichen und handwerklichen Gegebenheiten. Interessant ist seine Feststellung, das Elend sei dort »geringer, wo angestammte Grundherrschaften in patrimonieller Weise gegen ihre Eingesessenen verfahren«. Wo hingegen »Rentämter, Wirthschaftsämter, oder wie die abstracten Privat-Verwaltungs-Institute immer heißen mögen, dem Eingesessenen entgegentreten, dort ist die Noth größer; am Übelsten sieht es jedoch in Betreff der Armen in den Dörfern aus, welche den städtischen Kämmereien oder dem Fiscus gehören... der Herr hat ein Herz, im Fall der Noth erläßt er die Abgaben und reicht dem Armen wohl auch sonst noch Unterstützung... Ein Amt hält sich an die ihm zustehenden Rechtsmittel, um die schuldigen Leistungen beizutreiben...« Mit anderen Worten: wo das feudale System, zu dessen Wesen der Schutz des Schwachen gehört, noch funktionierte, wurde dem Elend bisweilen noch spontan abgeholfen. Doch lag es in der Zeit, daß der Feudalismus anderen gesellschaftlichen Formen zu weichen hatte, die sich ihrerseits noch ganz im Anfangsstadium befanden, für deren Funktionsfähigkeit vor allem noch keinerlei sozialpolitische Formeln gefunden worden waren.

Der Erwerb eines Leinenwebers betrug nach Schneers Angaben damals zehn bis zwanzig Silbergroschen, »der des Flachsspinners von 5 bis 12 Sgr., der des Facken oder Putzelspinners von 2 Sgr. bis höchstens 4 und 5 Sgr.; bei allen drei Classen für die Woche berechnet«. Das Existenzminimum einer vierköpfigen Familie betrug nach mehreren, annähernd übereinstimmenden Berechnungen damals zwei Taler, vier Silbergroschen (dreißig Silbergroschen = ein Taler). Das Mißverhältnis ist so kraß, daß man die Zahlen nicht weiter auf Kaufkraft, Lebensgewohnheiten usw. hin zu untersuchen braucht. Selbst wer Schneers Mitteilung zugrunde legt, der zufolge ein schlesischer Dorfschulmeister im Jahr rund 90 Taler verdiente, muß sich vom völligen Ungenügen der Verdienstverhältnisse bei den schlesischen Leinenwebern überzeugen lassen. »Man wird sich am Leichtesten den Zustand denken können, wenn man erwägt, daß für Hunderte, ja Tausende dieser unglücklichen Familien der tägliche Erwerb von 9 Pf. bis 1 Sgr., 3 Pf., den Mann, Frau und ein Kind erarbeiten, oft für 6 Köpfe ausreichen soll.«

Die Folgen der Armut beschreibt Schneer plastisch genug: »Seit sieben und mehr Jahren haben sich die Unglücklichen nicht mehr irgend ein Kleidungsstück beschaffen können; ihre Bedeckung besteht aus Lumpen, ihre Wohnungen verfallen, da sie die Kosten der Herstellung nicht aufbringen können; die mißrathenen Erndten der Kartoffeln, namentlich in den beiden letzten Jahren, haben sie auf die billigeren wilden oder Viehkartoffeln und auf das Schwarz- oder Viehmehl zur Nahrung angewiesen; Fleisch kommt nur bei Einigen zu Ostern, Pfingsten und Weihnachten ins Haus, und dann für eine Familie von fünf bis sechs Personen ein halbes Pfund! Schenkt der Bauer ihnen ein Quart Buttermilch, oder tauschen sie es für die Kartoffelschaalen bei ihm nach langem Ansammeln ein; so ist dies ein Festtag ... Den Kirchenrock haben viele schon lange verkauft oder versetzt; sie schämen sich in ihren Lumpen zur Kirche zu gehen, und so entbehren sie auch noch des geistigen Trostes bei diesem Elend.«

Ein Weber erzählt ihm, »mit Freudenthränen in den Augen: er hätte bei der mangelnden Arbeit das Glück gehabt, daß in der Nähe zwei Pferde crepiert wären, deren Fleisch ihn, sein Weib Antonie und seine drei Kinder eine Zeitlang erhalten«. Eine nicht seltene Erscheinung sei es gewesen, daß »die Weber dazu getrieben werden, von der Schlichte — sauer und stinkig riechenden gekochten Stärke — sich zu ernähren«. Schneer fand Kinder »von sieben bis zu acht Jahren, nicht bloos in den Betten nackt liegend, sondern auch in den Stuben da sitzend, ohne selbst nur mit Lumpen bedeckt zu sein«, er sah die Eltern genötigt, »die schwachen Kräfte der Kinder schon mit vier Jahren für die leichteren Arbeits-Verrichtungen in Anspruch zu nehmen« und er fand ein »wahrhaft zum Erstaunen« ausgebautes System des Borgens, das dem Armen noch mehr Pflichten auferlegt, da er alle Gegenstände »theurer sich anrechnen lassen« muß, als wenn er sie bar bezahlte. In vielen Orten gab es keine Krämer, weil es an Geld fehlte, etwas bei ihnen zu kaufen. Eine Hundehütte ist bereits Zeichen für das Fehlen wirklicher Not. »Denn kann der Bewohner noch einen müßigen Hund füttern, so kann er etwas von seiner eigenen Nahrung missen, und braucht er den Hund als Wächter, so hat er eben einen beweglichen Besitz zu bewohnen.« (Muß wohl: bewachen heißen.) Die Häuser sind meist verfallen; viele von ihnen »haben gar keine kanalisirten Rauch-Abzüge, sondern eine Öffnung im Dache, die einem Taubenschlage ähnlich sieht«.

Freilich unterscheidet Schneer sehr scharf zwischen der Lage der Leinenweber und derer, die als Baumwollarbeiter tätig waren. Deren Situation sei viel besser gewesen, und zumal in Peterswalde, Langenbielau und Altfriedersdorf habe er, noch acht Tage vor dem Ausbruch der Unruhen in den Häusern, die ihm als »die ärmsten bezeichnet wurden, ordentliche Betten, feste Wohnungen und nicht schlecht bekleidete Menschen« angetroffen. Wer als Baumwollweber sein Fach ordentlich verstehe, brauche keine Not zu leiden. »Jedoch will ich keineswegs in Abrede stellen, daß es viele Menschen giebt, die bei der schlechten Arbeit, die sie nur zu leisten im Stande sind, ihr Leben höchst kümmerlich hinbringen.«

Wilhelm Wolff ist allerdings entgegengesetzter Ansicht. Die Not der Baumwollweber war, nach seinen Feststellungen, »nicht minder bedeutend, ja vielleicht mehr noch, als in anderen Gegenden«. Wie es sich in Wahrheit verhalten hat, ist wohl kaum mehr mit Sicherheit festzustellen. Jedenfalls hat sich Hauptmann in diesem Punkte mehr an den unbezweifelbaren Tatbestand gehalten, daß Armut und Not überall im Webergebiet zu Hause waren, mochten sie auch hier und dort weniger drückend gewesen sein.

An einer Stelle in Schneers Bericht heißt es, der Verwalter der Ortspolizei in einem kleinen Gebirgsdorf habe ihm erzählt, die Not habe die »Unglücklichen nur deshalb nicht zu allerhand Verbrechen getrieben, weil die lange Gewohnheit des Elends sie körperlich und moralisch deprimirt hat, und es ihnen bereits an der zum Verbrechen nöthigen Thatkraft fehlt«. Diesem Ausspruch stimmt Schneer zu. Und in der Tat wird bei Hauptmann die Revolte ja auch nicht ausgelöst von den Ärmsten der Armen, von den Dahinsiechenden. Ihre Anstifter sind vielmehr der stramme Soldat und der rote Bäcker, der aus dem »munteren und leichtsinnigen« Langenbielau stammt. Indirekt hat sich Hauptmann also dann doch die Erkenntnisse Schneers zueigen gemacht.

Jedenfalls bedurfte es in der Situation, in der sich das Volk der Weber allgemein befand, nur noch eines Funkens, der sie, unter der Führung von einigen energischen Leuten, zur Revolte trieb. Er blitzte auf in Gestalt eines Liedes, das als »Zündstoff in die gährenden Gemüter fiel«. Es ist das Weberlied, dessen Autor unbekannt geblieben ist. Es ist zu singen nach der Melodie »Es liegt ein Schloß in Österreich« und heißt »Das Blutgericht«.[*]) Die »Vossische Zeitung« schrieb darüber: »Es ist ein offenes Manifest aller Klagen und Beschwerden, welche bis dahin nur verstohlen und leise von Mund zu Mund wanderten. In seinen größtentheils wohllautenden und regelmäßig gebauten Versen spricht sich eine drohende Verzweiflung, ein wilder Haß und Grimm

[*]) siehe Seite 115 ff.

besonders gegen das vierte, zuerst angegriffene Handlungshaus aus, welches man offenkundig zu immer höherem Reichtum und Glanze neben der steigendsten Noth aufblühen sah.« Das Handlungshaus, von dem hier gesprochen wird, ist das des Fabrikanten Zwanziger. Als »Parchend-Fabrikant Dreißiger« sollte er in die Literaturgeschichte eingehen.

Zwanziger und Söhne waren schnell reich geworden in Peterswaldau. Sie waren verhaßt wegen ihrer Rücksichtslosigkeit, weil sie die schandbarsten Löhne zahlten, wohl auch, weil sie besonders luxuriös lebten und wohnten. Dem Fabrikanten Zwanziger wird das Wort zugeschrieben, die Weber würden noch »für eine Quarkschnitte arbeiten müssen« und: die Weber möchten nur, wenn sie nichts anderes hätten, »Gras fressen«, das sei heuer reichlich gewachsen. Das klingt ein wenig nach Legende, angesichts der fast wörtlich übereinstimmenden Äußerungen, die schon 1793 gefallen sein sollen. Doch ist dies unerheblich. Zumal in revolutionären Zeiten haben Legenden ihre Wirklichkeit.

Jedenfalls richtete sich der Unmut der Weber zunächst gegen den Fabrikanten Zwanziger. An mehreren Abenden zogen sie, das Weberlied singend, an seinem Unternehmen vorüber. Als sie am 3. Juni 1844 ihre Herausforderung wiederholten, ließ Zwanziger einen der ihren ergreifen und übergab ihn der Polizei. Vergeblich forderten sie seine Freilassung. Zwischen der Arretierung und dem Beginn des Zerstörungswerkes lag eine Nacht und ein halber Tag. In diesen Stunden hätte es in Zwanzigers Macht gelegen, die Leute zu besänftigen und den drohenden Aufstand abzuwenden. Aber die versöhnliche Geste stellte sich nicht ein. So wurde aus einer Demonstration eine Revolte: ihr Beginn gleicht dem anderer, folgenschwererer Explosionen aus Unzufriedenheit aufs Haar.

Am 4. Juni »zog gegen drei Uhr ein Haufe Menschen ganz still vor die Fabrik, warf mit Steinen die Fenster ein und drang durch dieselben in die Gebäude. Zwanziger und seine Leute flüchteten. Die Eingedrungenen begannen sofort alles, was sie vorfanden, zu zerschlagen und zu zerstören.«

Der Polizeiverweser Christ wurde verwundet; sein Gehilfe holte in Hennersdorf den Landrat von Prittwitz. Als er in Peterswaldau eintraf, versuchte er, den Zerstörungen mit mahnenden Worten Einhalt zu gebieten. Vergeblich. Er forderte aus Schweidnitz Militär an. Inzwischen waren die Weber abgezogen, und auch der Landrat begab sich nach Hause.

Am Morgen des 5. Juni wurde Zwanzigers Fabrik weiter demoliert. Zwei andere Peterswaldauer Fabrikanten retteten sich und ihre Fabriken durch Geldverteilungen. Dann zogen die Weber nach Langenbielau, das mit etwa 12000 Einwohnern das größte Dorf Preußens jener Zeit war. Dort wurden zwei Fabriken zerstört. Wilhelm Dierig, Inhaber einer der bedrohten Firmen, erbot sich, beschützt von inzwischen eingetroffenem Militär, Geld auszuzahlen, fünf Silbergroschen für jeden. Was den Peterswaldauer Fabrikanten noch gelungen war: die Masse durch Geldgeschenke zu beruhigen, hatte bei ihm keinen Erfolg mehr, obwohl es zunächst noch so schien. Aber die Anwesenheit der Truppe führte die Katastrophe herbei. Bei den Auszahlungen entstanden Unruhen. Es gab Reden und Widerreden. Als der Truppenkommandeur, Major Rosenberger, seine Soldaten von der aufgebrachten Menge bedrängt sah, ließ er Feuer geben. Ob zunächst über die Köpfe der Weber hinweg und erst dann gegen sie gerichtet, als sie, mit Steinen werfend, zum Angriff übergegangen waren, ist nicht klar. Die zeitgenössischen Berichte widersprechen einander in diesem entscheidenden Punkt. Es gab elf Tote, zwei Dutzend Schwerverletzte und zunächst einen Rückzug des Majors Rosenberger und seiner Soldaten. Das Militär retirierte nach Peterswaldau; das schutzlos gewordene Etablissement Dierig wurde zerstört.

Neues Militär war inzwischen angefordert. Ein Bataillon Infanterie und vier Geschütze trafen am Abend des 5. Juni im Kreis Reichenbach ein. Mit ihm kam der Regierungs-Assessor von Kehler als Kommissar der Breslauer Provinzial-Regierung. Der Kommandeur der frisch herbeigeführten Truppen erließ bei seinem Einzug in Langenbielau in der Nacht zum 6. Juni einen Aufruf, dessen ziviler und versöhnlicher Ton auffällt: »Mit recht schmerzlichen Gefühlen mache ich den Einwohnern von Langenbielau bekannt, daß ich den Befehl erhalten habe, mit Infanterie und Artillerie in diesen mir seit langen Jahren so liebgewordenen Ort einzurücken, um Unordnungen und Exzesse zu verhüten, welche leider nach dem was vorgefallen ist, noch zu fürchten sind. Ich erkläre hiermit: daß bis jetzt noch kein Gewehr und Geschütz scharf geladen ist, und ich hege auch die Hoffnung, daß ich ebenso friedlich, wie ich eingerückt bin, auch wieder ausrücken werde, ebenso bestimmt aber erkläre ich auch öffentlich, daß ich bei vorkommender Widersetzung gegen die Anordnungen der Civil- und Polizeibehörden sofort von der Gewalt der Waffe Gebrauch machen werde. Um die Ordnung in dem Bereich der Truppen aufrecht zu erhalten, muß ich verlangen, daß alles Zusammentreten von mehr als fünf bis sechs Menschen vermieden werde... Auch muß ich wünschen, daß nach Verordnung der Polizeibehörde in den Wirtshäusern für jetzt keine Versammlungen gehalten werden...« Der Name des Kommandeurs: Major von Schlichting.

Mit seinem Eintreffen war das Schicksal des Aufstandes besiegelt. Er flackerte zwar hier und dort noch auf. Aber seine Anführer waren bereits ins Gebirge entwichen. Der Kommissar von Kehler brauchte nur noch zu verhaften, wessen er habhaft wurde. Zunächst wurden 14 Personen festgenommen und gefesselt, auf offenen Karren, nach Schweidnitz gebracht. Die Erschossenen von Langenbielau wurden in aller Stille beerdigt. Die Geistlichen wurden angewiesen, den Arbeitern ins Gewissen zu reden. Mitte Oktober wurde das Militär aus den Dörfern zurückgezogen. Die Zahl der Verhafteten war auf etwa einhundert gestiegen; achtzig wurden zu Festung und Zuchthaus verurteilt.

Oberpräsident von Merckel erstattete am 9. Juni, als alles schon vorüber war, Bericht. Friedrich Wilhelm IV. billigte seine Maßnahmen. Innenminister Graf Arnim schickte den Polizeirat Duncker und später den Referendar Stieber ins Webergebiet. Sie sollten vor allem erkunden, ob die Unruhen auf die Agitation von sozialistischen Unruhestiftern zurückzuführen sei. Aber ihre Nachforschungen blieben in diesem Punkte ohne Ergebnis. Oberpräsident von Merckel beharrte auf seiner Ansicht, es wäre am besten, wenn die Weber im Straßenbau beschäftigt würden. Im Mai 1845 trat er in den Ruhestand. Sein Kommissar für die Webergebiete, Regierungsrat von Minutoli, ein unermüdlicher Mann mit vernünftigen An- und Einsichten, gab weiter Anregungen und Vorschläge nach Berlin. Minister Arnim reiste im Hochsommer 44 selbst nach Schlesien, und Friedrich Wilhelm IV., dem das Weberelend persönlich naheging, entsandte den Geheimen Oberfinanzrat Osterreich. Grundlegende Wandlung aber wurde nicht geschaffen.

Das ist, in aller Kürze, der geschichtliche Vorgang, der Hauptmanns Weberdrama zugrunde liegt. Er ist von ihm genau studiert worden. 1885 war bei dem Verleger Korn in Breslau ein Werk von Dr. Alfred Zimmermann, einem Schüler Gustav Schmollers, erschienen, das Hauptmanns wichtigste Quelle wurde. Es heißt »Blüthe und Verfall des Leinengewerbes in Schlesien« und ist heute noch unbestritten die beste Arbeit zu diesem Spezialthema. Die zweite Quelle, auf die Hauptmann sich stützte, ist ein Aufsatz im »Deutschen Bürgerbuch für 1845«, das Hermann Püttmann herausgab. In ihm hatte Wilhelm Wolff, der »kühne, treue, edle Vorkämpfer des Proletariats«, dem Karl Marx den ersten Band des »Kapitals« widmete, einen Bericht »Das Elend und der Aufruhr in Schlesien«[*]) veröffentlicht. Die dritte Hauptquelle Hauptmanns ist der Bericht von Alexander Schneer. Außerdem orientierte sich Hauptmann an anderen zeitgenössischen Berichten (z. B. von Kries) und an offiziösen Darstellungen des Aufstandes.

Sein Drama hält sich streng an die historischen Vorkommnisse. Dieser direkte Bezug des Stückes auf die Geschichte ist eindeutig. Er wurde bereits von Franz Mehring 1893 in der »Neuen Zeit«[**]) bis in die

[*]) siehe Seite 133 ff.   [**]) siehe Seite 195 ff.

Einzelheiten nachgewiesen; seine Analyse wird nicht wertloser dadurch, daß sie sich nur auf die Darstellung Wolffs stützt, Zimmermann also nicht zu Rate zieht: die Nuancen sind zu geringfügig. Indessen waren »Die Weber« Hauptmanns wenig geeignet, im Publikum der neunziger Jahre Gefühle zu wecken, die man einer versunkenen und überwundenen Epoche entgegen zu bringen pflegt.

Im »Magazin für Litteratur«, das damals eine bedeutende Rolle spielte und den Kampf um »Die Weber« von Anfang an unter der Mentorschaft von Fritz Mauthner führte, erschien am 13. Februar 1892 ein Artikel von Paul Marx »Der schlesische Aufstand in Dichtung und Wirklichkeit«*). In ihm läßt Marx einen imaginären Zeitungsleser, der die soeben bei S. Fischer erschienene Buchausgabe der »Weber« zur Hand nimmt, argwöhnen, Hauptmanns Hinweis, das Stück spiele in den vierziger Jahren, sei »eine Finte, um den Stoff weniger verfänglich erscheinen zu lassen und um die Polizei zu beruhigen. In Wahrheit ist es ein modernes Stück und spielt im Jahre 1890«. Dieser Ansicht tritt Marx dann entgegen.

Sie konnte freilich leicht aufkommen. Zunächst im engen, nur die Weber betreffenden Sinne, an deren noch immer andauernde Not die Zeitungen nach einer miserablen Ernte 1890 hatten erinnern müssen. Nicht minder aber war die Erinnerung an den Vormärz geeignet, Vergleiche zur eigenen Zeit zu ziehen und sich dessen innezuwerden, daß viel sich zwar seitdem begeben und verändert, wenig sich aber gewandelt hatte. Nichts kann diesen Tatbestand besser beleuchten, als eine Bemerkung, die dem Berliner Polizeipräsidenten ahnungslos entschlüpfte. Im ersten Prozeß um »Die Weber«, 1893, verteidigte er sein Verbot ihrer öffentlichen Aufführung mit der Behauptung, die Staats- und Gesellschaftsordnung von 1844 bestünde noch immer. Sein Weltbild hatte demnach an der 48iger Revolution und ihren Folgen noch keinen Schaden genommen. Richthofen fügte hinzu, das Publikum werde »die in dem Stücke zur Rechtfertigung des Aufruhrs geschilderten Verhältnisse mit der Gegenwart in Beziehung bringen, jene diesen ähnlich finden«. Dies wiederum war eine sehr ahnungsvolle Bemerkung.

Zur Lage der Weber im Jahre 1892 bedarf es nur weniger Worte. In Max Baginskis erwähntem Bericht über seinen Gang mit Hauptmann in die Weberdörfer heißt es von den Anblick, den ihnen Steinseifersdorf bot: »Über eine kahle Schneefläche versprengte schadhafte Hütten aus Lehm, Reisig, Brettern. Nichts Lebendiges zu sehen. Kein Hund, keine Katze, kein Sperling. Selten, daß aus einem Rauchloch aus den schiefen Dächern dünner Rauch aufsteigt. Geheizte Wohnräume gehören in diesem Landstrich zu den schwer zu erringenden Kostbarkeiten, und was für eine Mahlzeit sollte man wohl aus nichts zubereiten?«

*) siehe Seite 180 ff.

Hauptmanns Eindruck war womöglich noch niederschmetternder. Was er damals sah, hat er 1938 in einer Jubiläumsausgabe der »Breslauer Neuesten Nachrichten« beschrieben*). In den »versprengten Hütten, deren Zerfall erschrecklich war«, zeigte sich ihm zwar nur, was er, ein Kind dieser Gegend und ein aufmerksamer Zeitungsleser, ohnehin erwartet hatte. Gleichwohl hat ihn die unmittelbare Begegnung mit der Not und ihr Ausmaß tief berührt. Er sah »das Elend in seiner klassischen Form«.

Diese Wendung, 1938 niedergeschrieben, liest sich fast wie eine absichtsvolle Ergänzung jener Briefstelle von 1891, in welcher Hauptmann mitgeteilt hatte, er befinde sich in Langenbielau »auf klassischem Boden«. Das soll zwar nicht behauptet werden. Hier dürfte vielmehr der Zufall seine Hand im Spiele gehabt haben. Doch ist nicht zu übersehen, was Hauptmann dem Wort vom »Elend in seiner klassischen Form« in den »Breslauer Neuesten Nachrichten« hinzugefügt hat, da man es »befremdlich finden« könne: »Großstadtelend, Jammer und Schrecken der Lasterhöhlen und des Verbrechens sind vielfach scheußlich und abstoßend. Das Innere dieser halbzerfallenen Berghütten, in deren Mitte das rhythmische Wuchten des Webstuhls, das Schnalzen und Scheppern des Schiffchens tonte, war gleichsam beim ersten Blick anziehend. Der Webstuhl ist nun einmal ein Ding, an dem zu sitzen die Göttin Kirke nicht verschmäht. Und der musikalische Klang ihrer Arbeit über die Insel Ogygia verknüpft sich mir mit jedem Webstuhle.«

Ob nun zufälliger Gleichklang oder bewußte Wiederholung — diese Erläuterung läßt erkennen, daß Hauptmanns Einstellung zu seinem Stoff nicht von vordergründigen politischen Absichten geprägt war. Das wird später noch deutlicher auszuführen sein. Ein Indiz dafür kann noch vorweggenommen werden: als Hauptmann sich 1888 entschloß, ein Drama über die Weber zu schreiben, war deren Notlage kaum Gegenstand öffentlicher Erörterungen. Das war erst nach der Mißernte von 1890 wieder der Fall.

Keine vordergründig politischen oder gar parteipolitischen Absichten also. Dennoch natürlich eine sehr bewußte Rebellion wider den Zeitgeist. Hauptmann war gewiß kein scharf analysierender Intellekt, wie Heine es gewesen war. Dessen Lust zur unmittelbaren politischen Aggressivität war ihm fremd. Aber man kann ihn deswegen nicht etwa einen Wolkenkuckucksheimer nennen, der nicht gewußt hätte, worauf er sich mit den »Webern« einließ. In seinen Erinnerungen »Das Abenteuer meiner Jugend« schreibt er, achtundsechzigjährig:

»Meine Auffassung des Geschehnisse wich nun zwar von der des Liedes [von Heinrich Heine über den Weberaufstand**), der Verf.] ab. Aber es gehörte immerhin Mut dazu, dieser in Preußen übel vermerkten

*) siehe Seite 161 ff. **) siehe Seite 153 f.

Erinnerung, statt sie völlig auszulöschen, in einer Gestaltung neue Gegenwart, ja möglicherweise Dauer zu geben. Aber das soziale Drama, wenn auch zunächst nur als ein leeres Schema, lag als Postulat in der Luft. Es real ins Leben zu rufen, war damals eine Preisaufgabe, die gelöst zu haben so viel hieß, wie der Initiator einer neuen Epoche zu sein. Bei diesem der alten Zeit konträren Beginnen — wir standen nach Karl Bleibtreu*) mitten in einer Revolution der Literatur — waren Zivilcourage und Bekennermut eine Selbstverständlichkeit.«

Ästhetische und allgemeinpolitische Kategorien und Impulse sind in diesen Zeilen eine unauflösliche Synthese eingegangen. Ein wenig klingt in ihnen noch die Erregung der damaligen Jahre nach, obwohl sie aus der olympischen Sicht des Alters geschrieben wurden. »Der Initiator einer neuen Epoche« — das ist wohl nicht einseitig ästhetisch zu verstehen. Das soziale Drama war in der Tat das Drama des Jahrhunderts. Und was Hauptmann, wie alle anderen, mit denen er damals umging, »dachte, war Neuerung«.

Die soziale Frage war zum Kardinalproblem der Epoche geworden. Alle anderen mündeten mehr und mehr in sie ein; sie wurde zum Symbol all dessen, was ungelöst schien, vom Wahlsystem bis zur Gesellschaftsordnung schlechthin. Mit der obwaltenden Fürsorge-Mentalität war ihr nicht mehr beizukommen. »Die Weber« trafen daher den Nerv der Zeit dort, wo er am verletzlichsten war. Wer sie sah, erblickte in dem Spiegel, den sie der Gesellschaft vorhielten, nicht allein verfallene Hütten in Kaschbach oder Langenbielau, Hunger und Elend der vierziger Jahre. Er hörte nicht nur das Wuchten des Webstuhls. Er sah auch eine düstere Hinterhauslandschaft in den Großstädten und an ihrem Rande kümmerliche Bretterbuden des Proletariats. Und er hörte die lauten Forderungen des vierten Standes. Die Ambivalenz des »Weber«-Stoffs war zu offensichtlich. Er trug einen Janus-Kopf; der Blick war auf 1844 und auf die Gegenwart von 1892 gleichermaßen gerichtet. Wer fünfzig Jahre zurückdachte, sah vor seinem geistigen Auge die Barrikaden der Revolution. Der Schrecken saß noch in den Gliedern. Durfte man der Gegenwart so sicher sein?

Damals, zur Zeit des Weberaufstandes, im Vormärz, war das große Agens der Weltgeschichte, das in dem einen Worte »Freiheit« beschlossen liegt, untrennbar verknüpft gewesen mit den Zielen Nationalstaat und Verfassung. Mittlerweile hatten die motorischen Kräfte des Freiheitsgedankens sich mit dem Ruf nach sozialer Gerechtigkeit verbunden. Die Mischung konnte explosiv werden. Sie rüttelte an den Grundfesten der gesamten Gesellschaftsordnung. Die bürgerlichen Freiheiten waren zwar garantiert. Aber wie stand es mit den Resten des Feuda-

---

*) Karl Bleibtreu (1859—1928), von 1888 bis 1890 Mitherausgeber der »Gesellschaft«, Romancier, Autor der Kampfschrift »Revolution der Litteratur«, 1886.

lismus? Zwar gab es eine Gewerbeordnung und in ihrem Rahmen die Koalitionsfreiheit. Doch galt sie nur für die Angehörigen der gewerblichen Wirtschaft. Landwirtschaftliche Arbeiter, Seeleute und das gesamte Gesinde waren von ihr ausgenommen. Ein neues, liberales Strafrecht war eingeführt. Von Gerechtigkeit im bürgerlich-rechtlichen Sinne vermochten aber ganze Bevölkerungsgruppen nur herzlich wenig zu verspüren: das träge bäuerliche und das dynamische, seiner selbst bewußt gewordene und überwiegend sozialistisch gesonnene Industrie-Proletariat.

Die Mentalität der herrschenden Schicht war noch weitgehend von Vorstellungen geprägt, die in ihrem Kern absolutistisch und feudalistisch waren. Der Einfluß des Landadels, vornehmlich des ostelbischen, auf politische und wirtschaftliche Entscheidungen war unverhältnismäßig groß. Er stand in einem natürlichen Gegensatz zur rasch fortschreitenden Industrialisierung. Die Zeit wäre zwar reif gewesen für den notwendigen Schritt vom formalen Rechtsstaat zur gesellschaftlichen Demokratie, die getrost, auch mit Zustimmung der Arbeiterschaft, eine konstitutionelle Monarchie hätte sein können. Aber die führenden Kräfte waren zu einem solchen Schritt nicht bereit. Er lag außerhalb ihres Bewußtseins.

Verfassungsrechtlicher Ausdruck hierfür war das Dreiklassenwahlrecht in Preußen, das übrigens noch 1896 dem Königreich Sachsen zum Vorbild eines neuen Wahlrechts diente. Politischer Ausdruck für die Unfähigkeit der Gesellschaft, den »vierten Stand« zu integrieren, war das von 1878 bis 1890 gültige, immer neu verlängerte Sozialistengesetz. Beide Elemente der Staatsführung haben in der Arbeiterschaft, doch auch im Bürgertum Energien aufgestaut, die sich später entladen sollten. Auf dem Gebiet der Kunst war der Naturalismus damals ein Alarmzeichen.

Bismarck war nicht, was man »unsozial« nennt. Er war auch kein Gegner der Arbeiterschaft: ihre Leistungen hat er oft anerkannt. Er »dachte sozial« — weit mehr und aufrichtiger, als die meisten seines Herkommens. Doch liegt in diesen Worten bereits etwas Kennzeichnendes. Wer immer »sozial dachte«, anerkannte im Grunde die Barrieren, die, seit Jahrhunderten zwischen den Klassen aufgerichtet, noch keineswegs gefallen waren. Sie sind endgültig erst in der westlichen Industriegesellschaft der Mitte unseres Jahrhunderts abgebaut worden.

Karl Marx, dessen Name in den »Gedanken und Erinnerungen« Bismarcks nicht auftaucht, ein Schüler des deutschen rationalen Idealismus, hatte, bei seinem Entwurf des zukünftigen gesellschaftlichen Werdeganges, die immanente Entwicklung des Menschen zum Bewußtsein der Freiheit außer acht gelassen. Er hatte dem Primat der wirtschaftlichen Verhältnisse als gesellschaftsverändernde Kraft vertraut, dem Menschen nur die Rolle des Geburtshelfers zugewiesen und die »Expropriation der Expropriateure« als Ergebnis der »ökonomischen Bewegungsgesetze« verkündet. Freiheit war ein Ziel. Als autonomer Wert blieb sie außer Betracht.

Bismarck, »normales Product« der preußischen Erziehung, konservativ, religiös, der bestehenden Gesellschaftsordnung verbunden und ganz der Staatsraison verpflichtet, (daher auch) leidenschaftlich an der Außenpolitik und aus Gründen der Vernunft an der Innenpolitik interessiert, übersah aus einem anderen Blickwinkel jene immanente Entwicklung zum Bewußtsein der Freiheit. Ihm schien es genug, wenn der Staat »ein paar Tropfen sozialen Öles im Rezepte beisetzte«. Das war nicht wenig. Aber die »Begehrlichkeit der Socialisten« hatte tiefere Ursachen und andere Beweggründe.

Im November 1881 erging eine von Bismarck aufgesetzte Botschaft Kaiser Wilhelms I. an die Bevölkerung. In ihr sind die Sozialgesetze angekündigt, die in den nächsten Jahren nacheinander tatsächlich verabschiedet wurden. In der Botschaft wird die »Überzeugung« ausgesprochen, daß »die Heilung der sozialen Schäden nicht ausschließlich im Wege der Repression der sozialdemokratischen Ausschreitungen, sondern gleichmäßig auf dem der positiven Förderung des Wohles der Arbeiter zu suchen sein« werde. Hier sind die Wurzeln für die elementare Unzufriedenheit der breiten Massen vom Kaiser selbst freigelegt: »nicht ausschließlich im Wege der Repression...«

Bismarck hat nicht die politische Weisheit besessen, das sachlich mit Recht als fortschrittlich und vorbildlich für die Zeit gerühmte Sozialgesetz-Werk in Übereinstimmung mit den Führern derer im Reichstage durchzusetzen, die es anging. Es wurde vielmehr gerade und ausdrücklich in den Jahren ausgearbeitet und verabschiedet, da die Sozialdemokratie unter dem Ausnahmegesetz stand. Viel mehr, als sich aktiv und passiv an den Reichstagswahlen zu beteiligen, war ihr nicht erlaubt. Ihre Zeitungen, ihre Vereine, ihre Versammlungen waren verboten. Ihre Propagandisten konnten ausgewiesen werden, wenn sie sich mucksten. Die zwölf Jahre, in denen das Sozialistengesetz galt, wurden zur heroischen Zeit der Sozialdemokratie und brachten ihr bei den Reichstagswahlen ungeahnt hohe Stimmenzahlen ein. 1890 stellten sie 35 Abgeordnete und hatten damit ihre Fraktion gegenüber 1877, dem letzten Jahr vor dem Sozialistengesetz, fast verdreifacht.

Der Wahlausgang von 1890 alarmierte die ganze Nation — und den Kanzler. Die Sozialdemokratie, die von Treitschke eine »Schule des Verbrechens« genannt worden war — womit er einer weit verbreiteten Ansicht nur die zündende Formel verliehen hatte — der »Reichsfeind« begann, obwohl unterdrückt, eine ernst zu nehmende Macht zu werden. Bismarck richtete sich auf eine Revolution von oben ein. Er war überzeugt, daß man »gegen die Socialdemokraten kämpfen« müsse, erst mit einem verschärften Sozialistengesetz, notfalls militärisch. Wilhelm II., jung, unsicher, um seine Autorität gegenüber dem Kanzler ebenso bemüht wie um die Gunst des Volkes, befürchtete indessen »Kartätschenprinz« genannt zu werden, wie ehedem sein Großvater. Er wollte die Wünsche seiner Untertanen nicht »mit Schnellfeuer beantworten«. Schon ein Jahr zuvor, als Bergarbeiterstreiks den inneren Frieden spürbar erschüttert hatten, war es zu Gegensätzlichkeiten zwischen ihm und seinem Kanzler gekommen. »Die Unternehmer und Actionäre müßten nachgeben«, habe er, notiert Bismarck, gesagt, »die Arbeiter seien seine Unterthanen, für die er zu sorgen habe; wollten die industriellen Millionäre ihm nicht zu Willen sein, so würde er seine Truppen zurückziehen; wenn dann die Villen der reichen Besitzer und Directoren in Brand gesteckt, ihre Gärten zertreten würden, so würden sie schon klein werden.«

So stand es um 1890. Es war eine vorrevolutionäre Situation. Und Bismarck mußte nicht zuletzt wegen seiner Haltung in der sozialen Frage gehen.

Wer nun im »Weber«-Schauspiel sah, wie die »Villen der reichen Besitzer« zerstört wurden, dem mochten noch andere Analogien der achtziger Jahre zum Vormärz auffallen. Er mochte sich der Karlsbader Beschlüsse von 1819 erinnern, die in einem harmonischen Zusammenspiel Österreichs mit Preußen zustande gekommen waren, bezeichnenderweise ebenso wie das Sozialistengesetz, nach zwei Attentaten, die beiden, Metternich und Bismarck, so gelegen gekommen waren wie der Tod des Mortimer dem Lester. Damals wurden »Demagogen«, Liberale, Völkische, Schriftsteller, Professoren und Politiker unter Kuratel gestellt und verfolgt. Jetzt waren es die Sozialdemokraten, und auch ihre Schriften waren verboten. Friedrich Wilhelm IV., »Hamlet auf dem Throne«, hatte, nach Adolf Stahr[*], mit seinem Wahlspruch »freie Völker, freie Fürsten« zu ein und derselben Zeit »die absolute Herschaftswillkür des von Gott verordneten und erleuchteten Königsthums *und* die Selbständigkeit und das Selbstbestimmungsrecht eines mündigen Volkes« betont. »Er suchte die Quadratur des Zirkels: *zu geben, ohne aufzugeben*«. Dieses Wort paßt exakt auf Bismarcks Intentionen in der Sozialpolitik. Beide, Friedrich Wilhelm IV. und Bismarck, waren außerdem nur bereit zu geben, ohne aufzugeben, als die entsprechenden Sondermaßnahmen, Karlsbader Beschlüsse und Sozialistengesetz noch in Kraft waren.

Andere, interessante Parallelen ließen sich ziehen, wirtschaftspolitische, kulturpolitische, soziologische. Die »Jungdeutschen« von damals, die Wienbarg, Heine, Gutzkow, Laube, Mundt, Büchner und ihr neuer Realismus entsprachen dem jungen Deutschland von 1888,

[*] Adolf Stahr: »Die Preußische Revolution«, Oldenburg, 1849.

das mit den Brüdern Hart, mit Holz und Schlaf, Wolff, Wille, Henkell, Bleibtreu und Hauptmann in die Arena getreten war.

*

Gerhart Hauptmann war ein sensibler, suchender Mensch. Antennengleich nahm er die Strömungen der Zeit und das, was ihn umgab, in sich auf. Er war betroffen gewesen von der Armut, die er in seiner schlesischen Jugend sah. Als Student, schwankend noch zwischen den Berufen eines Schauspielers, Bildhauers oder Dichters, hatte er sich mit dem Freundeskreis der »Ikarier« verbunden, dem die Gründung einer sozialistischen Siedlung in Amerika nebulos vorschwebte. 1887 mußte er deswegen im Breslauer Sozialistenprozeß in den Zeugenstand; angeklagt waren seine Ikarier-Freunde. In jenen Jahren las er die Schriften von Karl Marx und religionswissenschaftliche Arbeiten: »Das soziale Empfinden war ihm«, sagt ein Zeitgenosse, »in Fleisch und Blut, ja in das ganze Nervensystem übergegangen.«

Hauptmann selbst charakterisiert das geistige Klima, in dem er und seine Freunde sich gegen Ende der achtziger Jahre befanden: »Der Grundzug unseres damaligen Wesens und Lebens war Gläubigkeit. So glaubten wir an den unaufhaltsamen Fortschritt der Menschheit. Wir glaubten an den Sieg der Naturwissenschaft und damit an die letzte Entschleierung der Natur. Der Sieg der Wahrheit, so glaubten wir, würde die Wahn- und Truggebilde auch auf den Gebieten religiöser Verblendung zunichte machen. Binnen kurzem, war unser Glaube, würde die Selbstzerfleischung der Menschheit durch Krieg nur noch ein überwundenes Kapitel der Geschichte sein. Wir glaubten an den Sieg der Brüderlichkeit, die wir ja unter uns schon quasi verwirklicht hatten. Glaubten, liebten und hofften wir doch aus Herzensgrund! Eines Tages würde das letzte Verbrechen mit dem letzten Verbrecher ausgestorben sein wie gewisse Epidemien infolge der Hygiene und sonstiger Prophylaxe der medizinischen Wissenschaft. Dieser Optimismus war schlechthin Wirklichkeit...«

In diese Sätze lassen sich so ziemlich alle theoretischen Auslassungen unterbringen, die von den jungen Realisten oder Naturalisten über ihre Motive und Impulse in zahllosen Aufsätzen und Manifesten dargelegt worden sind. Der Rationalisierungsprozeß, den Wissenschaft und Philosophie eingeleitet hatten, wurde international begleitet von der modernen Literatur. Der Autor war aufgefordert, »die Wahrheit« zu schreiben, in Übereinstimmung mit den Erkenntnissen der exakten Wissenschaften. »Wahrheit« ist das meist gebrauchte Wort der jungen naturalistischen Garde. Unter seinem Leitstern sah sich der Autor vor die Forderung gestellt, Zeitfragen zu behandeln, grad wie Ludolf Wienbarg es seinerzeit dem jungen Deutschland in seinen »ästhetischen

Feldzügen« gegen die Romantiker aufgetragen hatte: »Die Schriftstellerei ist kein Spiel schöner Geister, kein unschuldiges Ergötzen, keine leichte Beschäftigung der Phantasie mehr, sondern der Geist der Zeit, der unsichtbar über allen Köpfen waltet, ergreift des Schriftstellers Hand und schreibt ein Buch des Lebens...« Jetzt, in den achtziger Jahren, schrieben die Brüder Hart in ihren »Kritischen Waffengängen« gegen die romantisierende Salonliteratur ihrer Gegenwart: »Wir wollen eine Literatur, die dem Ernste und der Größe *dieser* Zeit entspricht und aus ihren Strebungen heraus geboren ist, eine Literatur, welche... *wirkt* und nicht spielt.«

Die großen Vorbilder waren Zola und Ibsen, Björnson, Jacobsen und Tolstoi. Zola hatte formuliert: »Une œuvre d'art est un coin de la nature, vu à travers un tempérament.« Arno Holz fand die Formel »Kunst = Natur − X«. Die Unbekannte X war dabei die notwendige Unzulänglichkeit der Sprache.

Als Gerhart Hauptmann in seiner Erkner-Zeit vom Herbst 1885 bis April 1888 und, nach dem Zürcher Sommer dieses Jahres, bis zum September 1889, Umgang mit fast allen Köpfen der neuen Richtung hatte, fühlte er sich geborgen in einer gleichgestimmten Clique. Die Anthologie »Moderne Dichtercharaktere«, Ende 1884 von Wilhelm Arent und Hermann Conradi herausgegeben, die gelegentlich als die eigentliche Geburtsstunde des Naturalismus bezeichnet wird, hatte auf ihn tiefen Eindruck gemacht: Mit innerster Zustimmung las er dort Zeilen wie diese: »Ein freudlos Erlösung heischend Geschlecht / des Jahrhunderts verlorene Kinder...« Lange Zeit ging er »wie unter dem Eindruck eines Mirakels herum«. Die Töne, die in dieser Sammlung angeschlagen wurden, von jungen Leuten, deren Gemütslage der Hauptmanns »nahe verwandt« war, schwanken zwischen düsterer Verzweiflung, »Daseinsekel« und »Titanenmut«. Viele ihrer Dichter sind heute vergessen. Arno Holz, Heinrich Hart, Erich Hartleben, Karl Henkell, Erich Conradi, Wilhelm Arent − und, kurios genug, Alfred Hugenberg befanden sich unter ihnen.

Hauptmann empfand das beglückende Gefühl, nicht mehr allein zu stehen. »Jahre hindurch wußte ich nichts anderes, als daß mein vereinzeltes, absonderliches Streben mich hoffnungslos vereinsame... Mit einem Male aber tauchten solche Naturen an allen Ecken und Enden in Deutschland auf. Sie begrüßten einander durch Zurufe, Leuten ähnlich, die auf Verabredung einen Marsch zu einem bestimmten Treffpunkt unternommen haben und nun angekommen sind.«

Zwar hat er im »Abenteuer meiner Jugend« später auch gesagt: »Was ging mich das Geschwätz vom Naturalismus an.« Und es mögen in der Tat weniger die unendlichen theoretischen Erörterungen gewesen sein, die ihn an diesem Kreise faszinierten, als dessen mentale

Gleichgestimmtheit. Immerhin hat er sein Drama »Vor Sonnenaufgang« den »consequentesten Realisten« gewidmet: Arno Holz und Johannes Schlaf, die unter dem gemeinsamen Pseudonym »Bjarne P. Holmsen« den im minuziösen »Sekundenstil« geschriebenen Skizzenband »Papa Hamlet« veröffentlicht hatten. Hauptmann soll sogar erwogen haben, seinen Bühnenerstling »Vor Sonnenaufgang« gemeinsam mit Holz zu schreiben.

Das ist — wohl zum Glück — unterblieben. Vielleicht wirklich deswegen, weil Hauptmann das »Geschwätz vom Naturalismus« im Grunde wenig anging. Doch vorläufig, in diesen entscheidenden Erkner-Jahren, war er mitten unter denen, die ihn auf ihre Fahnen geschrieben hatten. Er hatte Umgang mit Max Kretzer, der »die soziale Dichtung als künstlerische Darstellung der in der ökonomischen Lage gefesselten Persönlichkeit« bezeichnete und den Roman der Berliner Gründerzeit »Meister Timpe« schrieb. Er wurde von Eugen Wolff in den literarischen Verein »Durch« eingeführt, wo er einen Vortrag über Büchner hielt, dessen Name und Werk damals verschollen war. Wolff hatte dort den Begriff »die Moderne« geprägt und ihn in Gegensatz zur »stillen, kalten Antike« gestellt. Hauptmann wurde bekannt mit Wilhelm Bölsche und Bruno Wille und dem Kreis derer, die sich anschickten, die »Freie Bühne« zu gründen, den Brüdern Hart, Theodor Wolff, Maximilian Harden, Otto Brahm, Paul Schlenther, Fritz Mauthner, Ludwig Fulda, Samuel Fischer. Er war ein junger Mann, an dem »zunächst das Goetheprofil und das seltsame Blicken der wasserblauen Augen« auffiel, »ein Gemisch von Beobachtung und melancholischer Träumerei — als ob eine Seele, die im Innersten daheim ist, von Zeit zu Zeit hinausspäht in die umgebende Wirklichkeit« (Bruno Wille).

In seinem »Innersten daheim« mochte er sich in jenen Jahren bei seinen umfangreichen Jesus-Studien fühlen, die sich zu einem Roman verdichten sollten, und bei der Lektüre von Tolstoi, Büchner, Dostojewski, Whitman, Zola oder Ibsen. Und während ihn noch der Trubel der Literatenzusammenkünfte in Anspruch nahm, regte sich immer mehr der Wunsch in ihm, die schlesische Heimat einmal wiederzusehen.

Jedenfalls ergriff er die Gelegenheit, sich dorthin aufzumachen, als seine Schwägerin Frida Thienemann gestorben und seine Frau zur Beerdigung gefahren war. Anstatt sie zu begleiten, reiste er mit seinem Freunde H. E. Schmidt ins Riesengebirge, durchstreifte die Berge und sah sich auch in Agnetendorf um, freilich ohne noch zu ahnen, welche Bedeutung dieser Ort für ihn später gewinnen sollte. »Ich mußte die Heimat wiederentdecken, wenn meine geistige Entwicklung ihren Lauf nehmen sollte, wie sie ihn wirklich genommen hat.«

Bald nach dieser Reise in die Vergangenheit erhielt er eine Ein-

ladung seines Bruders Carl nach Zürich. Dort sah er sich heftigen und
widerstreitenden Empfindungen ausgesetzt. Im Kreise des Bruders,
eines Schülers von Haeckel — den Hauptmann übrigens auch selbst in
Jena gehört hatte —, begegnete ihm ein naturwissenschaftlich be-
gründeter, optimistisch gefärbter »Glaube an die Entschleierung der
Natur«, der noch von einem Glauben an den »Sieg der Brüderlichkeit«
überhöht wurde. Doch studierte er andrerseits erschüttert die Leiden
derer, die der Zürcher Irrenanstalt Burghölzli einsaßen und sah dort
eine »Woge des Elends«. Religiöse Verzückung begegnete ihm in den
Zürcher Gassen, und die Lektüre von Tolstois »Macht der Finsternis«
hinterließ in ihm einen unauslöschlichen Eindruck. In Tolstoi erkannte
Hauptmann den Mann, der »im Bodenständigen dort begonnen«, wo er
»nach langsam gewonnener Meisterschaft im Alter aufhören wollte«.

Tief berührt von solchen Eindrücken und Begegnungen, hörte
Hauptmann eines Tages das Geräusch eines arbeitenden Webstuhles
aus dem Hause eines Zürcher Seidenwebers dringen. Ihn überfiel eine
unabweisbare Rückerinnerung an die Jugend und der Gedanke: »Du
bist berufen die Weber zu schreiben.« Der Gedanke »führte sofort zum
Entschluß«.

Er dachte nicht »an sogenannte Heimatkunst oder Dichtung, die den
Dialekt als Kuriosum benützt und meistens von oben herab humori-
stisch auswertet, sondern dieser Volkston war mir die natur- und
kunstgegebene, dem Hochdeutsch ebenbürtige Ausdrucksform, durch
die das große Drama, die Tragödie ebenso wie durch Verse Goethes
oder Schillers Gestalt gewinnen konnte. Ich wollte dem Dialekt seine
Würde zurückgeben.«

Auf eine Umfrage, die das »Magazin für Litteratur« über »die Zukunft
der deutschen Litteratur« veranstaltete, antwortete Hauptmann in
dieser Zeit mit einem Schema:

Himmel	Erde
Ideal	Leben
Metaphysik	Physik
Abkehr	Einkehr
Prophetie	Dichtung
zwei Lager;	

wird das eine fett, wird das andre mager.

So gerüstet und unter diesen inneren und äußeren Voraussetzungen
begab sich Hauptmann daran, dem Weber-Drama Form für die Bühne
zu geben, ein Mann von sechs-siebenundzwanzig Jahren, der den
Behörden verdächtig war, der den »Bahnwärter Thiel« geschrieben
hatte und sich nun anschickte, den Naturalismus seinem Höhepunkt
zuzuführen und ihn gleichzeitig zu überwinden.

»Die Weber« sind Hauptmanns fünftes Stück, wenn man von frühen Entwürfen absieht. »Vor Sonnenaufgang«, »Das Friedensfest«, »Einsame Menschen« und »Kollege Crampton« waren voraufgegangen. »Kollege Crampton« in unglaublich kurzer Zeit, in etwa vierzehn Tagen, Ende 1891. In diesen Wochen wurde auch die Dialektfassung der »Weber« beendet.

*

Am 20. Februar 1892 reichte der Direktor des »Deutschen Theaters«, Adolph L'Arronge, die Dialektausgabe »De Waber« zur Zensur bei der Berliner Polizei ein. Am 3. März wurde die Aufführung aus »ordnungspolizeilichen Gründen« verboten. Die Bedenken der Zensurbehörde richteten sich gegen »die geradezu zum Klassenhaß aufreizende Schilderung des Charakters des Fabrikanten im Gegensatz zu denjenigen der Handwerker im 1. und 4. Akt, die Deklamation des Weberliedes im 2. und am Ende des 3. Aktes, die Plünderung bei Dreißiger im 4. Akt und die Schilderung des Aufstandes im 4. und 5. Akt«. Die Polizei glaubte befürchten zu müssen, »daß die kraftvollen Schilderungen des Dramas... einen Anziehungspunkt für den zu Demonstrationen geneigten Teil der Bevölkerung Berlins bieten würden«.

Am 22. Dezember legte L'Arronge die dem Hochdeutschen angenäherte Fassung »Die Weber« vor. In ihr waren gegenüber der Dialektausgabe einige Kürzungen vorgenommen. Das Polizeipräsidium blieb bei seinem Verbot. Hauptmann erhob Klage beim Bezirksausschuß.

Heute wird man sich fragen, auf Grund welcher Verfügungen Theaterstücke zur Zensur eingereicht werden mußten; schließlich war die Meinungsfreiheit garantiert, das Sozialistengesetz zudem aufgehoben.

Eine besondere gesetzliche Regelung der Theaterzensur existierte in der Tat nicht. Sie »bildete einen Ausfluß der allgemeinen Rechtsstellung der Polizei« (Paul Dienstag im »Handbuch des deutschen Theater-Film-Musik- und Artisten-Rechts«, 1932). Das Theater selbst war »unter Festlegung des Grundsatzes der Gewerbefreiheit in die Reihe der genehmigungspflichtigen Gewerbe verwiesen« (Paul Felisch vor der »Juristischen Gesellschaft« 1907).

Nach der Revolution von 1848 war die Theaterpräventiv-Zensur abgeschafft worden. Als aber in der neuen liberalen Ära eine ganze Anzahl Privattheater entstand, die sich einen kecken Ton leisteten, und sogar die königliche Bühne vom neuen Geist nicht verschont blieb, viele Stücke mithin »wegen ihres nachteiligen Einflusses die öffentliche Aufmerksamkeit in Anspruch« nahmen, fühlte sich der Berliner Generalpolizeidirektor von Hinckeldey, ein Mann von großen Verdiensten, an die Pflichten der Polizei erinnert, für Ruhe und Ordnung zu sorgen.

In einem langen, sehr vertrackten Kampf mit den höheren Instanzen, bei dem es um juristische Begriffe wie »Öffentlichkeit«, »Konzessionierung« und andere ging, setzte er endlich, im Juli 1851, eine Polizeiverordnung durch, die bis 1918 in Kraft geblieben ist. Die Verordnung stützte sich zunächst auf den Paragraphen 10 des Allgemeinen Landrechts, Teil II, Titel 17. Er legte der Polizei die Verpflichtung auf, »die nötigen Anstalten zur Erhaltung der öffentlichen Ruhe, Sicherheit und Ordnung und zur Abwehr der dem Publico oder einzelnen Mitgliedern desselben bevorstehenden Gefahr zu treffen«. Außerdem stützte sie sich auf die Polizeiverordnung für den Landespolizeibezirk Berlin vom 11. März 1850. Im Paragraphen 6d wird darin die Polizei ermächtigt, »Bestimmungen zur Sicherung der Ordnung und Gesetzlichkeit bei dem öffentlichen Zusammensein einer größeren Anzahl von Personen zu treffen«.

Diese weitherzig auszulegenden Paragraphen galt es nur noch dem Theater als einer Anstalt der »öffentlichen Lustbarkeit« anzupassen. Paragraph 5 der neuen Verordnung Hinckeldeys bestimmte:

»Die Erlaubnis zur Veranstaltung einer öffentlichen Theatervorstellung muß von dem Unternehmer unter Angabe der zur Aufführung bestimmten Zeit zeitig bei dem Kgl. Polizeipräsidium schriftlich nachgesucht werden...« Von Stück, Gedicht oder Textbuch mußten zwei gleichlautende Exemplare eingereicht werden. Die Unternehmer wurden verpflichtet, »auf Verlangen jede auf die Vorstellung bezügliche Auskunft zu erteilen, namentlich auch die Zulassung eines Beamten zur Generalprobe zu gestatten«.

Die Polizeiverordnung Hinckeldeys machte Schule.

Der Bezirksausschuß, mit der Klage Hauptmanns befaßt, bestätigte auf 97 Seiten das Verbot des Polizeipräsidenten. Dr. Grelling, der Anwalt Hauptmanns, selbst Schriftsteller und im Weltkriege Verfasser einer Schrift »J'accuse«, klagte beim Preußischen Oberverwaltungsgericht auf Freigabe für das »Deutsche Theater« in Berlin. Dieser Klage wurde stattgegeben. Am 2. Oktober 1893[*]) erhielt L'Arronge die Erlaubnis, »Die Weber« zu spielen. Sie galt aber nur für sein Haus. So kommt es, daß der gerichtliche Streit sich noch über Jahre hinziehen konnte. Noch zweimal mußte das Preußische Oberverwaltungsgericht angerufen werden, und beide Male bestätigte es die Freigabe. Das letzte deutsche Urteil fällte am 6. November 1901 das Sächsische Oberverwaltungsgericht: Freigabe. Inzwischen aber hatte »Die Weber« das polizeiliche Verbot ereilt in: Hirschberg, Görlitz, Gleiwitz, Beuthen, Oppeln, Halle, Brandenburg, Stettin, Königsberg, Tilsit, Bielefeld, Frankfurt (M), Hamburg, Bremen, München, Stuttgart und Hannover. Immer wieder mußten sie freigekämpft werden.

[*]) siehe Seite 243 ff.

Die gerichtlichen Auseinandersetzungen sind ein Denkmal der Schande für die deutschen Verwaltungsinstanzen und ihren verlängerten Arm, die Polizei, vornehmlich der preußischen. Sie sind zugleich ein Ehrentitel für die preußische Justiz. Ein Ruhmesblatt wäre wiederum zuviel gesagt. Denn sie anerkannte die Hinckeldeysche Polizeiverordnung als Rechtens, obwohl sie auf bedenklich schwachen Füßen stand und gegen sie unschwer eine Verfügung des Preußischen Innenministeriums vom 25. September 1848 hätte ins Feld geführt werden können, in welcher, unterzeichnet i. V. von Puttkamer, klipp und klar erklärt worden war, die »sogenannte Theaterzensur ist (daher) überall, wo sie noch stattfinden sollte, abzuschaffen und die polizeiliche Überwachung öffentlicher und deklamatorischer Darstellungen nur darauf zu beschränken, daß gegen etwaige Übertretungen der Strafgesetze durch oder bei dergleichen Darstellungen im gesetzlichen Wege eingeschritten wird«. Aber diese — geradezu vorbildliche — Verordnung war in Vergessenheit geraten.

Das Preußische Oberlandesgericht argumentierte im Rahmen der Hinckeldeyschen Verordnung, sah eine Gefährdung der öffentlichen Ordnung und Sicherheit als nicht gegeben an und kam daher zur Freigabe. Es schlug die Polizei gewissermaßen mit deren eigenen Mitteln. Indessen kam es, da ja nur die Aufführung im »Deutschen Theater« zur Beratung stand, zu kuriosen Begründungen im Detail. Die Annahme des Beklagten — also des Polizeipräsidenten —, dem »Deutschen Theater« werde »die Arbeiterschaft der Hauptstadt in Massen« zugeführt, entbehrte nach Ansicht des Gerichtes deswegen »der Unterlage«, weil die Plätze in diesem Theater verhältnismäßig teuer waren und weil es daher »vorwiegend nur von Mitgliedern derjenigen Gesellschaftsschichten besucht wird, die nicht zu Gewalttätigkeiten oder anderweitiger Störung der öffentlichen Ordnung geneigt sind«. Komplizierter wurde es, als im Hannoverschen Prozeß auch die Frage nach der inneren Sicherheit aufgeworfen wurde, für deren Innehaltung die Polizei ebenfalls zu sorgen habe. Aber auch diesmal blieb das Gericht stark.

In den Beweisführungen der Polizei tauchen immer wieder folgende Argumente auf: Die Habgier der reichen Unternehmer erscheint im Stück als die eigentliche Ursache der Webernot. Niemand, weder Regierung noch Beamte, nimmt sich der Weber an. Nur der Kandidat Weinhold, der dafür auch von Dreißiger entlassen wird. Staat und Kirche versagen. Die Staats- und Gesellschaftsordnung jener Zeit wird unwert des Bestehens geschildert. Die Beteiligung am Aufstand erscheint als »Pflicht des tüchtigen Mannes«. Das muß auf die Zuschauer aufreizend wirken.

Folgt das bereits erwähnte Argument des Polizeipräsidenten von

Richthofen, die Staats- und Gesellschaftsordnung von 1844 bestehe noch immer. Außerdem berief er sich auf Stimmen aus dem linken Lager, die den »Webern« agitatorische Kraft zuerkannt hatten, denn: die sozialdemokratische Agitation befestige die Überzeugung, daß »die Herrschaft der sogenannten kapitalistischen Gesellschaftsordnung mit der Ausbeutung der arbeitenden Klassen notwendig verbunden sei und bleibe«. Dr. Grelling zerpflückte zunächst die Behauptung vom Weiterbestehen der vormärzlichen Ordnung mit Hinweisen auf die Verfassung, die Rückkehr zum Schutzzoll, die Koalitionsfreiheit, die Sozialgesetzgebung, die Freizügigkeit, das Parlament und den Sieg der Maschine über die Handarbeit, besonders im Textilgewerbe. Im übrigen denke die Sozialdemokratie nicht mehr an Gewalttätigkeiten. Sie überlasse alles der »nach ihrer Ansicht notwendigen logischen Entwicklung der Dinge«. Und: »Selbst das verflossene Sozialistengesetz war nicht gegen Bestrebungen auf Verbesserung des Lohnes oder der Arbeitsbedingungen, sondern nur gegen solche gerichtet, welche durch sozialdemokratische oder sozialistische oder kommunistische Bestrebungen den Umsturz der bestehenden Staats- und Gesellschaftsordnung bezweckten. Das Sozialistengesetz ist abgeschafft. Der Polizeipräsident von Berlin aber will das Theater einem verschärften Sozialistengesetz unterwerfen.« Die heutigen Arbeiter Berlins wüßten genau, daß Hauptmanns Drama »weitab von dem engen Boden ihrer Parteianschauungen steht«. Wenn einige Journalisten das Gegenteil behaupteten, so befänden sie sich im Irrtum.

Der staatsbürgerliche Unterricht, den die Prozeßgegner einander erteilten, geht bis zur detaillierten Deutung der Figuren, vor allem der des alten Hilse. Die Polizei sieht in ihm nur den »Gebetbichlhengst« (Luise in der Schlußszene über Hilse), der beim Anbrechen der neuen Zeit zu verschwinden habe. Diese Auslegung, die im Hilse nur ein religiösgesellschaftliches Alibi des angeblichen Revolutionärs Hauptmann erkennen will, steht freilich auf schwachen Füßen. Sie war unschwer zu widerlegen. Hauptmann selbst tat ein übriges, sich von dem Vorwurf zu befreien, er habe sich den Sozialisten verschworen. Er ließ seinen Anwalt vor Gericht erklären, was ihm von der Linken übelgenommen wurde, es habe ihm völlig ferngelegen, mit den »Webern« eine sozialdemokratische Parteischrift zu verfassen. »In einer derartigen Absicht läge meiner Ansicht nach eine Herabwürdigung der Kunst. Ein Kunstwerk und nichts Geringeres war mein Ehrgeiz, und ich hoffe, daß dies für alle Kunstverständigen zum Ausdruck gekommen ist — es sei denn, daß man es mir als Verbrechen an der Kunst anrechnen wolle, daß die christliche und allgemein menschliche Empfindung, die man Mitleid nennt, mein Drama hat schaffen helfen.«

Diese Auskunft ist kein Zeugnis des Opportunismus. Sie drückt

Hauptmanns wahre Meinung aus. Sie hat ihr unanfechtbares Fundament im Stück, in der Geschichte seines Entstehens, die begleitet war von religiösen und soziologischen Studien und von Erschütterungen jenseits aller Tagespolitik, nicht zuletzt im Wesen Hauptmanns selbst. Das Mißverständnis, er habe ein sozialrevolutionäres Drama schreiben wollen und geschrieben, hat ihn offenbar stark und lange beschäftigt. Mehrfach hat er sich direkt und indirekt dazu geäußert. Noch im letzten Kriege fiel im Gespräch mit C. F. W. Behl eine Bemerkung, aus welcher der Ärger über diese falsche Interpretation herauszulesen ist. Im März 1943 hatte Hauptmann zu Behl von der Enge der deutschen Schriftsteller gesprochen und von ihrer Gefahr, in der »Schollenkunst« steckenzubleiben. Dieses Stichwort gab ihm — bezeichnenderweise, weil darin auch die Abwehr steckt, »Die Weber« könnten mit der damaligen »Blut- und Boden«-Kunst in Verbindung gebracht werden — Veranlassung, sich der »Weber« zu erinnern: »Wieso ist ein so kleines lokales Ereignis«, notiert Behl, »durch mein Drama durch die Welt gegangen? — Weil irgend etwas in vielen Ländern Gemeinsames damals darin mitschwang. — Etwas vom Geiste der Bergpredigt ist überhaupt in meiner Dichtung.«*) Schon 1898 hatte Adalbert von Hanstein in seiner Monographie geschrieben: »Darwin und Marx waren seine Führer, ohne daß er zu einer bestimmten Partei sich bekannt hätte. Die Religion verwarf er zwar als eine ›morsche Stütze‹ und hielt sie für eine überwundene Sache, aber ein starkes religiöses Empfinden... verriet sich doch überall. Auch mußte ihm klarwerden, daß die befreiende Religion, die ihm vorschwebte, doch nur ein von allen Schlacken gereinigtes Urchristentum, wenigstens in moralischer Hinsicht, war. Und so trieb es ihn damals, ein Epos über Jesus von Nazareth zu schreiben.«**)

Mögen all diese Äußerungen den letzten Beweis schuldig bleiben, weil sie in eigener Sache geschrieben wurden, aus dem Blickwinkel der Weisheit im Alter stammen oder aus zweiter Hand sind: es gibt deren noch mehr. Die interessantesten hat der 1961 verstorbene amerikanische Professor Frederick W. J. Heuser mitgeteilt, der mit Hauptmann befreundet war. Als Hauptmann 1894 in die Vereinigten Staaten von Amerika fuhr, wurde er in New York von J. Grunzig, einem Reporter der sozialistischen »New Yorker Volkszeitung«, interviewt. Dieses Interview hat Professor Heuser ausgegraben. In ihm hat Hauptmann die Frage, ob er Sozialist sei, verneint. Der Dichter müsse den Theoretiker in speziellen Dingen völlig abstreifen, müsse als Mensch ohne vorgefaßte Absichten irgendwelcher Art ins Leben schauen und das Gesehene dichterisch so wiedergeben, wie es sich seinem theoretisch

---

*) C. F. W. Behl: »Zwiesprache mit Gerhart Hauptmann«, München, 1948.
**) Adalbert von Hanstein: »Gerhart Hauptmann«, Leipzig, 1898.

gänzlich vorurteilsfreien, persönlichen, geistigen Auge geboten habe. Allerdings habe Hauptmann in diesem Interview seinen sozialistisch gesinnten Kritikern beigestimmt, welche meinten, »jede wirklich objektive Wahrheitsdichtung werde ungewollt im Sinne der rechten Tendenz wirken«. Kein Sozialist also, aber der Einfluß von Marx ist natürlich deutlich in der Zustimmung zu diesem Satze erkennbar.

In einem zweiten Interview aus diesen Tagen, das Hauptmann dem Berichterstatter Charles Henry Meltzer von der »New York World« gab, stehen die Sätze: »Die Beweggründe, die den Dichter antreiben, sind zu komplex und zu ungleichförmig, um mit besonderen Kennzeichen versehen zu werden. Ich bin ich. Heute mag ich als Realist erscheinen; morgen möge es Ihnen vorkommen, als ob ich ein Idealist wäre... In meinen frühen Werken war ich vielleicht vom Eifer eines Reformators besessen. Ich muß zugeben, daß etwas Derartiges mir bei der Abfassung von ›Vor Sonnenaufgang‹ die Feder geführt hat. Auch will ich nicht leugnen, daß ich gehofft habe, die Wohlhabenderen, die meine ›Weber‹ sehen würden, möchten durch das sich in diesem Werke widerspiegelnde entsetzliche Elend gerührt werden. Ich bin mit diesem Elend in Berührung gekommen, und es hat mich aufs tiefste erschüttert. Aber ich wiederhole, nur die sorgfältigste und angestrengteste Nachprüfung kann die vielfältigen Motive erklären, die das Werk eines Künstlers bedingen. So tief ich auch z. B. durch die Leiden eines Webers erregt war, als ich den Plan zu meinem Stück faßte: wie ich einmal an die Arbeit gegangen war, sah ich nur noch den wunderbaren Stoff... Jedoch auf indirekte Weise werden ›Die Weber‹ wohl eine Lehre erteilen. Für den Dramatiker ist es aber von geringerer Bedeutung, was sein Stück lehrt.«[*])

*

»Als neulich Gerhart Hauptmann einem vertrauten Kreise sein Schauspiel ›Die Weber‹ vorgelesen hatte und die Frage nach der Bühnenfähigkeit des personenreichen, eigengearteten Werkes erörtert wurde, rief einer der Anwesenden mit der Bestimmtheit des Theaterleiters aus: ›Das Stück schreit nach der Bühne!‹ Es war Direktor L'Arronge...« Diese Sätze stehen am Anfang eines Aufsatzes von Otto Brahm in der Zeitschrift »Die Nation« vom 16. April 1892. Professor S. D. Stirk, Winnipeg, ein ausgezeichneter Hauptmann-Kenner, zitiert sie in seinem Beitrag für das Hauptmann-Jahrbuch 1948, »Aus frühen ›Weber‹-Kritiken«. Sie sind ein Baustein für seinen Versuch, den Zeitpunkt so genau wie möglich festzustellen, an dem Hauptmann »De Waber« beendet hatte. In der unentbehrlichen »Chronik von Haupt-

[*]) Frederick W. J. Heuser: »Gerhart Hauptmann«, Tübingen, 1961.

manns Leben und Schaffen«, die C. F. W. Behl und Felix A. Voigt zusammengestellt haben, stand in der Ausgabe, die Stirk zur Hand hatte: Anfang 1892. Das konnte kaum stimmen. Die neueste Ausgabe der »Chronik« verzeichnet denn auch, die Dialektfassung der »Weber« sei »gegen Ende des Jahres 1891« beendet worden. Das ist zweifellos korrekt. Ein genaues Datum ist offenbar nicht mehr auszumachen; die Originalhandschrift ist verlorengegangen.

Bei dem Versuch, den zeitlichen Hergang zu rekonstruieren, ist Stirk indessen ganz offensichtlich selbst ein Irrtum unterlaufen. Am 26. Januar 1892 erschien in der »Frankfurter Zeitung« ein Artikel über »Die Weber«, vielmehr über deren Dialektfassung. Es ist der erste, den es über sie gibt. Sein Verfasser zeichnete L. Sch. Stirk nimmt nun an, dieser Aufsatz stamme in seinem »Inhalt hauptsächlich von Otto Brahm«, der »immer noch zu dieser Zeit Theaterkritiken für die ›Frankfurter Zeitung‹ schrieb«. Diese Vermutung stützt Stirk auf den Vorsatz der Frankfurter Redaktion: »Aus Berlin wird uns geschrieben«, dann auf die Identität der Wendung, das Stück »schreit« – bei Brahm: »nach der Bühne«; bei L. Sch.: »nach lebenweckender Darstellung« –, endlich darauf, daß damals niemand anders als Brahm besser in der Lage gewesen sei, »ein Exemplar von den ›Webern‹ heiß von der Druckerpresse zu erhalten und kurz darüber nach Frankfurt zu berichten«.

Nun ist der Artikel von L. Sch., das ist Leopold Schönhoff, nicht Ludwig Schonhoff, wie Stirk schreibt, nicht gerade kurz zu nennen. Er umfaßt immerhin etwa sechs Schreibmaschinenseiten. Außerdem aber ist er von Schönhoff in eine Sammlung seiner Theaterkritiken aufgenommen, die er als Buch hat erscheinen lassen.*) Dort steht er ungekürzt, als eine selbständige Arbeit Schönhoffs und ohne jeden, seine Autorenschaft einschränkenden Hinweis. Dem Verfasser erscheint es daher wahrscheinlicher zu sein, daß Schönhoff mit von der Partie war, als Hauptmann »De Waber« vorlas, daß er den Ruf L'Arronges, das Stück schreie nach der Bühne, im Gedächtnis behielt, sich umgehend ein Exemplar bei S. Fischer besorgte und ebenso umgehend seinen Beitrag für die »Frankfurter Zeitung« schrieb. Brahm mag ihn dabei beraten haben. Aber selbst das ist ein wenig unwahrscheinlich. Schließlich dürfte Schönhoff Manns genug gewesen sein, eine Inhaltsangabe der »Weber« und einige wertende Sätze selbständig zu Papier zu bringen. Ihm gebürt unstreitig das Verdienst, auf die »Weber« als erster öffentlich aufmerksam gemacht zu haben.

Der Ruf, dies Stück müsse auf die Bühne, war jedenfalls erschollen. Den offiziellen Weg, über die Polizei-Zensur, schlug L'Arronge, wie bereits mitgeteilt, ein. Ehe der zermürbende Kampf in seiner ersten Etappe ausgefochten war und »Die Weber« für das »Deutsche Theater«

*) Leopold Schönhoff: »Kritische Theaterbriefe«, Berlin, 1900. Siehe Seite 177 ff.

freigegeben wurden, nahm sich ihrer der Verein »Freie Bühne« an. Das lag nahe. Schließlich war von ihm auch »Vor Sonnenaufgang« uraufgeführt worden. Am Sonntagmittag, 26. Februar 1893, fand die Uraufführung der »Weber« im »Neuen Theater« als geschlossene Vereinsveranstaltung statt. Regie führte Cord Hachmann, wie bei der ersten öffentlichen Aufführung 1894. Auch viele wichtige Rollen waren ebenso besetzt, wie eineinhalb Jahre später im »Deutschen Theater«: Rudolf Rittner spielte den Moritz Jäger, Paul Pauli den alten Baumert, Hermann Nissen den Fabrikanten Zwanziger, Rosa Bertens die Luise. Der rote Bäcker, bei der Uraufführung von Vorwerk verkörpert, wurde 1894, im Deutschen Theater, zu einer Glanzrolle für Josef Kainz.

Die geschlossene Aufführung hatte ein dankbares und verständnisvolles Publikum. Selbst »hartgesottene Matineebesucher« konnten sich der Ergriffenheit nicht erwehren (»Kleines Journal«). Fritz Stahl schrieb in der »Deutschen Warte«, der Inhalt sei durch und durch modern, Hauptmann habe nur deshalb den historischen Kampf gewählt, »weil er dort die Katastrophe fand, die er brauchte, den furchtbaren Abschluß, die soziale Revolution«. In der »Täglichen Rundschau« schrieb Julius Hart, in den »Webern« atme ein »revolutionärer Geist, so ernst und so entschieden, wie in den ›Räubern‹ und in der ›Kabale und Liebe‹, hier fließt der sozialdemokratische Ingrimm unserer Zeit... in purpurroten Blutwellen dahin... eine Aufführung der ›Weber‹ in einer Versammlung von Arbeitslosen, vor dem ›Lumpenproletariat‹ und den ›Ballonmützen‹ würde aufreizender wirken als die wildeste Anarchistenrede. Aber dabei steckt in der Dichtung nicht eine Spur von eigentlicher Tendenzpoesie...«

Die »Ballonmützen« sahen das Stück noch im Oktober 1893 in der »Neuen Freien Volksbühne«, einer Gründung von Bruno Wille, im Viktoria-Theater. Die Regie dieser zweiten Vereinsaufführung hatte Emil Lessing. Die Freigabe durch das Oberverwaltungsgericht war wenige Tage zuvor bekanntgeworden. Dennoch kam es, nach einer ruhigen Aufnahme der beiden ersten Akte, im dritten, besonders im vierten, zu demonstrativen Beifallskundgebungen: »Die Leute konnten ihren Unwillen, ihre durch den Dichter aufgewiegelte Teilnahme nicht mehr zurückbäumen. Ein Sturm drohte loszubrechen, der nur mit Mühe niedergehalten wurde durch einen Teil besonders eifriger Theatergäste... mitten in den Akt hinein erbrauste ein jubelnder Lärm, der das Spiel auf Minuten unterbrach und wie ein Schrei der Entrüstung über das menschliche Elend das Haus durchtoste« (Kleines Journal). Hauptmann wurde am Ende des vierten Aktes mehrmals gerufen. Die nächsten Vorstellungen verliefen ruhig. Die dritte Vereinsaufführung im Dezember 1893 – Veranstalter war die »Freie Volksbühne« – unter der Leitung von Franz Mehring im Nationaltheater verlief ebenfalls stürmisch: »Das nervöse Zischen, das anfänglich jede Beifallsäußerung zu unterdrücken suchte, nur damit kein Wort von dem Evangelium der auf der Bühne agierenden Kapitalsstürmer verlorengehe, verlor sich bald unter tobendem Beifall, den der arbeiterfreundliche Ausgang des Aufruhrs – auf der Bühne fand« (»Kleines Journal«).

Das offizielle Interesse an den »Webern« wurde – abgesehen vom Prozeß – durch diese Aufführungen noch kaum alarmiert. Es erwachte erst richtig mit der öffentlichen Aufführung im »Deutschen Theater«. Otto Brahm war der neue Hausherr; er hatte L'Arronge abgelöst. »Die Weber« waren der erste große Abend des Theaters unter seiner Leitung. Das Parkett war an diesem 25. September glänzend und aufreizend zugleich besetzt. Die literarische Prominenz, voran Theodor Fontane, Sudermann, Stettenheim und Spielhagen, war erschienen, doch auch die Anwesenheit des alten Liebknecht und des damaligen sozialdemokratischen Tribuns Singer war ein Ereignis für sich. Professor H. H. Houben, der in seinem Buch »Verbotene Literatur« den »Webern« ein ausführliches und genau unterrichtendes Kapitel gewidmet hat, charakterisiert diesen Premierenabend zunächst mit der Feststellung, »der literarische Erfolg, der in der Literaturgeschichte ein Markstein bleibt«, sei erst bei den Wiederholungen »siegreich« hervorgetreten, da sie frei von Tumulten blieben. An diesem ersten Abend sei »eine unbefangene Würdigung der Dichtung in einem wahren Orkan von Beifall, lärmenden Zwischenrufen, Klatschen und Getrampel erstickt«. Houben fährt fort: »Das Publikum war das übliche bei den Premieren des ›Deutschen Theaters‹, vorwiegend ›aus dem Tiergartenviertel, der Gegend des Hausvogteiplatzes und der Spandauer Straße‹ (›Berliner Politische Nachrichten‹), auf die oberen Ränge aber hatte die Sozialdemokratie, was auch der ›Vorwärts‹ (27. September) zugab, ein Häuflein handfester Genossen delegiert; ihre – übrigens von der Polizei selbst nicht empfundene – Demonstration gegen das Verbot, zugleich gegen die Motivierung des Freispruchs, gab dem ersten Abend eine Signatur, die von besonnenen Freunden und Gegnern Hauptmanns ebenso wie vom Dichter selbst aufs tiefste bedauert wurde.« Eine überaus lebendige Darstellung der Atmosphäre druckten wenige Tage später die »Hamburger Nachrichten«. In ihr findet sich auch die Bemerkung, die noch von jeher die Aufnahme revolutionär wirkender Stücke durch die Premierentiger begleitet hat, von Beaumarchais' »Hochzeit des Figaro« (an die Friedrich Dernburg im »Berliner Tageblatt« erinnerte) bis zur Dreigroschenoper von Brecht: »...ein thöricht unwissendes Publikum, ohne Ahnung davon, daß es zu allererst an's Messer kommen würde, wenn die Vorgänge auf den Brettern, denen man so rauschenden Applaus zollt, sich einmal verwirklichen sollten –

eine traurige Gesellschaft und eine unreife, andachtslose Premièrengemeinde.«*)

Die Aufführung, deren Regie wieder Cord Hachmann innehatte, überwacht von Hauptmann selbst, wurde von der Kritik überwiegend gelobt. Die Besetzung: Rudolf Rittner als Moritz Jäger, Paul Pauli als alter Baumert, Rosa Bertens als Luise, Hermann Nissen als Zwanziger, Arthur Kraußneck als Hilse und Josef Kainz als roter Bäcker, war offenbar die beste, die sich damals denken ließ.

Nun, da »Die Weber« von einer Vereinsangelegenheit zu einer öffentlichen geworden waren, verschärfte sich die Presseschlacht. Alle Argumente, politische und ästhetische, wurden neu aufgetischt. Vokabeln wie »theatralische Verrohung«, »ekelerregendes Radaustück«, »entweihter Kunsttempel« fielen, und der »Reichsbote« befürchtete, das »Schauspiel der Revolution« sei gefunden. »An dem Tage, wo sie beginnt (wenn uns Gott nicht in Gnaden davor bewahrt!), wird man dieses Stück aufführen, und die Massen werden wissen, was sie zu tun haben.«

Die Revolution blieb aus. Hauptmann und seine »Weber« aber wurden zum Inbegriff des revolutionären Geistes, den zu fürchten durchaus Veranlassung bestand. Der Kaiser selbst schlug die Melodie an, die nun, Jahre hindurch, in verschiedenen Variationen vom offiziellen Deutschland gespielt werden sollte. Wegen der »demoralisierenden Tendenz« der »Weber« ließ er auf Antrag seines Hausministeriums die kaiserliche Loge im »Deutschen Theater« kündigen. Die Rechtspresse jubelte. Der Ausfall von jährlich 4000 Mark und das erhoffte Fernbleiben vom Deutschen Theater aller, denen »die Erhaltung des Staates wirklich am Herzen liegt«, würden der jetzigen Direktion (Otto Brahm) das Konzept verderben und bald den Platz für einen Nachfolger frei machen, der besser wisse, welche »Anforderungen Kaiser und Volk« an dieses Theater stellten (»Bank- und Handelszeitung«, 2.10.94). Dem Offizierskorps wurde nahegelegt, das Deutsche Theater zu meiden. Die Preußische Generalsynode beschäftigte sich mit dem Fall. Ein Professor Zorn aus Königsberg machte seinem Namen Ehre und zeigte sich entsetzt über den »aufwiegelnden Inhalt« der »Weber«. Im Reichstag bezeichnete der Abgeordnete von Stumm »Die Weber« als das geeignetste Mittel zur Verbreitung »anarchistischer Ideen«. Am 21. Februar 1895 erlebte das Preußische Abgeordnetenhaus eine Debatte über »Die Weber«, die im Zusammenhang mit der »Umsturzvorlage« des Innenministers von Köller ausgelöst wurde. Der Innenminister sprach in ihr »öffentlich der Polizeibehörde, die vor etwa zehn Tagen ›die Weber‹ von neuem untersagt hat«, seinen Dank aus. Das Oberverwaltungsgericht habe die polizeilichen Verfügungen nur in

*) siehe Seite 208.

zwei Fällen, nicht etwa generell aufgehoben. »Niemals kann ein Oberverwaltungsgericht entscheiden, daß ›generell‹ ein Stück wie ›die Weber‹ erlaubt ist — es hat auch nicht so entschieden; ich hoffe daher von den Polizeibehörden im Lande, daß sie immer von neuem den Fall wieder prüfen, eventuell derartige Stücke verbieten und die Frage von neuem zur Entscheidung bringen lassen werden; und ich hoffe, daß in nicht zu langer Zeit die Entscheidungen des Oberverwaltungsgerichts anders ausfallen werden.«*) Wenige Tage danach meldeten die Zeitungen, der preußische Innenminister habe den Präsidenten des Oberverwaltungsgerichtes, Dr. Persius, »angerüffelt«, und der Kaiser habe ihm bei einem Hoffest wenig freundliche Dinge gesagt. Dr. Persius sei daher um seinen Abschied eingekommen. In den Personalakten des Dr. Persius ist freilich kein Hinweis im Zusammenhang mit dem »Weber«-Prozeß zu finden. Auch nicht in denen des Senatspräsidenten Richter, der in der ersten Verhandlung den Vorsitz geführt hatte (Auskunft des Oberarchivs in Berlin). Unter dem dritten Urteil des Oberverwaltungsgerichtes fehlt allerdings sein Name.

Die kaiserliche Ungnade, die Hauptmann zuteil geworden war, brachte ihn auch um den Schiller-Preis. Hauptmann sollte ihn 1896 auf Antrag von Erich Schmidt erhalten; nicht einmal für »Die Weber«, sondern für »Hanneles Himmelfahrt«. Der Kaiser lehnte ab. Später hat er, dem Zeugnis Konrad Haenischs zufolge, gesagt: »Natürlich weiß ich, daß Gerhart Hauptmann der bedeutendste Dichter unserer Zeit ist. Aber — ich kann ihm nun einmal seine ›Weber‹ nicht verzeihen.« Der Schiller-Preis des Jahres 1896 wurde, auf seinen Wunsch, Ernst von Wildenbruch verliehen, der ihn schon einmal erhalten hatte. Wildenbruch zeigte Würde und Anstand. Er überwies den Preis aus Protest gegen die Kränkung Hauptmanns der Schiller-Stiftung.

An dieser Stelle sollte vielleicht noch einmal gefragt werden, weshalb es gerade »Die Weber« waren, an denen sich das offizielle Deutschland bis in seine höchste Spitze so nachdrücklich und anhaltend rieb. Die offen liegenden Gründe wurden genannt. Es wurde jedenfalls versucht, sie darzulegen. Dennoch bleibt ein Rest. Die ungewöhnliche Heftigkeit der Reaktionen wird, so scheint es jedenfalls dem Verfasser, durch den Zusammenprall der damaligen politisch-soziologischen Situation mit dem allgemeinen Thema eines proletarischen Hungeraufstandes nicht ganz zufriedenstellend erklärt.

Unbotmäßige Literatur gab es auch sonst. In Max Kretzers Roman »Meister Timpe« wandelt sich ein königstreuer Handwerker zum Revolutionär. Sudermann relativierte einen Zentralbegriff der öffentlichen Moral: die »Ehre«. Das Stück eines anderen zeitgenössischen Dramatikers, das eine Soldatenmißhandlung zum Thema hatte, war zwar

*) Protokoll der Sitzung siehe Seite 225 ff.

verboten, fand aber kaum offiziellen Widerhall. Der neuerungssüchtige Ton der Anthologie »Moderne Dichtercharaktere« war nicht zu überhören. Max Halbes »Eisgang« war geradezu ein Landarbeiter-Gegenstück zu den »Webern«. Hauptmann stand also keineswegs allein. Auf ihn aber konzentrierten sich Haß und Entrüstung. Dabei spielten natürlich die überragende künstlerische Kraft der »Weber«, das in die Breite wirkende Medium Theater und der Stoff die wichtigsten Rollen. Zudem gibt es nicht allzu viele Zeugnisse der Literatur, die ihren »Kairos« so genau trafen wie »Die Weber«.

Doch kommt noch etwas anderes hinzu: Hauptmann war – und das mußte jeder spüren – kein »zersetzender Intellektueller«. Er war kein Heine. Wären »Die Weber« von einem Typ wie ihm geschrieben worden, von einem »vaterlandslosen« Kerl, einem Intellektuellen, noch dazu von einem Juden: wie bequem hätte man es gehabt. Der aufrührerische Geist wäre innerhalb jener Bezirke geblieben, in denen man ihn zu suchen pflegte. Ein neuer Heine: am Weltbild hätte sich nichts verändert. Kam hinzu, daß Hauptmann aus reputierlichen bürgerlichen Kreisen stammte. Damit war auch die Möglichkeit verstellt, ihm ohne weiteren Federlesens einen natürlichen Platz auf der anderen, der proletarischen Seite der Barrikaden zuzuweisen. Hauptmanns Angriff kam, cum grano salis, aus den eigenen Reihen; er verschob die scheinbar klaren Fronten. Seine hohe, bürgerliche, keineswegs »vaterlandslose« Erscheinung wurde zur Inkarnation bangerer Ahnungen, als sie das Schema der sozialen Auseinandersetzungen – die man durchzustehen hatte – bisher zuließ.

Dieser Irritierung, die von der Gestalt und dem Wesen Hauptmanns ausgehen mußte, mochte man sie auch nur unbewußt registrieren, entsprach nun eine andere Irritierung, die unterschwellig durch das Aufgreifen gerade des »Weber«-Stoffs hervorgerufen worden sein dürfte. Die Vermutung, ein den »Webern« vergleichbares Stück, nur angesiedelt im städtischen Proletariat, würde eine andersgeartete Entrüstung bei den Stützen der Gesellschaft hervorgerufen haben, ist für einen Augenblick der Überlegung wert. Vielleicht wäre ein solches Stück unter Wilhelm II. nie auf die Bretter einer öffentlichen Bühne gelangt. Das ist immerhin möglich. Aber auch bei dieser Hypothese gilt, was zur Person Hauptmanns gesagt wurde: Man hätte gewußt, woran man ist. Ein solches Stück wäre innerhalb des Rahmens geblieben, der alle ohnehin zur Debatte stehenden Fragen umschloß.

Mit den Webern in Schlesien verhielt es sich anders. Sie führten zwar eine proletarische Existenz. Doch gehörten sie nicht im eigentlichen Sinne zum Proletariat. Ihr Elend war weniger eine Folge der stürmischen Industrialisierung, gehörte demnach auch nicht zu den Hypotheken, die die moderne Gesellschaft aufgenommen hatte, wissend und zugebend, daß es ihre Pflicht war, sie abzubauen. Die Not der Weber war älter als das industrielle Fieber der Gründerjahre — wenn sie auch mit den Anfängen des maschinellen Zeitalters verbunden war. Die Weber waren Bestandteil einer patriarchalischen Ordnung. Sie waren arm und fromm und königstreu. Sie lebten im Bannkreis nicht der unruhig wachsenden Städte, sondern einer scheinbar noch heilen Welt: des Großgrundbesitzes. Die Unruhe der Zeit machte sich auch bei ihm bemerkbar. Doch spielte sie im Bewußtsein der Öffentlichkeit eine untergeordnete Rolle. Als Heimarbeiter gehörte der Weber eher zu der Begriffswelt, die sich mit dem Worte Handwerk verbindet, als zu der der Fabriken. Er bediente natürlich auch bereits Maschinen. Aber sie hatten ihn nicht geboren. Er übte vielmehr einen Beruf aus, der in die Urgründe des Mythos hinabreichte, wie der des Bauern oder des Jägers. Die Angleichung an die neue Maschinenwelt konnte zwar nicht ausbleiben. Sie würde sich aber, soweit noch nicht geschehen, in organischen Bahnen bewegen. Armut und Not beim Webervolk waren Erscheinungen des Ewig-Menschlichen, denen man mit Hilfsaktionen, mit der Mentalität der Wohltätigkeitsbälle und der Karitas entgegentreten konnte.

Nun aber wurde diese Not durch Hauptmann zum Symbol der sozialen Frage schlechthin. Wieder stimmten die Fronten nicht. Der Schlag kam nicht aus dem Milieu des städtischen Industrieproletariats. Er kam gewissermaßen aus dem Hinterland, das man ruhig wähnte, wie einen Naturschutzpark, in dem es nur hie und da ein wenig der Pflege bedurfte. Das Klima des Klassenkampfes in den Städten wurde übertragen auf das Klima des Feudalismus, dessen Restbestände die Aura der ostelbischen Landstriche Preußens noch immer weitgehend ausmachten. Diese Identifizierung mußte als besonders tückisch empfunden werden.

Endlich ist nicht zu vergessen, daß der Weberaufstand von 1844 emotionale Kräfte gelöst hatte, die in keinem Verhältnis zu seiner realpolitischen Bedeutung stehen. Im Bewußtsein des niederen Volkes war die Webernot eine Saga, unendlich oft in Volksliedern und rührend-einfältigen Versen besungen und beklagt. Die Darstellung ihres Schicksales traf das Gewissen in ganz anderen Tiefen, als ein vergleichbares Drama im Milieu des Hinterhauses es vermocht hätte. Irrationales wurde angesprochen von einem Dichter, der den rationalen Programmen der Naturalisten nahestand, gegen eine Welt, die ihre erstarrten und verfälschten irrationalen Argumente stets wie einen Schutzschild vor sich herzutragen pflegte, wenn es darum ging, höchst rationale Fragen zu lösen.

In der Weber-Debatte des Preußischen Abgeordnetenhauses ging dem Innenminister von Köller das Wort von den »heiligsten Gütern der

Nation« glatt von den Lippen. Im Theater seien sie »herabgewürdigt und in den Schmutz gezogen.« Seitdem — oder seit Wilhelms II. Ausspruch »Völker Europas, wahret eure heiligsten Güter«, den Professor Knackfuß dann auf seinem Kaisergemälde von 1895 verewigt hat, sind sie oft genug der Lächerlichkeit preisgegeben worden. Wir sollten beim Lesen dieser Phrase nicht allzu vorlaut sein: jede Zeit schafft sich ihre Phrasen selbst, die der Nachwelt zum Spotte dienen. Herrn von Köller jedenfalls wird es ernst gewesen sein, als er den Abgeordneten diese Worte zurief. Sein Nebensatz, diese Güter seien »auch dem Volke wirklich noch heilig«, trifft den Tatbestand sogar sicher richtig. Werte wie »Glaube«, »Sittlichkeit«, »Vaterland« — falls sie es sind, die der Minister meinte — fanden im Volke Zustimmung. Dennoch sind seine Worte ein Bestandteil der großen zeitgebundenen Lüge, in welcher die Regierung damals ahnungslos verharrte. Sie machen auf dem Umwege über Werte, die von beiden, der Regierung und dem Volk, gleichermaßen, doch aus völlig unterschiedlichen Perspektiven anerkannt wurden, Volk und Regierung zu gleichgestimmten Weggenossen.

Schon der nächste Satz enthüllt diese Lüge: »Noch ist es Zeit, noch haben wir die Macht hinter uns, noch haben wir die Gewalt...« Der »gesunde Sinn des Volkes«, auf den die Gewalt »gebaut« sei und auf dem sie basiere, ist bezeichnenderweise wieder in den Nebensatz gerutscht. Die Berufung auf ihn wirkt nur noch wie eine leere, verlegene Floskel, hinter der nichts steht, nicht einmal die Angst vor der Wahrheit.

»Die Weber« trafen die Zeit in ihrer empfindlichsten Stelle: in der sozialen Frage. Ihre Folgen: Prozesse, Debatten und Kaiserworte, enthüllten das unglückliche Verhältnis der Obrigkeit zum Volk.

*

»Die Weber« als ein Hauptwerk des dramatischen Naturalismus sind so oft Gegenstand der literarischen Kritik und ästhetischer Untersuchungen gewesen, daß es sich fast von selbst verbietet, sich ihnen von dieser Seite noch einmal zu nähern. Einige Hinweise seien dennoch hinzugefügt.

Zunächst soll noch einmal die Frage aufgeworfen werden, ob Hauptmann in ihnen tatsächlich die historische Wirklichkeit dargestellt hat. Sie wurde eingangs bejaht. Diese Bejahung wird auch aufrechterhalten. Sie wird nur einer Korrektur unterworfen, die auf ästhetische Probleme zurückführt.

Was die historische Wirklichkeit, oder auch: die historische Wahrheit sei, ist nun tatsächlich ein Thema, dem weiter nachzuspüren hier nicht der Ort ist. Die historische Wirklichkeit jedenfalls, die bei Hauptmann auf der Bühne erscheint, ist die des geschichtlichen Augenblicks und der Welt derer, die ihn durchleben. Der größere Zusammenhang, die objektive geschichtliche und gesellschaftliche Situation, wird nur in Andeutungen und Berichten von Boten aus der Außenwelt erwähnt.

Im ersten Akt spricht Dreißiger von einem »hergelaufenen Skribenten«, der »Schauergeschichten« über das Webergebiet in den Zeitungen verbreite. Gemeint ist der radikale Publizist Eduard Pelz, der unter dem Pseudonym Treumund Welp seinerzeit viel über die Weber schrieb. Gemeint ist — im größeren Zusammenhang — die Kenntnis der Webernot in der Außenwelt. Zum zweiten Male wird der Zusammenhang mit ihr in den Anweisungen für das Bühnenbild des dritten Aktes hergestellt: das Porträt Friedrich Wilhelms IV. hängt sichtbar in der Kneipe. Im selben Akt kommt der Reisende in die Schenkstube: »Wo man hinblickt, in irgend'ne Zeitung, da liest man die schauerlichsten Geschichten von der Webernot.« Er ist es auch, der wenig später ein Streiflicht auf die weitere soziale Umgebung fallenläßt: »'n reicher schlesischer Magnat hat die Kammerjungfer seiner Mutter geheiratet, und der reiche Fabrikant Dreißiger hat ja auch 'ne Scholzentochter genommen.« Andeutungen, die nicht nur der lokalen Situation gelten, sondern auf einen zaghaften Beginn der sozialen Umwälzungen weisen. Indirekt macht sich das Ich des Autors bemerkbar, der den Verlauf der Geschichte überblickt. Die Rolle des Adels wird in derselben Szene vom alten Ansorge angetippt: »Was uns d'r Fabrikante iebrich läßt, das holt uns d'r Edelmann vollens aus d'r Tasche.« Das Verhältnis zur Regierung in Berlin wird in einem Disput zwischen dem Reisenden und dem Lumpensammler Hornig charakterisiert:

Der Reisende: »Wenn Sie lesen können, müssen Sie doch auch wissen, daß die Regierung genaue Nachforschungen hat anstell'n lassen und daß...«

Hornig: »Das kennt man, das kennt man: da kommt so a Herr von der Regierung, der schon alles besser weeß, wie wenn a's gesehn hätte. Der geht aso a bissel im Dorfe rum, wo de Bache ausfließt und de scheensten Häuser sein. De scheen'n blanken Schuhe, die will a sich weiter ni beschmutzen. Da denkt a halt, 's wird woll ieberall aso scheen aussehn, und steigt in de Kutsche und fährt wieder heem. Und da schreibt a nach Berlin, 's wär und wär eemal keene Not nich...«

Ganz offenbar spielt Hauptmann hier, Informationen von Schneer benutzend, auf den Bericht des Oberpräsidenten von Merckel an, der kurz vor dem Aufstand nach Berlin berichtet hatte, er habe keinen besonderen Notstand feststellen können.

Ganz kurz kommt die Erinnerung an die Französische Revolution hoch. Der Schmiedemeister Wittig ereifert sich: »Dreck wird's gehn, aber nich im guden. Wo wär aso was im guden gangen? Is's etwa ei Frankreich im guden gangen? Hat etwa d'r Robspier a Reichen de Patschel gestreechelt? Da hieß's bloß: Allee, schaff fort! Immer nuf uf de Gilotine! Das muß gehn, allong sangfang. De gebratnen Gänse kommen een ni ins Maul geflog'n.«

Aber er findet mit dieser revolutionären Reminiszenz keinen Widerhall. Gleich nach ihm nimmt der alte Baumert das Hauptthema der »Weber« wieder auf, das Elend, die Not, den Hunger: »Wenn ich ock und hätte hallwäge mein Auskommen...« Und ein anderer Weber spinnt diesen Faden sofort weiter: »Uns steht halt 's Wasser bis hierum, Wittig.« Er argumentiert also gegen den revolutionär gesinnten Schmied mit der Armut. In seiner Formel liegt der Mangel an revolutionärem Elan beschlossen: das Elend ist zu groß für aufrührerische Taten. Nur der ausgediente Soldat Moritz Jäger, der die Kraft seiner fetten Militärjahre in sich spürt, nimmt den Schmied beim Wort: »Heer amal uf mich, Wittig, du hast immer aso viel derzählt von d'r franzeschen Revolution. Du hast immer 's Maul aso voll genommen. Nu kennte vielleicht bald Gelegenheit wern, daß eener und kennte zeigen, wie's mit'm beschaffen is: ob a a Großmaul is oder a Ehrenmann.« Der kommende Aufstand ist damit angekündigt, und zwar nun doch mit einem Seitenblick auf die Französische Revolution, also auf die objektive geschichtliche Gesamtsituation.

Im nächsten, dem vierten Akt, tritt die Kirche als ein Bestandteil der Außenwelt in Erscheinung. Pastor Kittelhaus umschreibt mit den geschichtlich nachgewiesenen Mahnungen der Pastoren an die Weber, sie sollten sich nicht dem Trunke ergeben, gleichzeitig deren verzweifelte Lage: der Schnaps ist das Brot der Armen. Aber Pastor Kittelhaus ist keiner von denen, die eine Aufgabe der Kirche darin sehen, »gegen die Branntweinpest« zu predigen und Mäßigkeitsvereine zu gründen: »Die Not unter den Webern wird, wo sie vorhanden ist, nicht gemildert. Der soziale Frieden dagegen wird untergraben... Seelsorger, werde kein Wanstsorger! Predige dein reines Gotteswort, und im übrigen laß den sorgen, der den Vögeln ihr Bett und ihr Futter bereitet hat und die Lilie auf dem Felde nicht läßt verderben...« Kittelhaus ist nicht gerade die Karikatur eines Pfarrers. In ihm personifiziert sich aber die unverbrüchliche Union von »Thron und Altar«.

Die Tätigkeit der Wohltätigkeitsvereine, die von der schlesischen Verwaltung nur sehr mißtrauisch beobachtet wurde, verdammt der Fabrikant Dreißiger ganz im Sinne der Obrigkeit: »Freilich waren sie (die Weber) geduldig und lenksam, freilich waren es früher gesittete und ordentliche Leute. Solange nämlich die Humanitätsdusler ihre Hand aus dem Spiele ließen. Da ist ja den Leuten lange genug klargemacht worden, in welchem entsetzlichen Elend sie drinsteckten. Bedenken Sie doch: all die Vereine und Komitees zur Abhilfe der Webernot. Schließlich glaubt es der Weber, und nun hat er den Vogel...

Die größere wirtschaftliche Lage wird in den »Webern« dreimal angesprochen. Im ersten Akt pocht Dreißiger auf das Risiko des Fabrikanten, das von den Webern nicht erkannt wird. Im vierten erklärt er dem Pastor Kittelhaus den wirtschaftlichen Rückgang der Weberei mit den Worten: »Das Ausland hat sich gegen uns durch Zölle verbarrikadiert. Dort sind uns die besten Märkte abgeschnitten, und im Inland müssen wir ebenfalls auf Tod und Leben konkurrieren, denn wir sind preisgegeben, völlig preisgegeben.« Und der Zusammenhang des Weberaufstandes mit der Mechanisierung, der auch historisch nur eine Nebenrolle spielte, soweit der geschichtliche Augenblick, der Ausschnitt dieser drei oder vier Tage gemeint ist, wird von Hornig im letzten Akt hergestellt: »Die Brieder haben eegne Mucken. Hier is uf de Fabricke abgesehn. De mechan'schen Stihle, die woll'n se doch aus d'r Welt schaffen. Die sein's doch halt eemal, die a Handweber zugrunderichten: das sieht doch a Blinder.«

In den Dokumenten zum Weberaufstand ist ein Bericht des Korrespondenten der »Vossischen Zeitung«*) enthalten, der die Geringfügigkeit des maschinenstürmerischen Elements in der Weberschlacht in einem interessanten Licht erscheinen läßt. Die »herrlichen Maschinen« des Etablissements Dierig waren zerstört, einzelne ihrer Bestandteile mit »der raffinirtesten Bosheit unbrauchbar gemacht«. Nur die große Dampfmaschine war verschont geblieben, weil der Maschinist die anstürmenden Weber gewarnt hatte, er könnte für die Folgen einer Beschädigung nicht einstehen. »Die Eingedrungenen musterten sie, erstaunt und verwundert, tippten sanft an diese und jene Schraube und riefen einander zu: das sey doch sehr schön. Plötzlich öffnete sich ein Sicherheitsventil, der Dampf brauste, und mit dem Schrei ›hier sey Pulver‹ stürzten sie alle von dem gefährlichen Platze.«

Daraus folgt, daß den Handwebern, die im Auftrage der Fabrikanten arbeiteten, selbst die Maschinen fremd geblieben waren, die sich in ihrer unmittelbaren Nachbarschaft befanden. Niemand hatte sie unterwiesen. Die Maschinen waren in ihrer Vorstellung böse Tiere, die sich beim näheren Zusehen als schön und faszinierend herausstellten, dann doch wieder Kräfte des Unheimlichen in sich bargen.

Das Verhältnis zur Außenwelt, zur objektiven geschichtlichen und gesellschaftlichen Wahrheit und Wirklichkeit ist in Hauptmanns »Webern« also durchaus vorhanden, wird jedoch nur indirekt gespiegelt. Für die Entwicklung der Handlung selbst ist die objektive geschichtliche Situation völlig ohne Belang. Sie entsteht vielmehr allein durch die Reibungen, die sich aus dem Gegeneinander zweier soziologisch ziemlich geschlossener Gruppen ergeben, und wird gelegentlich vorangetrieben durch Botschaften von außen und einige Figuren der Zwi-

*) Vgl. S. 126.

schenschicht. Das Webervolk erscheint als ein Kollektiv, ist aber in sich differenziert. Die Gegenseite erscheint als eine Gruppe von Individualitäten, verhält sich aber, umgekehrt proportional zum Webervolk, ebenfalls als ein Kollektiv.

Diese soziologischen Prämissen des Sozialdramas bringen es logischerweise mit sich, daß der »dramatische Dialog« zwischen Individualitäten nicht das tragende Element der Handlung sein kann; sie müssen immer wieder in den Bereich des Kollektiven zurückfallen. Peter Szondi hat in seiner lesenswerten Schrift »Theorie des modernen Dramas«*) daran sehr interessante kritische Bemerkungen geknüpft, die sich jedoch an den Gesetzen des klassischen Dramas orientieren und nicht an denen, die dem Naturalismus immanent sind. Szondi schreibt: »Der Aufstand der Weber entbehrt, bis auf eine Szene im letzten Akt, des zwischenmenschlichen Konflikts, er entwickelt sich nicht im Medium des Dialogs (wie etwa in Schillers Wallenstein), sondern als Ausbruch von Verzweifelten jenseits des Zwiegesprächs und kann deshalb nur dessen Thema sein. So fällt das Werk wieder ins Epische zurück.« Und, an anderer Stelle: »Handlung und Werk sind nicht wie im Drama identisch, der Aufstand ist vielmehr Gegenstand des Werkes. Dessen Einheit wurzelt nicht in der Kontinuität der Handlung, sondern in der des unsichtbaren epischen Ich, das die Zustände und Ereignisse vorführt. Deshalb können immer neue Gestalten auftreten. Die beschränkte Zahl der Personen hat im Drama die Absolutheit und Eigenständigkeit des dramatischen Gewebes zu gewährleisten. Hier werden immer neue Gestalten eingeführt, womit zugleich das Zufällige ihrer Wahl, das Stellvertretende, auf ein Kollektivum weisende ihres Auftretens ausgedrückt ist.«

Die Kritik Szondis trifft in der Tat wesentliche dramaturgische Schwächen der »Weber«, sofern man sich dazu verstehen will, dieses Stück an der Elle einer regelverpflichtenden Dramaturgie zu messen. Und weshalb sollte man dies nicht tun? In diesem Falle hätte Szondi hinzufügen können, daß nicht allein »immer neue Gestalten eingeführt« werden. Es verschwinden auch immer wieder welche auf Nimmerwiedersehen. Indessen entziehen sich »Die Weber« auf eine wundersame Weise solchen und anderen, durchaus zutreffenden Einwänden. Der Wind ästhetischer Normen streicht über sie hinweg; sie richten sich auf in ihrer pflanzenhaften Art, als sei er niemals über sie hingegangen. Hauptmann hat einmal den Aufstand der Weber – im Gespräch mit C. F. W. Behl – mit einer Fontäne verglichen, mit einem Wasserstrahl also, der, angetrieben von einer fremden Kraft, emporsteigt, die ihm mögliche Höhe gewinnt und dann wieder zurückfällt in sein Element. Etwas von diesem Bewegungsvorgang hat sich auch auf die Dichtung

*) Frankfurt, 1956.

übertragen. Ein Außenseiter, Hans Rabl, hat Ähnliches, freilich in Unkenntnis des Hauptmannschen Vergleichs, bereits 1928, in einer Reihe von Kurven nachgewiesen, in denen er, ein wenig schulmeisterlich, das Auf und Ab der Handlung, deren dramatische Höhepunkte und geruhsamere Szenen, graphisch nachzeichnete: ein seltsames, unorthodoxes und aufschlußreiches Bild bietet sich in ihnen dem Beschauer dar.

Rabls philologisch anfechtbare, doch ungemein einfühlsame Methode fand unausgesprochen gegen Szondis gescheite Kritik Unterstützung, als Kurt May in seinem Aufsatz über Hauptmanns »Weber« (in: »Das deutsche Drama«, herausgegeben von Benno von Wiese, 1958) sich mit Szondi auseinandersetzte und auf Kleists »Familie Schroffenstein« und »Robert Guiskard« aufmerksam machte. Der großen »sinn- und wertlosen, lebensfeindlichen aber unwiderstehlichen vorgegebenen Macht« — der Pest — habe im »Guiskard« auch das »große Einzelleben ebenso wie die anonyme Masse zum Opfer fallen« müssen; in einem solchen Dramentypus entzünde sich die dramatische Spannung nicht notwendig zwischen Einzelpersonen oder einzelnen Gruppen, werde also nicht notwendig »aktuell im Dialog«. Die Pest, schreibt Kurt May, »hat dort keine Sprache...«

»Die Weber« als ein vollendetes Kunstwerk im Sinne der Mimese, entsprechen in einer nicht übertroffenen Weise dem Arno Holz'schen Kernsatz zur Theorie des Naturalismus: »Die Kunst hat die Tendenz, wieder die Natur zu sein. Sie wird sie nach Maßgabe ihrer jeweiligen Reproduktionsbedingungen und deren Handhabung.« Die soziale Wirklichkeit unter möglichster Ausschaltung subjektiver Einflüsse im Kunstwerk darzustellen — dies gehört nun einmal, mag man davon halten, was man will, zu den Zielen der naturalistischen Epoche. Man mag sich in diesem Zusammenhang daran erinnern, daß Forderungen dieser und ähnlicher Art an den Künstler verstärkt aufzutreten pflegen, sobald die Zeitläufte politisch oder sozial aufgeregt sind: die »Kahlschlagprosa« der ersten Jahre nach 1945 entspricht in der Absicht, wenn auch mit verminderten künstlerischen Mitteln, dem »Jungen« und dem »Jüngsten Deutschland«. »Realismus«, wie auch immer er sich nenne und in welcher Form er immer auftrete, ist eine Reaktion des Künstlers auf Erscheinungsformen der ihn umgebenden Gesellschaft.

Freilich hat Hauptmann nicht alle subjektiven Einflüsse aus seinem Werk zu verbannen vermocht — oder er hat es nicht angestrebt. So hat er die Weber als Kollektiv zweifellos idealisiert: die rührende Szene, in welcher dem Kinde aufgetragen wird, es möge den silbernen Löffel abliefern, sei Beweis für diese Behauptung genug. In Wirklichkeit wurde gehörig geplündert. Dem Drama aber kommt diese Idealisierung nur zugute.

Noch ein kleiner Nebenweg zum Verständnis für die Form, die Hauptmann wählte. Er hätte sehr wohl aus dem Weberaufstand eine Haupt- und Staatsaktion dramatisch entwickeln können. Man denke nur an den Major von Schlichting und dessen überaus maßvollen Aufruf: Der Major befand sich ganz offensichtlich in dem klassischen Konflikt zwischen Pflicht und Neigung. Bei der Entwicklung eines solchen Dramas aber wäre es Hauptmann kaum erspart geblieben, den Gegenspieler Staat — oder auch den Gegenspieler Kapitalismus —, in welcher Personifikation auch immer, schärfer und profilierter herauszuarbeiten. Er hätte die objektive historische Lage unmißverständlicher und deutlicher mit einbeziehen müssen. Eine Veränderung des dramatischen Stils hätte eine Verschärfung des Gesamttenors notwendig zur Folge gehabt. Obwohl Hauptmann sich solchen Überlegungen kaum hingegeben haben dürfte — es gibt jedenfalls kein Zeugnis hierfür —, ist kein Grund vorhanden, sie hier nicht dennoch anzustellen.

«Die Weber« gehören ganz der Welt des Naturalismus an, obschon sie in deren Theorien nicht vollends einzuordnen sind. Sie stehen außerhalb und allein, obwohl sie eingebettet bleiben in das Klima und den Geist der Zeit, in der sie geschrieben wurden. Sie sind das genial gefügte Werk eines Dichters, der stets für sich den Anspruch erhoben hat, den künstlerischen und politischen Dogmen nicht zugeordnet werden zu können. Beim Hören des Wortes »Idealismus« hat er die Vorstellung von dilettantischen Künstlern, »die an Krücken gehen und borgen«. Wenn er das Wort Realismus hört, denkt er an eine »grasende Kuh«. Und spricht jemand »von Naturalismus, so sehe ich Emile Zola vor mir mit einer dunkelblauen Brille«.*) Hauptmann betrachtete als seine Aufgabe das »Zutagefördern«, dem er als Sohn einer Gruben- und Bergmannsgegend, den Sinn beilegte, »verborgenen Schätzen der Erde zu dienen, die zur Sonne aufstrebten«.*)

Erinnern wir uns an dieser Stelle einiger Stichworte, die Hauptmann im Zusammenhang mit den »Webern« gegeben hat: »Klassischer Boden«, der »Webstuhl ist nun einmal ein Ding, an dem zu sitzen die Göttin Kirke nicht verschmäht«, »Das soziale Drama lag in der Luft«, »Ich will nicht leugnen, daß ich gehofft habe, die Wohlhabenderen, die meine ›Weber‹ sehen würden, möchten durch das sich in diesem Werke widerspiegelnde entsetzliche Elend gerührt werden.«

»Die Weber« sind ein Sozialdrama und eines zugleich, das in mythische Urgründe hinabreicht. Am trefflichsten hat dies Fontane ausgedrückt. »Was Gerh. Hauptmann für seinen Stoff begeistert«, so schrieb er in einer Rezension, die 1894 im Salonfeuilleton No. 40 zunächst anonym gedruckt wurde und erst nach seinem Tode im »Litterarischen Echo«

---

*) Zitiert nach K. L. Tank: »Hauptmann in Selbstzeugnissen und Bilddokumenten«, Reinbek bei Hamburg, 1959.

unter seinem Namen veröffentlicht wurde, »das war zunächst wohl das Revolutionäre darin; aber nicht ein berechnender Politiker schrieb das Stück, sondern ein echter Dichter, den einzig das Elementare, das Bild von Druck und Gegendruck reizte. Die ›Weber‹ wurden als Revolutionärsdrama gefühlt, gedacht, und es wäre schöner und wohl auch von unmittelbar noch mächtigerer Wirkung gewesen, wenn es sich ermöglicht hätte, das Stück in dieser Einheitlichkeit durchzuführen. Es ermöglichte sich aber nicht und Gerh. Hauptmann sah sich, und zwar durch sich selbst, in die Notwendigkeit versetzt, das, was ursprünglich ein Revolutionsstück sein sollte, schließlich als Anti-Revolutionsstück ausklingen zu lassen. Es ließ sich nicht anders thun, nicht blos von Staats- und Obrigkeits-, sondern, wie schon angedeutet, auch von Kunst wegen. Todessühne, Zugrundegehen eines Schuldigen, das ist ein Tragödienschluß, Radau und Spiegelzertrümmerung nicht . . .« Sie sind heute, darin hat Kurt Lothar Tank recht, zu spielen wie eine antike Tragödie. Jedenfalls in unserer Industrie-Gesellschaft, deren Ankläger sie waren.

DER AUFSTAND

Zur Dokumentation des Aufstandes

Die hier nachgedruckten Zeitungsberichte, Aufrufe und Bekanntmachungen umfassen nur den kurzen Zeitraum vom Ausbruch der Rebellion bis zu ihrem Abklingen. Frühere Berichte über Not und Unzufriedenheit der Weber wurden bewußt nicht herangezogen. Ihre Wiedergabe hätte den Rahmen dieses Buches gesprengt. Anspielungen und Zitate in den herangezogenen Beiträgen machen jedoch klar, daß die Unruhe bereits längere Zeit vor dem Aufstand latent war. Die wirtschaftlichen Verhältnisse und das bedrückende System der Unfreiheit und Ausbeutung, denen das Webervolk aussichtslos preisgegeben war, sind von W. Wolff eindringlich und zuverlässig geschildert, so daß auf weitere dokumentarische Belege dieser Art verzichtet werden konnte. Die Auszüge und Abdrucke aus zeitgenössischen Zeitungen folgen sämtlich dem Material, das sich im Institut für Publizistik an der Universität Münster fand und für diese Arbeit freundlicherweise von seinem Direktor, Professor Prakke, zur Verfügung gestellt wurde. Zu danken ist in diesem Zusammenhang besonders dem Assistenten von Professor Prakke, Herrn Lerg.

Da die meisten Zeitungen sich damals ungehemmt der Korrespondenten-Berichte anderer Blätter bedienten, fanden sich in den vorliegenden Zeitungsbänden auch die wesentlichsten Berichte der übrigen Presse. Soweit sie indirekt zitiert wurden, ist dies aus den jeweiligen Quellenangaben ersichtlich. Die Überschriften der einzelnen Beiträge stammen vom Verfasser. Die Original-Berichte sind, der damaligen Praxis zufolge, entweder ganz ohne Überschrift erschienen, nur mit der Ortsangabe versehen, oder unter Sammelrubriken, wie »Preußen« oder »Aus Schlesien«.

Das Blutgericht

Hier im Ort ist ein Gericht,
Noch schlimmer als die Vehmen,
Wo man nicht erst ein Urtheil spricht
Das Leben schnell zu nehmen.

Hier wird der Mensch langsam gequält,
Hier ist die Folterkammer,

Hier werden Seufzer viel gezählt,
Als Zeugen von dem Jammer.

Die Herrn Zwanziger die Henker sind,
Die Dierig ihre Schergen,
Davon ein Jeder tapfer schindt,
Anstatt was zu verbergen.

Ihr Schurken all, ihr Satansbrut,
Ihr höllischen Dämone,
Ihr freßt der Armen Hab und Gut,
Und Fluch wird euch zum Lohne.

Ihr seid die Quelle aller Noth,
Die hier den Armen drücket,
Ihr seids, die ihm das trockne Brod
Noch von dem Munde rücket.

Was kümmerts euch, ob arme Leut
Kartoffeln satt könn' essen,
Wenn ihr nur könnt zu jeder Zeit
Den besten Braten fressen.

Kommt nun ein armer Weber an,
Die Arbeit wird besehen,
Findt sich der kleinste Fehler dran,
Wirds ihm gar schlecht ergehen.

Erhält er dann den kargen Lohn,
Wird ihm noch abgezogen,
Zeigt ihm die Thür, und Spott und Hohn
Kommt ihm noch nachgeflogen.

Hier hilft kein Bitten und kein Flehn,
Umsonst ist alles klagen.
»Gefällts euch nicht, so könnt ihr gehn
Am Hungertuche nagen.«

Nun denke man sich diese Noth
Und Elend dieser Armen,
Zu Haus oft keinen Bissen Brod,
Ist das nicht zum Erbarmen!

Erbarmen, ha! ein schön' Gefühl,
Euch Kannibalen, fremde,
Ein jedes kennt schon euer Ziel,
's ist der Armen Haut und Hemde.

O euer Geld und euer Gut,
Das wird dereinst vergehen
Wie Butter an der Sonne Gluth,
Wie wirds um euch dann stehen.

Wenn ihr dereinst nach dieser Zeit
Nach eurem Freudenleben
Dort, dort in jener Ewigkeit
Sollt Rechenschaft abgeben.

Doch ha! sie glauben keinen Gott,
Noch weder Höll' noch Himmel,
Religion ist nur ihr Spott,
Hält sich ans Weltgetümmel.

Ihr fangt stets an zu jeder Zeit
Den Lohn herab zu bringen,
Und andere Schurken sind bereit
Eurem Beispiel nachzuringen.

Der Reihe nach folgt Fellmann jetzt
Ganz frech, ohn' alle Bande,
Bei ihm ist auch herabgesetzt
Der Lohn zur wahren Schande.

Die Brüder Hoferichter hier,
Was soll ich von ihnen sagen,
Geschunden wird hier nach Willkür,
Um Reichthum nachzujagen.

Und hat ja einer noch den Muth
Die Wahrheit euch zu sagen,
Dann kommts so weit, es kostet Blut,
Und den will man verklagen.

Herr Kamlot-Langer, so genannt,
Der wird dabei nicht fehlen,
Einem jeden ist er wohlbekannt,
Viel Lohn mag er nicht zählen.

Von euch wird für ein Lumpengeld
Die Waare hingeschmissen,
Was euch dann zum Gewinne fällt,
Wird Armen abgerissen.

Sind ja noch welche, die der Schmerz
Der Armen laut beweget,
In deren Busen noch ein Herz
Voll Mitgefühl schläget,

Die müssen, von der Zeit gedrängt,
Auch in das Gleis einlenken
Und eurem Beispiel eingedenk
Sich in jedem Lohn einschränken.

Ich frage, wem ists wohl bekannt,
Wer sah vor 20 Jahren
Den übermüthigen Fabrikant
In Staatskarossen fahren?

Wer traf wohl da Hauslehrer an
Bei einem Fabrikanten,
In Livreen Kutscher angethan,
Domestiken, Gouvernanten?

(Fassung in: Dr. Alfred Zimmermann, »Blüthe und Verfall des Leinengewerbes in Schlesien«, Breslau 1885.)

Die erste Meldung

Aus Schlesien, 4. Jun. So eben hat ein Haufen Weber aus Peterswaldau, Langenbielau und der Umgegend in Peterswaldau (dem Consistorialpräsidenten Grafen Stolberg gehörig) die Gebäude und Vorräthe des Fabricanten Zwanziger niedergerissen und zerstört. Die Familie des Zwanziger ist auf das Schloß des Grafen Stolberg geflüchtet. Das angemessene Einschreiten der Prediger Schneider und Knüttel hat vorläufig weiteren Unfug gehemmt, wozu Geldaustheilung des Fabricanten Wagenknecht, der sein Haus nur durch diese bewahrt hat, beigetragen haben mögen. Es ist Militär aus Schweidnitz verlangt, das jeden Augenblick erwartet wird. (D. a. Z.)

(»Allgemeine Zeitung«, Augsburg, Nr. 164 vom 12. Juni 1844.)

Gegen die Schuldbücher

Breslau, 6. Juni. (Privatmitth.) Seit einigen Tagen ist unsre Stadt – und auch unsre Provinz – in sehr verschiedener Weise außerordentlich erregt. Nachdem nämlich einige Tage hintereinander Militairdetaschements aus den dem Reichenbacher Kreise zunächst gelegenen Festungen ins Reichenbachsche eingerückt waren, um die in den großen übervölkerten Fabrikdörfern dieses Kreises (Peterswaldau, Langenbielau) ausgebrochenen Unruhen zu unterdrücken, sind heute auf der hiesigen Eisenbahn eine Partie Militairs zu ähnlichem Zwecke auch von hier abgegangen, was natürlich große Sensation erregt, zumal man weiß, daß jene Dörfer à 7,5 bis 12,000 meist arme Weber zu Einwohnern haben; also bei einem Tumulte in der kürzesten Zeit große Massen Unzufriedener beisammen sein können. So verworren bis jetzt die Nachrichten aus jenen Orten, und so übertrieben sie zum Theil sind, so scheint doch Folgendes das Wahre zu sein. Die Weber waren bisher in den Büchern der Kaufleute tief verschuldet. Die Kaufleute suchten sich durch die Arbeiten der Weber nach und nach, so gut es ging, bezahlt zu machen. Nun kamen die vielen Wohlthätigkeitsvereine mit directen Bestellungen und bessern Löhnen. Die Weber arbeiteten also nur für die Vereine, die Kaufleute erhielten keine Befriedigung durch Arbeit und drohten mit Execution, wenn sie die Schulden nicht in Baarem von den Webern erhielten. Diese Drohungen scheinen die Weber gereizt zu haben. Daher der Aufstand; nicht gegen die Regierung oder Verwaltung, sondern gegen die Schuldbücher der Kaufleute und Fabrikanten. Diese Bücher sollen zumeist zerschnitten und vernichtet worden sein, wo man ihrer habhaft wurde; man nennt u.a. das Haus Zwanziger. Von weiterm Unglück, außer einem Armbruch, hört man jedoch Nichts. Hoffentlich kehrt die Besinnung bald zurück, wenn die rechten Personen vermittelnd eintreten; und wahrscheinlich werden die Excesse auf einzelne Fälle beschränkt bleiben.

(»Leipziger Zeitung« vom 10. Juni 1844.)

»Bedeutende Truppenabtheilungen«

Die »Trier'sche Zeitung« schreibt aus Breslau vom 8. Juni:

In dem Zusammentreffen mit den Truppen am 5. und 6. haben sich die Arbeiter mit furchtbarer Erbitterung geschlagen; Weiber und Kinder haben ihnen die Steine herzugetragen. Nur allein in dem Gehöfte eines Fabrikanten wurden dreizehn Weber niedergeschossen. Bei dieser Gelegenheit ereignete sich der schreckliche Zufall, daß ein Soldat seinen eigenen Bruder unter den fallenden Arbeitern erkannte und, seine Flinte wegwerfend, sich und sein Leben über diese That verfluchte. Die bestürzten Soldaten wurden nun unter entsetzlichem Rachegeschrei angegriffen und nach Reichenbach zurückgeworfen. Wie groß die Anzahl der Getödeten von beiden Seiten ist, weiß man nicht; viele schwer verwundete Soldaten wurden nach Frankenstein ins Lazareth gebracht; dem Major, welcher zuerst Feuer commandirte, wurde durch die Heugabel eines Arbeiters der Kopf zerschmettert. Viele Kaufleute und Fabrikanten aus dieser Gegend sind, von Allem entblößt, mit ihren Familien gestern hier angekommen. In Folge dieser Vorgänge kamen am 5. und 6. bedeutende Truppenabtheilungen aus Ohlau und Brieg auf der oberschlesischen Eisenbahn hier an und wurden auf der freiburger Eisenbahn in die empörten Districte abgesandt. Von der hiesigen Garnison wurden bereits am 6. in der Nacht und des Morgens mehrere Schützenabtheilungen und 50 Curassiere dahin befördert. Aus Strehlen sind die Husaren, aus den Festungen Silberberg und Schweidnitz die disponible Infanterie in Bewegung gesetzt worden. Diesen vereinten Kräften ist es gelungen, die Dörfer zu besetzen; die Arbeiter haben sich, größtentheils mit Weib und Kind, auf die nächsten Berge zurückgezogen und halten diese besetzt. Sie haben ihre Wachen und Piquets ausgestellt und scheinen gut geführt zu werden. Der Oberpräsident unserer Provinz hat sie persönlich zur Ruhe und zum Frieden ermahnt, aber ohne allen Erfolg; die Geistlichen der empörten Dorfschaften, welche das Nämliche thaten, wurden gemißhandelt. Man gibt die Zahl der Insurgenten auf etwa 6000 an, doch soll dieselbe beständig zunehmen; von der böhmischen Gränze und aus Böhmen selbst haben sie bedeutende Verstärkungen von Schmugglern und Raubschützen, welche mit Stutzbüchsen bewaffnet sind, an sich gezogen.

(»Kölnische Zeitung« vom 18. Juni 1844.)

Aufruf

Dem Aufruf des Majors und Bataillonskommandeurs von Schlichting an die Bevölkerung von Langenbielau am 6. Juni (siehe Einleitung, Seite 81) schloß sich der Aufruf »seitens der Grundherrschaft« an:

»So eben hier eingetroffen, finde ich Bielau in einem Zustand welchen ich nie zu sehen gefürchtet habe. Ist noch ein Funke Eurer alten Liebe und Anhänglichkeit an Eure Grundherrschaft in Eurem Herzen, lebt noch ein Gefühl für Ordnung und Recht in Euch, so bitte, so beschwöre ich Euch, entsagt allem sträflichen Unternehmen und kehrt in den Zustand zurück welchen so lange zu bewahren Euer Ruhm war. Glaubt nicht, daß ein anderes Interesse als das für Euer Wohl, für den

Ruf Eures Ortes mich diese Bitte an Euch thun läßt. Ich hege noch die Überzeugung, daß, wenn nicht ein unglückliches Ungefähr mich in diesen Tagen von Euch fern gehalten hätte, Auftritte die — ich kann es nicht verhehlen — Euch schänden, *vielleicht* unterblieben wären. Nun zu Euch zurückgekehret, will ich es versuchen, in Eurer Mitte und unter Euch in Güte die Ordnung wiederherzustellen, welche sonst unausbleiblich und durch die Gewalt der Waffen wieder aufrecht erhalten würde. Gott und Eure Liebe mögen mich darin unterstützen! Gez. Graf v. Sandreczky-Sandraschütz.«

(»Allgemeine Zeitung«, Augsburg, vom 16. Juni 1844.)

Bekanntmachung

Bei der am 4. und 5. d. M. erfolgten Beschädigung der Wohn- und Fabrikgebäude des Kaufmanns Zwanziger zu Peterswaldau und mehrerer Fabrikbesitzer zu Langenbielau, insbesondere des Kaufmanns Wilhelm Dierig, Friedrich Dierig, der Handlung Hilbert und Andretzky, haben die Aufrührer die Waarenvorräthe geplündert, nach allen Seiten hin zerstreut, und zum Theil sich in deren Besitz gesetzt. Viele Personen aus dem hiesigen und den benachbarten Kreisen, welche auch selbst nur als Zuschauer zugegen gewesen, haben einen Theil dieser Waaren an sich genommen und sind noch in dem Besitz derselben. Es ist zu hoffen, daß die meisten dieser Personen dieß nur um deßhalb gethan haben, um die Sachen ihren Eigenthümern zu erhalten; und es versteht sich von selbst, daß diese ihren Eigenthümern gegen ihren Willen entzogenen Waaren den Letzteren zurückgegeben werden müssen. Demgemäß werden sämmtliche Ortsgerichte angewiesen, in ihren Gemeinden Haus für Haus die Aufforderung bekannt zu machen, daß Jeder die von ihm in Besitz genommenen Waaren und sonstigen Gegenstände der vorgedachten Art sofort an die Ortsgerichte, unter Bezeichnung der Eigenthümer derselben, welche theils aus der Bezeichnung, theils aus dem Orte, wo Jeder dieselben in Besitz genommen hat, zu ersehen sind, binnen 24 Stunden abliefere. Hierbei ist die Bedeutung hinzuzufügen, daß alle diejenigen, welche die geplünderten Sachen nicht freiwillig herausgeben, und später in deren Besitz getroffen werden, die Vermuthung gegen sich begründen, daß sie dieselben entwendet haben, wonächst sie der strengsten Ahndung der Gesetze nicht entgehen werden. Die Staatsgewalt wird die leider auf kurze Zeit an mehreren Orten unterbrochene Ruhe und Sicherheit mit allen ihr zu Gebote stehenden Mittel wieder herstellen und zu schützen, jede fernere Nichtbefolgung obrigkeitlicher Befehle aber aufs Strengste zu strafen wissen. Zu dem guten Sinne der Gemeindemitglieder darf vertraut werden, daß diese sich beeilen werden, der vorstehenden Aufforderung pünktlichst nachzufolgen. Die Ortsgerichte fordre ich auf, die an dieselben etwa bereits abgelieferten und noch abzuliefernden Sachen hierher zu meiner weiteren Verfügung zu übersenden, und wenn denselben bekannt ist, daß Einzelne geplünderte Sachen besitzen, ohne daß sie dieselben binnen 24 Stunden herausgeben, diese ihnen ohne weiteres abzunehmen und ebenfalls unter Anzeige der betreffenden Sachen und der näheren Umstände jedenfalls einzusenden.

Langenbielau, den 8. Juni 1844. v. Kehler, als Commissarius der königlichen Regierung zu Breslau.

Diese Bekanntmachung publiciert der königliche Landrath Schweidnitzer Kreises mit folgendem Zusatz:

»Indem ich vorstehende Bekanntmachung zur öffentlichen Kenntniß bringe, richte ich an mehrere hierbei betheiligte Ortsgerichte die ernste Aufforderung, dem ihnen ertheilten Auftrage sich mit aller Rücksichtslosigkeit zu unterziehen, da leider die Erfahrungen der vorigen Woche bewiesen haben, wie einzelne Insassen des Kreises sich so leicht verleiten lassen, von gesetzlicher Ordnung, Pflichtgefühl und guter Sitte abzuweichen.«

(Veröffentlicht im »Schweidnitzer Kreisblatt«, zitiert nach »Leipziger Zeitung« vom 21. Juni 1844.)

»Theilnahme den Geplünderten«

+++ Berlin, 13. Juni. Die Begebenheiten in Schlesien sind der Art, daß die Presse sich sorgsamst hüten wird, vergrößernde Gerüchte, wie dieselben hier umlaufen, eilfertig zu verbreiten. Das heutige Blatt der »Allgem. Preuß. Ztg.« berichtet die Rückkehr der Ruhe, und Jedermann wünscht, daß ihr Bericht sich bewähren möge. Mit der völligen Herstellung der Ruhe wird für die Presse der Tag der Besprechung, nicht bloß der Ereignisse, sondern auch ihrer Gründe, gekommen sein. Hoffentlich wird man derselben dann kein Hinderniß in den Weg legen. Die schon seit einem Jahre unvollkommene Besprechung der unglücklichen Verhältnisse Schlesiens war natürlich nicht geeignet, die Ereignisse selbst, die damals bereits vorhergesagt werden konnten, mit durch das Schweigen zu verhindern. Freilich gibt es Einzelne, welche dennoch dem Einflusse der Presse Antheil an diesen traurigen Ausbrüchen beimessen. Namentlich wird dieses hier von dem officiellen Berichte der höchsten Militärbehörde der Provinz versichert. Indeß – auch bei den höchsten Behörden werden solche Ansichten wenig Anklang finden. Diese sind jetzt hinlänglich über die vorhandenen Nothstände unterrichtet und wissen zu gut, daß Hunger mittels bloßer

»Theilnahme den Geplünderten«

Worte sich weder hervorrufen noch stillen läßt. An gutem Willen der Abhülfe und an Theilnahme für die armen Arbeiter fehlt es jetzt der Regierung wohl am wenigsten, und es wird nur darauf ankommen, daß hinreichend umfassende und hinreichend nachhaltig wirkende Maßregeln genommen werden.

Auf diese werde ich in späteren Briefen zurückkommen. Für heute möchte ich daran erinnern, daß unsere Theilnahme auch noch Anderen gebührt, denen sie — hier wenigstens — fast gänzlich vorenthalten wird – den Geplünderten. Daß unter diesen Einige sein mögen, die sich in kurzer Zeit und auf Kosten der armen Weber bedeutende Reichthümer erworben haben, mag wahr sein; das sie aber bei den gegenwärtigen Preisen ihrer Waaren keinen höheren Lohn geben können, ist wohl ebenfalls wahr, und was sie erworben haben, haben sie jedenfalls unter dem Zügel und deßhalb auch unter dem Schutze des Staates erworben. Hat der Staat bisher die Erwerbsverhältnisse nicht haltbar geregelt, so können nicht einzelne Private dafür verantwortlich gemacht werden, und ihnen steht, wenn auch nicht das positive Recht, so doch die Billigkeit bei einem Entschädigungsanspruche an den Staat, im Wege des Regresses, zur Seite. Die Anerkennung solcher eventuellen Entschädigungspflicht würde die Kraft des Staates nur vermehren können, und würde der Pflicht zur »Hebung der unteren Volksclassen« nur eine neue Triebfeder und Bürgschaft der Erfüllung verschaffen. Gerade aus herzlicher Theilnahme an dem Loose der armen Arbeiter stelle ich solche Wünsche und Forderungen für die Geplünderten, und ich möchte gewisse Andersdenkende auffordern, wohl zu prüfen, ob nicht ihrem Andersdenken mehr feudaler Groll gegen die »Parvenu's der Industrie«, als herzliche Theilnahme für die armen Arbeiter, zum Grunde liegt? Alle Stände müssen einig sein, dem Armenthume entgegen zu wirken und mit rechtem Ernste an der »Hebung der unteren Volksclassen« zu arbeiten. Hier ist gestern ein Verein für besagten Zweck verabredet, und es ist zu hoffen, daß die Regierung ihn mit allen Kräften unterstütze und nicht durch falsche Furcht vor allem Vereinswesen die nothwendigen Anstrengungen gegen das wachsende Proletariat lähmen mögen. Das Uebel ist wahrlich zu ernst und drängend, als daß man sich noch lange bedenken dürfte, Hand anzulegen.

Magdeburg, 15. Juni. Die hiesige Zeitung schreibt: Briefen aus Breslau zufolge war am 9. d. daselbst die Nachricht eingegangen, daß die unruhigen Weber zu ihrer Arbeit zurückgegangen sind, nachdem man ihnen einen höheren Lohn bewilligt hat. Sie sollen auf ihren Streifzügen mehrere Försterwohnungen erbrochen und Gewehre und Munition genommen, alles Uebrige aber unberührt gelassen haben. Unter ihrer Zahl sollen sich 4.500 Pascher und ein paar hundert Hülfsgenossen befunden haben und von diesen die den Fabrikanten geraubten Waaren über die Gränze geschafft worden sein. Wie man sagt, will Oesterreich einen Cordon ziehen, damit die Hülfe von dieser Seite unterbleibe.

— Was wir im Nachfolgenden mittheilen, sagt dasselbe Blatt, ist theils aus schriftlichen, theils mündlichen Berichten von Augenzeugen entnommen, in deren Wahrhaftigkeit wir unsererseits kein Mißtrauen zu setzen berechtigt sind, die wir indessen doch nur als subjective Auffassungen dessen geben, was unsere Berichterstatter, die wir möglichst mit eigenen Worten reden lassen, sahen. Bekanntlich begannen jene Auftritte bei dem Baumwollenfabrikanten Zwanziger (Firma: Zwanziger und Söhne) in Peterswaldau, der noch vor 30 Jahren ganz mittellos, sich jetzt ein Vermögen von 230.000 Thlr. erworben, und dessen Härte in Bedrückung der Weber sprichwörtlich geworden. Besonders wird über einen Sohn desselben geklagt. Die Veranlassung zu den zerstörenden Auftritten wird nun folgendermaßen angegeben: Am 3. d.M. zog ein Haufe Weberburschen vor das Wohnhaus des Zwanziger und sang dort ein die Handlungsweise gedachter Herren darstellendes Lied, das sie schon vorher an die Thüren angeheftet hatten, von wo es durch Zwanziger wieder entfernt worden war. Das Lied ist aus dem Bewußtsein des Contrastes zwischen der üppigen, sich breit machenden Herrlichkeit der Fabrikherren und der elenden Lage der Arbeiter hervorgegangen. Bei dieser Gelegenheit gelang es den Fabrikherren, einen der tumultuarischen Sänger in Haft zu bekommen...

(»Kölnische Zeitung« vom 18. Juni 1844.)

Wenige Tage danach

Die Berliner Vossische Zeitung bringt folgendes Schreiben aus Breslau vom 13. Juni. Dem Reisenden, der jetzt den Weg von Schweidnitz nach dem Gebirge zurückgelegt, kann es wohl wie mir am 11. d.M. begegnen, daß er ein unfreiwilliger Zuschauer der Eröffnungsscenen zum Nachspiel des furchtbaren Drama's wird, dessen Schauplatz die Dörfer Peterswaldau und Langenbielau am 4. und 5. d.M. waren. Drüben verlieren sie sich mit ihren stolzen prächtigen Häusern in den Bergen, heut, so scheint es, von einem wahren Gottesfrieden übergossen; hier an der Chaussee fährt ein Korbwagen an uns vorüber, von Husaren escortirt; auf ihm sitzt mit vier Infanteristen ein Mann im stattlichen Bauernrock, der uns verschmitzt und höhnisch zulächelt. Nach kurzer Frist kömmt uns in Langenbielau selbst ein Flechtwagen entgegen; Husaren, die Pistolen zum Anschlagen bereit, in der Hand, umgeben ihn; auf ihm sitzen drei geschlossene Männer; zwei derselben sehen scheu und nachdenklich vor sich hin, der dritte lacht den Bewohnern des Dorfes zu, welche von allen Seiten herbeiströmen oder schon erwartungsvoll an den Thüren und Fenstern stehen. Ja, es sind die Eröffnungsszenen zum Nachspiel des Drama's, das sich jetzt zwischen den Mauern der Gefängnisse von Schweidnitz entwickeln wird. Dorthin, wo sich eine aus Breslau abgesendete Untersuchungscommission befindet... bringt man diese vier Individuen, welche neuerdings in die Arme der weltlichen Gerechtigkeit gefallen sind.

Gehen wir an den einzelnen, durch andere Häuser getrennt neben einander liegenden Gebäuden der HH. Dierig vorüber bis gegen das Ende des Dorfes, wo ein Weg von Peterswaldau einmündet. Das Etablissement der HH. Hilbert und Andretzky liegt hier an der Straße und fiel zuerst in Langenbielau unter den Streichen der Wüthenden. Noch sehen wir überall auch äußerlich das Werk der Zerstörung. Kein Fenster, nur einige Trümmer der Scheiben vom Giebel der Gebäude bis zur Sohle, die Kreuze zerbrochen oder ausgerissen, die eisernen Stäbe, wo die Fenster mit Gittern verkleidet sind, zum Theil zerschlagen, die Thüren da und dort zersprengt, vor den Häusern Überreste zertrümmerter Geräthschaften, an den Wänden deutliche Zeichen von zahllosen Steinwürfen. Und so treten wir zwar einigermaßen vorbereitet in das Innere ein, aber der erste Blick überzeugt uns, wie unzulänglich alle unsere trüben Erwartungen waren.

Wir schreiten über Trümmer wohin sich unser Fuß wendet, nichts ist verschont geblieben was nicht auch den Hieben einer mit dämonischer Wuth geschwungenen Axt widersteht. Wir sehen nichts als kahle Wände, auf den Fußböden in einem wild aufgeschichteten Haufen zersplitterte Scheiben und Steine, welche sie vernichteten, Meubles, nur schwer in den kleinen Stücken zu erkennen, in welche sie einzeln zerhauen worden sind, zerrissene Papiere und Tapeten, aufgeschnittene Betten, niedergeschlagene Oefen; was irgend werthvoll war und ohne Schwierigkeit weggebracht werden konnte, ist verschwunden. Nach den Schildereien an den Wänden sind die Axtschläge gerichtet worden; das Mauerwerk bröckelt überall nieder, mit so furchtbarer Gewalt wurde von ihm abgesprengt, was an ihm befestigt war. Selbst die Klinken an vielen Thüren sind losgerissen. So in den Wohngemächern, so in den Comptoirs, so auf den höchsten Böden und im tiefsten Keller. Eiserne Thüren sind aufgebrochen worden, wo man Vorrathskammern muthmaßte, nicht das gewöhnlichste Hausgeräth ist der systematischen Verwüstung entgangen. In den Kellern finden wir noch die Überreste von Flaschen; in wenigen Minuten waren sie von der rasenden Rotte ausgetrunken worden und mit blutenden Händen, verletzt durch die schnell abgebrochenen Hälse, eilten sie wiederum ihrem finsteren Werke zu.

In beiden Etablissements richtete sich der Angriff vorzugsweise gegen die Waarenlager und Materialvorräthe; es sind dieselben zum größten

Theil verschwunden, und — ich muß es hier schon anführen — nicht ohne Auswahl zwischen dem mehr und minder Kostbaren. Hier liegen noch einzelne Fetzen, hier zerschnittene Weben, hier umgestürzte Fässer mit Farben und anderen Stoffen. Ich vermag nur einzelne Züge des traurigen Bildes zu entwerfen, welches die bezeichneten Gebäude in Langenbielau wie Peterswaldau wie jetzt nach dem Verlauf mehrerer Tage bieten. Nur ist am letztern Ort, wenn ich so sagen darf, die Verwüstung noch auserlesener und vollendeter, noch mehr auf das kleine Detail gegangen. Man hat hier alles in kleine Stücke zerschlagen, selbst die Dachbedeckungen durchbrochen. Seltsamerweise haben die Treppengeländer in sämmtlichen Häusern das gleiche Loos getheilt, ein besonderer Haß scheint sich gegen dieselben gerichtet zu haben; sie sind bis zum Boden hinauf umgeschlagen worden, und wahrscheinlich wurde an sie schließlich immer die Hand gelegt, weil sonst schwer abzusehen wie nicht der eine oder andere aus der Menge, welche die Räume wild durcheilte, durch einen Fall zu Schaden gekommen seyn sollte. Von einem noch tieferen Entsetzen muß man ergriffen werden, wenn man die Überreste der herrlichen Maschinen erblickt, welche in dem Etablissement des Hrn. Dierig zerstört worden sind. Die hölzernen wie die metallenen Bestandtheile derselben sind gleichmäßig zerstückt, die stärksten eisernen Räder in Stücke zerschlagen, kostbare kupferne Walzen wenigstens durch einzelne Hiebe mit der raffinirtesten Bosheit unbrauchbar gemacht. Von allen diesen schönen Jacquard'schen und Schönherr'schen Stühlen sind nur wenige Trümmer zurückgeblieben, die aufgespannten Fäden hängen durchschnitten nieder; die Arbeiter, welche an ihnen ihren reichlichen Unterhalt gefunden haben, zeigten mir, Thränen in den Augen, wie die »Rebellen gewirthschaftet hatten«. Nur die große Dampfmaschine ist der Vernichtung entronnen. Der Maschinist erklärte sich, von den Wüthenden aufgefordert, augenblicklich bereit, das Werk zu zeigen, warnte sie jedoch irgendetwas zu beschädigen, weil er für die Folgen nicht stehen könne. Sie folgten ihm, soviel das Gemach faßte, andere warfen Steine zum Fenster hinein, welche glücklich zum Theil an den eisernen Fensterstäben abprallten. Die Maschine war in der höchsten Spannung. Die Eingedrungenen musterten sie, erstaunt und verwundert, tippten sanft an diese und jene Schraube und riefen einander zu: das sey doch sehr schön. Plötzlich öffnete sich ein Sicherheitsventil, der Dampf brauste, und mit dem Schrei, »hier sey Pulver« stürzten sie alle von dem gefährlichen Platze.

Wenn ich schon hier bei dem Versuche das zu schildern was ich selbst gesehen, die Schwierigkeit meiner Aufgabe lebhaft fühlte, so wage ich kaum an eine Darstellung der Ereignisse von 4. und 5. Junius zu gehen, weil ich dieselbe nur aus Mittheilungen und Nachrichten Dritter zusammenfügen kann, wenn ich sie auch von den zuverlässigsten und achtbarsten Personen empfangen habe. Dem Richter muß es vorbehalten bleiben alle die zahlreichen Thatsachen, in welchen sich das Geschehene charakteristisch ausdrückte, in einen organischen Zusammenhang zu bringen und aus ihnen das eigentliche und wahre Motiv das die Frevler entzündete und leitete, herauszuschälen. Ich bin nur im Stand diejenigen Angaben, welche nach meinem individuellen Ermessen entweder unzweifelhaft sind oder die höchste Wahrscheinlichkeit für sich haben, zu wiederholen und mit der aus ihnen gebildeten Ansicht zu begleiten.

(»Allgemeine Zeitung«, Augsburg, Nr. 176 vom 24. Juni 1844.)

Das Ende

* Vom Fuße der Sudeten, 19. Jun. Der Aufruhr der Baumwollenweber im Kreise Reichenbach ist gestillt, und das Militär zum größten Theil wieder abgezogen. Man muß es sehr beklagen, daß ihm so viele Menschenleben zum Opfer gefallen. Dreizehn fanden, von Kugeln getroffen, auf der Stelle den Tod, und viele der Schwerverwundeten sind später gestorben; mehrere bleiben zeitlebens Krüppel. Die Mißhandlung des anführenden Officiers von Seite der Rebellen gab Veranlassung zur Katastrophe. Wir wollen nicht untersuchen, ob sie bei etwas mehr Klugheit hätte vermieden werden können. Unsere beiden Provincialzeitungen haben nicht ein Wort darüber veröffentlicht, was um so mehr auffallen muß, als sich, aus Mangel an sichern Nachrichten, die ungeheuersten und lächerlichsten Gerüchte verbreitet haben, die schon ein paar Meilen vom Schauplatz entstanden, und je weiter sie gingen, lawinenartig anschwollen. Leicht hätte gerade dadurch größeres Unheil — dem man vielleicht durch das Schweigen vorbeugen wollte — angerichtet werden können: denn da sich z. B. in Oberschlesien die Nachricht verbreitete, die Rebellen hätten sich förmlich organisirt, hätten ein Zeughaus in Frankenstein gestürmt und verbreiteten sich von da immer weiter, so entstand unter den dasigen zahlreichen Hütten- und Grubenarbeitern Gemurr und Gährung, so daß ein Ausbruch ziemlich nahe stand. Der ganze Aufstand war einzig und allein gegen einige hartherzige Fabrikherren gerichtet. Diejenigen unter ihnen, welche milder und menschenfreundlicher waren, genossen von ihren Webern allen Schutz; dieselben stellten während des Tumultes Schutzwachen vor deren Häusern auf. Eine Commission aus drei Classen bestehend — nämlich aus den Fabrikherren, aus den selbständigen Webern und aus denen die für die erstern arbeiten — soll jetzt zusammentreten, um eine Art von Jury zu bilden, welche den ganzen Thatbestand aufnehmen und ermitteln soll, auf welcher Seite die meiste Schuld ist, und von wo aus der Tumult angeregt worden.

(»Allgemeine Zeitung«, Augsburg, vom 26. Juni 1844.)

DER AUFSTAND

Folgerungen

++ Berlin, 19. Juni. Die Unruhen im schlesischen Gebirge sind jetzt völlig beendet; dagegen haben die Untersuchungen begonnen, und einige dreißig der am meisten betheiligten Weber sind nach Schweidnitz ins Gefängniß geführt worden. Einzelne Kaufleute haben großen Schaden gelitten und binnen wenigen Stunden vierzig bis fünfzig Tausend Thaler verloren; dabei ist die Entrüstung gegen sie nicht milder geworden, und manche haben bereits erklärt, sie würden nicht wieder zurückkommen und ihre Geschäfte von Neuem beginnen. Die Bürger in den kleinen Städten und Ortschaften sind aber nicht minder gegen die Kaufleute gestimmt. Das Militär, welches dieselben zu ihrem Schutze forderten und empfingen, wurde von den Gemeinden als eine von Allen zu tragenden Einquartierungslast abgewiesen; die Fabrikanten mußten es daher auf ihre Kosten unterbringen und verpflegen; die Bürger behaupteten, sie selbst bedürften gar keines Schutzes und fürchteten nichts von den Webern. Unter solchen Umständen kann es wohl sein, daß die Noth der Weber sich noch mehrt, wenn das überhaupt möglich ist, da die Fabriken zum Theile ganz still stehen werden. Es ist dieser Tumult eine Manifestation des Proletariats, der im kleinern Maßstabe Auftritte wiederholt, wie wir dieselben längst in anderen Ländern kannten; aber jedenfalls ist unsere Regierung zu einsichtig, um etwa durch eine bloße Unterdrückung sich mit ihnen abfinden zu wollen. Was zur durchgreifenden Hülfe gethan werden kann, ist aber eine der schwierigsten Aufgaben der Gegenwart. Wir sehen von allen Seiten das Begehren der unteren Classen nach Arbeit und genügender Verwerthung derselben; wir sehen auch den fortstrebenden Geist der Zeit in den Bemühungen aufgeklärter Männer, Parteien und Menschenfreunde, die sowohl in den Wegen der Religion wie der vernünftigen Rechtsideen durch Vereine zu helfen streben, mittels welcher die unteren Classen gehoben und ihre Stellung in der Gesellschaft anerkannt werden sollen. Kann dieses durch die Lehren christlicher Moral oder durch praktische Aufklärungen über ihre Zustände und ihr Elend geschehen, wenn die Wirklichkeit nichts daran ändert? Die Proletarier verlangen kein Mitleid, sie verlangen Arbeit, welche Brod gibt, und Rechte, welche den Erwerb schützen und sichern. Daher kommen jetzt auch die seltsamen Vorwürfe, daß die Presse so Vieles an der herrschenden Unzufriedenheit verschulde, daß die Zeitungen und Flugschriften keinen geringen Antheil an den Tumulten der Weber im Gebirge haben, weil jene Blätter und Schriften dem stummen und so lange geduldigen Elende Sprache gegeben und den Menschen über ihr Unglück Aufklärung verschafft haben. Hr. E. Pelz, ein Landmann aus dem schlesischen Gebirge, als Schriftsteller unter dem Namen

Treumund Welp bekannt, der gegenwärtig hier in Berlin ist, um als Abgesandter seiner Gemeinde über Mißstände Beschwerde zu führen, nicht aber, wie ein rheinisches Blatt sagt, um als Abgeordneter der Weber zu verhandeln — dieser Hr. Pelz hatte vor einigen Tagen eine Unterredung mit einem hochgestellten Staatsbeamten, welcher das Benehmen der Presse und die schriftstellerische Thätigkeit des Hr. Pelz selbst als die Hauptgründe der beklagenswerthen Unruhen angab. Pelz hat sich zum Bauer gemacht und eine Reihe Schriften über die Verhältnisse der arbeitenden Classen herausgegeben. Er hat das Leben der armen Weber und deren Noth auch getreu geschildert, der Wahrheit gemäß, und bekämpft als Sozialist eindringlich dasjenige Fabrikwesen, das Einzelne bereichert, indem er für das Manufact auftritt und die Vortheile eines freien Arbeiterstandes darstellt, der nach seiner Meinung glücklich gegen die Maschinen ankämpfen könnte, wenn er gehörig organisiert wäre, denn er ist genügsam. Die Bevölkerung der Länder steigt mit jedem Jahre, und mit jedem Jahre werden die Hände und lebendigen Wesen unnöthiger durch Erfindung vollkommnener Maschinen. Zwischen beiden liegt eine weite Kluft; wer wird endlich sie ausfüllen? Der Staat kann unmöglich gegen die Maschinen auftreten, die Erfindungen des Geistes zerstören. Der Staat in seiner jetzigen Organisation und alle Culturstaaten der Gegenwart können dies nicht.

(»Kölnische Zeitung« vom 23. Juni 1844.)

Eine Erklärung

Breslau, 29. Juni. Die »Schlesische Zeitung« enthält folgende Erklärung:

»Noch tief gebeugt von dem furchtbaren Schlage, der uns am 5. d. M. getroffen, müssen wir mit schmerzlicher Entrüstung vernehmen, daß sich lieblose Gerüchte jetzt an die Ehre unsers Namens — wie jene zerstörungswüthige und räuberische Rotte an unser Eigenthum, die Frucht langjähriger mühevoller Arbeit — wagen. Wir sollen, so heißt es, die Vertheilung von Geld versprochen, damit begonnen, jedoch auf die Nachricht von der Ankunft des Militairs innegehalten und somit den Angriff der durch die Täuschung Gereizten gegen unser Etablissement gewissermaßen selbst verschuldet haben; ja, man geht so weit, unsern Schwager, den Pastor Seiffert, als denjenigen zu nennen, der uns die erwähnte Nachricht gebracht und den Rath, inne zu halten, ertheilt habe. Wir weisen das Gerücht als lügenhaft und verläumderisch zurück. Nahe bedroht durch die in Langenbielau eingedrungenen Frevler, riefen wir mit der Zusage einer Belohnung die Gutgesinnten zur Vertheidigung unsers Eigenthums auf. Die Vertheilung des Geldes begann, aber die damit Beauftragten vermochten bald nicht mehr die Einzelnen zu berücksichtigen. Eine unruhige, aufgeregte, sich fortwährend vergrößernde Masse drängte sich heran; viele, die Geld empfangen hatten, traten mit neuem Begehr an sie, und, als sie in freundlichem Tone baten, die nöthige Ordnung zu erhalten, weil sie sonst nicht Jedem gerecht werden könnten, stürzte sich plötzlich die Masse mit Wuthgeschrei auf sie, entriß ihnen das Geld und zwang sie mit Mißhandlungen zur schleunigen Flucht. Dies ist die Thatsache, welche jetzt von einem tückischen Gerücht zur Folie benutzt wird, und hiernach ist besonders die zu Mißdeutungen leicht Anlaß gebende, auch bei andern Punkten durchaus ganz unrichtige Darstellung der ›Allg. Preuß. Zeitung‹ zu berichten. Wir unterfangen uns nicht, die Motive der Ereignisse vom 4. und 5. hier untersuchen zu wollen. Aber im Stande, mit gutem Gewissen zu sagen, daß wir uns niemals irgend eine Bedrückung, Härte oder Verkürzung gegen die 4000 Arbeiter, welche wir, zum Theil mit eignen Opfern, für unser Etablissement bis jetzt beschäftigten, erlaubt haben und unausgesetzt bemüht waren, die vaterländische Industrie zu heben, wie auch bei den unglücklichsten Conjuncturen für den fleißigen und redlichen Arbeiter gute Arbeitslöhne zu erhalten — dürfen wir uns von jeder moralischen Verantwortlichkeit für das, was geschehen ist, freisprechen. Breslau, den 15. Juni 1844. Die Brüder Wilhelm und Friedrich Dierig in Langenbielau.«

(»Leipziger Zeitung« vom 4. Juli 1844.)

Amtliche Stellungnahme

Die »Schlesische Ztg.« vom 6. Juli enthält über die Unruhen in Schlesien folgende Bekanntmachung der k. Regierung zu Breslau, Abtheilung des Innern, vom 28. Juni:

»Sobald der Landrath von Prittwitz-Gaffron, Reichenbacher Kreises, von den Excessen in Peterswaldau Nachricht erhalten und sich an Ort und Stelle verfügt hatte, requirirte er sofort Militair aus Schweidnitz. Ein Detachement von 2000 Mann unter dem Commando des Majors Rosenberger traf am 5. Juni Mittags zu Peterswaldau ein, wo die Plünderung aber schon erfolgt war. Als er sich demnächst mit 150 Mann nach Langenbielau begab, war das Haus der Kaufleute Andritzky und Hilbert daselbst schon geplündert. Am 6. Juni trafen der Präsident und der Generalmajor v. Staff, welchem das Commando über die zusammengezogenen und noch heranzuziehenden Truppen übertragen war, in der Gegend des Aufruhrs ein. Auch war die von Schweidnitz herbeigerufene Verstärkung, 6 Compagnien Infanterie mit einer Batterie von

4 Kanonen, angekommen. Schon in der vierten Morgenstunde dieses Tags wurde, unter Zurücklassung eines Commandos in Peterswaldau, Langenbielau militairisch besetzt. In dem letztern sehr ausgedehnten, von mehr als 12 000 Menschen, die sich großentheils von Baumwollenweberei ernähren, bewohnten Dorfe herrschte an diesem und den nächstfolgenden Tagen eine große Aufregung, indem sich fortwährend Haufen sammelten, der größte Theil der Weber und sonstigen Handwerker die Arbeit eingestellt hatte und mit ihren beutelustigen Frauen und Kindern in der Umgegend herumzogen und durch ihre Annäherung Schrecken unter den Fabrikanten verbreiteten, auch alle Achtung vor dem Gesetz und den Behörden aus den Augen setzten. Es gelang indeß in wenigen Tagen, die Ruhe herzustellen, indem die am meisten aufgeregten Ortschaften Langenbielau, Peterswaldau und Leutmannsdorf militairisch besetzt und die ganze Gegend mit Truppen dergestalt überzogen wurde, daß neue Zusammenrottungen nicht unbemerkt bleiben konnten, an den bedrohten Orten schleunige Hülfe eintraf und die Überzeugung geweckt wurde, daß der Staat auf jede Weise die Unruhen zu unterdrücken entschlossen und bereit wäre. Dabei wurden in den unruhigen Ortschaften starke Sicherheitswachen aus Mitgliedern der Gemeinden organisiert, welche sich möglichst in Verbindung setzten und Tag und Nacht patrouillirten. Die ermittelten Rädelsführer und strafbarsten Theilnehmer des Aufruhrs sind unter Mitwirkung des Militairs verhaftet und nach Schweidnitz transportirt. Die Zahl der von Seiten der Polizei Verhafteten beträgt gegen 70. In Gemäßheit der Verordnung über das Verfahren bei Untersuchungen wegen Aufruhrs und Tumults vom 30. Sept. 1836 hat das hiesige königl. Oberlandesgericht eine Untersuchungscommission ernannt, welche in Schweidnitz seit dem 10. Juni mit Führung der Untersuchung beschäftigt ist und seiner Zeit in Betreff der rechtskräftig Verurtheilten das Erkenntniß öffentlich bekannt machen wird. Neuere Excesse sind bis heute nicht zu unserer Kenntniß gelangt. Auch liegen uns noch keine sichern Nachrichten darüber vor, daß die Zahl der in Folge des Aufruhrs arbeitslos Gewordenen erheblich wäre. Selbst diejenigen Fabrikanten, welche sehr bedeutende Verluste zu beklagen haben, beschäftigen ihre Arbeiter wieder. Zur sofortigen Unterdrückung etwaniger fernerer Unruhen befindet sich noch eine angemessene Militairmacht in Reichenbach. Über die eigentlichen Ursachen der stattgehabten aufrührerischen Bewegungen, Zerstörungen und Plünderungen, sowie die fernern Folgen davon für die Fabrikanten und die seither von ihnen beschäftigten Arbeiter kann man bis jetzt nur Vermuthungen haben. Auch läßt sich der sehr bedeutende Werth des vernichteten und geraubten Eigenthums mit Sicherheit nicht angeben. Ein allgemeiner Nothstand hat sich bei den Webern jener Gegend keineswegs ein-

gefunden; es fehlte ihnen im Ganzen nicht an Arbeit, und ihr Lohn reichte zur Bestreitung ihrer nothwendigsten Lebensbedürfnisse aus. Insbesondere fanden fleißige und geschickte Weber bei gutem Betragen und Sparsamkeit stets ihren Lebensunterhalt, zumal die gewöhnlichen Lebensbedürfnisse bisher keineswegs ungewöhnlich hoch waren. Auch konnten Tagearbeiter bei ländlichen Beschäftigungen in der Regel Verdienst finden. Die Hauptschuldigen sind größtentheils Menschen, die im Rufe der Liederlichkeit standen.«

(»Leipziger Zeitung« vom 11. Juli 1844.)

WILHELM WOLFF: *Das Elend und der Aufruhr in Schlesien*

Die blutigen Auftritte in Peterswaldau und Langenbielau zu Anfang des Monats Juni haben das Interesse nicht bloß Deutschlands, sondern auch anderer Länder erregt und die allgemeine Aufmerksamkeit nach Schlesien hin gewandt. Unterdeß brachten die Zeitungen, wenn auch nicht die hiesigen, so mannigfaltig von einander abweichende Berichte, unter denen sogar einige die Verunglimpfung gegen unsere armen Weber so unverschämt und weit trieben, daß ich durch eine möglichst treue Schilderung des Ereignisses der Wahrheit einen Dienst zu erweisen glaube. Doch zuvor müssen wir eine kurze Rundschau halten, um den Zustand, in welchem der schlesische Proletarier, der »arme Mann«, sein Leben verbringt — fast klingt's wie Hohn, solch Dasein als »Leben« zu bezeichnen —, näher kennen zu lernen, damit klar werde, auf welchem Grunde die jetzigen Früchte erwachsen und gereift sind. Ganz besonders aber wird sich unser Blick auf die Zustände der Weber im Gebirge zu richten haben, da hier die unausbleiblichen Folgen eines der Gerechtigkeit, der Gleichheit und Brüderlichkeit feindlichen Prinzips, in welchem unsere jetzigen Verhältnisse sämmtlich wurzeln, am ersten, greifbarsten und in der betrübendsten Weise an's Tageslicht getreten sind und nun selbst dem blödesten Auge nicht mehr verborgen bleiben können. Zwar ist das Elend des schlesischen gemeinen Mannes, die Noth und Entbehrung des Besitzlosen in unserer Provinz gewiß nicht größer, als in manchen andern Theilen Deutschlands, nicht bitterer als das Loos der arbeitenden Klassen anderswo. Wir dürfen nur an Frankreich, England und das grüne, aber hungernde Irland denken! Wir haben aber so oft von dummen oder feilen Seelen den glücklichen Zustand Deutschlands, Preußens, Schlesiens, das Nichtvorhandensein des Proletariats auf deutscher, und also auch auf schlesischer Erde, preisen hören, daß es gut ist, auch hier einmal den Schleier weggerissen und das darunter stehende »große Glück« den Augen des Publikums bloß gelegt zu sehen.

Schlesien, unter zwei Elemente: das deutsche und slavische getheilt, von zwei religiösen, seit kurzem immer heftiger gegen einander gehetzten Religionsparteien bewohnt, früh schon wegen seiner vielen Herzogthümer ein Miniaturbild Deutschlands, äußerlich vereinigt unter Friedrich II., sich fortschleppend im überall aufgehäuften mittelalterlichen Unrath, so gut es gehen wollte, trat endlich in Folge der Jenaer Schlacht mit den übrigen Provinzen des preußischen Staates aus der eigentlichen Feudal- in die moderne Entwickelungsperiode über.

Das Zunftwesen fiel, eine Masse »Gerechtigkeiten« verschwanden, das bürgerliche Verdienst sollte von nun an dem adlichen gleich gelten, die Städte, nicht mehr nach Corporationen und feindlichen Interessen gesondert, ihre Angelegenheiten selbstständig besorgen. Die Klöster wurden aufgehoben; ihre Güter eingezogen und zum Theil für einen unglaublichen Spottpreis verkauft, theilweise auch an Adliche verschenkt. Endlich hörte die Erbunterthänigkeit auf; die Kinder des Landmanns durften dem gnädigen Herrn nicht mehr um einige schlesische Thaler jährlichen Lohns, halb ungemachtes, selbst nicht vom Vieh beneidetes Essen und reichliche Prügel dienen, wenn sie nicht wollten. Sie brauchten, falls sie ein Handwerk zu erlernen wünschten, sich nicht mehr loszukaufen; keine Abgabe zu zahlen bei der Verheirathung. Der Bauer konnte in ein anderes Dorf sich begeben, ohne Abzugsgeld zu zahlen und hatte nicht weiter nöthig, den dritten Theil seines Feldes für die herrschaftlichen Schaafe zur Weide liegen zu lassen.

Das Landvolk aber verstand die »Freiheit« zuerst sehr falsch. Es glaubte von Martini 1810 an ganz »frei« zu sein. Die Auflehnung vieler Orte ward streng unterdrückt und den Landleuten durch königl. Kabinetsordren auseinandergesetzt, daß sie alles Uebrige nach wie vor zu entrichten hätten. Somit blieben alle Frohnden und Hofdienste, alle Geld- und Naturalleistungen, Silberzinsen, Grundgeld, Hundehafer, Garnspinnen, Hühner-, Gänse-, Eier-, Besen- und Wächterzins usw. in voller Kraft. Immerhin war es eine bedeutende Erleichterung, der Bauer fing einigermaßen an, sich als Mensch zu fühlen und trug gern und willig zur Rettung des Staates nach Kräften, meist über seine Kräfte, bei. Seine Thätigkeit, von einigen drückenden Fesseln befreit, wurde eine ganz andere; mit der Steigerung mehrten sich die Früchte. Zwar arbeitete er auch jetzt noch für den gnädigen Herrn; wenn die Verbesserung seines Ackers, der Neubau seines Hauses, der Wirthschaft einen Mehrwerth von 2000 Thlrn. verlieh, so gewann der Gutsherr, ohne nur die Hand zu rühren, beim Verkauf 200 Thlr. an Laudemien oder an Marktgroschen. Gleichwohl fuhr Ersterer in seinem Fleiße fort. Nach den Gesetzen über »Regulierung der gutsherrlichen und bäuerlichen Verhältnisse« stand es ihm frei, sich abzulösen. Dies geschah an vielen Orten. Eine Masse von Millionen Thalern floß in die gutsherrlichen Kassen; beträchtliche Summen an jährlichen Renten übernahm der Bauer und gab Aecker und Wiesen hin. So war er frei. Nur glaube man nicht, die Feudalzeit sei jetzt völlig aus unserer Provinz gewichen; in Nieder- wie noch mehr in Oberschlesien blüht und grünt an tausend

Orten der Frohndienst und was daran hängt, lustig fort. Das Dreschgärtner-Verhältnis wurde vielfach gelöst, meist zum Vortheil der Gutsherrschaften. Diese warben dann Lohnleute an; und da bei steter und rascher Zunahme der Bevölkerung, und gerade in den unteren Klassen, die Zahl der Arbeitsbewerber auch zunahm, so bekamen sie für geringen Lohn Menschen, so viel sie brauchten. Der Dreschgärtner, an seinen 2—3 Morgen nicht das ganze Jahr Beschäftigung findend, suchte welche nebenbei und drückte so den Lohn herab, während die neuen Dresch- und andere Maschinen viele Menschenhände ersparten. Aber die Besitzenden gewannen, die kleinen weniger, die großen im Unverhältnis mehr. Für letztere wurde das Pfandbrief-System geschaffen; der Bauer erhielt kein Geld unter Vermittelung und Garantie des Staates geliehen. Dennoch ging's. Dagegen blieb der Häusler, der Inlieger, der Tagelöhner, was er gewesen: ein arbeitender Sklave. Doch mit dem Unterschiede, daß er jetzt am Ende seiner Kräfte oder von zeitiger Krankheit aufgerieben, weit weniger für sich gesorgt sieht, als früher. Das Nützlichkeitsprinzip, d. h. die Selbstsucht, ist zur Tagesordnung geworden. Sie räth, dem Armen so wenig als möglich zu geben, wenn er arbeits-los oder -unfähig ist. An vielen Orten auf dem Lande, die ich nahmhaft machen könnte, erhält der Arme, der sich nichts mehr verdienen kann, wöchentlich 1 Brod und vierteljährlich 1 Metze Graupe, ½ Metze Salz und — 15 Sgr.

Wie er damit auskommt, da mag er zusehen. Gibt er sich dem Betteln hin, so wird er ins Correktionshaus gesperrt oder man verbietet den Wirthen, wie ich speciell aus dem Nimptscher Kreise weis, das Almosengeben bei 5 Thlrn. Strafe. Der Arbeitslohn ist zwar nicht gestiegen, aber die Abgaben. Der Arme muß jetzt im »Gemeinde-Gebot« eine Menge Schreibereien tragen helfen, die man sonst nicht kannte. Er muß weit mehr an Straßen- und andern Gemeinde-Arbeiten theilnehmen, als sonst. Leistungen an Kirche und Schule haben sich für ihn erhöht. Dabei zahlt der Inlieger an vielen Orten der Grundherrschaft ein jährliches Schutzgeld von 1 bis 2 Thlr. Schutzgeld! Grausam ironische Benennung! Er zahlt es zu dem Zweck, um, wenn ihn die Noth und seine von der Gesellschaft unbeachtet gebliebene Erziehung, richtiger Verwilderung, sein physisches Elend und seine geistige Verdumpfung zum Verbrecher gemacht haben, die Kosten für sein Unterkommen im Zucht- oder Correctionshause seinem Gutsherrn bestreiten zu helfen. Unterdeß arbeitete das Volk fleißiger als je. Und da nur die Arbeit den Reichthum erzeugt, so stieg der Letztere von Jahr zu Jahr. Weil aber der Reichthum denen, die ihn schufen, nur in äußerst homöopathischer Verdünnung zu Gute kam, so hatten die desto mehr, welche sich der Früchte fremder Arbeit zu bemeistern verstanden und vermochten. Die Wohlhabenheit der Glücklichen that sich steigend durch größere Pracht, bessere Kleidung, luxuriöses Essen, Wohnen u.s.w. kund. Die Reichen gaben der Armuth ein verführerisches Beispiel, mindestens einen Maßstab, an welchem sich das Mißverhältniß zwischen den blos Consumirenden und den Produzirenden leicht nachweisen ließ. So weit es thunlich, suchte der Arme sich auch etwas besser zu kleiden, sobald er einige Groschen erübrigt hatte, und da er die höheren Klassen immer mehr dem bloßen Genuß, oft dem raffinirtesten, verschwenderischsten, hingegeben sah, so verlangte er gleichfalls nach einem solchen. Er fand ihn — im Branntwein; denn das Bier war für ihn zu schlecht, besonders aber — zu theuer. Die Gutsherrn und die Liqueurfabrikanten in Stadt und Land beeilten sich, dem Bedürfniß zu genügen, das Getränk immer wohlfeiler zu liefern und doch so viel Gewinn daraus zu ziehen, als möglich. Der Branntwein wurde nun immer mehr das erste Bedürfniß des Arbeiters; er ersetzte ihm das Fleisch, das Bier und den Wein der Reichen, oft auch das Brod. In Niederschlesien minder gewaltig, stieg der Branntweinsoff dagegen in Oberschlesien zu einer solchen Höhe, daß endlich die katholische Geistlichkeit an seine Ausrottung Hand angelegt hat. Was man auch über die dabei angewandten Mittel denken mag, immerhin ist der Anstoß zu einer neuen Wendung der Dinge auch hier gegeben. Von der Kanzel herab hört dort der Bauer, daß der Branntwein »eine Erfindung des Teufels ist«, er wird durch den Aberglauben von seinem Laster kurirt, er hört, daß der Schänker nur durch ihn reich geworden ist. Der Bauer wird bald einsehen, daß auch der Gutsherr einen recht bedeutenden Vortheil aus seinem Soff zog — durch die hohe Pacht des Schänkers. Der Landmann hat nur noch einen Schritt im Nachdenken zu thun, und er wird begreifen, daß er durch seine Arbeit, seine Mühe, seinen Schweiß noch auf vielerlei Weise den Gutsherrn und Andere bereichert.

Die jungfräuliche Gestalt der Gewerbefreiheit wurde zwar nicht von den Privilegirten, Zünften, Innungen und Zwangsberechtigten, aber von der übrigen Menge mit Freuden begrüßt. In der Stadt, wie auf dem Lande, konnte nun jeder, ohne sein Meisterstück zu liefern, ohne eine »Gerechtigkeit« zu kaufen, sein Handwerk ausüben. Der ganz natürliche Drang, möglichst schnell selbstständig zu werden, einen eigenen Herd zu begründen, lockte, nebst dem Sprüchwort: »Handwerk hat einen goldenen Boden«, eine Menge junger Leute zur Ergreifung eines solchen. Man zahlte nur Gewerbsteuer, in der Stadt etwa noch für's Bürgerrecht und — man war fertig. Allein es zeigte sich bald, daß, wenn die Zünfte als Monopole nur eine gewisse Zahl mit der Bedingung einer gewissen Summe hereinließen und alle übrigen, die kein Geld hatten, oder der Gunst entbehrten, ausschlossen, mochte aus ihnen werden, was da wollte, die Gewerbefreiheit nicht mehr und nicht weniger als auch auf ein Monopol hinaus lief, und zwar auf das Monopol des Kapitals im Bunde mit der Spekulation. Diesen war jetzt die Herrschaft blos leichter gemacht; früher gehörte noch ein Meisterstück, Kenntnis des Gewerbszweiges und etwas Nepotismus, ein bißchen Patrizierthum und dergleichen dazu; jetzt war die ganz freie Rennbahn eröffnet. Es ist unschwer einzusehen, daß in einem Kampfe der gefesselte oder waffenlose dem frei-rührigen, wohlgepanzerten und stark bewehrten Streiter unterliegen muß. Dem ersteren gleicht der auf seiner Hände und seines Geistes Arbeit allein und lediglich Angewiesene, während der Kapitalist, der die Mittel und Werkzeuge zur Production besitzt, den zweiten repräsentiert. Der bloße Handwerker, der Krämer, der Kleinhändler, der sogenannte Mittelstand, fand sich nach und nach von den reichen Kapitalisten, von den Handelsherren en gros, von den großen Fabrikunternehmern zu seinem Erstaunen nicht blos überflügelt, sondern in die schnödeste Abhängigkeit versetzt — mit so gewaltigen Mächten war eine vorteilhafte Concurrenz auf die Dauer unmöglich. Man ward Lohnarbeiter für einen vom hohen Gebieter bestimmten Preis. Ward der Lohn verringert, so blieb nur die Wahl, nach dem niedrigen Satze fortzuarbeiten oder zu — hungern. An Bewerbern und Arbeit fehlte es nicht. Die Bevölkerung wuchs und wächst ja von Jahr zu Jahr. Die unterste Klasse der Proletarier nahm auch in Städten auffallend zu. Häuser- und andere Bauten zogen im Sommer die wenig verdienenden Leute vom Lande herein. Kam der Winter und versiegte die Arbeitsquelle — man war einmal da, man blieb. Die Mädchen und Knechte begaben sich nach der Stadt auf's Dienst; sie machten es billiger und gingen nicht wieder zurück. Daneben Steigung der Miethe, der Holz- und der Lebensmittel-Preise. Wo die Accise beliebt wird, außerdem noch eine Überbürdung des Armen zu Gunsten des Reichen. Denn während der Letztere sich's mit seinen gebratenen Gänsen, Enten, Fasanen, Kapaunen, Rebhühnern, Krammetsvögeln, Hasen, Rehen und Hirschen, für die er keine Steuer zahlt, wohl sein läßt, muß der Arme für sein Bißchen Schweine- oder Rindfleisch erst dem Staat und der Commune abgeben. Ja, hier in Breslau entrichtet der Arme für das Brod, was er ißt, zugleich für den Reichen, der Semmel, Kuchen usw. vorzieht, die Steuer mit. Denn Breslau hat den Zuschlag, den jede Commune bis auf die Höhe von 50 pCt. zu erheben berechtigt ist, für Weizen und Roggen ganz gleich gestellt, da doch die Semmelesser gewiß eher die Zuschlagssumme aufbringen könnten, als die bloßen Brodesser. In den Stadtcommunen mehrte sich nun die Zahl der hülflosen Armen. Das Armenwesen lag und liegt noch an den meisten Orten im Argen. Trotz der immer größeren Summen, welche dieser Zweig jährlich erforderte, wurde wenig Ersprießliches damit ausgerichtet. »Bloß nicht sterben«, ergab sich etwa für den Armen noch als günstigstes Resultat. Die Schuld liegt gleichwohl nicht an der Art und Weise der Armenpflege, sondern in unsern ganzen Zuständen. Die ganze Gesellschaft ist sammt ihrer Grundlage verurtheilt und gerichtet, so bald und so lange überhaupt noch eine »Armenpflege« existirt. In der Stadt wie auf dem Lande vermehrte Bedürfnisse. Der Handwerker und Geschäftsmann mußte seiner Kunden, des äußern Scheins wegen, um mit seinen Rivalen gleichen Schritt zu halten, vieles feiner einrichten, sich besser kleiden u.s.w. Selbst viele Herrschaften verlangen ausdrücklich von ihren Dienstboten, daß sie sich immer nett und »nach etwas aussehend« herausputzen, weil sie dem Hause Ehre machen müssen. Da wollen die Andern auch nicht zurückbleiben.

Die Gewerbefreiheit war die letzte Staffel, auf welche sich das Privateigenthum stellen mußte, damit seine unheilvollen Consequenzen selbst dem gewöhnlichsten Verstande klar werden könnten. Der Handel nach dem Osten ging mehr und mehr ein; der russische Schwager mochte in diesem Bezuge nichts von Verwandtschaft wissen; die sonst blühenden Grenzstädte verfielen; die Tuchmanufaktur, wie viele andere Zweige sanken zusehends. Die Kapitalisten hörten deshalb nicht auf, gute Zinsen zu beziehen; gings nicht auf dem Wege, so wußten sie auf einem andern sich schadlos zu halten. Nur die Handwerker und andere Arbeiter verloren.

Der sonstige Flor unserer Leinenindustrie fing an zu schwinden; die Concurrenz anderer Länder trat uns in den Weg; ein Theil unserer Kaufleute begann unsolide Waaren zu liefern, er sandte wohlfeile aber schlechte Leinwand auf den Weltmarkt und war zufrieden, wenn er durch unreelle Bedienung seinen Gewinn in die Tasche stecken konnte. Die Flachskultur blieb ziemlich stehen, wo sie sonst gewesen, d. h. sie blieb schlecht. Die zahlreichen Spinner, welche im flachen Lande wie im Gebirge ehemals einen zwar geringen, aber sichern Verdienst hatten, fanden nur noch zu solchen Preisen mit ihrer Waare Absatz, daß sie oft nicht mehr das Salz in die Suppe gewannen. Die Spinnrädchen wurden nicht verbessert; man bediente sich fortwährend der alten. Das Ausland spann unterdeß mit Maschinen; es spann viel und wohlfeil. Nun bauten wir auch Maschinen und machten vollends eine Menge Spinnerhände überflüssig. Daneben traten Baumwollenwaaren vielfach an die Stelle der Leinwand. Mindestens ebenso nachtheilig als auf die Spinner wirkte die neue Gestaltung der Dinge auf die Weber ein. Die Nachkommenschaft eines Webers war von jeher gleichsam vorausbestimmt, wieder am Webstuhl zu sitzen; und wenn sonst noch einige Mitglieder der Familie sich durch Spinnen ernährt hatten, fiel dies hinweg oder brachte nichts ein. Die Bevölkerung mehrte sich; mit ihr der Begehr nach Arbeit, deren gerade immer weniger, und täglich minder lohnend wurde. Die kleineren Kaufleute, denen nur unbedeutende Kapitalien zu Gebote standen, richteten wenig mehr aus. Die Macht über die Weber concentrirte sich in den Händen der reichen Fabrik- und Handelsherren. Von ihnen mehr und mehr abhängig, sah sich der Weber gezwungen, für einen Lohn zu arbeiten, welcher ihn mit den Seinigen am Hungertuche nagen ließ. Aber die Reichen gewannen, wie immer, und wurden immer reicher, während der Arme stets ärmer ward, stets tiefer in Armuth und Sklaverei versank. Die Klagen der Weber bezogen sich übrigens weit weniger auf Arbeitslosigkeit, als auf den jämmerlichen Verdienst, den die angestrengteste Arbeit eintrug. Aber nicht genug, daß fortwährende Herabsetzung des Lohnes die armen fleißigen Menschen in täglich größeres Elend stürzte, es wurden auch von vielen Fabrikanten unzählige Mittel angewandt, es ihnen unmöglich zu machen, sich aus den Händen derer zu befreien, die an ihrem Schweiß sich bereicherten. Der Weber mußte, weil er selbst von Mitteln entblößt war, das Garn vom Fabrikanten entnehmen und ihm die fertige Leinwand verkaufen. Da der Weber stets für das Garn sich im Vorschuß befand, so war er dem Fabrikanten schon dadurch in die Hände gegeben. Andere, die gerade noch das Garn zu einem Gewebe anzuschaffen im Stande waren, erlangten doch keinen bessern Preis. Denn schrieb der Fabrikant letzteren unvertilgbar auf das Stück oder machte sonst ein Zeichen, daß es bereits angeboten worden, so war der Weber, selbst wenn er nicht von der Noth zum augenblicklichen Verkauf gedrängt worden wäre, gleichwohl nachzugeben genöthigt. Oftmals bin ich im Winter solchen Armen begegnet, die in dem schrecklichsten Wetter, hungrig und frierend, viele Meilen weit ein fertig gewordenes Stück zum Fabrikanten trugen. Zu Hause warteten Frau und Kinder auf die Rückkunft des Vaters; sie hatten seit 1 ½ Tagen blos eine Kartoffelsuppe genossen. Der Weber erschrak bei dem auf seine Waare gemachten Gebot; da war kein Erbarmen; die Commis und Gehilfen begegneten ihm wohl noch obendrein mit empörender Härte. Er nahm, was man ihm reichte und kehrte, Verzweiflung in der Brust, zu den Seinigen. Nicht selten erhielt der Arbeiter seinen Lohn in Gold; der Dukaten wurde ihm mit 3 Thlr. 6 Sgr. angerechnet, und wenn er ihn wieder verausgabte, sah er ihn nur zu 2 Thlr. 28 Sgr., 2 Thlr. 25 Sgr., ja noch niedriger angenommen. Noch andere Fabrikanten hatten ganz das englische Trucksystem eingeführt. Die Weber wurden nicht baar bezahlt, sondern erhielten ihren Lohn zum größten Theil in Waaren, deren sie bedurften. Meist im Vorschuß, mußten sie sich die Preise dieser Waaren ebenfalls bestimmen lassen; der Fabrikant hatte sie einmal, wie das Sprichwort sagt, im Sacke. Ließ der Weber seinen Klagen freien Lauf und führte er seinen Zustand dem Kaufmann zu Gemüthe, so hieß es, die schlechte Handelsconjunctur sei an allem Schuld. Gewiß wird Niemand läugnen, daß eine unselige, meist aus dem Legitimitäts-Princip hergeleitete Politik in Bezug auf die süd- und mittelamerikanischen Colonien, später auf Portugal und

Spanien, das Ihrige redlich zur Verstopfung der Absatzwege beitrug. Allein der Weber sah den Fabrikanten demungeachtet in Palästen wohnen; prächtige Equipagen halten, Landgüter kaufen, herrlich essen und trinken, während er selbst, der doch mindestens ebensoviel als der Fabrikant arbeitete, in enger schmutziger Stube, auf modrigem Stroh gelagert, mit Lumpen bedeckt, sich glücklich gepriesen hätte, an dem reichlichen Kartoffelmahl der Mastschweine seines Lohnherrn theilnehmen zu dürfen.

Einige von Treumund Welp mitgetheilte und mir von mehr als 20 Webern bestätigte Angaben werden hier ein nothwendiges Detail liefern. Derselbe führt an, daß in vielen Orten unseres Gebirges »alle Lebensmittel so kostspielig als in größern Städten, ja oft noch theurer und nicht einmal zu haben sind, daß namentlich alle Bäckerwaaren notorisch geringer an Gewicht zu sein pflegen«. Daraus kann man die Lage eines Familienvaters, der, mit Beihülfe der Seinigen, wöchentlich 1 Thlr. verdient, leicht entnehmen. »Nehmen wir nicht den schlimmsten Fall, sagt Tr. Welp weiter, treten wir nicht in das niedrige, dunkle, ungesunde Gemach, das der ganz Mittellose vom Armen für jährlichen Zins von 6 oder 8 Thlrn. miethet — blicken wir nicht in solche, dem reinen Hunger, der bittersten Noth gewidmete Lokale, gegen die der Viehstall eines Dominialbesitzers ein Prunksaal genannt werden muß; — besuchen wir den Häusler, der unter eigenem Dach und Fach wohnt und nebenbei 1, 1 ½ bis 2 Morgen Landes besitzt. — Seine Einnahme ist jährlich mit Beihülfe von Weib und Kindern, allerhöchstens 60 Thlr.« Die Ausgaben sind durchschnittlich folgende:

Grundsteuer an den Staat jährlich	1 Thlr. 15 Sgr.
Klassensteuer	2 Thlr. — Sgr.
Grundzins an die Gutsherrschaft	3 Thlr. 5 Sgr.
Jagd- und Spinngeld an die Gutsherrschaft	— Thlr. 15 Sgr.
3 Tage Feldarbeit an dieselbe	— Thlr. 15 Sgr.
Gemeindeabgaben (baar)	1 Thlr. 10 Sgr.
3—4 Tage Arbeit bei Wegebessern	— Thlr. 20 Sgr.
Schulgeld für 2—3 Kinder	4 Thlr. — Sgr.
Zins eines auf dem Hause stehenden Kapitals von 100 Thlr.	5 Thlr. — Sgr.
Feuerassekuranzbeitrag	— Thlr. 15 Sgr.
Summa	19 Thlr. 5 Sgr.
Folglich bleiben:	40 Thlr. 25 Sgr.

von der ganzen Einnahme der 60 Thlr.
zur Bestreitung von Reparaturen des Hauses, Ausgleichung des Ausfalls im Arbeitslohne, während man im Garten arbeitet, zur Feuerung, Beleuchtung, zur Bestreitung der dringendsten Lebensbedürfnisse,

ohne die Kosten für Kindtaufen, Begräbnisse u.s.w., ohne Krankheits- und andere Unglücksfälle in Anschlag zu bringen. Der arme Weber zahlt jährlich 2 Thlr. Klassensteuer, der große Besitzer, und hätte er hundert Herrschaften, höchstens 12 Thlr. monatlich, im niedrigsten Falle 4 Thlr.«

Der Schullehrer Schenk gab im Laufe dieses Jahres einen Nachweis (s. Breslauer Zeitung Nr. 30) über verschiedene Sorten, nämlich 6, 7, 8 und 9 Gebinder-Leinwand, über das dazu nöthige Garn, den Preis desselben und den Preis der daraus gefertigten rohen Leinwand zu 60 Ellen Länge und 1½ Ellen Breite angenommen, verdient ein Weber bei einem sogenannten 9 Gebinder Schocke: 1 Thlr. 13 Sgr. Die dabei nöthigen Arbeiten sind folgende: das Garn wird sortirt, gewaschen, getrocknet, geklopft, gespult, gescheert, gehüllt, auf den Webestuhl gezogen, angedreht, geschlichtet und gewebt. Sodann wird es geschauert, herabgenommen, geklopft, gestempelt, gelegt, gepreßt und dann mit banger Angst von einem Kaufmann zum andern getragen, bis man es los wird. An einem solchen Schocke arbeiten Mann, Weib und Kind, und soll es früher als in 2 Wochen fertig werden, so muß der Weber Tag und Nacht unablässig schaffen. Hat er nun mit den Seinen den täglichen Verdienst von 3½ Sgr. in der Tasche, so muß oder soll er damit die Ausgaben für Brod, Kartoffeln, Salz, Holz, Licht, Stärke, Seife, Kleidung, Schuhe und Ausgaben mancherlei und der drückendsten Art bestreiten. Sollte man nicht denken, selbst der härteste Amtspfänder müßte aus solchen Hütten des Elends mit Entsetzen fliehen? Den Angaben Schenk's, der übrigens seit 36 Jahren als Elementarlehrer unter den Webern lebt und also wohl unterrichtet ist, mögen sich folgende Worte aus einem am 5. Febr. d. J. von dem Pastor Hepche, dem Polizeiverweser Kobelt und Gerichtsschreiber Obst in Leutmannsdorf veröffentlichten Aufrufe anschließen:

»Wie leicht die körperliche Anstrengung auch hie und da zu sein scheint, so ist es doch bei Gesundheit, Kraft und dem ausdauerndsten Fleiße, der die Stunden des Abends bis nach Mitternacht zu Hülfe nimmt, nicht möglich ein Gewebe von 140 Ellen (es ist hier von Baumwollenwebern die Rede) früher als in 6 Arbeitstagen zu vollenden, wofür der Fabrikant ein Almosen von 14 Silbergroschen verabreicht. — Die Lebensweise des Corrigenden, jedes Militärsträflings erscheint ungleich beneidenswerther um ihrer Sorgenfreiheit, Ordnung und Menschlichkeit willen, als diejenige eines solchen Webers. In alle Häuser tritt die Noth mit unwiderstehlicher Gewalt ein, ohnerachtet es nicht zu läugnen ist, daß treue und redliche Familienväter alle ihre Kräfte, ihrer Kinder, ihres Hauses aufbieten, um Hunger und Noth von sich abzuwehren und der Gefahr, der Bitterkeit allmähliger Verarmung zu entrinnen.«

Der Gutsherr, der sich unterdeß der Herabsetzung der Pfandbriefzinsen erfreute, dachte nicht daran, seinen »Unterthanen« in den Leistungen herabzusetzen. Er forderte nach wie vor den Grundzins, das Spinn-, Jagd- und Wächtergeld, die Hofetage, das Schutzgeld etc. und befand sich ganz wohl; er litt keine Noth. Der Fabrikant und Leinwandkaufmann magerte trotz der schlechten Conjunctur nicht ab, im Gegentheil, er sah recht munter und behäbig aus, trank seinen Clicquot, aß Austern, gab Feten und hing seiner Gemahlin und Fräulein Töchtern für einige Tausend Thaler Geschmeide um den Hals, während sich da drüben die von Arbeit erschöpfte Armuth im dumpfen, stinkenden Winkel, schlaflos vor Frost und Hunger, auf dem dürftigen Lager der Entbehrung wälzte. Da ertönte der Nothruf in Schlesien und fernhin durch ganz Deutschland; Vereine zur Linderung der Noth bildeten sich überall, ein Hoffnungsstrahl drang in die Hütten der Armen. Sie hörten von Vorschlägen, wie man eine große Association bilden wolle, in welcher die Weber als Producenten auch Theilnehmer am Gewinne ihrer eigenen Producte werden, wie die Consumenten nun unmittelbar von ihnen die Waaren beziehen und das ganze Geschäft von eigends dazu angestellten, erfahrenen und besoldeten Beamten geleitet werden sollte.

Der Nothruf hatte zwar nicht die Noth hervorgerufen, wie freilich viele jetzt uns überreden möchten; und die Verzweiflung würde ohnedies zum Ausbruch gekommen sein; denn »Noth kennt kein Gebot«. Allein wenn die Armen glaubten, nun in Kürze auf eine bessere Gestaltung ihrer Lage rechnen zu dürfen, so sahen sie doch bald, daß sie, wie immer, von der Willkühr der Fabrikanten abhingen, daß der Lohn hie und da noch weiter herabging, und wenn auch an vielen Orten Geld und Lebensmittel vertheilt wurden, so war das eben nur eine Galgenfrist, und die milden Spenden blos ein Tropfen auf eine brennend heiße Sandwüste. Traf es sich nun gar, wie im Salzbrunn, daß für sämmtliche Arme des 1 Meile langen Dorfes an einem Wintertage 38 Metzen Kartoffeln aus dem landräthlichen Amte abgeholt und bei der Vertheilung ganz erfroren und selbst für's Vieh ungenießbar befunden wurden, so war es natürlich, daß die Weber und Spinner an der sehnlichst erwarteten Hülfe irre wurden. Einen kleinen Begriff von dem im Gebirge herrschenden Elende konnte man sich schon aus den von einer Menge von Dorfgerichten eingesandten, bescheinigten und der ersten Generalversammlung zu Schweidnitz in Betreff der Weberangelegenheiten überreichten Tabellen und Listen bilden, worin die allerbedürftigsten, dem Hunger preisgegebenen Personen namentlich angeführt waren. Darnach war selbst in kleineren Ortschaften die Zahl der Unglücklichen überraschend groß. So befanden sich im Dorfbach 31 Personen, in Grund 38 P., in Neugericht 110 P., in Toschendorf 48 Familien, in Zedlitzheyde 72 Familien, die auf's äußerste gebracht waren, lauter Weber, Spuler und Spinner. Dies alles nur in einem kleinen Theile des Waldenburger Kreises. Und in andern Kreisen ist das Elend noch viel umfangreicher, viel schrecklicher.

Wenden wir uns jetzt nach dem Eulengebirge, an dessen Fuße sich der erste, blutige Act, mindestens ein Vorspiel, in dem unaufhaltbaren Proletarier-Drama, im Kampfe des niedergetretenen, von der Macht des Geldes und der schlauen Berechnung zur Maschine erniedrigten Menschen um Wiedergewinnung seiner Würde, im Kriege der Besitzlosen gegen die Tyrannei und Selbstsucht des Privat-Eigenthums, zu Anfang dieses Monats entwickelt hat.

Hier in den großen Dörfern Langenbielau (13000 E.), Peterswaldau (5000 E.), und in den übrigen Dörfern, wie Arnsdorf, Peilau u.s.w. ist besonders die Baumwollenweberei zu Hause. Die Noth der Arbeiter war und ist hier nicht minder bedeutend, ja vielleicht mehr noch, als in andern Gegenden, obgleich man denken sollte, das Elend könne keinen höheren Grad erreichen, als auf dem es im Landshuter, Hirschberger, Bolkenhainer und andern Kreisen anzutreffen ist. Schon im Winter, mit beginnendem Februar fand in Bielau ein kleiner Aufstand statt. Ein Haufe rief durch Signale die Weber des Dorfes zusammen. Man befreite einen Kameraden, der eingesperrt worden. Durch einige Geschenke wurde die Menge beschwichtigt. Eine Untersuchung des Vorfalls folgte, doch bei der Heimlichkeit unseres Verfahrens blieb dieser Vorgang selbst in Breslau, d.h. unter dem nicht regierungsmäßigen Publikum, meist unbekannt. Inzwischen wurde die Noth und das Drängen nach Arbeit von einzelnen Fabrikanten möglichst benutzt, um für geringen Lohn viel Waare zu erhalten. Unter diesen ragten die Gebrüder Zwanziger in Peterswaldau besonders hervor. Für ein Webe Kattun von 140 Ellen, woran ein Weber 9 Tage zu arbeiten hat und wofür andere Lohnherrn 32 Sgr. zahlten, gaben sie nur 15 Sgr. Für 160 Ellen Barchent, welches 8 volle Tage angestrengter Arbeit erfordert, entrichteten sie 12 ½ und 12 Sgr. Lohn. Ja, sie erklärten sich bereit, noch 300 Weber in Arbeit zu nehmen, wofern diese ebensoviel für 10 Sgr. arbeiten wollten. Das bitterste Elend zwang die Armen, auch unter dieser Bedingung zu arbeiten. Von seinen 12 oder resp. 10 Sgr. mußte der Weber noch 2 ½ bis 3 Sgr. an den Spuler entrichten, alle Staats-, Gemeinde- und gutsherrlichen Lasten tragen und — leben! Ach! wenn mich doch Einer belehren wollte, warum der faullenzende Sohn reicher Eltern, der in Bädern, auf Reisen und sonst wo schwelgende Besitzer von 3, 10 und 100 Gütern und Herrschaften, der müßige Kapitalist, die »wohlhabende Jugend des Landes«, der Major, Oberst, General, der nach unblutigem Kriegsspiel in langer Friedenszeit sich mit einer Pension von 1000, 1500, 2000 Thlr. u.s.w. zurückzieht, warum diese trotz ihres Nichtarbeitens von Jugend auf dennoch herrlich und in Freuden leben, und der fleißige Arbeiter verthiert und verdumpft, aller moralischen und intellectuellen Entwicklung beraubt, für seine tägliche mühsame Arbeit von 14 bis 16 langen, langen Stunden nicht einmal so viel gewinnt, daß er mindestens die Bedürfnisse eines Thieres, die Forderungen des Magens, befriedigen kann! Doch ich gehe weiter.

Das anfangs nicht allzugroße Vermögen der Zwanziger war in kurzer Zeit zu großem Reichthum angewachsen. Sechs prächtige Gebäude gaben Zeugnis davon. Herrliche Spiegelscheiben, Fensterrahmen von Kirschbaumholz, Treppengeländer von Mahagony, Kleider- und Wagenpracht sprachen der Armuth der Weber Hohn. Bei der letzten Lohnverkürzung sollten die Zwanziger auf der Weber ihre Vorstellung, daß sie nun gar nicht mehr bestehen und selbst nicht mehr Kartoffeln kaufen könnten, geäußert haben: sie würden noch für eine Quarkschnitte arbeiten müssen, oder, wie andere sagen: die Weber möchten nur, wenn sie nichts anderes hätten, Gras fressen, das sei heuer reichlich gewachsen. Ich lasse diese Äußerungen dahin gestellt sein; ich theile sie nur mit, weil sie in Aller Munde sind. Dagegen kann ich folgenden kurzen Bericht, wie ich ihn Augenzeugen, und zwar glaubhaften Männern, nacherzähle, verbürgen.

Ein Gedicht (vgl. S. 115 ff.) nach der Volksmelodie: »Es liegt ein Schloß in Oesterreich« abgefaßt, und von den Webern gesungen, war gleichsam die Marseillaise der Nothleidenden. Sie sangen es zumal vor Zwanziger's Hause wiederholt ab. Einer ward ergriffen, ins Haus genommen, durchgeprügelt und der Ortspolizei überliefert. Endlich um 2 Uhr Nachmittags, den 4. Juni, trat der Strom über seine Ufer. Eine Schaar Weber erschien in Nieder-Peterswaldau und zog auf ihrem Marsche alle Weber aus den Wohnungen rechts und links an sich. Alsdann begaben sie sich nach dem wenig entfernten Kapellenberge und ordneten sich paarweise, und rückten so auf das neue Zwanziger'sche Wohngebäude los. Sie forderten höheren Lohn und — ein Geschenk! Mit Spott und Drohen schlug man's ihnen ab. Nun dauerte es nicht lange, so stürmte die Masse ins Haus, erbrach alle Kammern, Gewölbe, Böden und Keller und zertrümmerte alles von den prächtigen Spiegelfenstern, Trümeaus, Lüsters, Oefen, Porzellan, Möbels bis auf die Treppengeländer herab, zerriß die Bücher, Wechsel und Papiere, drang in das zweite Wohngebäude, in die Remisen, in's Trockenhaus, zur Mange, in's Packhaus und stürzte die Waaren und Vorräthe zu den Fenstern hinaus, wo sie zerrissen, zerstückelt und mit Füßen getreten oder, in Nachahmung des Leipziger Meßgeschäfts, an die Umstehenden vertheilt wurden. Zwanziger flüchtete sich mit seiner Familie in Todesangst nach Reichenbach. Die dasigen Bürger, welche einen solchen Gast, der die Weber auch ihnen auf den Hals ziehen konnte, nicht dulden wollten, veranlaßten ihn zur Weiterreise nach Schweidnitz. Aber auch hier deuteten ihm die Behörden an, die Stadt zu verlassen, weil sie durch seine Gegenwart leicht einer Gefahr ausgesetzt sein konnten; und so fand er endlich hier in Breslau Sicherheit.

Der Polizeiverweser Christ und ein Gensdarm nahmen zwar in Peterswaldau eine Arretirung vor, indeß befreiten die Weber bald den Gefangenen. Neben Zwanziger wohnt der Fabrikant Wagenknecht. Er hatte die Weber menschlicher behandelt, er blieb verschont. Da er ihnen noch ein kleines Geschenk verabreichte, brachten sie ihm ein Vivat aus. Bald fanden sich Weber aus Arnsdorf und Bielau ein. Was bei Zwanziger noch übrig geblieben, wurde vollends zertrümmert. Die Nacht unterbrach das Rachewerk. Ich darf den Vorschlag einiger Weber: die Häuser anzuzünden und die Verwerfung desselben aus dem Grunde: weil die so Beschädigten dann Brandgelder erhielten und es doch darauf ankomme, sie auch einmal arm zu machen, damit sie erführen, wie der Hunger thue, als zu charakteristisch nicht unerwähnt lassen. Am folgenden Tage, den 5. Juni, ging es zum drittenmal in die Zwanziger'schen Etablissements. Ein Garnvorrath auf dem Boden des Hauses war am 4. Juni nicht entdeckt worden; darum fiel er heute der Vernichtung anheim. Zum Schluß ward selbst an die Dächer Hand gelegt und ihre theilweise Zerstörung bewerkstelligt. Nachdem hier Alles zu Ende, begab sich der Haufe zum Fabrikant F. W. Fellmann jun. Fellmann beschwichtigte die Leute, indem er Jedem 5 Sgr. zahlte und Brod und Butter, nebst einigen Speckseiten an sie verabreichte. Ein Stück Brod und 1 Viergroschenstück reichten hin, die Wuth der von Hunger und Rache Getriebenen, im Zaum zu halten! Nun ging's weiter zu E. G. Hofrichters Wittwe und Söhne. Die Masse der Weber betrug hier schon an 3000. Auch Hofrichter zahlte ein Geschenk von 5 Sgr. für den Einzelnen, doch erhielten dies nur die Ersten, die Letzten weniger.

Von hier bewegte sich der Zug »zum Sechsgröschel Hilbert«. Hilbert und Andretzky wohnen in Bielau. Mit ihrem Hause begann die Zerstörung an diesem Ort. Zunächst kam das obere Etablissement der Gebrüder Dierig an die Reihe. Der Pastor Seiffert, Schwiegersohn des Dierig, dem seine Frau eine Mitgift von 20000 Thalern zugebracht und der nun wohl bequem von der ruhigen Ergebung des wahren Christen in sein Schicksal, von den Freuden, die dem Dulder hienieden dort oben winken sollen, sprechen und zur Ruhe und zum Frieden ermahnen mochte, soll in's Wasser geworfen worden sein. Unterdeß hatten die Commis ihre Fabrikknechte und andere Leute versammelt, mit Knütteln und was sonst zur Hand lag bewaffnet und drangen nun unter Anführung des Bauergutsbesitzer Werner auf die Weber los. Nach dem heftigen Gefecht flohen die Weber unter Zurücklassung mannichfaltiger Blutspuren und mit zerschlagenen Köpfen zu dem Gebäude hinaus und fort. Indeß fanden sich die Entwichenen mit neu Angekommenen bald vor dem zweiten Hause Dierig's ein. Besonders hatten sich viele Weber von denen, die bei Dierig arbeiten, versammelt. Letztere hatte allen, die sein Eigenthum beschützen und somit sich selbst die Gelegenheit, weiter zu arbeiten, erhalten würden, ein Geschenk von 5 Sgr. zugesagt. Mehrere Fremde, die eindringen wollten, waren von den zur Beschützung Bereitwilligen zurückgewiesen worden. Unterdeß rückte das schon vor 24 Stunden aus Schweidnitz requirirte Militär in Bielau ein. Ich verbürge nicht, ob Pastor Seiffert zu seinem Schwiegervater gesagt hat: jetzt brauche er nicht mehr zu bezahlen, das Militär sei ja da! Genug, so wird es fast allgemein erzählt. Das steht fest, daß sich die Menge so eben in Ordnung aufzustellen begann, um die auf einem Zettel, der ans Haus geklebt wurde, von Dierig versprochenen 5 Sgr. entgegen zu nehmen, als das Militär ankam. Dieses verschaffte sich durch Rückwärtsbewegung einigen Raum; Weber redeten es in der Nähe an und der Commandirende mochte solche Ansprache mit Recht für gefahrbringend halten. Deshalb begab sich der Major von der ersten Stelle weg, um hinter dem Hause und auf seinen Seiten eine vortheilhaftere Stellung zu wählen. Ein Lieutenant mit 10 Mann wurde in den Garten vor dem Hause beordert. Die Weber formirten zwei Reihen, um jeder seine 5 Sgr. zu erhalten. Die Austheilung sollte am Hause des Dierig vor sich gehen und Jeder bald nach dem Empfang durch's Haus hindurch in's Freie sich entfernen. Die Ein- und Ausgänge waren mit Soldaten besetzt. Es dauerte aber so lange und die Zahlung verzögerte sich so sehr, daß die Masse ungeduldig wurde und, außerdem beim Anblick der Soldaten ohnehin aufgeregt und von einigen Unterofficieren barsch zur Ordnung gerufen und bald fest überzeugt, daß sie kein Geld erhalten würden, gegen die Truppen immer mehr andrängte. Der Major, welcher Dierig's Haus und seine Truppen mehr und mehr bedroht sah, ließ Feuer geben. Infolge dreier Gewehrsalven blieben sofort 11 Menschen todt. Blut und Gehirn spritzte weit hin. Einem Mann trat das Gehirn über dem Auge heraus. Eine Frau, die 200 Schritte entfernt an der Thüre ihres Hauses stand, sank regungslos nieder. Einem Mann war die eine Seite des Kopfes hinweggerissen. Die blutige Hirnschale lag entfernt von ihm. Eine Mutter von 6 Kindern starb denselben Abend an mehreren Schußwunden. Ein Mädchen, das in die Strickstunde ging, sank von Kugeln getroffen zu Boden. Eine Frau, die ihren Mann stürzen sah, ging auf den Boden und erhenkte sich. Ein Knabe von 8 Jahren wurde durch's Knie geschossen. Bis jetzt sind überhaupt 24 schwer und tödtlich Verwundete, außer den obigen 11 Todten, bekannt geworden. Wie viele ihre Wunden verheimlichen, läßt sich vielleicht später erfahren. Nach den ersten Salven herrschte einige Sekunden eine Todtenstille. Aber der Anblick des Blutes um und neben ihnen, das Stöhnen und Röcheln der im Verscheiden Begriffenen, der Jammer der Blessirten, trieb die muthigsten unter den Webern zum Widerstande. Sie antworteten mit Steinen, die sie von den Steinhaufen der Straße aufrafften. Als nun zwar noch mehrere Schüsse gethan und dadurch abermals einige Weber verwundet wurden, gleichwohl aber die Weber, auf der einen Seite entfliehend, von der andern her zurückkehrten und unter den fürchterlichsten Flüchen und Verwünschungen mit Steinen zu werfen fortfuhren, mit Knitteln, Aexten u.s.w. vordrangen, bewerkstelligte der Major von Rosenberger seinen Rückzug. Hätte er länger gezögert, so war es vielleicht für immer zu spät. Abends 10 Uhr langte der Major von Schlichting mit 4 Compagnien in Peterswaldau an. Auch 4 Geschütze trafen von Schweidnitz ein.

Am 6. Juni frühzeitig ging die gedachte Infanterie und Artillerie nach Bielau ab, doch blieb 1 Compagnie in Peterswaldau, die noch am selbigen Tage, weil es wiederum heftiger gährte, an einer zweiten Sukkurs erhielt. Die Geschütze fuhren in Bielau auf, die Artilleristen mit brennenden Lunten daneben. In der Nacht vom 5. zum 6. Juni war nach dem Abmarsch der von Rosenberger'schen Truppen das eine Dierig'sche Haus mit einem Nebengebäude demolirt worden. In der Nähe der Dierig'schen Häuser wurde nun vom Major von Schlichting ein Theil seiner Krieger aufgestellt, der andere Theil beim gutsherrlichen Schlosse postirt. Es zeigten sich zwar auch an diesem Morgen einzelne Haufen, welche sich die Gassen auf- und abbewegten; zwar schien das Blut, welches dick geronnen vor Dierig's Hause stand, und an Pfählen, Planken und auf Stufen mit Gehirntheilen untermischt, den unverwandten Blick der umstehenden Webermasse zu fesseln, die im Innern tobende Rache-Furie auf's Neue entfesselt zu müssen, allein die Stärke der militärischen Macht, der Infanterie und Artillerie, später noch der Cavallerie, ließ die Weber keinen weiteren Widerstand versuchen. Vielmehr zog sich ein Theil von ihnen nach Friedrichsgrund bei Leutmannsdorf und vernichtete die bei dem dortigen Ausgeber der Zwanziger vorgefundenen Waaren; enthielt sich aber jedes sonstigen Angriffs. Bei den Vorfällen aller 3 Tage ist wohl zu beachten, daß die Fabrikanten nirgends persönlich angegriffen oder gemißhandelt, daß kein Feuer angelegt und auch die Bäckerläden, gegen welche eben keine günstige Stimmung herrschte, völlig verschont wurden. Am 6. Juni hatte sich auch der Herr Ober-Präsident eingefunden. Während nun Breslau seine Schützen, Brieg seine Infanterie (per Eisenbahn) bis Königszelt und von da nach den Orten der Verwüstung sandte und die Husaren von Strehlen gleichfalls herbeigekommen waren, fing es hier in Breslau an demselben Tage (6. Juni), wo Estaffette auf Estaffette durch die Straßen eilte, Abends zu gähren, sich in Haufen zu sammeln und lärmend hin und her zu ziehen an. Die erwartete Ankunft Prinz Adalbert's und der dabei gehoffte Zapfenstreich hatte außerdem viele Menschen auf den Markt gezogen. Man hörte überall Gruppen sich über die Weber unterhalten; eine gewisse fieberhafte Spannung war bemerkbar. Doch wurden in dieser Nacht blos mehrere Fenster auf der Karlsstraße eingeworfen.

Am folgenden Abende (7. Juni) erneuerte sich der Tumult, nur weit stärker. Der Prinz war gekommen; aber der Zapfenstreich unterblieb. Der Commandant von Zollikofer redete die auf dem Markt dichtgedrängte Masse an und ermahnte sie zum ruhigen Auseinandergehen. Entsetzliches Pfeifen, Hurrahgeschrei und Zischen veranlaßten ihn, sich sofort wieder in die Hauptwache hinein zu begeben. Die Hauptstraßen waren so voll Menschen, so dicht gedrängt, daß man weder vor noch zurück konnte. Es wogte die Menge mit Toben und Pfeifen auf und ab. Mehrere Compagnieen Infanterie wurden nun auf einigen Hauptpunkten, die Cürassiere auf dem Markte aufgestellt, die übrigen Truppen in den Kasernen consignirt, die Geschütze bereit gehalten und die Compagnieen der Bürger-Schützen aufgeboten. Starke Cürassier-Patrouillen durchritten die Straßen. Allein theils der Muthwille, theils der besonders in Schneidern und Tischlern gegen die Juden glimmende Haß hatte bereits einen großen Schwarm nach der Karls- und Antonienstraße und durch die goldene Radegasse getrieben, wo er alle Fenster einwarf und zertrümmerte. Die Reiter-Patrouillen und dann die übrigen imposanten Truppenmassen verhinderten weitere Exzesse. An 50 Personen wurden arretirt. Die schnell, ungemein schnell beendigte Untersuchung hat für 18 von den Eingefangenen Freiheits- und Leibesstrafen zur Folge gehabt. Unter den Verurtheilten befinden sich meist Handwerksgesellen und Lehrlinge, auch 1 Hausknecht, 1 Formenstecher, 1 Handlungscommis und 1 Gärtner.

Die Kunde von dem Aufstande der Weber verbreitete sich mit Blitzesschnelle in der Provinz. Zwar den hiesigen Zeitungen wurde sogar eine ganz kurze Notiz vom Censor gestrichen, und später nach langen Conferenzen einiger Mitglieder der Regierung ein kleiner offizieller Artikel eingerückt. Desto geschäftiger war die Fama. Die übertriebensten Gerüchte fanden gläubige Aufnahme. Was über Organisation, Zahl und Bewaffnung gefabelt ward, ist erstaunlich. Um so begieriger griff Jeder nach den Zeitungen. Sie aber sprachen über Alles, nur über das nicht, was alle Gemüther in Bewegung setzte. Und doch war die Theilnahme für die Weber in den arbeitenden Volksklassen allgemein, unter den höheren Klassen nicht unbedeutend, hier jedoch von Seiten der Reichen und Kapitalisten weit überwogen durch Opposition, Haß und — Furcht. Nach Versicherung glaubhafter Leute war das ganze Gebirge bereit, »wenn nur erst die Weber kämen«, sich ihnen anzuschließen. Ich selbst hörte gerade an den Tagen vom 7. Juni ab auf einer kleinen Reise überall die entschiedenste Sprache auf Dörfern und in der Stadt, daß die Weber Recht hätten und daß es nur Alle so machen sollten, dann würde es schon ganz anders werden. Gegen die reichen Fabrikanten, gegen den Adel und die Gutsbesitzer, gegen die Reichen und Vornehmen überhaupt, hörte ich die drohendsten Äußerungen. Bald hieß es: 10.000 Weber ziehen nach Freiburg zum Kramsta, bald: sie hätten ihren Weg nach Wüstegiersdorf und weiterhin genommen. An beiden letztgenannten Orten war bereits Militär zum Schutze aufgestellt. Sonntags, den 9., erzählte mir ein Bauer aus Jauernik: er sei, wie die Andern im Dorfe und im ganzen Kreise, beordert, morgen zu Pferde und mit Stricken versehen auf die geflüchteten Weber Jagd zu machen. »Und wenn ich ober an Waber foalle«, setzte er hinzu, »ich war gewiess kenn sahn!« (Und wenn ich über einen Weber falle, ich werde gewiß keinen sehen!) Damit nicht Zuzug und Hülfe von der Grafschaft und über die Eule her erfolge, hatte man schleunige Maßregeln der Bewachung ergriffen. Auf der Station Königszelt wurde, wie man mir erzählte, ein Commis, der sich heftig gegen die Weber und für die Fabrikanten aussprach, unsanft zur Thüre hinausgewiesen, und obgleich er ein Fahrbillet nach Breslau gelöst, erblickte man ihn doch nicht wieder. Ich führe dies blos als Zeichen der herrschenden Stimmung an. — Schon am 6. Juni wurden eine Menge Verhaftungen in Bielau und Peterswaldau vorgenommen, und an den folgenden Tagen und Nächten fortgesetzt. Ein Theil der Weber hatte sich einstweilen in die Wälder und Berge begeben. Die, welche des Abends etwa heimkehrten, wurden gefesselt und nach Schweidnitz geführt. Hundert mögen sich jetzt dort im Gefängnis befinden. Eine Specialcommission von dem hiesigen Oberlandesgericht verfügte sich bald nach Schweidnitz. Die Eingezogenen sind der Beschädigung fremden Eigenthums aus Rache angeklagt und dürfen sonach einer schweren Strafe gewiß sein. Doch haben sie den Trost, daß sie im Zuchthaus sich immer besser befinden, als in der sogenannten Freiheit. Sie werden wenigstens nicht verhungern, nachdem sie der Staat in seine Obhut genommen. Für die Frauen und Kinder wird doch ebenfalls einige Hülfe geschafft werden und so mögen sie auch von dieser Seite beruhigt sein. Eine Aufforderung, resp. Anzeige, daß für die Hinterbliebenen derer, die in Bielau erschossen wurden, eine Sammlung eröffnet sei, hat der hiesige Censor gestrichen; so wie er überhaupt alles, selbst in den Artikeln der Minister Rother und Bodelschwingh, mit seinem Rothstift vertilgt, was von Noth und Elend unter den Webern handelt. Daß er nur nach »höheren Instructionen« verfährt, versteht sich von selbst. Man befürchtet den Einfluß der Presse und meint, schon einige Worte dürften hinreichen, um das Gebirge in Aufruhr zu bringen. Allein entweder ist die offizielle Versicherung: es sei die Ruhe überall zurückgekehrt, unbegründet und man glaubt wirklich ihrer nicht sicher zu sein, trotz aller Soldaten und Bajonetten, oder man benutzt blos die Gelegenheit, um die in gewissen Regionen längst mit bösem Auge angesehene Presse, der man sogar die Schuld an den Vorfällen beimißt, auf lange Zeit hinaus wiederum mit all den früheren Gewichten zu beschweren. So müssen uns die übrigen Blätter Deutschlands schadlos halten. Nach Schluß der Untersuchung haben wir jedenfalls in den hiesigen Zeitungen einen längeren offiziellen Bericht zu erwarten. Wie sollte der uns aber das öffentliche und mündliche Verfahren vor'm Geschwornengericht ersetzen? Ich zweifle keinen Augenblick, daß die Commission mit aller Sorgfalt und Gewissenhaftigkeit zu Werke gehen wird. Allein beim besten Willen bleiben es eben todte Aktenstücke, was sie hinter den Inquisitionsmauern zusammen schreibt. Die öffentliche Verhandlung vor allem Volk würde so manche Dinge ans Tageslicht bringen, die jetzt der einsame Inquisit entweder gar nicht anführt, oder sie in die Sprache des Richters übertragen und in den Akten vergraben sieht. Ich meine keineswegs, daß die Geschworenen etwa ein günstigeres Urtheil über die Weber fällen würden als unsere Richter. Im Gegentheil. Denn gerade eine bestimmte Höhe des Privateigenthums macht erst den Geschworenen, und letzterer fühlt sich in jedem Angriff der Besitzlosen gegen die Besitzenden und Reichen selbst auf's nächste bedroht und Frankreich und England zeigen, was der Proletarier vom Proprietär, dieser mag als Lohnherr oder Geschworner auftreten, zu erwarten hat. Der Nutzen bestände nur darin, daß einmal vor den Augen und Ohren des Volkes über die Folgen der Ausbeutung des Menschen durch den Menschen verhandelt werden könnte. Die Untersuchung dehnt sich übrigens immer weiter aus. Aus Peterswaldau und Bielau haben die dortigen Justitiarien an das hiesige Oberlandesgericht geschrieben, ob sie nicht ausnahmsweise die große Zahl von meist Weibern und Kindern, die wegen Entwendung und Verheimlichung verschiedener beim Tumulte aus den Häusern geworfener Waaren angezeigt werden, auf freiem Fuße vernehmen dürften, da ihre Einsperrung leicht neue Ausbrüche herbeiführen könnte und auch die Gefängnisse gar nicht für die Menge zureichen würden. Nach eingeholtem Gutachten der hiesigen Regierung ist nun dem gedachten Gerichtspersonal von hier aus befohlen worden, mit der Verhaftung ohne Ausnahme vorzuschreiten.

Es ist den Webern häufig der Vorwurf geworden, daß sie lieber bei ihrem Geschäft elend leben, als zu etwas anderm greifen wollen. Man hat ihnen zu Eisenbahn- und sonstigen Arbeiten gerathen. Wer aber die abgemagerten, hektischen und rachitischen Gestalten ins Auge faßt, muß bald davon zurückkommen. Und ob sie als Weber, oder als

Tagearbeiter auf Straßen, herrschaftlichen Acker etc. eine kümmerliche Existenz fristen, macht überhaupt keinen sonderlichen Unterschied. Ein zweiter Tadel besteht darin, daß sie bei ihrer alten Weise, ihren alten Webstühlen, bei dem Verfahren, wie es der Großvater getrieben, stehen bleiben, und an keine Verbesserung heranwollen. Seltsamer Vorwurf!

Während die Gesellschaft sich um die Weber von deren Geburt an nicht weiter kümmert, als daß sie dieselben bis zum 14ten Jahre zum Schulbesuch zwingt, so durch Verkürzung der Arbeitszeit den Armen noch ärmer macht und ihm in der Schule dafür keinen andern Ersatz gibt, als eine Menge auswendig gelernter Sprüche, Gesänge, Episteln, Evangelien und etwas Schreiben und Rechnen — was man alles zusammen doch wahrhaftig nicht menschliche Bildung nennen wird — verlangt man von ihnen, sich von Vorurtheilen loszumachen, da doch die höheren Klassen mit all ihrer Aufklärung und Kultur noch weit hartnäckiger an den ihrigen hängen. Bringt den Webern Bildung bei, und damit sie möglich und zugleich für's Leben fruchtbar sei, sorgt auch für ihr körperliches Wohlergehen, und sie werden sich leicht in die Fortschritte des menschlichen Geistes finden. Andere möchten den Weber zum Kolonisten in Posen und Ostpreußen machen. Aber erzeugt denn nicht unsere Provinz Getreide und Lebensmittel aller Art in solcher Fülle, und kann der Ertrag des Bodens nicht noch so unberechenbar gesteigert werden, daß nicht blos die jetzige Bevölkerung, sondern eine viel größere, ihren hinlänglichen Unterhalt findet? Werden nicht jährlich viele 100.000 Scheffel an Getreide und Mehl ausgeführt? Und der Weber sollte auswandern, wo so viel Überfluß? Wo eine Menge Nichtsthuer täglich Unmassen von Fleisch, Wein und Backerein vergeudet, da sollte für den Weber kein Stück Brod, kein Glas Bier mehr übrig sein? Der Weber hat lange genug als Kind in der Schule, als Erwachsener sonntäglich in der Kirche von der »christlichen Liebe« und »Aufopferung«, von der »Pflicht«, seinem »Nächsten zu helfen« mit allem, was dem einzelnen zu Gebote steht, salbungsvoll reden hören und er sollte jetzt vor dieser vielgepriesenen Liebe Reißaus nehmen? Er fängt vielmehr an zu ahnen, daß, wenn Mühe, Drangsal und Hunger hienieden zur Krone des ewigen Lebens berechtigen, ihm die Reichen und Gebildeten längst dieses Privilegium entrissen hätten und der Gedanke beginnt in ihm zu tagen, daß da, wo millionenreiche Fabrikanten, Gutsherrn, die 10.000, 20.000 bis 100.000 Morgen Landes besitzen und viele, viele Tausend jährlich einnehmen, es nur einer vernünftigen Gestaltung der menschlichen Gesellschaft bedürfe, um schon hienieden den Himmel zu gründen und aus dem jetzigen Überfluß der Einen den Mangel der Anderen zu ergänzen. Es kommen aber noch andere Ärzte, die bringen Schutzzölle in Vorschlag, wieder andere ein beschränkendes Gewerbepolizeigesetz u. dergl. Wer über die Natur des Privateigenthums und seine Consequenzen ernstlich nachgedacht, wird von Dingen, die höchstens einige Zeit als kleines Palliativ wirken könnten, keine Radikalkur hoffen. Nur eine Reorganisation, eine Umgestaltung der Gesellschaft auf dem Prinzipe der Solidarität, der Gegenseitigkeit und Gemeinschaftlichkeit, mit einem Wort der Gerechtigkeit, kann uns zum Frieden und zum Glücke führen.

Breslau, Ende Juni.

(In »Deutsches Bürgerbuch für 1845«, hsg. von H. Püttmann, Darmstadt, 1845.)

WEBERLIEDER

Die Zahl der Weberlieder ist unübersehbar. Konrad Haenisch schreibt in seinem Buch »Gerhart Hauptmann und das deutsche Volk«, Berlin, 1922: »Wer alte Sammlungen von Arbeiterliedern aufschlägt, der wird erstaunt sein über die Fülle von oft sehr holprigen, immer aber stark und tief empfundenen Gedichten, deren ewig einer Gegenstand die Webernot ist. Da handelt neben den aus der Literatur bekannten Weberliedern von Heine, Freiligrath (der mehrere Weber-Gedichte schrieb, der Verf.), auch Geibel und anderen, eines dieser Lieder, deren Verfasser oft niemand kennt, von ›dem Webersmann, des Unglücks schwer heimgesuchten Sohn‹, der seinen Lebensjammer schließlich im Flusse ertränkt, da erzählt in einem zweiten die junge Weberin von sich selbst:

> *›Doch immer tiefer fielen*
> *Die Tränen auf die Händ'.*
> *Gedacht mag ich wohl haben:*
> *Hat's Elend gar kein End'?‹*

Da beginnt ein düsteres Klagelied mit den schlichten Kummerworten: ›Die Weber haben schlechte Zeit‹, und ein viertes schildert trüb:

> *›Am Webstuhl fliegen die Schifflein geschwind,*
> *Wüst durch die Winternacht heult der Wind,*
> *Du frierst, mein Weib, beim hungernden Kind:*
> *Die Stunden, sie schleichen, sie schleichen.‹«*

Das Heinesche Webergedicht habe die herrschenden Mächte des alten Staates so getroffen, erzählt Haenisch, »daß noch fünfzig und sechzig Jahre nach seiner Entstehung, im Deutschland Wilhelms des Zweiten, der Abdruck des Liedes an sozialdemokratischen Zeitungsleuten mit einem halben Jahr Gefängnis geahndet zu werden pflegte.«

HEINRICH HEINE: *Die schlesischen Weber*

Im düstern Auge keine Träne,
Sie sitzen am Webstuhl und fletschen die Zähne:
»Deutschland, wir weben dein Leichentuch,

Wir weben hinein den dreifachen Fluch —
  Wir weben, wir weben!

Ein Fluch dem Götzen, zu dem wir gebetet
In Winterskälte und Hungersnöten;
Wir haben vergebens gehofft und geharrt,
Er hat uns geäfft und gefoppt und genarrt —
  Wir weben, wir weben!

Ein Fluch dem König, dem König der Reichen,
Den unser Elend nicht konnte erweichen,
Der den letzten Groschen von uns erpreßt
Und uns wie Hunde erschießen läßt —
  Wir weben, wir weben!

Ein Fluch dem falschen Vaterlande,
Wo nur gedeihen Schmach und Schande,
Wo jede Blume früh geknickt,
Wo Fäulnis und Moder den Wurm erquickt —
  Wir weben, wir weben!

Das Schiffchen fliegt, der Webstuhl kracht,
Wir weben emsig Tag und Nacht —
Altdeutschland, wir weben dein Leichentuch,
Wir weben hinein den dreifachen Fluch.
  Wir weben, wir weben!«

FERDINAND FREILIGRATH: *Aus dem schlesischen Gebirge*

   Nun werden grün die Brombeerhecken;
   hier schon ein Veilchen — welch ein Fest!
   Die Amsel sucht sich dürre Stecken,
   und auch der Buchfink baut sein Nest.
   Der Schnee ist überall gewichen,
   die Koppe nur sieht weiß ins Tal;
   hier ist der Ort — ich wag's einmal:
                    Rübezahl!

   Hört er's? ich seh ihm dreist entgegen!
   Er ist nicht bös! Auf diesen Block
   will ich mein Leinwandpäckchen legen —
   es ist ein richtges volles Schock!
   Und fein! Ja, dafür kann ich stehen!

Kein beßres wird gewebt im Tal —
er läßt sich immer noch nicht sehen!
Drum frischen Mutes noch einmal:
                      Rübezahl!

Kein Laut! — Ich bin ins Holz gegangen,
daß er uns hilft in unsrer Not!
Oh, meiner Mutter blasse Wangen —
im ganzen Haus kein Stückchen Brot!
Der Vater schritt zu Markt mit Fluchen —
fänd er auch Käufer nur einmal!
Ich will's mit Rübezahl versuchen —
wo bleibt er nur? Zum drittenmal:
                      Rübezahl!

Er half so vielen schon vor Zeiten —
Großmutter hat mir's oft erzählt!
Ja, er ist gut den armen Leuten,
die unverschuldet Elend quält!
So bin ich froh denn hergelaufen
mit meiner richtgen Ellenzahl!
Ich will nicht betteln, will verkaufen!
Oh, daß er käme! Rübezahl!
                      Rübezahl!

Wenn dieses Päckchen ihm gefiele,
vielleicht gar bät er mehr sich aus!
Das wär mir recht! Ach, gar zu viele
gleich schöne liegen noch zu Haus!
Die nähm er alle bis zum letzten!
Ach, fiel auf dies doch seine Wahl!
Da löst ich ein selbst die versetzten —
das wär ein Jubel! Rübezahl!
                      Rübezahl!

Dann trät' ich froh ins kleine Zimmer,
und riefe: Vater, Geld genug!
Dann flucht er nicht, dann sagt er nimmer:
Ich web euch nur ein Hungertuch!
Dann lächelte die Mutter wieder,
und tischt uns auf ein reichlich Mahl;
dann jauchzten meine kleinen Brüder —
o käm, o käm er! Rübezahl!
                      Rübezahl!

So rief der dreizehnjährge Knabe;
so stand und rief er, matt und bleich.
Umsonst! Nur dann und wann ein Rabe
flog durch des Gnomen altes Reich.
So stand und paßt er Stund' auf Stunde,
bis daß es dunkel ward im Tal,
und er halblaut mit zuckendem Munde
ausrief durch Tränen noch einmal:
                              Rübezahl!

Dann ließ er still das buschige Fleckchen,
und zitterte, und sagte: Hu!
und schritt mit seinem Leinwandpäckchen
dem Jammer seiner Heimat zu.
Oft ruht er aus auf moosgen Steinen,
matt von der Bürde, die er trug.
Ich glaub, sein Vater webt dem Kleinen
zum Hunger- bald das Leichentuch!
                              Rübezahl?!

HERMANN PÜTTMANN: *Der alte Weber*

Fliege, Schifflein, fliege!
Du flogst jahrein, du flogst jahraus,
und brachtest selten Gold nach Haus;
und flögest du auch noch so schnell,
du brächtest mich nicht von der Stell.

Fliege, Schifflein, fliege!
Nun sind es wohl an sechzig Jahr,
daß ich ein armer Weber war;
vorbei ist bald die Lebenszeit,
doch nimmer die Mühseligkeit!

Fliege, Schifflein, fliege!
Hier sitz ich, aller Freude bar,
so arm als ich geboren war,
und webe hin und webe her,
und Herz und Sinn bleibt sorgenschwer.

Fliege, Schifflein, fliege!
Ich web mir selbst mein Totenkleid,

und webe dran so lange Zeit;
bald bin ich an dem letzten Saum,
das Garn ist fort vom Webebaum.

Fliege, Schifflein, fliege!
Ach, nicht so viel erwerb ich hier,
ein eignes Grab zu kaufen mir;
man scharrt mich an der Mauer ein,
für so viel Müh der Lohn wird's sein!

Fliege, Schifflein, fliege!
Jedoch, wer trägt davon die Schuld?
Ein dummes Vieh ist die Geduld —
Ha, würd ich wieder jung — fürwahr,
ich trüg die Schmach kein halbes Jahr!

Fliege, Schifflein, fliege!
Dann ging ich zu dem reichen Herrn
und spräch: »Bleib mir vom Leibe fern!
Du hast geerntet, ich gesät,
mit meiner Sichel hast du gemäht.« —

Fliege, Schifflein, fliege!
»Gib her, was du durch mich gewannst,
und webe selbst, so viel du kannst;
und willigst du nicht friedlich ein:
sollst du von mir gezwungen sein!«
Fliege, Schifflein, fliege!

GEORG WEERTH: *Die Weber*

Aus den Liedern von Lancashire

Sie saßen auf den Bänken,
sie saßen um ihren Tisch,
sie ließen Bier sich schänken
und zechten fromm und frisch.
Sie kannten keine Sorgen,
sie kannten kein Weh und Ach,
sie kannten kein Gestern und Morgen,
sie lebten nur diesen Tag.

Sie saßen unter der Erle —
schön war des Sommers Zier —
wilde, zornige Kerle
aus York und Lancashire.
Sie sangen aus rauhen Kehlen,
sie saßen bis zur Nacht,
sie ließen sich erzählen
von der »schlesischen Weberschlacht«.

Und als sie alles wußten,
Tränen vergossen sie fast,
auf fuhren die robusten
Gesellen in toller Hast.
Sie ballten die Fäuste und schwangen
die Hüte im Sturme da;
Wälder und Wiesen klangen:
Glückauf, Silesia!

LUDWIG PFAU: *Der Leineweber*

Der bleiche Weber sitzt am Stuhl,
er wirft mit matter Hand die Spul —
   knick, knack! —
Er hebt den müden Fuß zum Treten: —
»Herrgott! Jetzt kann ich nimmer beten —
   knick, knack! —
Du Linnentuch, du Linnentuch!
ein jeder Faden sei ein Fluch!«

Es webt und webt sein morscher Leib,
am Boden liegt sein sterbend Weib —
   knick, knack! —
Die Not sitzt bei ihr, sie zu pflegen,
der Hunger gibt ihr noch den Segen —
   knick, knack! —
Du Linnentuch, du Linnentuch!
ein jeder Faden sei ein Fluch!

Der erste Fluch für unsern Herrn!
Hussa! Da springt mein Schifflein gern —
   knick, knack! —

Er darf am vollen Tische lungern,
wenn wir am Webestuhl verhungern —
    knick, knack! —
Du Linnentuch, du Linnentuch!
ein jeder Faden sei ein Fluch!

Und einer für den Pfaffen gleich,
der uns verspricht das Himmelreich
    knick, knack! —
Wir sollen sterben und verderben,
das heißt die Seligkeit erwerben —
    knick, knack! —
Du Linnentuch, du Linnentuch!
ein jeder Faden sei ein Fluch!

Der Faden hier sei dem verehrt,
der Kugeln uns statt Brot beschert —
    knick, knack! —
Dem hohen Herrn von Gottes Gnaden:
o werd ein Strick, du schwacher Faden!
    knick, knack! —
Du Linnentuch, du Linnentuch!
ein jeder Faden sei ein Fluch!

Die Lampe, wie sie plötzlich loht!
Gottlob, mein Weib, nun bist du tot —
    knick, knack! —
Das ist der Tod in unsrem Leben,
daß wir das Bahrtuch selber weben —
    knick, knack! —
O könnt ich weben Fluch um Fluch,
der ganzen Welt ein Leichentuch!

GERHART HAUPTMANN UND DIE WEBER

GERHART HAUPTMANN: *Erlebnisse*

Versetze ich mich in die Zeiten zurück, als ich mich in der doch recht ungewöhnlichen Riesengebirgswelt heimisch machte, so registriert die Erinnerung eine neue Art von Verbundenheit mit der Natur. Diese bot sich ganz anders und in beinahe immer reger Dramatik dar, anspruchsvoller als in der Ebene oder am Fuß der Salzbrunner Vorberge. Der Vergleich führt auch auf Erkner zurück, die märkischen Seen und märkischen Wälder. Da fiel die Natur oder sagen wir Landschaft, nachdem sie ihren unendlich tiefen, ernsten Akkord einmal angeschlagen, in eine Art existierender Nichtexistenz zurück. Hier war man von waldigen Bergen eingeschlossen. Man schritt bergauf oder schritt bergab, man schlängelte sich auf Fußsteigen über Lehnen und Böschungen, man verließ den Weg, kletterte, sich an Baumstämmen haltend, über Wurzelwerk oder rutschte ab. Ein Felstal, eng, granitenen Getürms links und rechts, tat sich auf, durchrauscht von den kupferfarbenen Wassern des Zacken. Sie schwollen mitunter gleichsam zu einem hüpfenden, springenden, rauschenden, tosenden, reißenden Heerwurm an. Etwas Befreites, Frohlockendes, Tolles lag darin. Da war im Gewirr der Blöcke des Flußbetts eine Tiefe, ein Stillstand, eine Teufe, wie der Gebirgler sagt. Sie führte den Namen »Schwarze Wog«. Hier hausten Nymphen und andere Berggeister. Die Holzfäller sagten, hier habe kein Lot je Grund gefunden. Ich sah mich nicht um nach Berggeistern oder nach Rübezahl. Es war aber trotzdem nicht zu verhindern, sie guckten mir durch die Fenster ins Haus hinein. Zu allen Zeiten des Lebens wirkt die Erinnerung, und immer wird sie, wenn auch die Lotung wie bei der Schwarzen Wog ins Grundlose fällt, in die Tiefen der Jugend hinabsteigen. So tauchte damals mit dem verstärkten Heimatbegriff auch die Jugend verstärkt in mir auf. Der Granitwall des Riesengebirges hatte mit seinem gewaltigen Urwort an Stelle der Siebenkammer im Gasthof zur Krone den Atem des Mythos der Saga vorchristlicher Zeiten gesetzt. Ward es mir überall aufgedrängt, so wurde es überdies noch mit tiefen, entzückten, berauschten Entdeckeratemzügen von einer zweiten bewußteren Jugend aufgenommen.

Mit alledem ist zu wenig gesagt. Als ich hierher kam, ahnte ich kaum, in welchem Maße mich diese gewaltige Welt sich angleichen sollte. Sie umschloß mich mit ihrer tiefen Magie. Sie ließ nicht nach, mit der wilden Dramatik ihrer Gewölke, ihren Föhnen und Aequinoktialrasereien zugleich den Zauber der Jahreszeiten, den unerschöpflichen Reiz alpiner Schönheiten zu entfalten. Je mehr ich mich in das Damals hineinsinne, je ungeheurer in meinem kleinen Leben erstehen die Folgen jenes Schritts, der mich in diese Gebirge führte. Sie wurden die eigentliche Welt in der Welt für mich. Der Sinn meines Lebens in der Welt zum wahren Sein und Genießen darin ward mir hier erschlossen. Und ich wollte darüber hinaus nichts sehen, was nicht durch diesen Rahmen gesehen wurde. In einem gewissen Sinne ist es wahr, wenn ich sage, ich sei, wohin es mich immer auch außerhalb dieses Bereichs über Grenzen und Ozeane verschlagen hat, nie eigentlich wieder aus ihm herausgetreten. Man mag ermessen, ob mein Schritt in die Öffentlichkeit oder der in die Heimatberge wichtiger war.

Man hätte mir damals kaum etwas Übles zugefügt, wenn man mich in das Gebiet von der Schneekoppe bis zum Hochstein verbannt hätte. Trat ich doch nur mit Überwindung aus ihm heraus und gewann doch alles das, was Höhen und Tiefen, Täler und Gipfel mir sagten, in die Tiefen und Höhen darunter und darüber hinaus einen unbeschränkten geistigen Blick. Fast schwindelt's mich jetzt, wenn sich diese beinahe vergessene Tatsache nun ebenso überraschend als unabweisbar vor mir aufrichtet.

Die Natur also stellte hier überall ihre Forderung. Nicht wie ein Despot, sondern ähnlicher einer Magna Mater, die ihre Reize nur dem Tüchtigen schenkt. Oft stiegen wir auf die Hochebene des Gebirgswalles über die Baumgrenze. Dort sind die sogenannten Bauden spärlich verstreut. Die Luft ist dünn, und man wandert leicht. Das Auge dringt weit über Schlesiens Erde. Wieder und wieder erstieg man die Schneekoppe, wo das Lichtphänomen eines Sonnenaufgangs bei klarem Himmel berauscht, fast betäubt. Die Stille des »Kammes« — wer wollte es leugnen? — ist rätselhaft. Das magische Schweigen des Bodens nicht minder. Ich habe das nicht im Schwarzwald, auch nicht in den Alpen auch nur ähnlich gefühlt. Es ist aber eine sprechende Ruhe, ein sprechendes Schweigen, als könnte sich jeden Augenblick ein hunderttausend Jahre verschollenes, in die Geheimnisse des Granites gefesseltes und gebanntes Leben mythisch und mystisch wiederherstellen. An gewissen Stellen, so in der Nähe der Schneegruben, liegen Halden verwaschener Blöcke, die selbst einer nicht ganz leicht erregbaren Phantasie Formen von Lebewesen darstellen, Fische, Seehunde, Wasserjungfern von der Art, wie man sie da und dort im Mittelalter beschrieben hat. Türmen ähnliche Gebilde riesiger Granitblöcke zeigen sich. Pferdeköpfe, Turursteine, Quarzsteine, was augenscheinlich auf Zwerge deutet. Die alte Schieferkappe der Schneekoppe, Rest der Gesamtbedeckung, hat kleine Platten, die nach Veilchen duften, überdeckt mit Veilchenmoos. Köstlich, hier oben in reinster Luft diese duftenden Steine. Nicht zu erschöpfen, wie hier Natur jeden Augenblick beschäftigte und gleichsam zwang, so wenig wie möglich von der unendlichen Fülle der Schönheit und Gewalt ihres Jahreslaufes zu versäumen...

Nüchtern betrachtet, gewann ich hier und in jenen bedeutsamen Tagen für meine künstlerische Tätigkeit und das erregende Scheinwesen des Theaters das gesunde Gegengewicht. Durch Aktivität zur Aktivität. Ich verstärkte es noch durch sportliche Spiele, wie sich später ergeben mag. Durch Aktivität zur Aktivität. Sie mußte auch in mein Leben der Kunst – und tat es durchaus – hinüberwirken.

Die suggestive und alles durchdringende Kraft der Landschaft zeigte sich nicht sofort bei mir und bei Bruder Carl, sie war aber hier wie dort die gleiche. Was Martha betrifft, so wüßte ich dieserhalb nichts zu sagen: Mary angehend, ist fraglich, ob sie nicht vielleicht unter ihr im Höhenklima und dergleichen ihres schwachen Herzens wegen litt.

Die erste Niederschrift von »Die Weber« war zu Papier gebracht. Noch vor der Übersiedlung in das neue Haus ging ich mit Mary auf die lange geplante Studienreise nach dem Eulengebirge ins Webergebiet. Sie blieb in einem Gasthof zu Reichenbach, während ich und ein junger Redakteur, der sich hier in der Gegend heimisch gemacht hatte, in die Berge und das berüchtigte Handwebergebiet, eindrangen. Was ich in den versprengten Hütten, deren Verfall erschrecklich war, zu sehen bekam, war eben, was ich zu sehen erwartete. Da es vielfach geschildert und sattsam besprochen ist und auch mein Drama »Die Weber« besteht, werde ich kurz darüber weggehen.

Der Menschheit ganzer Jammer, wie man sagt, faßte mich nicht zum ersten Male an. Ich hatte in dieser Beziehung, wie das Buch meiner Jugend beweist, schon in Salzbrunn vieles gesehen. Grimmiger Treffendes dann in Zürich unter den Kranken des Burghölzli, der Kantonalirrenanstalt. Was sich in diesen Weberhütten enthüllte, war – ich möchte sagen: Das Elend in seiner klassischen Form.

Man kann diesen Ausdruck befremdlich finden. So will ich mich etwas näher erklären. Großstadtelend, Jammer und Schrecken der Lasterhöhlen und des Verbrechens sind vielfach scheußlich und abstoßend. Das Innere dieser halbzerfallenen Berghütten, in deren Mitte das rhythmische Wuchten des Webstuhls, das Schnalzen und Scheppern des Schiffchens tonte, war gleichsam beim ersten Blick anziehend. Der Webstuhl ist nun einmal ein Ding, an dem zu sitzen die Göttin Kirke nicht verschmäht. Und der musikalische Klang ihrer Arbeit über die Insel Ogygia verknüpft sich mir mit jedem Webstuhle.

Nun war alles in diesen Weberhütten Dürftigkeit. Im gleichen Raume mit dem mächtigen braunen Kachelofen und der Ofenbank wurde geschlafen, gekocht und gearbeitet. Schuhe schienen nicht in der Welt zu sein, alles tat man mit bloßen Füßen.

Ich gedenke dabei hauptsächlich des zweiten Häuschens, das ich besucht habe. Ein Maler vom Schlage Rembrandts würde unschwer hier Schönheit, ja Größe entdeckt haben. Eine alte, noch die Spindel drehende, blinde Frau, ein Mädchen mit Glutaugen, kaum zehn Jahre, halbnackt, am Spinnrad. Dagegen am Webstuhl ein Riese, Gesicht und Haupt umwuchert von rotblonden Haarmassen, bärtig wie Wotan oder Zeus. Auch er bis auf weniges unbekleidet.

Am anderen Webstuhl sein Weib oder seine Tochter. Bei unverkennbaren Zeichen des Elends im Angesicht ist sie grade und hochgewachsen. Sie erhebt sich, ich empfinde einen edlen Körper, seltsamerweise auch von Fülle, nicht nur von Ebenmaß. Ich sehe ein Wesen, das sich wie hier seit Jahrtausenden versteckt bewahrt, eins der stolzen Zimbernweiber etwa, die von der Wagenburg den Kohorten ihre Kinder statt Geschossen entgegenschleuderten, Tochter vielleicht eines vergessenen Tropfens aus dem Blute Alarichs. Irgendwie dachte man hier an wiehernde Rosse, Stahl und Erz, oder, als ob hier der Zauber einer Verkleidung geübt würde, an Haß, tödliche Inbrunst, Mord.

Ich habe besonders über diese Entdeckung in der Weberhütte wieder und wieder nachgedacht und bin gewiß, leuchteten Götter uns, wenn wir es heiß erflehen, in das hemmende Dunkel der Vergangenheit, wir würden darüber Großes erfahren.

Nun also, schon diese Erscheinung allein zeigt irgendwie Elend und Würde vereint. Wenn einem nun auch, wie gesagt, in diesen Weberstuben, deren Fenster hie und da mit Papier verklebt, mit Kistenbrettchen vernagelt waren, das Elend in allen seinen Formen entgegenschlug, so sah man es doch, weil eine gewisse Größe darin zu spüren war, nicht ohne Erschütterung. Erwachsene pflichtgetreu an den Webstühlen, bis zum kleinen Buben herunter ist jedem seine Arbeit zugeteilt. Kleine Mädchen schleppen und warten die kleineren Kinder. Man atmet in dicker, übelriechender Luft, da man hier nicht nur die Säuglinge nährt, sondern auch ihre Windeln reinigt. Der Geruch einer schmorenden Speckschwarte, die sich in einem Berg ungeschälter trockener Kartoffeln verlieren wird, vermischt mit dem von Sauerkraut, dringt aus der Ofenröhre. Der Säugling gibt kreischend seine Verzweiflung kund. Hungrige Krausköpfe kämpfen um eine Brotkante. Der Himmel weiß, wo diese Menge zusammengepferchter Menschen nachts ihr Lager hatte. Es wird dabei noch ein Hund gehalten. Die Katze liegt vor dem Ofenloch. Und schließlich ein Rotkehlchen, überall zu Haus, gehört auch noch zu den Stubengenossen. Aber diese Familiengenossenschaft, welcher der Mangel, der Hunger aus den Augen glotzt, kämpft mit einem Gleichmut, den man wohl heroisch nennen mag, ihren Daseinskampf. Sie kämpft ihn, indessen der Wintersturm durch alle Ritzen der verfallenden Hütte heult, das Stroh, die Schindeln vom Dache reißt, wobei an Ausbesserung, an Ersatz nicht zu denken ist. Der Weber beißt die Zähne zusammen, der Webstuhl pocht, der Weber arbeitet, und zwar vom Morgen bis in die Nacht und oftmals auch von da bis zum Morgen. Er ist verträglich, er liebt Weib und Kind, er ist Sektierer, vielleicht Adventist, wenn nicht Bethlehemist, Fromme, die, weil der Heiland im Stall geboren war, Gottesdienste in Ställen abhalten. Er bleibt also hungernd, rackernd, um des elenden Pfennigs willen sich den Bast von den Händen schindend, Idealist. Vielleicht ist er ein Denker, ein Philosoph und begrüßt seine Arbeitsmarter, begrüßt sein Leiden, lebt in ihm heimlich verzückt, wie in einem immerwährenden Zustand der Läuterung. Er schreit nicht, er spricht nur wenig und leise. Seinem besinnlichen Wesen ist die Roheit mancher anderer Gewerbe unbekannt. So, scheint es, bietet er sich und die Seinen, den Mittelpunkt seiner Arbeit geschart, den Wechselfällen des Schicksals dar, die eine mehr oder weniger langsame Zerstörung bedeuten, der gegenüber er sozusagen aufrecht standhält, bis alles im Tode erstarrt und nur noch Ruine ist. Ich sah ein Häuschen, darin ein älteres Ehepaar im Verhältnis zu anderen beinahe wohlhabend lebte. Es war freilich eine Wohlhabenheit, die mir den dörflichen Kretscham zu Reichenbach, in dem Mary und ich ein Zimmer genommen hatten, als ein wahres Luxushotel erscheinen ließ. Ich war dann in einem anderen Hause, wo allerdings der Jammer menschlicher Kreatur zum Himmel schrie. Im Stroh auf der Erde lag, den ganzen Körper mit Schorf bedeckt, ein junges Weib, das vor kurzem geboren hatte. Sie wies auf den Säugling mit einem Blick, der nicht zu vergessen ist. Auch dieser, der Säugling, war über und über mit Schorf bedeckt. Um sich zu wärmen, waren nicht einmal Lumpen vorhanden. Ernst und einarmig saß am Webstuhl der Mann. Er war nicht mehr jung. Er zuckte die Achseln. Ich habe in meinem Drama »Die Weber« in der letzten Tiefe, die es in dieser Hütte erreichte, nichts enthüllt. Ich kann heut nicht begreifen, wieso es in einer Menschengemeinschaft von durchgängig höherer Lebenshaltung unbehindert so grausam wüten durfte.

(In »Breslauer Neueste Nachrichten« vom 25. September 1938, Jubiläumsausgabe zum 50jährigen Bestehen.)

GERHART HAUPTMANN: *»Die Weber sind frei«*

Es war im Jahre 1893. Ich wohnte in einer Pension, irgendwo in Berlin, unweit des Nollendorfplatzes. Max Liebermann, als er mich dort besuchte, fand, mit dem ihm eigenen, trockenen Sarkasmus, sie sei mit »allem Komfort der Neuzeit« ausgestattet. Eines Nachmittags war ich zwischen diesem »Komfort«, auf der Plüschdecke einer Chaiselongue, in Schlummer gesunken.

Ich erwachte durch ein Geschrei. Es erklang auf dem Flur und auf eine so rücksichtslose und wilde Art, daß ich im ersten Augenblick an Hausfriedensbruch denken mußte.

Ich unterschied nur die Worte:

»Die Weber sind frei! Die Weber sind frei!«

War am Ende die damals allenthalben an die Wand gemalte, soziale Revolution ausgebrochen?

Nein, Gott sei Dank: wenigstens fand ich nur Otto Brahm, Felix Hollaender und noch einen Dritten, an den ich mich nicht mehr erinnern kann, auf dem Flur, die allerdings noch immer aus Leibeskräften schrien:

»Die Weber sind frei! Die Weber sind frei!«

Als mein Entsetzen mit meiner Schlaftrunkenheit gewichen und der rasende Lärm meiner Freunde in vernünftige Rede übergegangen war, begriff ich: das Oberverwaltungsgericht hatte das Zensurverbot eines meiner Dramen, »Die Weber«, aufgehoben, die Freude darüber meine Freunde außer Rand und Band gebracht.

(Aus einem Artikel zum 50. Geburtstag Felix Hollaenders in »Vossische Zeitung«, Berlin, vom 31. Oktober 1917.)

MAX BAGINSKI:

Gerhart Hauptmann unter den schlesischen Webern

Wenn ich in der Illustrierten Ausgabe von »Hannele« das letzte Vollbild betrachte, den Todesengel mit undurchdringlichem Antlitz, über den hinwegschreitend Hannele in das Reich der Schönheit eingeht, habe ich die Empfindung: das ist Gerhart Hauptmann, so ist seine innere reiche Welt beschaffen. Unter dem Ernst der Lebensschwere und Todesgewißheit reifste Süße, gekeltert aus den zarten Verborgenheiten, Feinheiten der Menschenseele. In dem Bilde liegt Vergänglichkeit, Endlichkeit, doch auch Aufblick, Neuformung, Neuland. Von Gerhart Hauptmann könnte gesagt werden, er habe in seiner Kunst dem Wort Menschenliebe, das in diesen Zeitläuften mit verdächtigen Augen, wie ein schlechter Schilling angesehen wird, eine neue Prägung gegeben, deren Echtheit und symbolische Tiefe das Herz ergreift. Aus seinen Büchern ist mehr Leben als Literatur zu schöpfen. Eine Wesensähnlichkeit mit Tolstoj würde hervortreten, glaube ich, wenn Hauptmann eine Kämpfernatur wäre.

Ich bin dem Dichter unter den Webern des Eulengebirges begegnet, in den Bezirken krassester Menschennot. Im Februar 1892*) in Langenbielau, dem großen schlesischen Weberdorf, wo ich als Redakteur des »Proletariers« aus dem Eulengebirge tätig war. Eines Abends, nach Rückkehr von einer Reise, erzählte mir August Kühn, jetzt Reichstagsabgeordneter für den Kreis Reichenbach-Neurode, ein hochgewachsener, schwarzgekleideter Herr habe sich ihm am Nachmittag vorgestellt, auch nach mir gefragt. Der Name des Fremden war Gerhart Hauptmann. Es habe den Anschein, als wolle er die Verhältnisse der Webergegend kennenlernen. Der Besucher hatte im Preußischen Hof Wohnung genommen, noch am selben Abend traf ich ihn dort in der Gaststube. Mit gespannter freudiger Erwartung. Denn der Name Gerhart Hauptmann schien zu jener Zeit eine Losung zu enthalten, einen Kriegsruf nicht nur gegen die damaligen, wenig imposanten Literaturthrönchen, sondern auch gegen soziale Bedrückung, Vorurteile und Moralverkrüppelung. Hauptmanns dramatisches Erstlingswerk »Vor Sonnenaufgang« war erschienen, von der Freien Bühne in Berlin aufgeführt worden und hatte wie Sprengstoff gewirkt. Eine Überschwemmung von feindlichen, bösartigen Kritiken ergoß sich darüber. Die literarischen Zünftler und Machenschaftler konnten ja nicht wissen, daß solches Zeug eine Zukunft, im Buchhandel, auf der Bühne Erfolg haben würde! Dieser später wohl sehr bedauerte Mangel an Voraussicht verführte sie dazu, gegen die neue Richtung mit den widerwärtigsten Argumenten zu kämpfen. Wer jetzt in Berliner Blättern Rezensionen Hauptmannscher Stücke liest, vermißt darin weder Bewunderung vor der Gestaltungskraft des Dichters noch hochachtungsvollsten Respekt vor dem Menschen. Damals schrieb eine führende Zeitung, von einem Individuum, das, wie Hauptmann, eine ausgesprochene Verbrecherphysiognomie habe, könne man kaum andere als schmutzige, anstößige Sachen erwarten. Solche literarischen Wegelagereien ließen doppelte Freude darüber empfinden, daß mit Hauptmann einige trefflich bewaffnete Streiter waren. Darunter der bejahrte Fontane mit seiner Ruhe und feinen Sachlichkeit.

Der Eindruck, den ich beim ersten Zusammentreffen mit Hauptmann empfing, war etwa dieser: Kein Mann des leichten gesellschaftlichen Verkehrs. Diskret, fast scheu, schweigsam. Versunkener, schwerer Träumer, dabei doch nicht irrezuführender Beobachter des Menschlichen und Allzumenschlichen. Nicht Goethe, eher Hölderlin.

Die Gaststube im Preußischen Hof wies an diesem Abend viele leere Bänke und Tische auf. Der Wirt hatte reichlich Zeit, über die Mission des fremden Herrn im Weberdistrikt nachzugrübeln. Wie ich am nächsten Morgen wahrnahm, hatte er sich dafür entschieden, Hauptmann

*) Es muß wohl 1891 heißen (d. Verf.)

müsse irgendein Regierungsbeamter sein, entsandt, den Notstand der Weber zu untersuchen. Nur war es auffallend, daß der Mann sich dann mit den Roten einließ, die doch, so stand im Kreisblatt zu lesen, aus Gründen ihrer Verhetzungspolitik die Not stets unerhört übertrieben schilderten.

Ob das Weberelend diesen Winter so groß sei, daß eine offizielle Untersuchung für notwendig befunden werden müsse, darüber war seit Wochen viel geredet und geschrieben worden. Auch die Staatsanwaltschaft nahm in ihrer Weise aktiv Stellung: Sie beantwortete die Kritik, welche unser Blatt, der »Proletarier«, an den Zuständen, an den Profiterschindungsmethoden der Fabrikanten übte, mit einer Reihe von Anklagen wegen Pressevergehens, deren Grundtext in der Regel lautete, es sei an sich schon ein gewagtes Unterfangen, eine Bevölkerung aufzureizen, in diesem Falle sei das aber noch verwerflicher, sträflicher, weil die Notlage der Weber die Gefahren, die solche Schreibart in sich berge, verdopple. Die Webernot war damit offiziell, aktenkundig festgestellt, doch gerade deswegen sollte sie nicht attackiert werden. Genügt es nicht, wenn so etwas in den Akten steht?

Mit Hauptmann wurden gemeinsame Streifzüge in die Hauswebersiedlungen verabredet. In Langenbielau ist schon die besser bezahlte, geregeltere Fabrikweberei überwiegend. Das Elend ist nicht so grenzenlos und hoffnungslos, so von allen Wegen abgeschnitten, wie in den Hausweberhütten. In diesen war die Not entsetzlich. Die nächsten Tage enthüllten dem Auge des Dichters Grauenvolles. Die Gestalten der Baumann, Ansorge, Hilse wurden lebendig. Die stille Anklage auf den Lippen, schoben sie sich vor das Auge, greifbar, und man hätte doch so herzlich gern geglaubt, es bloß mit Phantomen zu tun zu haben. Sie lebten, aber wie, das war das unsere ganze Kultur Beschämende. In den im Schnee steckenden Hütten, deren schneefreier oberer Teil Ähnlichkeit mit ungepflegten, verfallenden Grabhügeln hatte, grinsten auch jetzt noch, im Zeichen staatlicher Fürsorge, aus allen Winkeln die Verzweiflung, der Hunger des historischen Notstandsjahres 1844. Hier, in kleinen Tälern, auch Anhöhen, verstreut, breitete sich ein Stück Produktion aus, an welchem jeder technische, industrielle Fortschritt vorübergeeilt war, wie an einem verfluchten, spukhaften Ort. Und trotzdem, die hier mehr starben als lebten, sollten mit der modernen Großindustrie konkurrieren!

Der Dichter trat in diese Behausungen weder als ein kühler Beobachter noch als ein Samariter ein. Der Mensch kam zum Menschen. Kein Herabsteigen zum armen Lazarus. Auf diesem Wege, so schien es mir, schritt Hauptmann sicherer einher, als auf den Wegen des konventionellen Verkehrs.

Steinseifersdorf, hinter Peterswaldau gelegen. Über eine kahle

Schneefläche versprengte schadhafte Hütten aus Lehm, Reisig, Brettern. Nichts Lebendiges zu sehen. Kein Hund, keine Katze, kein Sperling. Selten, daß aus einem Rauchloch auf den schiefen Dächern dünner Rauch aufsteigt. Geheizte Wohnräume gehören in diesem Landstrich zu den schwer zu erringenden Kostbarkeiten, und was für eine Mahlzeit sollte man wohl aus nichts zubereiten können? In diese rechts von der Fahrstraße abliegende Hütte wollen wir eintreten. Ein geschaufelter oder ausgetretener Schneepfad führt nicht zu ihr, die Füße müssen sich durch den Schnee selbst den Weg bahnen. Atmen da drinnen überhaupt Menschen? Das vom Wetter zerzauste, geduckte Hüttchen scheint keinem Windstoß mehr standhalten zu können. Die paar verfaulten schiefen Holzstufen, die zum Eingang führen, drohen unter den Tritten vollends zusammenzubrechen. Auf unser Klopfen antwortet von innen kein Laut. Noch einmal geklopft, stärker als vorher. Jetzt schlurft etwas langsam dem Eingang zu. Ein grober Holzriegel, in dieser Form nur noch an altmodischen Scheunen- und Stalltüren zu finden, wird zurückgeschoben. Es zeigt sich ein menschliches Antlitz, dessen Ausdruck der eines wunden, furchtsamen Tieres ist. Wie ein aufgescheuchter Missetäter starrt der Öffnende die Eindringlinge dumpf an. Kein Hoffnungsschimmer belebt das Gesicht. Der Mann hat es wohl schon längst aufgegeben, von seinen Mitmenschen eine Linderung seiner Not zu erwarten. Sein Verhalten zeigt nicht das geringste Zutrauen zu dem Jahrhundert der Humanität. Die Gestalt ist in Lumpen gehüllt. Und was für Lumpen! Nicht Stromerlumpen, die im Chausseegraben im Augenblick gewechselt werden. Es sind ewige Lumpen, sie scheinen verwachsen mit der von ihnen bedeckten Haut. Ekelerregende, einzige Hülle, die nicht fortgeworfen werden darf.

Der ungefähr fünfzig Jahre alte Mann spricht nicht. Er führt uns den schmutziggrauen kalten Hausgang entlang, tappt nach einer Tür und stößt sie auf. Man sieht einen Webstuhl, auf dessen Sitzbrett eine zusammengedrückte Frauengestalt, einen kalten Herd, vier schmutzige Wände, von denen Wasser tropft, an einer entlang einen Bettkasten mit ein paar weiteren Lumpen, die das fehlende Bettzeug ersetzen sollen. Sonst erspäht das Auge nichts in dem Raum. Der Mann murmelt etwas zu der auf dem Brett des Marterstuhls sitzenden Frau. Sie richtet sich auf. Beide haben rote, entzündete Augen, aus denen mit der gleichen Monotonie, wie von den Wänden, unaufhörlich Wasser läuft. Die beiden sind über das laute Klagen hinaus. Hauptmann beginnt zu sprechen, zögernd, beklommen von so viel Jammer. Er lockt wenige rauhe Äußerungen hervor. Es ist schon lange her, daß die letzte fertige Webe abgeliefert wurde, nichts Eßbares, nichts Brennbares im Haus. Kein Brot, kein Mahl, keine Kartoffeln, weder Holz noch Kohle. Dabei sehen uns Frau und Mann scheu an mit den schmerzenden Augen, wie

Übeltäter, die strengen Tadel oder Strafe zu erwarten haben. Hauptmann gibt der Frau Geld; der Gedanke, von dieser Stätte fortzugehen, ohne wenigstens für die nächsten Tage die Mittel zur Beschaffung von Brot zu hinterlassen, ist Qual, ganz unerträglich.

An einer Wegverbreiterung liegt der Dorfkrug. Der Kutscher hat da Station gemacht. Die Gaststube weist wenig Behaglichkeit auf, die Wirtsleute sehen herabgekommen und mißmutig aus. Kein Geschäft. Die Wirte in den großen Fabrikdörfern haben es besser. Sie können Herrenstuben anlegen, es kommen Buchhalter, Lehrer, Aufseher zu ihnen. Hier in Steinseifersdorf sei man auf die Weber angewiesen; davon sich ordentlich satt zu essen, sei unmöglich. Im Winter erst gar nicht. Die Wirtin bemerkt, im benachbarten Kaschbach sei das Elend noch größer. Dahin wollen wir heute nicht mehr. Auf der Rückfahrt kommt die Rede immer wieder auf das Schicksal dieser vom modernen Industrialismus zur Verdammnis verurteilten Weber zurück. Ich frage Hauptmann, welche Wirkung er sich von einem Theaterstück verspreche, das dieses Schicksal zu dramatischer künstlerischer Darstellung bringt. Er antwortet, seine Neigungen zögen ihn mehr Sommernachtsträumen, sonnigen Ausblicken entgegen, aber ein harter innerer Druck treibe ihn dazu an, diese Not zum Gegenstand seiner Kunst zu machen. Die erhoffte Wirkung? Die Menschen sind nicht gefühllos. Auch der Behagliche, Reiche muß sich im Innersten betroffen fühlen, wenn er solche Bilder entsetzlichen Menschenjammers vor seinen Augen aufsteigen sieht. Alles Menschliche stehe im Zusammenhang. Meinen Einwand, daß das Besitzrecht den darin Wohnenden Scheuklappen vor die Augen zu legen pflegt, will Hauptmann nicht als allgemein berechtigt gelten lassen. Es ergibt sich: er will das werktätige Mitgefühl in den Gutgestellten erwecken. Mitleid, freilich ein tatkräftiges Mitleid, das den Armen eine wirkliche Erleichterung ihres Loses verschafft. Er fügt hinzu, ihn selbst habe zuzeiten die Not der Massen so gepeinigt, daß es ihm nicht möglich war, seine Mahlzeiten ruhig einzunehmen, die oft auch, besonders während der Züricher Studentenzeit, karg genug gewesen seien. In solchen Augenblicken sei schon eine Tasse Kaffee als beschämender Luxus erschienen.

Ich konnte mich dieser Betrachtungsweise nicht anschließen. Den Einfluß, den eine künstlerische Darstellung des Weberelends auf die Besitzenden ausüben konnte, schlug ich sehr gering an. Satter Tugend ist schwer beizukommen. Hingegen stellte ich mir vor, sie müsse eine große aufrüttelnde Wirkung auf die Massen der Leidenden selbst haben.

Hauptmann hatte zu jener Zeit, wie ich glaube, die Weber im großen und ganzen schon fertig. Seine Fahrten und Fußwanderungen in der Webergegend galten nicht dem Baumaterial zu dem Werke, sie galten den Details der Örtlichkeiten, Landschaften, Wege. Auch der Grundriß zum »Kollegen Crampton« war damals schon gezeichnet. Der Dichter sprach davon, einen lebensfrohen genialen Menschen auf die Bühne zu stellen, den Enge und Erbärmlichkeit der Umgebung zur Karikatur machen und Schiffbruch leiden lassen.

Langenbielau wurde nach solcher Fahrt durch das Golgatha der Armut als Erleichterung empfunden. Die Webereien mit ihrem unaufhörlichen Maschinenlärm, der das Gehör abstumpft und die Nerven quält, sind kein erhebender Anblick, aber sie vereinigen, bringen den Arbeitern Gefühl und Verständnis für Solidarität, brüderliches Handeln nahe. Hier umweht einen, trotz eingesunkener Brust langer Anstrengung im Arbeitssaal, ungenügender Ernährung, der Hauch des streitbaren proletarischen Geistes, der über diese Zeitmisere hinausweist in ein Land der Erfüllung.

Für den Abend hatte Kühn eine Zusammenkunft älterer Weber arrangiert. Hauptmann ließ für jeden Teilnehmer ein Gedeck auflegen. Beim Essen entspann sich eine lebhafte Plauderei. Da war ein Weber, Mathias mit Namen, Knochen und Pergamenthaut, sehr arm, reich an Kindersegen. Er hatte vor kurzem eine Wette gewonnen. Der Gastwirt, in dessen Lokal wir unsere Versammlungen abhielten, hatte in einem Gespräch bezweifelt, daß Mathias drei Pfund Schweinefleisch auf einmal aufessen könne. Dieser verpflichtete sich, die Leistung zu vollbringen, wenn der Wirt das Fleisch bezahlte und ein paar Liter Bier dazu spendete. Einer Weberfrau in der Nachbarschaft wurde die Zubereitung überlassen; zur bestimmten Stunde stellte sich Mathias mit den von beiden Seiten gestellten unparteiischen Zeugen in ihrer Behausung ein. Das Preisessen begann. Bald zeigte sich jedoch ein schwer zu nehmendes Hindernis. Den Tisch umstanden fünf der Weberfrau gehörende Kinder, Mädchen und Jungen. Mit staunenden Blicken betrachteten sie den großen, so gut duftenden Braten. Ein ungewohnter Anblick. Die Äuglein füllten sich mit Verlangen, die Zungen waren bereit, mitzuschmausen. Der Preisesser wand sich unbehaglich unter den Kinderblicken; er kam sich vor wie ein dumpfherziger Schwelger, der nur an den eigenen Bauch denkt. Das Essen will nicht recht munden. Mathias vergißt die Abmachung, schneidet für die Kindchen Stückchen Fleisch ab und will es ihnen auf einem Teller hinreichen. Nun erheben jedoch die Unparteiischen energischen Einspruch. Das darf nicht sein. Willst du nicht die Wette verlieren, so mußt du den Braten bis auf das letzte Restchen allein aufessen. Mathias fügt sich, schlägt vor den Kindern beschämt die Augen nieder. Er vergißt sich dennoch ein paarmal..Unwillkürlich streckt sein Arm den Kindern die Gabel mit einem Fleischbissen hin. Neuer Lärm. Die Unparteiischen verfügen, die Gabel sei augenblicklich zurückzuziehen. Der Zwangsesser erreicht nur so viel, daß die Kleinen nicht als überlästig in die

Kälte hinausgewiesen werden. Eine andere Möglichkeit, sie zu entfernen, gibt es kaum, Wohnräume sind keine mehr vorhanden, allenfalls könnten die Kinder in eine kalte dunkle Rumpelkammer gesperrt werden, doch das wäre zu hart und würde auch dem Mathias das Essen vollends verleiden.

Der letzte Knochen ist abgenagt; der Mann fühlt sich nicht sonderlich beschwert, aber der Gewinner fühlt sich dem Glauben geneigt, er habe sich einer schweren Sünde wider die einfachsten Anforderungen des Menschlichen schuldig gemacht. Ein anderer Gast an der Tafel, beinahe ein Greis, der, ein früherer Weber, jetzt leichtere Tagelöhnerarbeit verrichtet, sieht im Vergleich mit den schmalen Webergestalten breitschultrig aus. Ihm schmeckt vor allem das Bier, das ihn schnell in mitteilsame Stimmung versetzt. Aus seiner Erzählung hören die anderen, wie er als jüngster preußischer Soldat nach dem aufständischen Baden geschickt wurde. Es gab da reichlich Schnaps zu trinken. In halber Bewußtlosigkeit schlug man wütend um sich, kaum imstande, zu unterscheiden, was Freund oder Feind war. Am nächsten Morgen — der Rausch war noch nicht völlig verflogen — bekam der Soldat erst einen Begriff davon, was er für die Erhaltung des Bestehenden getan hatte. An seinem Gewehr fehlt der Kolben, abgesplittert beim blinden Zuhauen auf die Köpfe der Rebellen.

Die Erzählung rief keine heiteren Bemerkungen hervor. Das darin enthaltene Brutale setzte die meisten in Verlegenheit. Auch der Erzähler schien seinen Irrtum, daß sein Bericht amüsant sei, einzusehen; er verstummte bald. Das Gespräch wandte sich mehr dem Weberaufstand zu. Manche Einzelheiten der Vorgänge wurden zum besten gegeben. Legendenhaftes und Phantastisches, noch lebende in Langenbielau oder in der Umgebung wohnende Leute mit Namen genannt, welche die Ereignisse im Jahre 1844 mitgemacht hatten. Man sprach zwanglos, sehr wenig war von jener drückenden Stimmung zu merken, die im Verkehr zwischen Mitgliedern der oberen und unteren Gesellschaftsschicht zu entstehen pflegt.

Am Vormittag des nächsten Tages ging die Fahrt nach Kaschbach. Der Ort sieht noch verlorener aus als das gestern besuchte Dorf. In einem Häuschen führt uns ein Weber, der den geschwollenen Arm in einer Binde trägt, in eine Ecke der Stube. Auf einem Lager aus Stroh und Lumpen liegt seine kranke Frau, neben ihr ein Kindchen, über und über mit Ausschlag bedeckt. Kein Hemd bedeckt das fiebernde Körperchen, es liegt nackt zwischen den am Boden liegenden Lagerfetzen. Der schüchterne Vater, selbst von Schmerzen gepeinigt, steht dabei, die Ratlosigkeit in Person. Wäre doch wenigstens Nahrung im Hause! Der Armenarzt? Er müßte in jedem Haus, das er betritt, Essen, Wärme, Licht, Trockenheit verschreiben, wenn er seine Wissenschaft nicht zum

Narren halten will. Das kann er nicht, und darum läßt er sich so selten wie möglich sehen. Humanität, bis jetzt ist dein Name noch Ohnmacht.

Etwas Geld dalassen und wieder hinaus in die Luft. Die nächste Behausung ist beinahe ein freundlicher Aufenthaltsort zu nennen, verglichen mit der vorigen. Zwei ältere Leutchen, nicht ganz so zermartert, auch nicht zerlumpt. Der Mann webt, er hat hin und wieder noch etwas zu tun. Seine freundliche Frau ist nicht weit davon entfernt, das Glück dieses Heims zu preisen. Wir haben es besser als die meisten Nachbarn, erzählt sie nicht ohne einen Anflug von Behäbigkeit. Sie zeigt auf ein erst angeschnittenes Brot. Es ist ein Feuerchen im Ofen, ein Tisch ist vorhanden und ein richtiges Bett. An den Holzwänden kleben grellbunte Bilderchen, Neuruppiner Qualität. Abgezielt wird damit auf Verstärkung der Tugend, der Geduld, des Ausharrens bis zum Ende. Man sieht die Heimkehr des verlorenen Sohnes, die Verstoßung der Hagar aus dem Hause Abrahams. Die Frau langt nun gar noch eine Kaffeemühle vom Herd und beginnt eine kleine Quantität Getreidekaffee zu mahlen. Wir werden zum Mittrinken eingeladen und nehmen gern an. Es wird über Lokales und Allgemeines gesprochen. Der Mann ist gesprächig, in der Bestimmtheit seiner Äußerungen aber sehr vorsichtig, zurückhaltend. Besonders wenn die Rede sich dem religiösen oder politischen Gebiet nähert. Seine Bemerkungen sind so gehalten, daß sie nicht leicht irgendwo anstoßen können. Hauptmann äußerte später, er habe diese vorsichtige Bedachtsamkeit als charakteristischen Zug der Weber oft beobachtet, sie sei wohl allgemein aus der großen Armut zu erklären, mit der oft eine devote Haltung allem Fremden gegenüber verknüpft ist.

Inzwischen schenkte die Frau den Kaffee ein. Hauptmann fand Platz auf einem Fußbänkchen. Im Laufe des Gesprächs strich die alte Frau mit der Hand sanft über sein Haar: Ja, ja, junger Herr, die Not, die Not, aber wir daher sind noch gut dran. Beim Abschied wies sie uns eine Hütte, mit der Bemerkung, sie glaube, deren Bewohner seien am Verhungern. Es war nicht übertrieben. Als wir eintraten, stand eine Frau in dem öden, schmutzigen Grau der Stube inmitten einer weinenden Kinderschar. Zwei, drei schon erwachsene Mädchen, mager, bleich, wie auf dem Prokrustesbett der Not in die Länge gezogen, wischten sich verstohlen die Spuren soeben vergossener Tränen von den Leidensgesichtern. Hier regierte der Hunger unumschränkt. Die Frau, im letzten Stadium der Schwangerschaft, litt am meisten unter dem kläglichen Weinen der kleineren Kinder, denen sie nichts zu essen geben konnte. Der Mann war seit zwei Tagen fort, auf Bettelei aus. Er würde ja etwas mitbringen, es sei nur so schwer, in dieser Gegend was zu bekommen. Man müsse weite Wege machen für ein Stück Brot. Gestern waren noch ein paar Kartoffeln aufzubringen, heute gar nichts. Sie wisse nicht mehr, was sie den Kindern geben oder sagen solle. Den Pfarrer habe sie bitten lassen, ihr aus dieser äußersten Not zu helfen. Nur ein paar Mäuler voll Essen. Er habe selbst nichts, lautete die Antwort. Den erwachsenen Mädchen zittern die fest aufeinander gepreßten Lippen. Jeder Atemzug in dieser Familie ist Verzweiflung. Jetzt sind die Kleinen mit den blaugefrorenen Gesichtern und Frostbeulen beim Anblick der Fremden verstummt, im nächsten Augenblick werden sie wieder Essen fordern und mit dieser so natürlichen Forderung das Herz der Mutter zerreißen. So viel Fatalismus kann man von diesen Kindern eben nicht verlangen, daß sie die wirtschaftliche Notwendigkeit, welche ihre Eltern zum Verzweiflungskampf mit dem Hunger verdammt, philosophisch kaltblütig zergliedern können. Hier tut für den Augenblick ein Goldstück Wunder. Die Frau wagt es nicht zu glauben, daß sie wirklich eins in der Hand hält. Was hier fast als Rettung vom sicheren Tode empfunden wird, mag zur selben Stunde tausendfach für die Zwecke der Eitelkeit, der Prahlsucht, der Heidenbekehrung zur Nächstenliebe aufgebracht werden. Die Herzlosigkeit und meilenweite Entferntheit aller Wohltätigkeit vom stummen Elend konnte einem bei diesem Anblick zum Bewußtsein kommen. Größtes aller sozialen Verbrechen, das die Stillung des Hungers von Kindern sklavisch vom Gelde abhängig sein läßt!

Eines Morgens gingen Hauptmann und ich zu Fuß nach Reichenbach, wo ich ihm einen alten sozialistischen Weber vorstellte, der die anfangs von Bismarck protegierte Webereigenossenschaft mit erlebt hatte. Von dieser Unternehmung, von der Regierung unzulänglich subventioniert, wußte der Alte interessant zu erzählen. Er meinte, sie hätte sich halten können, wenn ihr nicht eine Verschwörung der Fabrikanten mit reichlichen Kapitalien bewußt entgegengearbeitet hätte. Die Folge davon sei für die Genossenschaft eine Sperrung des Marktes gewesen. Einmal mußten alle nach Leipzig zur Messe gebrachten Webewaren wieder zurücktransportiert werden, ein stiller, aber wirksamer Boykott hatte den Verkauf unmöglich gemacht. Mit viel mehr Lebendigkeit, als von diesem Unternehmen, sprach der alte Weber von den Tagen der Lassalleschen Agitation. Da war Leben in die starren Massen gekommen. Ein Umschwung schien nahe bevorzustehen. Die am Gespräch beteiligte Frau hatte auch auf diesen Umschwung gehofft; aber jetzt, bemerkte sie etwas resigniert, wären wir Alten schon froh, wenn wir wüßten, daß unsere Jungen es erleben werden.

In dieser Behausung traf Hauptmann eine Witwe mit einer etwa dreizehnjährigen Tochter. Das Mädchen fiel ihm auf, es hatte schönes, weiches, goldgelbes Haar, tiefe Augen, einen zarten blassen Teint. Ich erfuhr später durch den erwähnten alten Weberfreund, daß Hauptmann dem Kinde hin und wieder ein Geschenk sandte, und als ich später Hannele las, wollte es mir nicht aus dem Sinn, daß der Dichter an dieses Reichenbacher Kind gedacht haben müsse, als er seine Dichtung schuf.

Das war mein letzter gemeinschaftlicher Ausflug mit Hauptmann in die Weberregionen. Ein paar Monate später besuchte ich ihn in Schreiberhau, in seinem Haus dicht am Rande des Gebirgswaldes. Noch später, als ich im Schweidnitzer Gefängnis meine Pressesünden abzusitzen begann, erfreute mich die Nachricht, Hauptmann habe für mich eine große Kiste mit Büchern geschickt.

So haben mir Gottfried Keller, Konrad Ferdinand Meyer und andere Autoren manche trübe Stunde in der Zelle heller gemacht. Unter den Büchern befand sich auch Griechenland von Schweiger-Lerchenfeld. Ein reich illustrierter Band mit vergoldeten Arabesken auf der Einbanddecke. Dem Gefängnisinspektor imponierte dieses Buch nicht wenig, er hielt es für sehr kostspielig, und da er glaubte, August Kühn sei der Eigentümer, sagte er eines Tages zu mir, das Agitieren müsse sich für Kühn doch sehr gut bezahlen. Auf meine Frage, was ihn zu dieser Ansicht veranlasse, wies er auf das Buch und bemerkte giftig, die Schneiderei bringe sicher nicht so viel ein, daß man sich solche teueren Bücher kaufen könne. Das komme alles von dem Herumreisen und Redenhalten. Der Herr Inspektor und Kühn waren nämlich nicht die besten Freunde. Sie hatten sich schon nicht gut vertragen, als Kühn unter des Inspektors Regime Zellenbewohner gewesen war, und nun kam noch der Verdacht hinzu, Kühn sei dreist und verschmitzt genug, mir bei seinen Monatsbesuchen heimlich allerlei Verbotenes zuzustecken. Es war eine rechte Enttäuschung für den Beamten, als ihm Aufklärung darüber wurde, daß Kühn nicht der Besitzer des splendiden Buches sei. Die Bücher wurden mir ohne Weiterungen verabfolgt, nur Hauptmanns eigenes Werk, seine Weber, die zu jener Zeit erschienen, konnte ich trotz aller Mühe und List nicht ausgeliefert bekommen. Kühn brachte mir die Weber, aber dem Inspektor war die Weisung erteilt worden, sie als Konterbande zu behandeln. Jedesmal, wenn ich ins Inspektionszimmer kam, um ein ausgelesenes Buch mit einem anderen zu vertauschen, sah ich die Weber daliegen. Die Versuchung, das Buch in einem günstigen Augenblick unter der Jacke verschwinden zu lassen, war groß, doch leider hatte die Weisung des Staatsanwalts dem Inspektor die Meinung eingeflößt, es müsse sich um ein außergewöhnlich gefährliches Werk handeln, er bewachte es mit Argusaugen. Gerhart Hauptmann blieb für die Schweidnitzer Gefängnisverwaltung der gefährliche, verbotene Autor.

(In »Sozialistische Monatshefte«, Februar 1905.)

GERHART HAUPTMANN UND DIE WEBER

GERHART HAUPTMANN:

Grüßen Sie die Weber des Eulengebirges...

Der »Proletarier aus dem Eulengebirge« bittet mich um einen Beitrag. Nach dem einen, den ich vor vierzig Jahren geleistet habe, bleibt nicht viel mehr zu sagen. Meine Studienfahrt nach den verschiedenen Weberorten ist wiederholt geschildert worden. Sie steht mir noch klar vor der Seele, hätte mir aber nichts einbringen können, wenn ich nicht selbst das Weberblut mitgebracht hätte. Meine Vorfahren, wie ich jetzt weiß, haben seit 1700 als kleine Hausweber in Herischdorf bei Warmbrunn gesessen. Diese merkwürdige Tatsache, von der ich nichts wußte, als ich »Die Weber« schrieb, ist der wahre Vater- und Mutterboden des Werkes. Übrigens aber ging ich als Kind jahrelang in den Weberhütten von Nieder-Salzbrunn aus und ein, ohne mich von den anderen Dorfkindern zu unterscheiden. So kam es, daß ich mich mit Herz und Sinnen in den Häusern und Seelen der Weberfamilien heimisch machen konnte. Grüßen Sie die Weber des Eulengebirges und sagen Sie ihnen, daß ich hoffe, nach langer, langer Zeit nächstens bei ihnen mal wieder aufzutauchen.

(In »Der Proletarier aus dem Eulengebirge«, Nr. 268 vom 15. November 1930.)

KRITIKEN, STELLUNGNAHMEN, REAKTIONEN

LEOPOLD SCHÖNHOFF *in »Frankfurter Zeitung«*
vom 26. Januar 1892, Abendblatt

Berlin, 25. Januar 1892
In der Mundart seiner schlesischen Heimat ist Gerhart Hauptmann's neues Schauspiel »Da Waber« (Die Weber) abgefaßt. Das Drama ist eben im Druck erschienen, noch ehe es auf die Bühne kam. Es ist überhaupt fraglich, ob es das Bühnenlicht wird erblicken dürfen, denn unserer Bühne sind Fesseln angelegt und dennoch schreit kaum eines der Dramen Hauptmann's so sehr nach lebenweckender Darstellung, als diese »Weber«, das dramatisch packendste, was Hauptmann bisher gelungen ist. Es ist das beste, »was ein armer Mann, wie Hamlet ist«, zu geben hat; so schreibt der Dichter in der kurzen Widmung an seinen Vater Robert Hauptmann. In diesem Selbstbekenntnis liegt es ausgedrückt, welchen Anteil das erregte Blut und das bewegte Gemüt an der Dialektdichtung haben; und die Gewalt des Drama's rüttelt auf, sie peitscht die Sinne, Thränen bitterer Wehmut und grollender Empörung erpreßt sie und im letzten Grunde entläßt uns die Dichtung, wie sie aus dem Mitleiden geboren wurde, mit mitleiderfüllter Seele.

Nicht auf einsame Pfade geleitet uns diesmal der Autor, wo Menschen mit feinen Organen ringen und verbluten: weiter ist sein Schauplatz geworden, nicht um die Feinschmecker des Lebens ist es ihm zu thun, sondern um die Masse der Darbenden, die in der Niederung schmachten. Ein Armeleut-Drama wird man spöttelnd ausrufen. Aber ein Armeleut-Drama, aus dem es wie mit Sturmglocken läutet. Es kommt über sie, die zu stammeln, zu winseln, zu stöhnen gewohnt sind, die wirblig-brausende Beredtsamkeit und an den ungelenken Klängen des »Weberliedes«, das wie eine Rachesymphonie durch das ganze Schauspiel zieht, erwächst dem Helden der Tragödie, dem vielhundertköpfigen, dem notleidenden, die Erkenntnis für seine eigene dumpfe Empfindung. Der Groll schwillt an und wird groß, furchtbar bis zum Wahnwitz der Selbstvernichtung. Dröhnenden Gangs, wie man ihn bei Hauptmann bisher nicht gewohnt war, schreitet die Entwicklung vorwärts, die vom Jammer der Weber in den vierziger Jahren unseres Jahrhunderts ihren Ausgang nimmt.

An einem schwülen Maientag liefern die Weber von Peterswaldau ihre Waren in dem Hause des Fabrikanten Dreißiger ab. Armselige, gedrückte Leute, die sich kaum erdreisten, ihre Klagen laut auszusprechen. Der Expedient Pfeifer, ein »treuer Diener seines Herrn«, und ein gestrenger Arbeitgeber hat auch für das Aufseufzen der Not kein Ohr. Da hat einen Knaben, der seinen Pack Parchend ablieferte, der Hunger niedergeworfen. Die Leute raisonieren. »Zweeundzwanzig Mihlen sein ei Piterschwal (Peterswaldau) und fir unsereens fällt doch nischt ab«, sagt der alte Baumert; und der Weber Heiber erwidert in bitterem Sarkasmus: »Ma muuß ebens, wenn d'r Hunger kimmt, zu a verza Nuthelfern bata, und wenn ma doder vone ernt ni sät werd, da muuß ma an Steen ni's Maul nahma und dra lutscha.« Fabrikant Dreißiger, der durchaus kein Leutschinder sein möchte, beruft sich auf den Expedienten, dieser wieder auf seinen Herrn und düster bleiben die Aussichten der Weber.

Der zweite Akt führt in die Hütte des Häuslers Ansorge im Eulengebirge. Kümmerlich, stumpf hausen da zusammen der breitknochige Ansorge und seine Mieter, die Weberfamilie Baumert. Moritz Jäger, ein strammer Husar, ist als Reservemann aus Berlin heimgekehrt. Großpraschig erzählt er von seiner Soldatenzeit, und klimpert mit den Thalern, die er heimgebracht. Aber Sorge und Elend, die der Bursche mit neuen, mit wissenden Augen ansieht, erbittern ihn, der nicht blos ein Flausenmacher ist. Er befeuert die Leute und giebt ihnen die Sprache der lauten Klage wieder, und der alte Ansorge bricht zuerst aus: »Wenn iich halt und iich muuß aus meim Häusla nausziehn... (er kann die Zinsen nämlich für den Bauer nicht aufbringen)«, durch Thränen hervorwürgend: »Hie bin iich gebor'n, hie hoot mei Vatar am Wabstuhl gesassa, meh wie verzich Johr. Wie uft hot a zu Muttern gesoot: ›Mutter, wenn's mit mir amol a Ende nimmt, das Häusla haul feste. Das Häusla ha ich derrobert, hie iis jeder Nal (Nagel) an dorchwachte Nacht, a jeder Balka a Johr treuge Brut (trocken Brot), do mißt ma doch denka.‹« Aber das Grübeln will Moritz Jäger den Leuten austreiben und als die Gemüter erhitzt sind, beginnt er, ihnen das Weberlied vorzulesen.

> Hier im Ort ist ein Gericht
> Noch schlimmer als die Vehmen,
> Wo man nicht erst ein Urteil spricht,
> Das Leben schnell zu nehmen.
> Hier wird der Mensch langsam gequält,
> Hier ist die Folterkammer,
> Hier werden Seufzer viel gezählt
> Als Zeugen von dem Jammer...

Und an dem Lied wird den elenden Häuslern die Größe ihres Jammers offenbar.

Der dritte Akt spielt im Mittelkretschem, einem großen Gasthaus zu Peterswaldau. Scholz, Walzel, Frau Walzel, die Wirtin und ein prächtig gezeichneter schnoddriger Reisender unterhalten sich über die »angebliche« Webernot. Alte und junge Weber kommen, die Situation ist beklemmend schwül. Ein Lumpensammler, Hornig, macht sich lustig über die Art, wie die Regierung Notstandsuntersuchungen anstellt und Moritz Jäger bändelt mit dem hochfahrenden Reisenden an. Der grauhaarige Schmied Wittig, eine herbe verbitterte Natur, kommt dazu und als Gensdarm Kutsche ihm droht, da bricht der Sturm denn los. Die Szene ist von stärkstem dramatischem Leben erfüllt, heißblütig lodert der Zorn in den Geknechteten auf, die finstere Kolonne bewegt sich vor das Haus der Fabrikanten Dreißiger. Der Lumpensammler Hornig schüttelt den Philosophenkopf und ruft aus: »A jeeder Mensch hoot halt an Sahnsucht!«

Bei Dreißiger ist eine kleine Whistgesellschaft beisammen, darunter auch der Pastor Kittelhaus. Frau Dreißiger, ein weiblicher Parvenu, macht die Honneurs. Zum Vergnügen kommt es nicht. Das »arbeitsscheue Gesindel«, wie Herr Dreißiger sagt, ist herangekommen, der Polizeiverwalter hat die Hauptschreier, auch den Reservisten Jäger, festnehmen lassen. Jäger wird trotzig, aufbegehrlich. Draußen wird die Situation immer kritischer. Der Pastor rät ängstlich zur Milde, Pfeifer und Frau Dreißiger sind wirr vor Bestürzung. Moritz Jäger wird befreit, der Pastor und der Polizeiverwalter werden mißhandelt, die Wut ist entfesselt. Man beginnt zu demolieren. Die Empörung ergreift die Nachbarorte. In Langenbielau spielt der Schlußakt. Der alte Hilse versteht die Rebellion nicht. Er ist gottergeben, fromm bis zur Inbrunst. Die Rebellen ziehen nach Langenbielau. Dort gilt es dem Fabrikanten Dittrich. Alles ist in heller Ekstase. Der alte Hilse aber predigt, das ist Satansarbeit. In die Weiber ist indessen die Hölle gefahren. Louise, Hilse's Schwiegertochter, spricht in maßloser Erregung zu dem Warner: »Mit eure bigotta Räda!... Doderwone, do iis mer oh no ni amool a Kind sat geworn. Derwegen han se gelahn (gelegen), alle viere ni Unflat und Lumpa. Do wurd no ni amol a enzichte Winderla treuche (Windel trocken). Iich will a Mutter sein, das wißt! und derwegn das wißt, winsch iich a Fabrikanta de Helle und de Pest m'a Racha nei. Iich bin ebens a Mutter. Drhällt ma wull a su a Würmka? Iich ha meh geflennt, wie Oden gehult, vo dan Augablicke a, wu su a Hiperla nuf de Welt kam, bis der Tuud und derbormte sich driber. Ihr hat eich an Teiwel geschiirt. Ihr hatt gebatt (gebetet) und gesunga, und ich ha mer de Fisse bluttig gelaufa nooch an eenzigta Neegla (Neige) Puttermilch. Wie viel hundert Nächte hä ich mir a Kupp zerklaubt, wie ich ock (nur) und ich kende a su a Kindla ock a eenzich mol im a Kerchhof rimpascha (um den Tod betrügen). Wos hoot a so a Kindla verbrocha, hä? und muß a su a elendigliches Ende naahma —, nee, nee, wenns hier lusgieht, — nie zahn Farre (nicht zehn Pferde) sulle miich zuricke haale. Und das sa ich, sterma (stürmen) sa Dittrichas Gebäude — iich biin de Irschte, und Gnade jeden, dar miich wiil abhaale. Ich has a sat, a su viel stiht feste.«

Als nun der Rasenden nochmals abgeraten wird, mitzuthun, da schreit sie auf: »Eich iis nee zu halfa. Lapp-ärsche seid ihr. Haderlumpe äder keene Manne! Weechquorggesichter, die da for Kinderklappern reißaus nahma. Karla, die dreimool ›schiin Dank!‹ saan fer an Tracht Prigel. Euch han se de Oodern a su laar gemacht, das der ni amool mehr kinnt ruut alaufa (rot anlaufen) ein Gesichte. An Peitsche selt ma nehme und eich a Kriin eibleue (Zorn einbläuen) ei eure faula Knucha.« Inzwischen wurde das Zerstörungswerk fortgesetzt. Das Militär rückt heran. Es wird blutiger Ernst, es kommt zum Straßenkampf. Der alte Hilse setzt sich inmitten des Tumults an den Webstuhl. In der Ekstase sagt er zu seiner greisen Gattin: »Hie hoot mich mei himml'scher Vater hergesatzt, gell, Mutter? Hie blein mer sitza und thun, was mer schuldig sein und wenn d'r ganze Schnie (Schnee) verbrennt.« Er fängt zu weben an. Eine Salve kracht und trifft ihn zu Tode. Das Enkelkind kommt ins Zimmer gerannt. »Gruußvatterla, Gruußvatterla, se treibe de Suldate zum Durfe naus, si han Dittrichas Haus gestermt... Gruußvatterla?« Das Kind erschrickt, wird aufmerksam, steckt den Finger in den Mund und tritt vorsichtig dem Toten näher. Mutter Hilse ruft: »Nu mach ok, Mann, und spriich a Woort, 's kan een ju urntlich Angst waarn!«

Mit diesem beklemmenden Ausruf schließt das Schauspiel, das freilich keine geschlossene Handlung, die sich um ein Einzelschicksal aufbaut, kennt, das aber auf größtem sozialen Hintergrund eine Schilderung voll von dramatischer Wucht giebt und auch bei der Lektüre zu heißer Leidenschaft mitreißt.

PAUL MARX: *Der schlesische Weberaufstand in Dichtung und Wirklichkeit*

in »Das Magazin für Litteratur«, Berlin, vom 13. Februar 1892.

Wer über Schlesiens Land oder Leute schrieb, konnte bis vor kurzem bei gebildeten Lesern nur die eine Tatsache als allgemein bekannt voraussetzen, daß auf Schlesiens Bergen ein Wein wächst, den nur ein geborener Schlesier trinken kann. Unzuverlässig, wie die meisten Anschauungen, deren einzige Quelle das Kommersbuch ist, genügte diese Kenntnis doch, den zeitgenössischen Bildungsdrang in bezug auf die größte, aber viel zu östliche Provinz des preußischen Staates zu befriedigen, bis das schlimme Erntejahr 1890 herankam und die Hungerschreie aus den schlesischen Bergen durch ganz Deutschland schallten. Die Bekanntschaft mit schlesischen Verhältnissen wurde damals in beträchtlichem Umfange erweitert, man erfuhr, daß es in Schlesien ein Eulengebirge gäbe und konnte aus Andeutungen besonders gut unterrichteter Blätter sogar entnehmen, daß dieses mit dem Riesengebirge und mit dem Glatzer Gebirge, welche ebenfalls in Schlesien liegen, nicht identisch ist, und man erfuhr ferner, daß auf all diesen schlesischen Bergen Leute wohnen, welche froh wären, wenn sie den auf Schlesiens Bergen wachsenden Wein zu trinken bekämen. Diese jetzt beinahe zwei Jahre alte intime Bekanntschaft des gebildeten Zeitungslesers mit dem Weberland Schlesiens hat nun seltsamerweise dem Verständnis des neuen Schauspiels von Gerhart Hauptmann: »Die Weber« mehr geschadet als genützt. Das geht so zu. Nach der Angabe des Dichters sollen die Begebenheiten des Stückes in den vierziger Jahren spielen. Wenn ein Wahrheitsfanatiker wie Hauptmann das ausdrücklich versichert, so sollte man es ihm auf sein ehrliches Gesicht hin glauben. Der Zeitungsleser aber ist zu gut unterrichtet und sagt daher: »Das mit den vierziger Jahren ist eine Finte, um den Stoff weniger verfänglich erscheinen zu lassen und um die Polizei zu beruhigen. In Wahrheit ist es ein modernes Stück und spielt im Jahre 1890. Das weiß ich am besten, der ich damals die Zeitungsberichte gelesen habe, denen der Dichter alle Schilderungen des Weberlandes entnommen hat.«

Würde das Stück in den vierziger Jahren spielen, so müßte auch der Geist der vierziger Jahre darin wehen, der politisch-revolutionäre, vormärzliche Geist, der z. B. aus dem Heineschen Gedichte: »Die Weber« spricht. Hauptmanns Weber aber sprechen und handeln nicht wie Achtundvierziger, sondern wie moderne Proletarier, die Marx und Engels gelesen haben. Solche Urteile habe ich mehrfach gehört und auch gedruckt gelesen, und ich kann sie begreifen; denn um genau zu wissen, wie falsch sie sind, muß man ein geborener Schlesier sein.

Gerhart Hauptmann aber ist nicht nur ein geborener Schlesier, sondern auch der Nachkomme einer Weberfamilie. Sein Großvater noch webte täglich zwölf Stunden und hungerte täglich vierundzwanzig Stunden, wie es gerechter schlesischer Weberbrauch seit mehr als hundert Jahren ist. Seinen Ursprung hat Hauptmann nie vergessen, und im Knaben schon erwachte die Sehnsucht, daß ein Gott ihm geben möge, zu sagen, was im ganzen Umkreis des schlesischen Gebirges die Tausende litten, die in ihrer Qual verstummt waren, verstummt waren seit den Junitagen des Jahres 1844, da die Kunde von unerhörten Dingen, die im Eulengebirge geschehen waren, von Zerstörung und

Plünderung und Flintenschüssen, durch Deutschland flog. In einer hundertjährigen Hungertragödie war dies der einzige Moment, in welchem die leidenden Personen auch einmal handelnd auftraten, und als Dramatiker, von dem Handlung verlangt wird, hat Hauptmann diesen einen Moment erfaßt.

Gut war es den schlesischen Webern nie gegangen, auch nicht in den Zeiten der größten Blüte der schlesischen Leinenindustrie unter Friedrich dem Großen, als diese noch die erste Industrie des preußischen Staates war und alle Märkte der Welt beherrschte. Denn diese Blüte baute sich auf den Hungerlöhnen oder, wie man sie euphemistisch ausdrückte, auf der Genügsamkeit der schlesischen Weber auf. Wie jede auf der niedrigsten Stufe der Lebenshaltung stehende Bevölkerungsschicht litten die Weber Not, so oft die Ernte schlecht ausfiel und die Preise der Lebensmittel stiegen. Wenn die Not zu groß wurde, erhielten sie Unterstützung von den Behörden, und auch die preußischen Könige von Friedrich dem Großen bis zu Friedrich Wilhelm IV. haben oft persönlich zur Steuerung der Webernot beigetragen. Aber die öffentliche Meinung begann erst im Jahre 1844 sich mit ihnen zu beschäftigen. Einige Artikel, welche breslauer Zeitungen über ihre Leiden brachten, erregten mit einem Schlage das größte Aufsehen in ganz Deutschland, und bald war die Tagespresse voll von Schilderungen der Webernot. Ein Zeichen der damaligen Erregung ist das Freiligrathsche Gedicht: »Aus dem schlesischen Gebirge«, das im Frühling 1844 in St. Goar entstand, wie überhaupt in der Rheinprovinz die Teilnahme für Schlesien besonders lebhaft war... [Folgt die Schilderung des Aufstandes nach Wolff und Zimmermann. Der Verf.]

Das Aufsehen, das der Aufstand erregte, war um so größer, als sich die Öffentlichkeit unmittelbar vorher mit der Not der Weber beschäftigt hatte und nun in den Nachrichten aus dem Eulengebirge eine Bestätigung der schlimmsten Zeitungsberichte sah. Das Mitleid überwog daher ziemlich allgemein die Entrüstung. Die Regierung aber, die den Versicherungen des Oberpräsidenten von Schlesien, daß ein Notstand nicht existiere, Glauben geschenkt hatte, glaubte in ihrer Bestürzung zunächst, daß die Weber durch geheime revolutionäre und sozialistische Agitatoren verführt seien und sandte zu weiteren Nachforschungen den Polizeirat Duncker und den Referendar Stieber ins schlesische Gebirge. Aber die Tatsachen ergaben nicht den geringsten Anhalt für diese Vermutung, und so mußte sich allmälig auch die Regierung davon überzeugen, daß der Weberaufruhr mit politisch-revolutionären, sozialistischen und kommunistischen Anschauungen nichts zu tun hatte. Drei Jahre später kam diese Überzeugung in der ersten Herrenkurie des ersten vereinigten Landtags zum öffentlichen Ausdruck. Fürst Lichnowsky stellte damals einen Antrag auf Revision des Vereinszolltarifs, den er hauptsächlich mit der Notlage der Leinenindustrie begründete. Er kam auf den Weberaufstand zu sprechen und äußerte: »Nicht kommunistische Ideen, nein, die bitterste Not hat die Weber zu Ausschreitungen veranlaßt. So lange sie satt zu essen gehabt, haben Aufwiegler bei ihnen nie Gehör gefunden.« Für den Antrag traten mit Wärme ein Prinz Wilhelm, der spätere erste deutsche Kaiser, und Graf Schaffgotsch aus Warmbrunn, der die Weberverhältnisse genau kannte. Die Kunde von der Empörung der schlesischen Weber drang bis nach Paris und begeisterte Heinrich Heine zu seinem bekannten düstern Gemälde der hungernden Weber:

> »Im düstern Auge keine Träne,
> Sie sitzen am Webstuhl und fletschen die Zähne,
> Deutschland, wir weben dein Leichentuch,
> Wir weben hinein den dreifachen Fluch,
> Wir weben, wir weben.«

Es folgt nun der dreifache Fluch: Erstens »dem Götzen, zu dem wir gebeten, in Winterskälte und Hungersnöten«, zweitens: »dem König, dem König der Reichen, den unser Elend nicht konnte erweichen« und drittens: »dem falschen Vaterlande, wo nur gedeihen Schmach und Schande«. Dieses Gedicht ist mit der raffiniertesten Kunst ausgearbeitet, jeder Vers ein Dolchstoß, und doch: wenn dieses Heinesche Weberlied statt des unbeholfenen, aber aus der Volksseele geborenen echten Weberliedes im Juni 1844 in den Dörfern des Eulengebirges verbreitet worden wäre, dann wäre kein Stein nach Zwanzigers Hause, eher noch einer nach dem Haupte des Dichters geflogen. Was die hungernden Weber zur Verzweiflung trieb, das Hauptmotiv des Aufruhrs, die Härte und der Übermut der Fabrikanten angesichts der Not der Weber, erwähnt Heine überhaupt nicht, und was ihm die Hauptsache ist, der dreifache Fluch gegen Gott, König und Vaterland, das hätten ihm unter 100 Webern noch nicht 10 nachgesprochen, selbst nicht nach dem Zusammenstoß mit den Soldaten. Vor allem nicht die Gotteslästerung, denn die Weber waren fromme Leute und sind es heute noch. Das hat der Dichter des echten Weberliedes auch gewußt und klug benutzt, was folgende Verse seines Liedes beweisen:

> O, euer Geld und euer Gut
> Das wird dereinst vergehen,
> Wie Butter an der Sonne Glut,
> Wie wird's um euch dann stehen?
> Wenn ihr dereinst nach dieser Zeit,
> Nach eurem Freudenleben,

Dort, dort in jener Ewigkeit
Sollt Rechenschaft abgeben.
Doch ha! sie glauben keinen Gott,
Noch weder Höll noch Himmel,
Religion ist nur ihr Spott,
Hält sich ans Weltgetümmel.

Ebenso wenig haben die Weber jemals ihrem König geflucht, wozu sie auch keine Veranlassung hatten, da alle preußischen Könige mit ihren Sympathien auf Seiten der Weber standen, und der Gedanke, daß schlesische Weber ihrem Vaterlande fluchen könnten, ist das seltsamste, was die ideale Dichtkunst jemals hervorgebracht hat. Kein Mensch hängt so an der Heimat, wie der schlesische Weber. Es wäre besser für ihn, wenn es nicht der Fall wäre, denn die Heimat kann ihn nicht ernähren.

Nicht revolutionäre, vormärzliche Strömungen, nicht sozialistische Agitationen haben die Empörung im Eulengebirge erzeugt, sondern der Hunger der Armen, die Härte der Reichen und ein einfaches Lied. So liegen die Dinge, erkennbar für jeden, der sie in den angeführten Büchern nachschlagen will, und so hat sie Hauptmann erkannt, als er in den Hütten der alten Weber und in den Bibliotheken nach ihren Spuren suchte. Darum sprechen seine Weber nicht wie Achtundvierziger, aber sie sprechen ebensowenig wie Leute, die Marx und Engels gelesen; sie sprechen die einfache Sprache des Hungers und der Verzweiflung, wie sie zu allen Zeiten und an allen Orten gesprochen wurde, von den Sklaven des Spartacus wie von den Bauern des armen Konrad. Nur daß diese Sprache im schlesischen Weberdialekt ganz seltsam klingt, demütig-verzagt noch in der höchsten Verzweiflung, verwundert und an der eigenen Existenz zweifelnd in der höchsten Wut.

Klassenbewußte moderne Proletarier, die Marx und Engels gelesen haben, müssen lachen über das Beginnen der Weber, die in dem einzelnen Fabrikanten ihren Feind sehen, statt in der bestehenden Gesellschaftsordnung. Hauptmanns Weber aber sind dumme Kerle, die gar nicht wissen, was Gesellschaftsordnung ist; sie wissen nur, daß sie zu Haus kein Brot haben und der Fabrikant ihnen ungerechte Lohnabzüge macht und seine Beamten sie grob anfahren und verhöhnen. Das treibt sie zur Gewalttat, nicht das Klassenbewußtsein des Proletariats. Aus individuellem Leid und individueller Grausamkeit wird keine Partei und kein System für sich nutzbringende Regeln ableiten können; nur die Menschen können die alte Lehre daraus ziehen: Habt Mitleid mit den Unglücklichen.

Das ist die einzige Tendenz des Hauptmannschen Stückes. Im übrigen ist es eine erschütternde, in jedem Zuge wahrheitsgetreue Darstellung historischer Begebenheiten. Ich wüßte daher nicht, warum die Zensur die Aufführung nicht gestatten sollte. Aufreizend könnte es höchstens auf schlesische Weber wirken, welche selten ins Theater kommen.

EUGEN ZABEL *in »Nationalzeitung«, Berlin, vom 28. Februar 1893*

In den vierziger Jahren erregte der Königsberger Maler Carl Hübner*) mit seinem Bilde »Schlesische Weber«, das später durch die Lithographie vielfach verbreitet wurde, großes Aufsehen. Es war ein sozialistisches Tendenzgemälde und aus der Stimmung hervorgegangen, in welche die Bevölkerung durch die Noth und das Elend der armen Leinen- und Baumwollenweber in jener Gegend versetzt wurde. Durch die neuen Maschinen und die Veränderungen im Verkehr und Absatzgebiet war die Lage der Arbeiter eine so trostlose geworden, daß sie sich zu Gewaltthätigkeiten hinreißen ließen, denen nur durch das Einschreiten der bewaffneten Macht ein Ende gemacht werden konnte. Hübner zeigte auf seinem Bilde das Comptoir eines großen Leinwandgeschäftes, in welchem die fertig gestellten Waaren gerade abgeliefert werden. Sie gehen durch die Hände von Leuten, die sie auf ihre Güte prüfen und theils als unbrauchbar zurückweisen, theils mit kargem Lohn bezahlen. Der schreiende Gegensatz zwischen der Wohlhabenheit, die kein Herz für das darbende Volk hat, und der bittersten Armuth wurde auf dem Bilde offenbar. Es war ein Mahnruf an die Gebildeten und Besitzenden, sich ihrer Brüder anzunehmen, die in Elend und Unwissenheit verkommen.

Wer sich dieses Gemäldes erinnert, wird im ersten Aufzug des fünfaktigen Schauspiels »Die Weber« oder, wie es im Dialekt heißt, »Da Waber« von Gerhart Hauptmann bei seiner Aufführung durch die Freie Bühne im Neuen Theater eine Illustration zu der von Hübner wiedergegebenen Scene gefunden haben. Die Situation ist genau dieselbe. An einem Maitage liefern die Weber von Peterswaldau am Fuße des Eulengebirges ihre Waaren im Hause des Fabrikanten Dreißiger ab. Die Ärmsten kommen in einem bejammernswerthen Aufzuge daher. Sie sind zerlumpt und von Entbehrungen aller Art so gebeugt, daß sie ihre Klagen kaum vorzubringen wagen. Der Expedient Pfeifer hat an den Sachen allerlei auszusetzen. Er weist den Arbeitern die wenigen Groschen an, schreckt aber mit barschen Worten Jeden ab, der eine Bitte wegen Vorschuß oder Unterstützung vorbringen möchte.

*) Karl Wilhelm Hübner, geb. 1814 in Königsberg, Schüler Schadows und von Carl Sohn, gest. 1879 in Düsseldorf.

Die Meisten würgen ihr Elend hinunter, nur der rothhaarige Bäcker, ein dreister redegewandter Bursche, bringt laute Klagen vor und schildert die verzweifelte Lage der Leute. Da Pfeifer ihn nicht zum Schweigen bringen kann, ruft er seinen Prinzipal, den Fabrikanten, herbei. Dreißiger ist ein entschlossener Mann, der den Arbeitern zu imponieren weiß. Er fühlt wohl, daß nicht alles in Ordnung ist, aber er sucht sein Gewissen zu betäuben und jede Schuld von sich abzuwälzen. Er legt es den Leuten in den Mund, ihm zu bestätigen, daß er kein Tyrann, kein Leuteschinder sei und glaubt wunder wie edel zu handeln, wenn er einen Knaben, der ein Packet Parchend hergetragen hat und im Gefühl der Schwäche und des Hungers wie ein Klotz auf die Erde fällt, zur Pflege auf sein Zimmer bringen läßt. Dem trotzigen Bäcker weist er kurzweg für immer die Thür, und als die Übrigen sich klagend um ihn drängen, weiß er sich in seiner egoistischen Selbstzufriedenheit nicht anders zu helfen, als indem er sie an seinen Expedienten verweist. So bleibt wieder alles beim Alten und die Noth des Einzelnen schreit zum Himmel.

Im zweiten Akt befinden wir uns in der Hütte des Häuslers Ansorge im Eulengebirge, wo Weiber und Kinder von früh bis spät an ihren Webstühlen sitzen und arbeiten. Sie sind krank, sie betteln um Brot und sind fast blöde geworden in ihrer menschenunwürdigen Existenz. Da kommt in Moritz Jäger ein flotter Husar als Reservemann in die Heimath zurück. Er hat nicht nur frischen Lebensmuth, sondern auch ein Paar Thaler mitgebracht, so daß er Etwas draufgehen lassen kann. Er rüttelt die verkommene Gesellschaft auf und bringt sie zum Bewußtsein über ihre Lage. Was Alle empfinden, aber nicht in Worte zu kleiden wissen, drückt er mit aufreizender Rede aus. Er öffnet ihnen die Augen und lehrt sie ihr Elend zu sehen. Was nützt es, daß der alte Häusler darüber jammert, daß er dem Bauern die Zinsen nicht zahlen kann und aus seiner Hütte ausziehen muß, wo jeder Nagel eine durchwachte Nacht und jeder Balken ein Jahr trockenes Brot ist? Nicht auf das Grübeln, sondern auf das Handeln kommt es an! Der Husar liest ihnen das eben entstandene Weberlied vor, das drohend und racheschnaubend gegen die Unterdrücker vorgeht und dessen erste Verse lauten: »Hier im Ort ist ein Gericht, noch schlimmer als die Vehmen, wo man nicht erst ein Urtheil spricht, das Leben schnell zu nehmen. Hier wird der Mensch langsam gequält, hier ist die Folterkammer, hier werden Seufzer viel gezählt als Zeugen von dem Jammer.« Die Arbeiter spitzen die Ohren, sie berauschen sich an den Worten, sie stürzen auf einzelne Kraftausdrücke des Liedes wie Wölfe auf einen Bissen und ihre Erregung macht sich in dem Verzweiflungsschrei Luft, daß es so nicht länger gehen könne, daß wirklich etwas geschehen müsse.

Gerhart Hauptmann hat dieselbe Zeit wie der Maler Hübner im Auge gehabt und dieselben Menschen, die dieser dramatisch verwerthet. Als geborener Schlesier ist er mit den Zuständen in diesen Fabrikgegenden, mit Land und Leuten wohlvertraut. Zu Dem, was er selbst gesehen und beobachtet hat, kam noch hinzu, was ihm durch Familienüberlieferung zugetragen wurde. Sein Großvater war selbst Weber und durch seinen Vater Robert Hauptmann, dem er das Werk gewidmet hat, wurden die Erinnerungen an die Vergangenheit treu bewahrt. So konnte es ihm gelingen, ein schauerliches Bild menschlichen Jammers vor unseren Augen zu entfalten und ihm alle Farben der Wirklichkeit zu geben. Sein Stück ist fast durchweg im Dialekt geschrieben. Nur die wenigen Personen aus den gebildeten Kreisen, die darin auftreten, sprechen hochdeutsch. Mit welcher krassen erbarmungslosen Natürlichkeit der Dichter das Elend des Volkes zu schildern weiß, ist aus seinen früheren Stücken, besonders aus der Schnapstragödie »Vor Sonnenaufgang« zur Genüge bekannt geworden. Die »Weber« sind feiner in der Charakterisirung des Einzelnen gearbeitet, wenn auch die zarte psychologische Verästelung der Motive, die den »Einsamen Menschen« einen besonderen Werth verleiht, durch die Natur des Stoffes ausgeschlossen war. Hauptmann's Stärke liegt in seinem Talent, die Figuren haarscharf auseinander zu halten, sie mit wenigen Zügen für unsere Phantasie lebendig zu machen, sie an eine Situation, die uns in Mitleidenschaft zieht, förmlich festzuklammern. Er hat nicht weniger als fünfzig redende Personen auf die Bühne gebracht, jeder einzelne hebt sich aufs Schärfste von der anderen ab. Sie treten wie ausgemeißelt aus der Stimmung des Ganzen heraus. Etwas wie schwüle ermattende, den Athem bedrückende Gewitterluft weht uns aus dem Stück entgegen. Es erfüllt uns mit namenloser Traurigkeit, wir glauben den Hilferuf rettungslos Ertrinkender zu hören. Der Aufschwung aus der thierischen Erstarrung im Elend zur trotzigen Auflehnung gegen die Gewalt, das Aufdämmen der Ahnung, daß es auch für diese Elenden irgendwo, im Himmel oder auf Erden, ein Recht geben müsse, hat dem Schluß des zweiten Aktes eine hinreißende Wirkung verliehen. Hier setzte der Beifall der Zuschauer am vollsten und ehrlichsten ein.

Wäre es dem Dichter vergönnt gewesen, auch in den folgenden drei Akten des Stückes seine Situationen so gleichmäßig vorwärts zu bewegen, so hätten wir ein vollwerthiges Drama erhalten. Aber Hauptmann krankt in seinen Bühnenarbeiten unaufhörlich daran, daß er sich in die Ausmalung des Zuständlichen verliert, daß er immer mehr kleine und überflüssige Charakterzüge zusammenträgt und darüber vergißt, wozu die Figuren eigentlich da sind. Drama heißt Handlung. Es fällt uns nicht ein, dieselbe mit dem Siebenmeilenstiefel abzumessen und die Häufung von Ereignissen als Vorzug oder Bedingung eines

Theaterstückes gelten zu lassen. Jede fortschreitende, innerlich nothwendige Entwickelung von Empfindungen ist im Sinne des Dramas eben so gut Handlung wie eine Kette sensationeller Begebenheiten. Aber die Bühne duldet keinen vollständigen Stillstand des Scene, keine müßige Wiederholung des Angeschauten, kein fortwährendes Herumbohren in derselben Situation. Mit der Charakteranalyse muß der echte Dramatiker endlich ein Mal zum Schluß kommen und dann wie der Marschall Vorwärts losgehen. Hauptmann hat keine Ahnung, daß ein Drama ein geschlossener Organismus ist, dem keine gleichgültigen Theile anhaften dürfen. Bei der Aufführung der »Einsamen Menschen« im Deutschen Theater konnte ohne Schaden für das Ganze ein voller Akt ausgeschaltet werden. Im »Kollegen Crampton« erwies sich ebenfalls ein Akt als überflüssig, weil er nur die Charakterisierung einzelner Personen, aber nicht das Stück als solches förderte.

Genau so verhält es sich in den »Webern«. Der dritte Akt spielt in einem Gasthause in Peterswaldau. Die Scene ist als Genrebild vortrefflich, hat aber mit dem Stück wenig zu schaffen, denn was der Wirth und die Wirthin sowie ein hinzukommender Reisender in seiner vorlauten und nichtssagenden Überlegenheit über den Nothstand schwatzen, weshalb der Husar Moritz Jäger sich über ihn lustig macht, ist uns ebenso gleichgiltig, wie das wilde Drohen eines Schmieds, den der Gendarm wegen seines aufrührerischen Wesens vor den Staatsanwalt bringen will. Dieser Aufzug ist weiter nichts als ein verwirrender, von der Hauptsache ablenkender Bilderbogen, denn daß die Leidenschaften aufgewühlt sind und das Weberlied von den sich zusammenrottenden Massen überall gesungen wird, hätte im vierten Akt in einer kurzen Übergangsscene ebenso gut ausgeführt werden können. Wie ganz anders hätte sich der Rachehymnus auf unsere Phantasie gewirkt, wenn wir ihn zum ersten Mal im Chore vor den Fenstern des Fabrikanten Dreißiger vernommen hätten, der behaglich in seinem Zimmer sitzt und mit dem Pfarrer Karten spielt, als der wüthende Haufe gegen ihn heranzieht! So waren wir gegen die Wirkung des Liedes, das wir schon zwei Mal gehört hatten, merklich abgestumpft und es konnten uns nur die einzelnen Umstände des Aufruhrs tiefer interessiren. Moritz Jäger wird zuerst gefaßt und nach einem kurzen Verhör von dem Polizeiverwalter und dem Gendarm abgeführt, die mit Entschlossenheit, um die Ruhe wiederherzustellen, gegen die Arbeiter vorgehen. Aber sie werden über den Haufen gerannt und die wilde Schaar dringt mit dem befreiten Jäger an der Spitze in die Wohnung ein, die von ihrem Besitzer verlassen worden ist. Eine wahnwitzige Plünderung bereitet sich vor und die irrsinnigen Phantasien des alten Häuslers Ansorge geben diesem Akt ein stark melodramatisch gehaltenen Abschluß.

Es ist bezeichnend, daß jeder Aufzug der »Weber« an einem anderen Orte spielt. Aber auch in jedem Akt treten neue Personen auf, und zwar als Mittelpunkt für entscheidende Situationen. Man hat das Gefühl, daß in einem Album ein Blatt nach dem andern umgelegt wird. Anstatt das Interesse des Publikums wenigen Personen ungetheilt zuzuwenden, greift Hauptmann aus der Masse bald Diesen, bald Jenen heraus, wer ihm gerade in den Wurf kommt und stellt ihn in den Vordergrund. Im Schlußakt schiebt er uns wieder eine neue Weberfamilie vor die Augen, den alten Hilse, der, während der Aufstand immer mehr um sich greift, still und bescheiden bei seiner Arbeit bleibt. Er schilt das Alles Satanswerk, obwohl ihn die Noth ebenso wie die Übrigen drückt und sein Weib beim Spinnen das Augenlicht eingebüßt hat. Aber als sein Enkelkind mit einem silbernen Löffel angerannt kommt, den es bei der Plünderung gefunden hat, schickt er das unrechte Gut sofort wieder zurück. Um so entschlossener ist Hilse's Schwiegertochter Louise, eine Megärennatur, die nach Rache und Blut lechzt und sich wie toll in den Haufen der Kämpfenden stürzt, denn schon ist Militär angerückt, um den Aufruhr niederzuschlagen. Der Kampf wogt hin und her, Leute stürzen fort und kommen, Schüsse krachen. Aber der alte Hilse setzt sich ruhig an seinen Webstuhl und fängt zu arbeiten an, denn hier hat ihn sein himmlischer Vater hergesetzt und hier muß er bleiben. Während er die Tritte und Hebel bewegt, kracht von draußen eine Salve. Eine Kugel trifft ihn, er sinkt lautlos zur Seite. Sein Enkelkind kommt ins Zimmer gelaufen, ruft: »Gruusvaterla!« und blickt ängstlich auf den Leichnam. Darüber fällt der Vorhang. Leider hat sich Hauptmann diesen Schluß des Stückes auf eine uns unbegreifliche Weise verdorben. Es wird nämlich in den vorausgehenden Scenen wiederholt davon gesprochen, daß die Kugeln ins Haus einschlagen. Der alte Mann wird ausdrücklich gewarnt, sich vor's Fenster zu setzen. Er sagt, er wolle seine Pflicht thun. Das bedingt aber nicht, daß er absichtlich die Gefahr heraufbeschwört und ihr zum Opfer fällt. Die Situation hätte nur Sinn, wenn der alte Mann mit den Arbeitern zugleich sterben wollte. Aber im Gegentheil! er will ja leben und schaffen, so lange seine Kraft ausreicht. Psychologisch und dramatisch richtig wäre es gewesen, wenn Hilse, ohne von den einschlagenden Kugeln etwas zu wissen, im Gefühl seiner Gottergebenheit sich an den Webestuhl gesetzt hätte. Der Fehler wäre doch, sollte man meinen, auf einer der ersten Proben zu erkennen und zu beseitigen gewesen. Daß das kleine sechsjährige Kind das letzte Wort hat, ist ein sentimentaler Drucker von zweifelhaftem Werth und nicht mehr als eine wohlfeile Anleihe aus dem französischen Rührdrama. Hauptmann hätte für den Schlußakt des Stückes höher von seinem Talent denken sollen.

Große Vorzüge stehen in den »Webern« neben großen Fehlern.

Meisterhaft ist die Charakterzeichnung und der Dialog, die ein äußerstes Maß von Naturwahrheit erreichen. Der Griff in das Elend der Masse ist kühn und mit so gleichmäßiger, tiefer Kraft ausgeführt, daß unser Gefühl aufs Stärkste erregt wird. Freilich fehlen alle Momente einer befreienden und beruhigenden Weltanschauung. Am Ende fühlen wir nur, wie an unseren Nerven gezerrt, wie unsere Stimmung gewaltsam herabgedrückt wird. Kann sich wirklich so viel Häßlichkeit, Verkommenheit, Krankheit und wüste Leidenschaft in einem Raum zusammendrängen, ohne daß derselbe durch einen schwachen Lichtschein erhellt wird? Wir glauben, daß die Natur gütiger sei und mehr Erbarmen kenne, als unsere Naturalisten ihr zugestehen wollen. Daß die Existenz von Menschen sich so einseitig, in Jammer und Verzweiflung abspiele, möchten wir bestreiten. Wir sehen darin Anschauungen, die von Außen her, auf künstlichem, literarischen Wege in die Situationen hineingetragen worden sind, um unser Mitleid zu verstärken. Aber es bedarf Dessen gewiß nicht, um unser Herz für eine so breit, anschaulich und eindringlich geschilderte Gruppe unglücklicher Menschen zu erschließen. Nur rede man uns nicht ein, daß dieser Naturalismus das Leben erschöpfe, wie es wirklich ist. Es sind doch nur wenige Tropfen, die an einer bestimmten Stelle und zu einem leicht erkennbaren Zwecke ausgeschöpft wurden. Kunstwahrheit ist nicht Lebenswahrheit schlechthin. In Wirklichkeit wird vielleicht die Lage der schlesischen Weber noch viel schlimmer gewesen sein, als es Hauptmann schildert. Zum Hunger und zur Krankheit werden Laster und Verbrechen gekommen sein, wie sie etwa Zola in »Germinal« schildert. Aber keine Bühne und kein Publikum der Welt hätte diese Einzelheiten ertragen können. Auf der anderen Seite sucht die Natur einen, wenn auch noch so kümmerlichen Ausgleich im Gemüthsleben jedes Menschen zu erzielen. Auch der Ärmste freut sich, wenn er ein Mal genug zu essen bekommt, auch der Elendeste hat bei Weib und Kind Augenblicke des Glücks genossen und von der Göttergabe des Humors bleibt keine Sphäre des Lebens ganz unberührt. Bei Hauptmann findet sich davon Nichts. Höchstens sind einzelne Spuren grotesker Komik nachzuweisen. Alles Übrige ist grau, kahl und todt, die Stimmung eines Leichenhauses schwebt darüber.

Die Regie hatte die Schwierigkeiten des Stückes, das wegen der Fülle von Personen und des wechselnden Schauplatzes nicht leicht zu inscenieren ist, glücklich überwunden. Die Dekorationen waren charakteristisch und sorgfältig gewählt, das Spiel ging glatt und ungezwungen in einander. Die einzelnen Rollen lassen hinsichtlich ihrer Auffassung keinen Zweifel zu, man braucht nur zuzugreifen, um das Richtige zu wählen. Wir heben nur die Darsteller der Hauptpersonen lobend hervor, Herrn Nissen als Fabrikanten Dreißiger, Herrn Vorwerk als auf-

rührerischer Bäcker, Herrn Rittner in der trefflich gespielten Rolle des
Reservisten Moritz Jäger, Herrn Löwenfeld als Häusler Ansorge, Herrn
Hock als alten Hilse, von den Damen vor Allem Fräulein Bertens, die
als Hilse's Schwiegertochter Louise ihre Brandrede zum Schluß mit
hinreißender Kraft sprach. Die »Weber« würden sich, selbst wenn sie
von der Polizei freigegeben werden sollten, auf keiner Bühne dauernd
einbürgern, aber in der Entwicklung des Naturalismus im Drama sind
sie immerhin eine merkwürdige und beachtenswerthe Erscheinung.
Hat man das Stück gesehen, so glaubt man eine schwere Arbeit hinter
sich zu haben. Hebbel's »Maria Magdalena« ist im Verhältniß zu dem
Hauptmann'schen Drama eine Erholung zu nennen.

MAXIMILIAN HARDEN: *Die Weber*
in »Die Zukunft«, Berlin, vom 11. März 1893

In Suez sah ich einmal, wie zwei schwarze Lümmel einen schon
altersschwachen Esel mißhandelten, von der kleinen Sorte einen, die
in Egypten heimisch sind. Das arme Grauthier hielt zuerst ganz geduldig den Streichen still; als aber die Schläge dichter fielen und der
größere Lümmel von den brüchigen Lehmhäusern harte Klümpchen
löste und damit den scheu blinzelnden Kopf des Thieres traf, da wurde
es wild, begann zu stoßen und zu stampfen, zerriß den Strick, der es
an den Pflock gefesselt hielt und jagte mit letzter Kraft bis hinunter
ans Meer. Da fingen die schwarzen Strolche, deren Heldenthat die
stolze Familie lächelnd zusah, den Esel wieder ein, führten ihn am
Halfter zurück und sperrten ihn in den Stall. Mich hatte das Schauspiel
erregt und nur die Ohnmacht des Einzelnen gegen eine Schaar schwar-
zer Gauner hielt mich ab, dem zerstriemten Grauthier zur Hilfe zu
eilen. Immerhin sagte ich mir, daß die Esel doch eigentlich gut daran
thun, nach der Mehrheit zu streben. Und so hatte die Scheußlichkeit
mir zwar keine tragische Erschütterung, aber etwas wie eine sozial-
philosophische Betrachtung suggerirt.

Das Beispiel ist ein Bischen weit hergeholt, aber ich fand in der
Nähe kein so passendes, um die Empfindung zu bezeichnen, mit der
ich immer wieder das Schauspiel »Die Weber« von Herrn Gerhart
Hauptmann gelesen habe. Immer wieder rüttelte mich der Jammer,
die dumpfe Verzweiflung, die aus den Leuten von Kaschbach und
Langenbielau stammelnd noch noch und lallend hervorbricht, immer
wieder riß ihr Aufruhr wie ein apokalyptisches Rachegericht mich mit
und selbst ihrem etwas melodramatischen Unterliegen versagte das
Mitleid sich nicht. Aber der tragische Schrecken blieb aus und die

tragische Läuterung stellte sich nicht ein und am Ende blieb nur eine Nervenerregung zurück, wie nach einem Straßenunglück oder nach einem spannenden Mordprozeß, und daneben die Freude an dem Erstarken der proletarischen Organisation, die uns heute die Schmach des Weberelendes aus den vierziger Jahren doch in gemilderten Formen zeigt. Solche Empfindung aber kann nicht das Ziel des tragischen Dichters sein, dem Goethe die Aufgabe gestellt hat, »ein psychisch-sittliches Phänomen in einem faßlichen Experiment dargestellt, in der Vergangenheit nachzuweisen«.

Nicht oft genug kann ein Kritiker seine bescheidene Subjektivität betonen: er sieht, wie andere Menschen auch, aus eigenen Augen in die erlebte oder erdichtete Welt und von der Art seines Sehvermögens, nicht von der Richtigkeit seiner Beobachtung, hängt es ab, ob er Aufmerksamkeit und Interesse finden wird. Taine, dessen Verlust wir eben beklagen und den fixe Buben so eilig unter geborgte Kränze bestattet haben, als gehörte ihm nicht ein reichlich lessingischer Rest des Jahrhunderts, war groß durch seine strömende Subjektivität; er war so wenig wie etwa Treitschke ein kühler, unbefangener Historiker, und wenn er über die interessantesten Stoffe sprach, über die Revolution und Napoleon, selbst dann war der Betrachter immer noch interessanter als die Betrachteten. Im sicheren Gefühl seiner naturwissenschaftlichen Erkenntniß war er dieser Begrenzung, die ihm doch wieder die zwingende Macht verlieh, sich nicht bewußt; seine geistige Nachkommenschaft aber, die zugleich auch von Renan entscheidend beeinflußt worden ist und die Goncourt, Bourget, Lemaître und Genossen umfaßt, hat allmählich doch eingesehen, daß der Kritiker nicht immer, wie Taine wollte, nur botanisiren und die Kataloge der menschlichen Pflanzenwelt aufstellen kann, und schließlich hat Anatole France das gute Wort gefunden: Jede Kritik ist ein Selbstbekenntniß und bezeichnet nur das Verhältniß des Betrachters zu dem Betrachteten.

Damit ist nun freilich die ästhetische Barbarei nicht entschuldigt, die sich noch stolz dünkt, wenn sie am Stoffe klebt und im Lapidarstil verkündet, das Weberschauspiel des Herrn Hauptmann müsse gepriesen werden, schon weil es mit schrillem Nothschrei den Nebel der bourgeoisen Dramatik durchheult. Wer so denkt, ist ein Hunne und wäre der Mann, am Ende aller Kunsttage zu erscheinen, in der gar nicht mehr fernen Zeit, wo der Künstler nur noch auf die Tüchtigkeit seiner Gesinnung geprüft werden wird. So lange aber Menschen ein Kunstwerk beurtheilen und die Kritik nicht automatisch besorgt wird, so lange wird auch menschliche Antheilnahme ein Wort mitsprechen; und für die jüngere Generation, die durch ihr Erleben heute unwiderstehlich auf die Seite der sozial Unterdrückten gedrängt wird, entsteht so die ernstliche Gefahr, daß die unbefangene Kunstanschauung ihr vor hitziger Parteilichkeit überrannt wird. Deshalb glaube ich auch, daß der weitaus größte Theil des Beifalls, den das Schauspiel des Herrn Hauptmann gefunden hat, den sozialen Instinkten und nicht der künstlerischen Befriedigung entstammt. Und weil vor diesem Schauspiel aus den vierziger Jahren heute selbst der verhärtetste Ausbeuter sich bekreuzigen und beschwören kann, daß er nicht ist wie der Fabrikant aus Peterswaldau, deshalb bin ich auch überzeugt, daß die vereinigte Plutokratie von Berlin eines Tages noch diesen illuminirten Freskobildern tobenden Beifall klatschen wird. Es ist ja so angenehm aufregend, die entfesselte Bestie ihr Rachewerk beginnen zu sehen, so behaglich, sich als der bessere Mensch zu fühlen, und so tröstlich, wenn am Ende doch die Stützen der Gesellschaft von der Polizei und dem Militär in ihre angestammten Rechte wieder eingesetzt werden.

Die Freunde des Dichters haben die »Weber« mit »Wilhelm Tell« verglichen und gerade dieser Vergleich hat meinen Glauben gestärkt. Auch bei Schiller sehen wir, und gewiß in bewegter Theatralik, wie ein geknechtetes Volk sich gewaltsam erhebt; aber Zwing-Uri und der Rütli sprechen zu unserem Empfinden nicht und nur die menschlichen Geschicke Tells und Melchthals greifen uns ans Herz. Solche menschliche Theilnahme findet in den »Webern« keine Nahrung, denn da erblicken wir, gleich das Personenverzeichniß verräth es uns, nicht Individuen, sondern nur Gruppen, die Weber und die Fabrikanten, dazwischen ein fluktuirendes Element von Kleinbauern, Städtern, Geistlichen und Subalternbeamten, die unschlüssig zwischen den Herren von heute und morgen zaudern. Daß »Wilhelm Tell« kein gutes Drama ist, räumt jetzt jeder Verständige ein; und doch möchte die lärmende Schaar, die sich an Herrn Hauptmann gedrängt hat, uns die »Weber« als eine neue Form dramatischer Kunst anpreisen. Wenn aber Stauffacher uns ein gleichgiltiger Mann ist, während der rothe Bäcker, der die Weber zum Aufruhr ruft, leidenschaftliche Sympathie erzwingt, so liegt das eben nur daran, daß soziales Mitgefühl den Kunstanspruch übertönt.

Und doch ist Herr Hauptmann ein feiner Künstler und die weitaus stärkste Natur im jungen Deutschland der neunziger Jahre. Ich liebe ihn mehr, wenn er in die leisen Konflikte einer etwas pedantischen Kleinbürgerlichkeit sich einspinnt; aber die ganz ungewöhnlich sichere Beobachtung kleiner und kleinster Wesenszüge und die Fähigkeit, in knapper und fast immer konsequenter Sprache eine Individualität zu enthüllen, ist ihm auch in den »Webern« treu geblieben und die Prachtgestalt des wundervoll liberalen Fabrikanten, der sofort in ein Kommunalamt oder in einen Bezirksverein versetzt werden könnte, lobt laut ihren Meister. Die Aufgabe aber, an einem Menschengeschick den ganzen Jammer zu zeigen und die Fülle der Noth, so daß man in der

Perspektive auch das Leben und das Vergehen der übrigen Unterdrückten erblicken kann, diese Aufgabe hat er nicht bewältigt. Alle Einzelheiten breitet er geschäftig vor unserem Blick aus und zeigt uns den Weber bei der Löhnung, in der verfallenden Hütte, beim Schenkenwirth und im Kampf um sein Recht; hinter diesen Momentbildern aber sehen wir nichts mehr und es beschleicht uns das unbehagliche Gefühl, in einem Laden zu sein, dessen Besitzer außer den Stoffen auf dem Tisch uns nichts weiter zu bieten hat. Auch wirkt das Gewimmel, in dem man nur die helle von der dunklen Gruppe unterscheiden kann, auf mein Auge zerstreuend und ermüdend, etwa wie ein Riesenpanorama, das der feine Pinsel eines Meissonier gemalt hätte.

Dennoch wird das Werk bleiben und die Stimmung einer Stunde bezeichnen, in der sich ein evolutionärer Wechsel der Weltbetrachtung vollzog. Schon einmal ist aus Schlesien, der Heimath der Weber und ihres Dichters, eine literarische Evolution hervorgegangen: als vor dreihundert Jahren Martin Opitz sich gegen die Meistersängerei und pöbelhafte Pritschmeisterei erhob und der Poesie die Schätze des Humanismus zu eröffnen versuchte. Damals forderten die ersten Triebe nationalen Selbstgefühls und bürgerlicher Bildung ihr Recht gegen Fremdländerei und Verwahrlosung; heute ringt ein soziales Sehnen sich ans Licht und aus der Stätte des tiefsten Elends klingt kreischend der gellendste Schrei hervor. Die Zeit des unendlich Kleinen, der atomisirten Massen bricht herein, immer deutlicher erkennt man in der nur scheinbar literarischen die sozialistische Bewegung, und es ist gewiß kein Zufall, daß der Führer der neuen Schaar nicht der Gestalter großer Menschengeschicke ist, sondern der Organisator kämpfender Gruppen und Massen. Martin Opitz konnte in seinem Buche von der teutschen Poeterey noch sagen, die Tragödie vertrage nicht, »daß man geringen Standes Personen und schlechte Sachen einführe«; sein Landsmann hat uns jetzt die Tragödie des Proletariats gegeben, die Tragödie vom Hungern und Sterben ausgebeuteter Industriesklaven.

Die Tragödie? Ich möchte lieber sagen: das Melodrama, das neue, das mit verfeinerten Kunstmitteln und veredelter Technik arbeitet, das seinen Ursprung aber doch nicht verleugnen kann. Wenn die »Weber« in Paris aufgeführt werden, dann wird man vielleicht an Victor Hugos »Misérables« oder gar an Sues »Mystères de Paris« erinnern und am Ende noch selbstgefällig auf die soziale Zerrüttung in Deutschland weisen. Es ist sehr möglich, daß ich mich täusche; aber mir will vor den unsäglich traurigen Zuständen, die Herr Hauptmann mit zähem Verweilen schildert, der tragische Schrecken und die tragische Läuterung sich nicht einstellen und mein Empfinden bleibt ungefähr das gleiche wie damals in Suez, als ich das arme Grauthier mißhandeln und wieder einfangen sah. Da wurde nur ein Thier geknechtet und hier sind es Menschen; doch das mehrt nur die Trostlosigkeit solchen Schauspiels, und aus den Weberhütten dringt nicht wie von Suez der Blick zu der mythischen Stelle, wo Moses den Dürstenden einst erquickendes Wasser aus einem Felsen schlug.

FRANZ MEHRING: *Gerhart Hauptmann, Die Weber*
in »Die Neue Zeit«, Berlin, Jg. 1892/93, Heft 24

Am 26. Februar brachte der Verein Freie Bühne, der für diesen Zweck von den Toten auferstanden war, im Neuen Theater das Weber-Schauspiel von Gerhart Hauptmann zur ersten Aufführung. Die Darstellung des Stückes auf einer öffentlichen Bühne ist bekanntlich durch die hiesige Polizei verboten worden, von ihrem Standpunkt aus nicht unberechtigter-, aber deshalb doch überflüssigerweise. Die bürgerlichen Kritiken in den heutigen Morgenblättern werden sie belehrt haben, daß sie es getrost der Bourgeoispresse hätte überlassen können, die »Weber« langsam, aber sicher abzuwürgen. Indessen wollen wir nicht mit den heiteren Knaben rechten, die im »Berliner Tageblatt« und der »Nationalzeitung« das kritische Richtschwert schwingen; heut winkt uns eine höhere Jagd, nämlich jener Musenhof am Müggelsee, der angeblich Gerhart Hauptmann »entdeckt« hat und nun durch Herrn Julius Hart in der »Täglichen Rundschau« verkünden läßt, die »Weber« atmeten »revolutionären Geist«, »sozialdemokratischen Ingrimm«, »Echtheit und Entschiedenheit der Gesinnung«, aber was zu stürmischem Beifall hinreiße, sei nicht die »revolutionäre Rede eines Parteipolitikers, sondern nur die allgemeine große Menschlichkeit«, »alles Politische und Sozialistische habe sich hier abgeklärt zu reinster künstlerischer Bildung und über dem nackten Interesse schwebender Menschlichkeit«. Gerhart Hauptmann gehöre zu den ganz wenigen in unserer Zeit, »die an ihren Schultern die echten Dichterflügel tragen und auf ihnen über den Dampf und Dunst alles Parteipolitischen sich hoch erheben und in jenen reineren Höhen wohnen, die sich nur dem Dichter, dem Philosophen und den wahrhaft religiösen Naturen erschließen«. Doch wir fürchten, daß unsere Leser von diesem Bombast genug und mehr als genug haben; wir haben ihnen dies Pröbchen auch nur vorgesetzt, um die trockene Bemerkung daran zu knüpfen, daß Herr Julius Hart aus den antiquarischen Bücherschätzen des Musenhofes am Müggelsee ebensogut wie wir, und viel besser als das Bourgeoispublikum, das er durch das Klingeln seiner Schellenkappe ergötzt, darüber unterrichtet ist, wie tief die »Weber« im »Dampf und Dunst alles Parteipolitischen« stecken. Denn ihr Dichter hat sie nach dem Text eines unverfälschten Sozialdemokraten gearbeitet.

Im »Deutschen Bürgerbuch für 1845«, herausgegeben von H. Püttmann, schildert Wilhelm Wolff — es ist derselbe »kühne, treue, edle Vorkämpfer des Proletariats«, dem Marx den ersten Band des »Kapitals« gewidmet hat und dessen von Engels mit einer biographischen Einleitung herausgegebene »Schlesische Milliarde« unseren Lesern bekannt sein wird — »das Elend und den Aufruhr in Schlesien«(*). Er leitet darin den Bericht über die Unruhen in Peterswaldau und Langenbielau mit den Worten ein: »Wenden wir uns jetzt nach dem Eulengebirge, an dessen Fuße sich der erste blutige Akt, mindestens ein Vorspiel, in dem unaufhaltsamen Proletarierdrama, im Kampfe des niedergetretenen, von der Macht des Geldes und der schlauen Berechnung zur Maschine erniedrigten Menschen um Wiedergewinnung seiner Würde, im Kriege der Besitzlosen gegen die Tyrannei und Selbstsucht des Privateigentums zu Anfang dieses Monats (Juni 1844) entwickelt hat.« Und Wilhelm Wolff schließt seinen Aufsatz mit den Worten: »Wer über die Natur des Privateigentums und seine Konsequenzen ernstlich nachdenkt, wird von Dingen, die höchstens einige Zeit als kleines Palliativ wirken können, keine Radikalkur hoffen. Nur eine Reorganisation, eine Umgestaltung der Gesellschaft auf dem Prinzip der Solidarität, der Gegenseitigkeit und Gemeinschaftlichkeit, mit einem Worte der Gerechtigkeit, kann uns zum Frieden und zum Glücke führen.« Man ermesse den Schauder, womit die »wahrhaft religiöse Natur« des Herrn Julius Hart aus ihren »reineren Höhen« auf diesen parteipolitischen Dampf und Dunst herabblicken mag. Und doch — was zwischen den beiden eben zitierten Sätzen von Wilhelm Wolff liegt, ist nicht nur nach den trockenen Tatsachen, sondern auch der gedanklichen Auffassung nach der Inhalt der »Weber«.

Es sei gestattet, diese Behauptung in möglichster Kürze zu beweisen. Wolff geht von einer allgemeinen Schilderung des Weberelends aus. »Da ertönte der Notruf in Schlesien und fernhin durch ganz Deutschland; Vereine zur Linderung der Not bildeten sich überall; ein Hoffnungsstrahl drang in die Hütten der Armen... Der Notruf hatte zwar nicht die Not hervorgerufen, wie freilich viele uns jetzt überreden möchten, und die Verzweiflung würde überdies zum Ausbruch gekommen sein, denn ›Not kennt kein Gebot‹. Allein wenn die Armen glaubten, nun in Kürze auf eine bessere Gestaltung ihrer Lage rechnen zu dürfen, so sahen sie doch bald, daß sie wie immer von der Willkür der Fabrikanten abhingen... Die Not und das Drängen nach Arbeit wurde von einzelnen Fabrikanten möglichst benützt, um für geringen Lohn viel Ware zu erhalten.

Unter diesen ragten die Gebrüder Zwanziger in Peterswaldau besonders hervor. Für eine Webe Kattun von 140 Ellen, woran ein Weber

*) Vgl. S. 133 ff.

neun Tage zu arbeiten hat und wofür andere Lohnherren 32 Sgr. zahlten, gaben sie nur 15 Sgr. Für 160 Ellen Barchent, welches acht volle Tage angestrengter Arbeit erfordert, entrichteten sie 12 ½ und 12 Sgr. Lohn. Ja, sie erklärten sich bereit, noch 300 Weber in Arbeit zu nehmen, wofern diese ebensoviel für 10 Sgr. arbeiten wollten... Das anfangs nicht allzu große Vermögen der Zwanziger war in kurzer Zeit zu großem Reichtum angewachsen. Sechs prächtige Gebäude gaben Zeugnis davon. Herrliche Spiegelscheiben, Fensterrahmen von Kirschbaumholz, Treppengeländer von Mahagoni, Kleider- und Wagenpracht sprachen der Armut der Weber Hohn. Bei der letzten Lohnverkürzung sollten die Zwanziger auf der Weber ihre Vorstellung, daß sie nun gar nicht mehr bestehen und selbst nicht mehr Kartoffeln kaufen könnten, geäußert haben: sie würden noch für eine Quarkschnitte arbeiten müssen, oder wie andere sagen: die Weber möchten nur, wenn sie nichts anderes hätten, Gras fressen, das sei heuer reichlich gewachsen. Ich lasse diese Äußerung dahingestellt sein, ich teile sie nur mit, weil sie in aller Munde sind.« So Wolff über die Vorgeschichte der Unruhen.

Die Unruhen selbst schildert er dann nach den Berichten von Augenzeugen, »und zwar glaubhaften Männern«. »Ein Gedicht, abgefaßt nach der Volksmelodie: Es liegt ein Schloß in Österreich, und von den Webern gesungen, ward gleichsam die Marseillaise der Notleidenden. Sie sangen es zumal vor Zwanzigers Hause wiederholt ab.« Wolff teilt die beiläufig 25 Strophen des Weberliedes wörtlich mit. »Nun dauerte es nicht lange, so stürmte die Masse ins Haus, erbrach alle Kammern, Gewölbe, Böden, und Keller und zertrümmerte alles von den prächtigen Spiegelfenstern, Trumeaus, Lüsters, Öfen, Porzellan, Möbels bis auf die Treppengeländer hinab, zerriß die Bücher, Wechsel und Papiere, drang in das zweite Wohngebäude, in die Remisen, ins Trockenhaus, zur Mange, ins Packhaus und stürzte die Waren und Vorräte zu den Fenstern hinaus, wo sie zerrissen, zerstückt und mit Füßen getreten oder, in Nachahmung des Leipziger Meßgeschäfts, an die Umstehenden verteilt wurden. Zwanziger flüchtete sich mit seiner Familie in Todesangst nach Reichenbach. Der Polizeiverweser Christ und ein Gendarm nahmen in Peterswaldau eine Arretierung vor, indes befreiten die Weber bald den Gefangenen... Ich darf den Vorschlag einiger Weber: die Häuser anzuzünden, und die Verwerfung desselben aus dem Grunde: weil die so Beschädigten dann Brandgelder erhielten und es doch darauf ankomme, sie auch einmal arm zu machen, damit sie erführen, wie der Hunger tue, als zu charakteristisch nicht unerwähnt lassen.« Wolff schildert dann noch eingehender die Zerstörungen in Peterswaldau, worauf es für unseren Zweck nicht weiter ankommt.

Von Peterswaldau zogen die Aufständischen nach Langenbielau. »Zunächst kam das obere Etablissement der Gebrüder Dierig an die

Reihe. Der Pastor Seiffert, Schwiegersohn des Dierig, dem seine Frau eine Mitgift von 20000 Talern zugebracht und der nun wohl bequem von der ruhigen Ergebung des wahren Christen in sein Schicksal, von den Freuden, die dem Dulder hienieden dort oben winken sollen, und zur Ruhe und zum Frieden mahnen mochte, soll ins Wasser geworfen worden sein.« Unterdess vertrieben die Fabrikknechte des Dierig unter Führung eines Bauern die Weber. »Indessen fanden sich die Entwichenen mit neu Angekommenen bald vor dem zweiten Hause Dierigs ein.« Dieser Fabrikant versprach den Webern ein Geschenk von 5 Sgr., wobei sie sich beruhigten. Sie stellten sich in zwei Reihen auf, um nach und nach in das Haus zu treten und das Geld entgegenzunehmen. Aber derweil rückte Militär an und besetzte die Umgebung des Hauses. »Die Zahlung verzögerte sich so sehr, daß die Masse ungeduldig wurde und, außerdem beim Anblick der Soldaten ohnehin aufgeregt und von einigen Unteroffizieren barsch zur Ordnung gerufen und bald fest überzeugt, daß sie kein Geld erhalten würde, gegen die Truppen immer mehr andrängte.« Da gab das Militär drei Salven, die 11 Tote und 24 tödlich Verwundete, Männer und Frauen niederstreckten. »Nach den ersten Salven herrschte einige Sekunden Totenstille. Aber der Anblick des Blutes um und neben ihnen, das Stöhnen und Röcheln der im Verscheiden Begriffenen, der Jammer der Blessierten trieb die mutigsten unter den Webern zum Widerstande. Sie antworteten mit Steinen, die sie von den Steinhaufen der Straße aufrafften. Als nun zwar noch mehrere Schüsse getan und dadurch abermals einige Weber verwundet wurden, gleichwohl aber die Weber, auf der einen Seite entfliehend, von der anderen mit zurückkehrten und unter den fürchterlichsten Flüchen und Verwünschungen mit Steinen zu werfen fortfuhren, mit Knütteln, Äxten usw. vordrangen, bewerkstelligte der Major von Rosenberger seinen Rückzug. Hätte er länger gezögert, so war es vielleicht für ihn zu spät.« Nun wurde auch das Haus von Dierig von den Webern geplündert und zerstört. Aber am nächsten Tage rückte eine gewaltige Truppenmacht, Fußvolk und Geschütze, später auch Reiterei nach Bielau ein; jeder weitere Widerstand wurde im Keime erstickt. Es folgte, wie üblich, der weiße Schrecken mit so brutalem Wüten, daß sich selbst der Philister zu empören begann. »Auf der Station Königszelt wurde, wie man mir erzählte, ein Kommis, der sich heftig gegen die Weber und für die Fabrikanten aussprach, unsanft zur Türe hinausgewiesen. Ich führe dies bloß als Zeichen der herrschenden Stimmung an.« Hunderte von Webern wurden ins Gefängnis geworfen. »Die Eingezogenen sind der Beschädigung fremden Eigentums aus Rache angeklagt und dürfen sonach einer schweren Strafe gewiß sein. Doch haben sie den Trost, daß sie im Zuchthause sich immer besser befinden als in der sogenannten Freiheit. Sie werden wenigstens nicht verhungern, nachdem sie der Staat in seine Obhut genommen hat.« Soweit Wilhelm Wolff.

Werfen wir nun einen Blick auf Hauptmanns »Weber«! Im ersten Akt ein Geschäftsraum des Barchentfabrikanten Dreißiger, wo die abliefernden Weber ihre Hungerlöhne unter schamlosen Prellereien des Expedienten ausgezahlt erhalten. Der Konflikt spinnt sich dadurch an, daß der noch junge, kräftige Weber Bäcker die 12½ Silbergroschen für »achtz'n Tage« Arbeit — Wolff spricht von acht Tagen — für »a schäbiges Almosen, aber kee Lohn« erklärt. Der herbeigerufene Dreißiger wirft ihn hinaus; er predigt den Webern die Entsagungen und Leiden des Kapitalisten mit Worten, die beiläufig mehr nach den achtziger, als nach den vierziger Jahren riechen, will ihnen aber seinen guten Willen zeigen und noch 200 Weber so beschäftigen, daß sie wenigstens eine Kleinigkeit verdienen: »Ich denke mir halt, wenn sich ein Mensch täglich 'ne Quarkschnitte erarbeiten kann, so ist doch das immer besser, als wenn er überhaupt hungern muß.« Sein Expedient soll das Nähere den Webern auseinandersetzen, und der erklärt, nachdem Dreißiger den Raum verlassen hat: »Fürs Webe zehn Silbergroschen«, worauf der Vorhang unter »Flüstern und Murren« der Weber fällt.

Der zweite Akt beginnt mit breitem, genrehaftem Ausmalen des Elends in einem Weberhäuschen. Ein aus seinem Militärdienst heimkehrender Weber bringt das Weberlied mit; Hauptmann teilt nur 7 von den 25 Strophen mit, was sich leicht erklären läßt, dagegen ist schwer abzusehen, weshalb er an dem Wortlaut seiner 7 Strophen kleine Änderungen vornimmt, die jedenfalls keine Verbesserungen sind. Andere Strophen löst Hauptmann in Reden des Reservisten auf. Der ganze Akt steht unter der erschütternden Gewalt des Weberliedes und gewinnt durch sie eine mächtige Wirkung. Der dritte Akt spielt im Kretscham von Peterswaldau. Heulende Not treibt eine Masse Weber zusammen, die auch auf den Zehngroschenlohn Dreißigers eingehen wollen. Bäcker und der Reservist schüren. Im Kretscham wächst die Leidenschaft mächtig an; ein naseweiser Handlungsdiener wird, wie Wolffs Kommis, unsanft hinausgeleitet; ein Bauer poltert in gehässigroher Weise gegen die Weber; das Erscheinen eines Försters bietet den Anlaß, auf die Schutzgelder, Spinngelder, Hoftage der Weber zu kommen; »'s is halt a so, was uns d'r Fabrikant ibrich läßt, das holt uns d'r Edelmann vollens aus d'r Tasche«, ein von Wolff in der Einleitung seines Aufsatzes ausgiebig erörtertes Thema. Schließlich läßt der Polizeiverweser — bei Wolff heißt er Christ, bei Hauptmann Heide — durch den Gendarmen den Webern das Singen ihres Liedes verbieten, und da fließt der Becher über. Die Weber stürmen aus dem Kretscham zum Hause Dreißigers. In ihm eröffnet sich der vierte Akt.

Dreißiger und sein Pastor variieren das anmutige Thema, daß die Humanitätsdusler aus Lämmern über Nacht buchstäblich Wölfe gemacht haben. Der Reservist wird von Fabrikknechten eingebracht; der Polizeiverweser verhört ihn und will ihn mit dem Gendarmen ins Gefängnis schleppen, aber kaum sind sie draußen, als die Weber den Gefangenen befreien. Der Pfaff, der die Menge beruhigen will, wird von ihr mißhandelt. Dreißiger flieht, und die Weber stürmen das Haus. »Wo is der Menschenschinder?« »Könn' mir Gras fressen, frißt du Sägespäne.« »Wenn mersch o ni kriegen, das Dreißigervieh'..., arm soll a wer'n.« Aber indem sie das Haus zu plündern beginnen, beschließen die Weber, dem Fabrikanten Dittrich in Langenbielau — Dierig bei Wolff — dasselbe Schicksal zu bereiten.

Das Häuschen des alten Webers Hilse in Bielau ist der Schauplatz des fünften Aktes. Im Kommen und Gehen, im Hören und Schauen, im Berichten und Streiten der einzelnen Personen spiegelt sich die Revolte in Bielau genau so, wie Wolff sie geschildert hat. Noch einmal zündet Dreißigers Wort, die Weber könnten ja Gras fressen, wenn sie hungerten; der Vorschlag, die Gebäude der Fabrikanten anzuzünden, wird durch den Hinweis auf die Feuerversicherungsgelder abgelehnt, und die Mahnung des alten Hilse an das Zuchthaus beantwortet der rote Bäcker wild lachend: »Das wär' mir schon lange recht. Da kriegt ma wenigstens satt Brot, Vater Hilse!«

Der alte Hilse hält in aller Gottseligkeit und Ehrbarkeit an seinem Gott und seinem König fest. Aber alle seine Kameraden verlassen ihn zum Kampfe mit dem Militär, zuletzt auch sein eigener Sohn; er bleibt mit seinem tauben Weibe und einem unmündigen Enkelkind allein zurück. Da endet eine verirrte Kugel sein Leben und damit das Schauspiel.

Man sieht aus dieser kurzen Gegenüberstellung wohl zur Genüge, in wie umfangreichem Maße die Darstellung Wolffs zum Knochenbau von Hauptmanns Drama geworden ist. Wir sagen das nicht zu Hauptmanns Unehre, im Gegenteil — wir kommen gleich darauf zurück —, aber jener einfache Sachverhalt sollte das schwatzschweifige Gerede von der »Abklärung alles Politischen und Sozialistischen« usw. wirklich unmöglich machen. Die ungeschminkte Bourgeoisie hat in ihrer Weise und von ihrem Standpunkt aus ganz recht, wenn sie sagt: die »Weber« sind ein sozialistisches Tendenzstück und damit basta! Darin liegt eine gewisse Berserkerlogik, mit der sich leben läßt. Nur von den »genialen« Kritikern der »Moderne«, die gern mit sozialen Redensarten um sich werfen, aber vor allem mit dem Kapitalismus gut Freund bleiben möchten, wollen wir uns eine bedeutende Dichtung doch lieber nicht in »reinere Regionen« entrücken lassen.

Und eine bedeutende Dichtung sind die »Weber«. Es ist das gute

Recht des Dramatikers, seinen Stoff zu nehmen, wo er ihn findet, und Hauptmann hat gewiß nicht seine Beziehungen zu Wolff zu verwischen beabsichtigt, wenn er in der Widmung an seinen Vater Familienerzählungen — er ist der Enkel eines schlesischen Webers — als den »Keim« seiner Dichtung nennt. Was an Hauptmann noch mehr erfreut als sein schönes Talent, das ist die ehrliche Selbstkritik. Vor kaum vier Jahren priesen »geniale« Kritiker seinen dramatisch so ziemlich und sozial gänzlich mißglückten Erstling »Vor Sonnenaufgang« über das Schellendaus, und diese fade Reklame hätte einen noch sehr jungen Dichter wohl berauschen können. Aber Hauptmann ist ruhig seinen Weg weiter gegangen, und daß er kaum drei Jahre später schon aus dem Born eines echten Sozialismus zu schöpfen verstanden hat, das stellt ihm nur ein ehrendes Zeugnis aus.

Mit wie sicherer und tapferer Hand der Dichter den Stoff im einzelnen gestaltet hat, läßt sich aus unserer flüchtigen, nur für einen beschränkten Zweck entworfenen Skizzierung des Schauspiels natürlich nicht entnehmen. Gerade das Fernhalten aller bürgerlichen Romantik und das Festhalten an dem historischen Verlauf der Dinge machte die Aufgabe des Dichters umso schwieriger und macht ihre gelungene Lösung umso erfreulicher. So wie Hauptmann den gegebenen Stoff nahm, mußte er die Massen selbst in dramatische Bewegung setzen, und noch dazu in einer mit episodenhafter Breite sich langsam fortschiebenden Handlung, ohne die auf- und absteigende Bewegung um einen beherrschenden Mittelpunkt. Es war bis zu einem gewissen Grade ein Bruch mit aller bisherigen Bühnentechnik, den Hauptmann unternahm, und das kecke Wagnis ist ihm in hohem Grade gelungen. In hohem Grade, denn an manchen Einzelheiten mag man mit Recht oder Unrecht mäkeln. Aber jeder neue Wurf hat das gute Recht, aufs Ganze und Große hin geprüft zu werden, und da gebührt dem Dichter der »Weber« ein kräftiges Glückauf!

Keine dichterische Leistung des deutschen Naturalismus kann sich nur entfernt mit den »Webern« messen; eben deshalb machen sie aber auch der großmäuligen Spielart des Naturalismus den Garaus. Sie stehen in schärfstem Gegensatze zu jener »genialen« Kleckserei, die irgendein beliebiges Stück banaler und brutaler Wirklichkeit mit photographischer Treue abkonterfeit und damit wunder was erreicht zu haben glaubt. Die »Weber« quellen über von echtestem Leben, aber nur, weil sie mit dem angestrengtesten Fleiße eines feinen Kunstverstandes gearbeitet sind. Eine wie sorgfältige Abtönung und Abwägung war notwendig, um einer bunten Mosaik genrehafter Szenen dramatische Spannung zu geben! Welch ernstes Nachdenken gehört dazu, jene Fülle lebendiger, meist trefflich und mitunter ganz meisterhaft geratener Gestalten zu schaffen, aus denen die handelnden Massen bestehen mußten, wenn sie wirklich in dramatische Bewegung gesetzt werden sollten. Hauptmann weiß sehr wohl, daß der Fleiß heutzutage mehr denn je die bessere Hälfte des Talents ist.

Nach alledem mußte man der ersten Aufführung der »Weber« mit besonderer Spannung entgegensehen. Sie war in der Tat sehr interessant, wenn auch die beifällige Aufnahme des Schauspiels durch das Publikum der Freien Bühne nichts entscheiden konnte. Dies Publikum gehört durchweg der Bourgeoisie, aber nicht durchweg den erlesensten Schichten der Bourgeoisie an. Börse und Presse — das sagt genug. Aber die Vorstellung ließ gar keinen Zweifel an der mächtigen revolutionären Wirkung, die das Schauspiel auf ein empfängliches und genußfähiges Publikum haben müßte, und wenn Hauptmann noch Hoffnungen auf die Freigabe seines Stückes für die öffentliche Aufführung gehabt haben sollte, so mag er sie nunmehr nur begraben. Noblesse oblige — und den »Webern« steht es besser an, sich mit Würde in — die preußische Polizei zu fügen, als im Verwaltungsstreitverfahren darum zu hadern, daß sie »historische« Zustände schildern und nicht politische. Seien wir doch ehrlich: sie sind revolutionär und höchst »aktuell«.

Doch, um nochmals auf die Vorstellung der Freien Bühne zu kommen, so zeigte sie in lehrreicher Weise, wie eine gesunde Neuerung gleich andere gesunde Neuerungen nach sich zieht. Mit dem dramatischen Einzelhelden schwindet auch der schauspielerische Virtuose. Es waren meist ganz unbekannte, von einem halben Dutzend Theater vorwiegend zweiten oder dritten Ranges zusammengeholte Mimen, welche die »Weber« im Neuen Theater spielten, aber — wiederum von manchen Einzelheiten abgesehen — die Darstellung war wie aus einem Guß, und keine der fünfzig sprechenden Personen ließ es ganz an sich fehlen. Freilich hatte Hauptmann auch das Glück gehabt, in Cord Hachmann einen kongenialen Regisseur zu finden.

Fragen wir schließlich: Wird die eine Schwalbe einen Sommer machen? Wird auch nur Hauptmann sich auf der Höhe halten, die er mit den »Webern« erreicht hat, so ist die Antwort ein Achselzucken. Die Tatsachen warnen etwaige Illusionäre zu eindringlich. Die Polizei verbietet die öffentliche Aufführung der »Weber«; die Bourgeoisie, die durch dies Verbot gegen unliebsame Erfahrungen geschützt werden soll, läßt sich das Stück eines schönen Sonntags zwischen Lunch und Diner als heimlichen Leckerbissen servieren; die Massen aber, denen dies Massenschauspiel gehört, können aus ökonomischen Gründen gar nicht daran denken, es anders als höchstens einmal in sehr unvollkommener Aufführung zu sehen. Unter solchen Umständen — wie soll sich eine dramatische Kunst entwickeln? Woher soll ein junger Dramatiker die Nerven von Stahl nehmen, um den ach! so sanft sich einschmeichelnden Lockungen der Bourgeoisie zu widerstehen? Aber freuen wir uns über die Schwalbe deshalb nicht weniger, weil sie wohl keinen Sommer machen wird.

Die Premiere im »Deutschen Theater«

Berlin, 30. September

Eine Theaterpremière, die so viel Staub aufgewirbelt hat wie die Erstaufführung der Hauptmann'schen »Weber« im »Deutschen Theater«, haben wir in Berlin lange nicht erlebt. Ueber Stück und Darstellung ist Ihnen von anderer geschätzter Seite bereits berichtet worden — ich kann es mir aber nicht versagen, mit einigen Worten auf das Publikum bei jener Première und auf die eigenthümlichen Consequenzen zurückzukommen, die man in gewissen Kreisen gewillt ist, aus der Aufführung des merkwürdigen Stückes zu ziehen. Dr. Brahm, der neue Leiter des »Deutschen Theaters«, hat den »Webern« das erste volle Haus zu verdanken. Das Publikum ist seiner Führung von vornherein mit Mißtrauen entgegen gekommen; man kannte seine avancirt realistischen literarischen Neigungen, trotzdem er versucht hat, dem Idealisten unter den deutschen Classikern ein unvollendet gebliebenes biographisches Denkmal zu setzen, und da die erste Vorstellung unter seinem Regime so gut wie Alles zu wünschen übrig ließ, so war man im Publikum bereits geneigt, das »Deutsche Theater«, das unter der Führung L'Arrongés sich einen ehrenvollen künstlerischen Ruf gesichert hatte, schnell zu den Sterbenden zu werfen. Wunderlich genug! Das Hauptcontingent unserer Premièrenbesucher, das Mäcenatenthum der modernen Kunst, rekrutirt sich aus den besseren jüdischen Finanzkreisen, und aus diesen sind Dr. Brahm auch die reichlichsten Mittel zugeflossen, als er über Tag und Nacht auf die Idee kam, das deutsche Theater übernehmen zu wollen. Die gleichen Kreise aber schienen ihn ohne Weiteres fallen lassen zu wollen, als die ersten Darbietungen nicht das hielten, was man sich von ihm als dem »Reformator deutscher Kunst« versprochen hatte. Um »reformirend« wirken zu können, ist der literarisch-kritische Standpunkt Brahm's meines Erachtens nach ein zu einseitiger; für Publikum und Autoren ist es aber immerhin schon ein Gewinn, wenn überhaupt eine literarische Persönlichkeit, nicht ein Schauspieler oder Geschäftsmann, an der Spitze eines großen Theaters steht. Und auch aus diesem Grunde ist es bitter Unrecht gewesen, aus den ersten nicht gelungenen Versuchen des neuen Directors ohne Weiteres auf die Zukunft schließen zu wollen.

Der ersten öffentlichen »Weber«-Aufführung wurde von Seiten des interessirten Publikums mit großer Spannung, von Seiten der zuständigen Behörden, wie ich erfahren konnte, nicht ohne Besorgniß entgegengesehen. Wer da behaupten will, daß »die Weber« nicht ein eminent aufreizendes, die revolutionairen Instinkte der großen Masse in den tiefsten Tiefen aufwühlendes Stück seien, der muß blind und taub sein oder gegen seine Überzeugung sprechen. Ob Hauptmann selbst ein Anhänger der Socialdemokratie ist oder nicht (er ist es übrigens thatsächlich nicht), kommt dabei gar nicht in Betracht; es kann für die Behörden, die über die öffentliche Ordnung zu wachen haben, auch nicht in Betracht kommen, ob das Drama Hauptmann's ein literarisches Kunstwerk ist. Die Thatsache, daß er in seinem Stück die Gruppe der Fabrikanten als hartherzige Aussauger darstellt, daß er die nicht zu den Weberkreisen gehörigen agierenden Personen, wie den Pastor mit seiner Frau, den Polizei-Verwalter, den Gensdarmen, den Confections-Reisenden, als Carricaturen vorführt und den einzigen Weber, dem er die Rolle eines braven, gottgläubigen, in aller Noth mit seinem Schicksal zufriedenen alten Arbeiters zuertheilt, als albernen Schwächling charakterisiert, dessen fragwürdige Tugenden schließlich durch eine Soldatenkugel gelohnt werden — all diese Thatsachen spitzen die Tendenz des Schauspiels auf das Schärfste zu. Ob Hauptmann sich streng an die geschichtliche Wahrheit gehalten — ob zur Zeit des höchsten Weberelends die Regierung falsche Maßregeln zur Linderung der Noth getroffen hat, ob die Fabrikanten wirklich Schurken und die Polizisten halbe Idioten gewesen sind — auch das kann für die Beurtheilung des Stückes seitens der Behörden nicht mitsprechen. Das Drama ist Zündstoff für die Revolution und die Polizei ist zweifellos in vollstem Rechte gewesen, die Aufführung zu verbieten; ich stehe, obwohl ich wahrhaftig keinerlei »reactionaire« Neigungen besitze, entschieden auf dem Standpunkte, daß es besser gewesen wäre, in Zeiten wie den heutigen ein solches Stück nicht zu geben. Es ist immer gefährlich, mit dem Feuer zu spielen.

Alle diese Bedenken hindern mich nicht, vor der Dichtung selbst, wenn ich sie auch nicht für Hauptmann's reifstes Werk halte, wie viele der Berliner Kritiker, und für ihren Verfasser die größte Hochachtung zu hegen. Ich bin nicht befugt, mich an dieser Stelle kritisch über das Drama zu äußern; aber wie ich bei der Première dem Dichter Beifall geklatscht habe, weil er es verstanden hat, mich in tiefer Seele zu erschüttern und mich an Gemüth und Herz zu packen — so haben mit mir sicher auch Viele in den Applaus eingestimmt, ohne daß sie sich durch diese Zeichen des Beifalls mit der absolut socialistischen Tendenz des Schauspiels einverstanden erklären wollten. Man kann auch dem Parricida und Fiesko und der Medea und dem Carl Moor Beifall klatschen und braucht deshalb noch keineswegs ein Genosse mörderischen Gesindels zu sein.

Es war ein sehr interessantes Publikum, das sich zu der Première zusammengefunden hatte. Schriftsteller zu Hauf, unter ihnen auch der alte Theodor Fontane, rüstig noch immer trotz seiner fünfundsiebzig Jahre, ein seltener Theaterbesucher, seit er die Kritik für die »Vossische Zeitung« jüngeren Händen überlassen hat. Aber er ist ein großer Verehrer und ein Freund Hauptmann's, der zu den Auserwählten zählt, die in dem Hause des Alten in der Potsdamerstraße verkehren. Als Gerhart Hauptmann s. Z. mit seiner Erstlingsdichtung »Vor Sonnenaufgang« auf der neubegründeten Freien Bühne erschien, gehörte Fontane zu den Wenigen, die mit warmen Worten auf dieses neue eigenartige Talent aufmerksam machten; er zog sich dafür die Strafe zu, von einer Sippe ungeberdiger Schreier, die mit dem Alcibiadesmantel der »Moderne« auch ihre eigene trostlose Blöße zu decken suchen, zu den Ihrigen gerechnet zu werden. Ganz in seiner Nähe in einer der ersten Parkettreihen, saß ein anderer Herold der Hauptmann'schen Muse, Herr Paul Schlenther, der das Unglück hat, in seiner Eigenschaft als Recensent der »Vossischen Zeitung« stets anderer Meinung zu sein als der leitende Redakteur dieses Blattes. Schlenther ist nämlich ein eifriger Verfechter der realistischen Muse und sein Chefredacteur Stephany, ein ebenso eifriger Gegner des »consequenten« Realismus, und so kommt es denn öfters vor, daß Leitartikel und Kunstkritik in der gleichen Zeitung durchaus entgegen gesetzte Anschauungen vertreten. Die Leser der Tante Voß druseln beim Morgencaffee über solche lustigen Gegensätze aber sanftselig fort. Mit seiner begeisterten Kritik über die »Weber« hat Dr. Schlenther das große Philisterheer, das den Abonnentenstamm der Vossischen bildet, vielleicht aber doch aus seiner schlummersüßen Ruhe aufgestört. Ein Paar andere Zeitungen sind bereits mit hellem Gekläff über den unglücklichen Kritiker hergefallen, weil er sich unterstanden hat, in seiner »Weber«-Recension u. A. Folgendes zu sagen: »Daß der alte Baumert seinen Hundebraten nicht wieder von sich geben dürfte, war seitens der Direction eine Zaghaftigkeit und eine Rücksicht auf das Zartgefühl des Publikums, die das Publikum sich verbitten sollte.« In Wirklichkeit hat Schlenther Recht. Der alte Weber Baumert hat, um seine Familie vor dem nagenden Hunger zu retten, ein ihm zugelaufenes »nettes bethuliches Hunderl« geschlachtet. Gierig schlingt er den widerwärtigen Braten in den geschwächten Magen hinein und entfernt sich dann schweigend. »Wo is denn Vater?« fragt die Tochter. Mutter Baumert: »Ich weeß nich, wo a mag hinsein.« — Bertha, die Tochter: »Is etwan, daß a das Fleescherne nimehr gewehnt is!?« — Mutter Baumert (außer sich): »Nu, da seht Ihrsch, da seht Ihrsch! Da bleibt's noch nich a mal! Da wird a das ganze scheene bißel Essen wieder von sich geben.« — Der alte Baumert (zurückkehrend, weinend vor Ingrimm): »Nee, nee, mit mir is bald gar alle! Hat man sich amal was Gutes vergattert, da kann man's nie amal mehr bei sich behalten!« — Die Scene ist an sich durchaus ekelhaft und dennoch mächtig erschütternd. Sie ist ein schlagender Beweis für die starke Künstlerschaft Hauptmann's, der auch durch das Häßliche und Widerwärtige tragische Schönheitswirkungen zu erzielen weiß.

Aber zurück zu unserm Premièrenpublikum. Die ersten Parkettreihen sind fast nur von Kritikern gefüllt. Da sitzen Eugen Zabel, der Referent der »National-Zeitung« — dem guten alten Karl Frenzel schlagen Premièren wie die der »Weber« zu heftig auf die Nerven, er hat sich auf das Altentheil des Königlichen Schauspielhauses zurückgezogen — Neumann-Heller mit seiner gleichfalls schriftstellernden Gattin, Landau vom »Börsen-Courier«, Dr. Leipziger vom »Kleinen Journal« mit seiner Frau, einer Tochter Stettenheims, Rudolf Elchó von der »Volkszeitung«, O. Elster von der »Kreuz-Zeitung« unweit des früheren Recensenten dieses Blattes, des hochragenden Herrn Rudolf Stratz, der die Kritik niedergelegt hat, seit er selbst unter die Bühnendichter gegangen ist, Heinrich Hart von der »Tägl. Rundschau«, Fritz Mauthner, der alte Pietsch in seiner unverwüstlichen Jugend und zahllose Andere. Da sitzt auch Einer, der mit den Vorgängen auf der Bühne sehr genau Bescheid weiß, der Consul Dr. Zimmermann, Bibliothekar im Ministerium des Innern, ein noch junger, aber begabter Beamter und zugleich ein tüchtiger volksöconomischer Schriftsteller, der im Auftrage der Regierung vor Jahren ein treffliches Buch über die Webernoth, die in den vierziger Jahren im Eulen-Gebirge geherrscht, veröffentlicht hat, ein Buch, das Hauptmann vielfach zu seinem Drama benutzt hat. Da sitzen ferner zwei markante Gestalten: Der Eine vierschrötig, behäbig, massiv, mit stattlichem Embonpoint, satt gegessen und plump, mit unangenehmem Gesicht, hängenden Backen und Thränensäcken unter den Augen — Herr Singer, der socialdemokratische Tribun, und neben ihm sein Genosse, Herr Liebknecht, nicht mehr der rüstige Agitator von früher, sondern alt geworden im Sturme der Zeiten, in seinem ganzen Aeußeren und Gehaben und mit seinem klugen Gesicht aber ungleich sympathischer als der socialistische Millionär an seiner Seite. Die Beiden folgen mit großem Interesse den erregten Scenen, die sich auf der Bühne abspielen, klatschen auch mit den Uebrigen den Autor heraus — wenn aber behauptet worden ist, daß sie in provocatorischer Weise sich an den Beifallsstürmen, die das Haus durchdröhnten, betheiligt hätten, so ist das einfach eine Unwahrheit. Provocatorisch wirkte nur der Lärm, der schon nach dem sehr schwächlich wiedergegebenen ersten Akt auf der Gallerie entstand; wer aber konnte entscheiden, ob sich dort oben wirklich eine größere Anzahl Socialdemokraten festgesetzt hatte, oder ob es die leicht begeisterungsfähige Jugend war, die den

Sturm entfesselte? — Fast unbeachtet blieb ein kleines Intermezzo, das sich unvermittelt vor Beginn des zweiten Aufzugs abspielte. Da flatterte nämlich plötzlich ein breites rothes Band von der Höhe der Gallerie in das Parquet hinab und blieb auf der durchbrochenen Decke liegen, die den ehemaligen Orchesterraum überspannt. War das Zufall oder Absicht? — Ich weiß es nicht — aber es dünkte mich wie die heimliche Demonstration eines Einzelnen, der die riesige Menge repräsentirt, und wie das stille Leitmotiv des Abends.

Im ersten Rang, gleich vorn an der Brüstung, sitzt ein Mann mit wunderschönem Bart, auch ein berühmter Schriftsteller und auch einer, der vor einer Première steht: Hermann Sudermann. Einige Sessel weiter hat Friedrich Spielhagen Platz genommen; sie klatschen frenetisch Beifall — dem Dichter oder der Tendenz seines Stückes — vielleicht beiden. Denn jene Vielgenannten sind demokratische Naturen — aber man sieht es ihnen äußerlich nicht an, da sie wie der große Geck Lasalle es lieben, sich in ihrem Habitus vollendet aristokratisch zu geben. Und nun kommt wieder ein Dichtersmann, und wieder einer mit schönem, lang ausgezogenen, röthlich schimmernden Cavalleristenbart: der Rechtsanwalt Dr. Richard Grelling, Verfasser von »Gleiches Recht« und »Rahlsen wider Rahlsen«. Er hat auch seinen Antheil an dem Erfolge des Abends, denn seiner juridischen Umsicht ist es zu danken, daß »Die Weber« hier und in Breslau freigegeben worden sind. Folgt Julius Stettenheim mit seiner Gemahlin, einer der Mitbegründer der ehemaligen Freien Bühne und einer der Mitentdecker Gerhart Hauptmann's. Er ist gleichfalls unter die Kritiker gegangen, seit er die Freude seines Lebens, seine »Wespen« in Hände geben mußte, die das frischeste und boshafteste der Berliner Witzblätter in kurzer Zeit vom Leben zu einem schmählichen Tode beförderten. Nun recensirt er für das »Kleine Journal« seines Schwiegersohnes Leipziger, dem er auch seine Würde als Großvater zu verdanken hat, aber die letztere Stellung soll ihm lieber sein, als die erstgenannte. Folgen noch andere bekannte Männer — so der Cellist Grünfeld und der Capellmeister Sucher, der dem früheren Director des Deutschen Theaters so frappant ähnlich sieht, daß man sie miteinander verwechseln könnte, wie es derzeit Rudolf Löwenstein öfters mit seinem Doppelgänger Berthold Auerbach ergangen ist. Neben ihm sitzt seine Gattin, die schöne Walküre unserer Hofoper — dort sieht man Frau Sorma, die geniale Heroine des Deutschen Theaters, an der Seite ihres Gemahls, des Herrn Mito, eines in Wien erzogenen Griechen. Im Stehparkett hat sich eine kleine Gruppe Jungdeutscher versammelt, in ihrer Mitte der Romanschriftsteller Conrad Alberti, den sich Josef Kainz heute als Vorbild für die Maske zu seinem »rothen Becker« genommen zu haben scheint. Auch Professor Erich Schmidt fehlt nicht, der von allen Damen vergötterte schöne Mann, dessen Vorlesungen gestürmt werden, doch nur vom anderen Geschlecht. Er gehört mit zur Schillerpreis-Commission, hat aber immer Unglück mit seinen Vorschlägen. Zuletzt noch vorjährig mit Fulda's »Talisman«. Es hätte nicht viel gefehlt, so wäre das graciöse und unterhaltende Märchenspiel mit dem Schillerpreis gekrönt worden — man fand nichts Besseres vor — das aber gefiel Einem nicht, der eigentlich gar nicht mitzusprechen hatte, nämlich Herrn Barnay. Der König besuchte eines Abends das Berliner Theater und fragte in einer Zwischenpause ganz beiläufig Barnay: wie er denn eigentlich über den »Talisman« denke; man habe ihm, dem König, gesagt, daß der »Talisman« eine böse Satire auf die Zeit und den Kanzler und noch höher Stehende sein solle. Daraufhin verneigte sich Barnay so tief, daß alle Orden an seiner Frackklappe klirrten und die Königliche Krone Vierter noch leise nachläutete, legte die rechte Hand auf das weiße Chemisett und erwiderte ungefähr also: »Es ist ganz zweifellos, Majestät, daß der ›Talisman‹ eine Satire auf gewisse Maßnahmen einer hohen Regierung sein soll. Meiner unmaßgeblichen und bescheidenen Ansicht nach würde eine Prämiirung dieses Dramas mit dem Schillerpreise zu weitgehenden Mißverständnissen führen.« Worauf in der Folge die Preiskrönung Fulda's unterblieb. Man könnte die kleine Geschichte für erfunden halten, wenn Barnay sie nicht selber in einer Gesellschaft im vorigen Winter so laut erzählt hätte, daß Viele sie hören konnten. Trotz alledem will ich nicht beschwören, daß sie wahr ist...

Neben den Berühmtheiten der Literatur und des Tages hat sich das übliche Premièrenpublicum vollzählig eingefunden. Immer die gleichen Gesichter und immer neue Damentoiletten. Für die meisten dieser Herrschaften ist keinerlei künstlerisches Interesse maßgebend — kein anderes als das des Sichzeigenwollens. Man klatscht, weil man oben im ersten Rang Spielhagen und Sudermann klatschen sieht. Es ist dasselbe Publikum, das seiner Zeit in der freien Bühne Hauptmann's »Vor Sonnenaufgang« höhnisch verlacht hat; heut würde man vermuthlich auch dieses Drama mit Begeisterung willkommen heißen, denn Hauptmann ist Mode geworden und man gibt sich ein literarisches Relief, wenn man ihn applaudirt. Es ist das Publicum, das in fröhlichen Beifall ausbricht, wenn der revolutionaire Heißsporn auf der Bühne ein Schmähwort auf die Regierung ausstößt — das sich über die Tendenz, aber nicht über das Kunstwerk freut — ein thöricht unwissendes Publikum, ohne Ahnung davon, daß es zu allererst an's Messer kommen würde, wenn die Vorgänge auf den Brettern, denen man so rauschenden Applaus zollt, sich einmal verwirklichen sollten — eine traurige Gesellschaft und eine unreife, andachtslose Premièrengemeinde.

(»Hamburger Nachrichten« vom 1. Oktober 1894.)

Der Herr »Hauptmann« und seine Leute

...Mit Trampeln und Radau hat die Sozialdemokratie gestern abend ihren Einzug in das Deutsche Theater gehalten und dank der geschickten Arrangements der im Parquet sitzenden Festordner Singer und Liebknecht mit ihrer rothen Fahne einen Sieg erfochten. Die Vertrauten der Partei, durch ihre Brasidasse wohlinstruirt und geschickt vertheilt, brüllten ihrem neuen Nationaldichter Hauptmann jubelnd zu, und das vornehme Haus in der Schumannstraße erdröhnte zum ersten Male seit seinem Bestehen von dem Gepolter schmutziger Stiefel. Dies wäre an sich nicht wunderbar und der Erwähnung werth. Etwas weit Schlimmeres geschah. So mancher Bourgeois aus Berlin W., die Salon-Revolutionäre, die als Schwiegersöhne mehrfacher Millionäre sich alljährlich den Luxus eines Durchfalls bei einer freisinnigen Wahl leisten können, die Dichter, denen der wahrhaft vornehme Ton eines anständigen Vorderhauses zeitlebens ein unergründliches Geheimnis bleiben wird, die Damen mit den gefärbten Haaren und den Brillanten in den Ohren — sie Alle klatschten mit den Rothen Brüderschaft und erbrachten den unumstößlichen Beweis ihrer Feigheit, ihrer Unkenntniß und ihrer geistigen Inferiorität...

(»Das Kleine Journal«, Berlin, vom 28. September 1894.)

PAUL SCHLENTHER in »Vossische Zeitung«, Berlin, vom 26. September 1894, Morgenausgabe

— Im Deutschen Theater brachten es gestern »Die Weber« von Gerhart Hauptmann zu einer gewaltigen Gesammtwirkung, die der gewaltigen dichterischen und dramatischen Kraft des Werkes ziemlich genau entsprach, mit ihr in den einzelnen Szenen sank und stieg. Den zum Theil stürmischen Hervorrufen folgte der Dichter nach dem zweiten und den beiden letzten Akten. Das Haus war ausverkauft. Das Publikum im Parkett und ersten Rang bestand aus den üblichen Premierenbesuchern, unter denen mehrere der hervorragendsten sozialdemokratischen Reichstagsabgeordneten mit Interesse gezeigt wurden. Vom zweiten Rang herab donnerte der Jubel der Jugend, über die man unentschieden war, ob sie mehr sozialpolitisch oder literarisch-jungdeutsch gefärbt war. Ihr oft etwas vordringlicher Beifallslärm stieß bei den Gesetzteren nur dort auf Widerstand, wo im dritten Akt einige spitze Bemerkungen gegen das Beamtenthum schadenfroh beklatscht und belacht wurden. Zu direkten Demonstrationen, die theils befürchtet, theils erhofft wurden, kam es nicht. Einen seltsamen Kontrast zu den glänzenden Damentoiletten in den Logen bildete das zerlumpte

Weberelend auf der Bühne. Den stärksten Eindruck machten der zweite Akt, wo das Weberlied in die Hirne und Herzen der Hungernden schlägt, und der vierte Akt, wo im Hause des Fabrikanten die Revolte ausbricht und theils »ganz sachte«, wie es in Wirklichkeit 1844 geschehen sein soll, theils allerdings unter wüstem Lärm alles kurz und klein geschlagen wird. Der erste Akt, die Vorgänge am Zahltisch des Fabrikanten, hätten in der Stimmung tiefer wirken können; die Darstellung war hier theils etwas zerstreut, theils zu sehr am Schnürchen; es fehlte an elementaren Ausbrüchen. Im zweiten Akt, bei Baumerts, ermüdete Frau Schmittlein durch eine wehleidige, flüsternde Monotonie, in der sie die kontrakte Mutter Baumert gab. Und da die Darstellerin einer andren klagbereiten Weberfrau in genau denselben Ton verfiel, so trat hier wieder einer der Momente ein, in dem zwar die Wahrheit gerettet ist, aber auf Kosten der Wirkung. Desto stärker wurde die Wirkung gerade in diesem Akt durch das wunderbar echte, fortreißende und tief ergreifende Spiel des Herrn Pauli als Vater Baumert und des Herrn Rittner als rückkehrender Reservist Moritz Jäger. Daß der alte Vater Baumert seinen Hundebraten nicht wieder von sich geben durfte, war seitens der Direktion eine Zaghaftigkeit und eine Rücksicht auf das Zartgefühl des Publikums, die das Publikum sich verbitten sollte. Wer von der tragischen Drastik dieser Szene nicht erschüttert wird, für den sind die ganzen »Weber« nicht geschrieben. Der 3. Akt, der im Wirthshause spielt, hemmt den Fortgang der Ereignisse durch breite Schilderungen des Zuständlichen. Ueber das Verhältniß zwischen Webern, anderen Gewerken, Fabrikanten, Bauern, Edelleuten, Polizeibeamten werden wir hier mehr anschaulich belehrt als bewegt. Unter den vielen Personen, deren flüchtige Bekanntschaft wir hier machen, fiel die charakteristische Gestalt des Herrn Th. Müller als kleiner, halb bucklicher Lumpensammler auf. Herr Pittschau gab dem einsam und auf eigne Hand revoltirenden Schmied Wittig eine zu lärmende Wuth; weniger aufgeregt, mehr grob müßte dieser Tell unter den Webern sein. Auch Herr Köhler hätte den köstlichen Berliner Schwerennötner und Commis voyageur lebendiger fassen können. Im vierten Akt verdarb Frau Schneider als Madame Dreißiger ihre richtige und feine Zeichnung dieser emporgekommenen Landpommeranze durch ein possenhaftes, bewußt-komisches Vielzuviel. Will sie die Stimmung festhalten, so muß sie gewissenhaft mildern. Dann würde auch der gleich nach ihr folgende ausgezeichnete Expedient Pfeifer des Herrn Fischer mehr zur Geltung kommen. Nie hab ich auf der Bühne feige Todesangst so naturgetreu dargestellt gesehen wie durch ihn. Den 5. Akt, wo von der Hütte des gottgläubigen und pflichtgetreuen Invaliden Hilse der historische Weberaufstand, der Anprall mit dem Militär beobachtet wird, beherrscht die Weberfamilie Hilse. Den Alten gab

Herr Kraußneck wie einen Patriarchen des Proletariats. Frl. Bertens als aufrührerische Schwiegertochter erhielt für ihre Bravour mehrfach stürmischen Beifall bei offener Szene. Sie illustrirte den Schillerschen Vers: »Da werden Weiber zu Hyänen«. Ihren Mann, den zwischen Frau und Vater, zwischen Pflicht und Empörung wankenden Gottlieb, gab Herr Eisfeld ohne rechten Charakter. Dieser großen schauspielerischen Aufgabe, einen Seelenkampf zu verrathen, hätte Herrn Kainz vorbehalten sein müssen, der den rothen Bäcker, den Hauptschreier und Hetzer, trotz den brennend rothen Haaren etwas farblos ließ. Unter den übrigen Darstellern, die durch das ganze mannigfaltige, von Akt zu Akt sein Personal wechselnde Drama gehen, war Herr Nissen äußerlich ganz der stattliche Geldsackphilister des Vormärz; innerlich blieb er etwas zu kühl. Herr Hermann Müller gab dem alten haarbuschigen Ansorge mit vieler Kunst, aber mit geringerer Natur einen romantischen Anstrich, der den lebendigen Eindruck abschwächte. Trotz diesen Wünschen, die wir noch an einzelne Darsteller hätten, war die Gesammtaufführung vorzüglich; Herr Hachmann bewährte sich als einen ungewöhnlich geschickten und erfindungsreichen Regisseur, und nicht vergessen wollen wir das Mielchen der kleinen Müller; das holde blonde kleine Mädchen mit seinen echten Kinderthränen, das mit einer stummen Kinderfrage dieser Webervolkstragödie den herzerschütternden Abschluß giebt.

EUGEN ZABEL in »*Nationalzeitung*«, *Berlin,*
vom 26. September 1894

E. Z. Das Deutsche Theater machte bei der ersten Aufführung der Hauptmann'schen »Weber« den Eindruck einer aufgeregten sozialdemokratischen Versammlung. Das polizeiliche Verbot des Stückes und seine spätere Freigabe hatten sich als wirksamstes Agitationsmittel erwiesen. In dem Hause war zum ersten Mal, seitdem der neue Direktor eingezogen ist, kein Platz unbesetzt geblieben. Von der Bühne ertönten die Brandreden, der Aufschrei der Armen und Unterdrückten, die aufreizenden Strophen des Weberliedes und aus dem Zuschauerraum hallte es in den Ausdrücken des Beifalls wieder. Es war namentlich der zweite Rang, der sich erwärmte, als im Hause des Fabrikanten Dreißiger die Arbeiter Alles kurz und klein schlugen und über das Werk der Zerstörung jubelten. Aber auch die zarten Hände der Damen im ersten Rang wurden anmuthig aneinander geschlagen, wenn die zerlumpten Gestalten der Weber ihre Noth ausstöhnten und der wildeste Klassenhaß gepredigt wurde. Wer fragte gestern nach einem Stück oder nach seiner künstlerischen Darstellung! Wir haben im Winter vorigen Jahres, als die »Weber« zum ersten Mal von der »Freien Bühne« gegeben wurden, das Stück ausführlich besprochen, seine Vorzüge hervorgehoben, aber auch seine Fehler nicht verschwiegen. Jene liegen in der Natürlichkeit des Dialogs, dem Treffenden der Charakteristik, der düsteren Färbung der Handlung, dem Unerbittlichen und Unversöhnlichen des Hungerpathos. Diese finden wir in dem grauen und quälenden Einerlei der Stimmung und dem Mangel an klar gegliederter, fortschreitender Handlung. Jeder Aufzug spielt an einem andern Ort, bis zum Schluß werden immer neue Figuren in den Mittelpunkt gestellt. Das Stück bewegt sich nicht vorwärts, es rotirt um dieselbe Achse, wie eine Drehscheibe, auf der immer andere Gruppen sichtbar werden. Aber zu solchen Betrachtungen hatte gestern Niemand Zeit. Im Deutschen Theater herrschte nur eitel Freude an der Abkanzelung der Bourgeois. Je heftiger die Hiebe der Hauptmann'schen Rhetorik auf ihren Rücken herniederfielen, desto größer war das Behagen. Die Kraft des Stückes liegt in seiner Tendenz, in der Anklage, daß die Wohlhabenden die Armen verhungern lassen. Diese Idee wird in jedem Akt von einem neuen Gesichtspunkt erläutert. Das Ganze wirkt wie eine Reihe von Bilderbogen, die zum Zweck des sozialdemokratischen Anschauungsunterrichts herabgelassen werden. Von dramatischer Kunst im hergebrachten Sinne kann man dabei nicht gut reden. Wer in seiner Maske den Eindruck der höchsten Vollkommenheit macht, wer am trostlosesten zu jammern, am wildesten zu toben weiß, der ist Meister. Die »Freie Bühne« hatte die Leute gut geschult, obwohl es an argen Übertreibungen nicht fehlte. So waren der Gensdarm, der Ortsvorstand, der Arzt zum Schluß bloße Karikaturen. Bei der Plünderung bei Dreißiger schlugen die Leute alles entzwei, nur der schöne, große Wandspiegel, der sie doch am meisten ärgern muß, blieb unberührt. Herr Nissen als Dreißiger, Herr Rittner als Reservist Moritz Jäger, Fräulein Bertens als Hilses Schwiegertochter gaben damals und gestern ihre Rollen vortrefflich. Als rother Bäcker glänzte Herr Kainz. Die Herren Pittschau, Pauly, Hermann Müller, Theodor Müller, Kühn, Menzel gaben die Figuren in der Wirthshausszene lebendig und wahr. Herr Kraußneck allein verirrte sich in der Rolle des alten Hilse in das Pathos des Melodramas. »Kabale und Liebe« wurde geplaudert, die »Weber« wurden dagegen in den leidenschaftlichen Szenen ganz nach der alten Schule gespielt. Schiller zeigte sich im Deutschen Theater mit seinem besten Jugenddrama wirkungslos und das von Tendenz geschwollene, grell ausgemalte Szenengemenge Hauptmanns, welches auf dem Gebiete der theatralischen Verrohung einen bedeutenden Fortschritt bedeutet, errang den unbestrittenen Beifall des Publikums.

OTTO ELSTER *in »Neue Preußische Zeitung« (Kreuzzeitung),
Berlin, vom 26. September 1894*

Es hält schwer, dem Gerhart Hauptmannschen Schauspiel »Die Weber« gegenüber, das gestern im Deutschen Theater nach langem Kampfe mit der Zensur die erste öffentliche Aufführung erlebte, einen gerechten und unparteiischen Standpunkt zu gewinnen. Man wird gepackt von dem tiefen Menschenelend, das uns in anschaulichster Weise geschildert wird, und doch auch wieder abgestoßen durch die Häufung des Häßlichen, des Widerwärtigen und des Tendenziösen. Man erkennt die Kunst des Dichters, Volkstypen zu schaffen, nach dem Leben zu zeichnen und kraftvolle Massenscenen mit wahrhaftem Lebensblute zu erfüllen, gern an, während man andererseits über die Unbeholfenheit, das Konventionelle und das übertrieben Tendenziöse in der Darstellung der »besseren Klassen« erstaunt den Kopf schüttelt. Auf der einen Seite der warmherzige Dichter mit der unmittelbaren Anschauung, mit der Gabe, das Geschaute treffend und packend wiederzugeben, auf der anderen Seite der mit den alten Theater- und Volksstück-Schablonen und Possenfiguren arbeitende Bühnenschriftsteller. Die heißblütige Jugend vergißt über den guten Eigenschaften die geringeren Fähigkeiten und meint einen ganzen, wahren und echten Dichter gefunden zu haben, während dieser Dichter noch nicht zu einer vollen Persönlichkeit ausgereift ist, sich noch nicht zu wahrhaft dichterischer Höhe emporgeschwungen hat, von der aus er den Stoff seiner Dichtung mit objektivem Blicke übersieht und mit unparteiischen Händen eintheilt. Zunächst steckt Gerhart Hauptmann noch tief in der tendenziösen Ausbeutung seines dichterischen Könnens. Die Tendenz seiner Stücke, vor allen der »Weber«, wird dadurch nicht sympathischer, daß sie eine verhetzende, aufreizende Wirkung der einzelnen Volksklassen gegeneinander ausübt und alles Licht auf Seite des »Volkes«, allen Schatten auf Seite der »besseren Klassen« sieht. Die Polizei hatte in folge dessen recht, als sie die öffentliche Aufführung der Weber untersagte, denn wenn sich die Parteileidenschaft eines Theaterstückes zur Aufhetzung bedienen wollte, kein anderes Stück als die »Weber« wäre geeigneter dazu. Ich stehe durchaus nicht auf dem Standpunkte, die Arbeiter unter allen Umständen und von vornherein zu verurtheilen, wenn sie von der durch sie groß gewordenen Industrie höhere Löhne erzwingen wollen, um dadurch sich und den Ihrigen eine bessere Lebensführung zu ermöglichen. Die meisten Industrieen sind derartig leistungsfähig, daß sie, ohne selbst Schaden zu leiden, dem Arbeiter leicht einige Groschen Lohn zulegen können. Es erscheint auch durchaus nicht nöthig, daß, wie es früher oft der Fall war, jeder »Fabrikant« ein reicher Mann wird und sich den Kukuk darum kümmert, ob seine Arbeiter verhungern. Die Ausbeutung der Arbeiter, des Volkes durch die Industrie, durch das mobile Kapital, ist eine der traurigsten Erscheinungen in unserem modernen Leben, obschon zugestanden werden muß, daß der Ausbeutung in den letzten Jahren mancher Riegel vorgeschoben worden ist. Dennoch mögen auch solche Verhältnisse noch hier und da vereinzelt vorkommen, wie sie Gerhart Hauptmann in seinen Webern schildert: ein hartherziger, heuchlerischer Fabrikant, dem eine halbverhungerte ausgebeutete Arbeiterschaft gegenübersteht. Aber das ist sicher, daß derartige Vorgänge, wie sie in jenem Weberaufstande der vierziger Jahre in die Erscheinung traten, nicht typisch für unsere Verhältnisse mehr sind, daß jene Vorgänge nicht mehr unmittelbar auf uns einzuwirken vermöchten, wenn nicht die politische Leidenschaft ihre Hand mit im Spiele hätte. Und die — vielleicht unbewußte — Ausnutzung dieser politischen Leidenschaft ist der größte Fehler des Stückes.

Der Vorgang, den Gerhart Hauptmann schildert, ist historisch. Im Jahre 1844 herrschte infolge einer gänzlichen Mißernte in den schlesischen Weberdistrikten unsägliches Elend. Die Konkurrenz der mechanischen Webstühle machte sich ebenfalls zu Ungunsten der Handweberei bemerkbar. Es brach der Hungertyphus an verschiedenen Orten aus, in ihrer Verzweiflung schaarte sich die hungernde Weberbevölkerung zusammen und beging Ausschreitungen, die mit Waffengewalt niedergeschlagen werden mußten. Auf diesem geschichtlichen Hintergrunde entrollt Hauptmann ein Gemälde, das jedes Herz tief erschüttern würde, wenn nicht die politische Ausbeutung des Stoffes immer wieder unsere Theilnahme für das Werk beeinflußte. Im ersten Akte werden wir in die Abnahmestelle der Fabrik des Herrn Dreißiger versetzt, wo gewissenlose und gefühllose Beamte den armen Webern, Männern und Frauen, unter brutalen Worten den kärglichen Wochenlohn auszahlen. Der »rothe Bäcker« (Josef Kainz) lehnt sich gegen den Fabrikanten auf und wird aus der Arbeit gejagt. Während dieser Akt schwach und durchaus konventionell gehalten ist, zeigt der zweite die tiefergreifende Schilderung des Elends in der armseligen Hütte des alten Baumert (Paul Pauli), der bereits sein Hündchen geschlachtet hat, um seinen Kindern einmal wieder ein Stückchen Fleisch zu verschaffen. Da erscheint Moritz Jäger (Rudolf Rittner), ein eben entlassener Soldat; ein derber, gemüthlicher, aber auch leidenschaftlicher Bursche, der durch seine Reden und Lieder die halbverhungerten Weber aufreizt und zu dem Entschlusse bringt, mit Gewalt zu nehmen, was zum Leben nothwendig ist. Dieser Akt ist der beste und dichterisch schönste des Stückes. Der dritte spielt in der Gastwirthschaft. Unter allerhand mehr oder minder ergötzlichen Episoden erfahren wir, daß die Aufregung unter den Webern zugenommen hat. Diese erscheinen selbst, der heißspornige Schmied Wittig (Ernst Pittschau) gießt durch seine wilden Reden Öl ins Feuer, die Empörung flammt empor und der halbtrunkene Haufe eilt nach dem Hause des Fabrikanten Dreißiger, Spottlieder auf ihn und seine Familie brüllend. Der vierte Akt versetzt uns in das Innere des reich ausgestatteten Fabrikantenhauses. In den ersten Scenen herrscht eine steife Konvenienz, die sich nirgends von anderen Volksstücken unterscheidet. Ja, Hauptmann verschmäht sogar nicht gewisse Possenmittel, um die »Bourgeois« lächerlich und verächtlich zu machen. Frau Dreißiger und die Frau Pastorin sind echte und rechte Possenfiguren. Ebenso sind der Amtsvorsteher und der Gendarm stark karrikirt. Der Pastor ist vollständig farblos, sonst aber noch die sympathischste Figur in dieser »Bourgeois-Gesellschaft«. Leben und Bewegung kommt erst wieder mit dem Auftreten der Weber in diesem Akt. Moritz Jäger ist verhaftet worden, die Menge verlangt seine Entlassung; als sich die Gendarmen weigern, befreit die Menge ihn mit Gewalt, erstürmt dann das Haus des Fabrikanten, der mit seiner Familie entflohen ist, und verwüstet das Innere des Hauses in rohester Weise. Diese Zerstörungsscene zeugt von großer dichterischer Kraft und Kühnheit. Im letzten Akte befinden wir uns in der Hütte des frommen biederen alten Webers Hilse (Arthur Kraußneck) in Langenbielau, wohin der Aufstand noch nicht gelangt ist. Der alte Hilse ist wohl die sympathischste Gestalt des ganzen Stückes. Er findet Trost in seinem unerschütterlichen Gottvertrauen und folgt nicht der Verführung seiner wilden Genossen, wenn er auch um ihre Errettung aus der herben Noth der Zeit fleht. Die Aufrührer kommen nach Langenbielau, sie reißen auch die dortigen Weber mit sich fort, vor allen die leidenschaftliche Luise Hilse (Rosa Bertens), die Schwiegertochter des alten Hilse. Soldaten rücken in das Dorf, und ein Kampf entspinnt sich, woran der alte Hilse jedoch nicht theilnimmt. Er setzt sich inmitten des Kampfgetöses an seinen Webstuhl, er will den Platz nicht verlassen, auf den ihn Gott gesetzt hat, er betet zu Gott, draußen tobt der Kampf, durch das geöffnete Fenster' verirrt sich ein Geschoß und trifft den alten Mann, der sterbend auf seinem Webstuhl zusammensinkt, während sein Enkelkind hereineilt und den Sieg der Weber über die Soldaten verkündet — eine tiefergreifende Scene, die wiederum nur den einen Fehler besitzt, daß sie nicht naiv geschaut, sondern parteipolitisch, tendenziös ausgenutzt ist. Das Drama des ausgebeuteten, verhungernden, verzweifelnden Volkes schließt mit einer Dissonanz, die um so schmerzlicher berühren muß, je mehr man mit dem Jammer Mitleid empfindet. Auch der letzte Trost, der Hinblick auf die Ewigkeit, auf die göttliche Vorsehung, auf die ewige Vergeltung soll den Armen geraubt werden. So ergreifend die letzte Scene ist, so muß sie doch um dieser Tendenz willen verurtheilt werden. Es gibt einen Trost selbst im tiefsten Leiden, und diesen Trost sollte wenigstens der Dichter dem Volke nicht zu rauben suchen. Ohne Frage hat sich Hauptmann ein großes Verdienst erworben, als er »der Menschheit ganzen Jammer« einmal der Welt und namentlich den »besseren Klassen« wieder vor Augen führte, als er den Reichen und den Großindustriellen einmal wieder die gebieterische Pflicht zeigte, besser für die Armen und Elenden zu sorgen, als er die verderblichen Wirkungen eines rücksichtslosen Kapitalismus in packenden, wenn auch oft allzu krassen Bildern vorführte. Er hat dadurch das Gewissen des einzelnen und der Öffentlichkeit aufgerüttelt und trägt dazu bei, daß die Menschheit auf der Bahn des sozialen Fortschritts unermüdet weiterstrebt. Der Dichter würde aber menschlich-individuell viel tiefer erschüttert haben, wenn er das Elend der Menschheit an einem konkreten Falle geschildert, wenn er als Helden nicht eine ganze Bevölkerung, sondern einzelne Individualitäten gewählt hätte, mit denen unser Herz weinen und sich freuen könnte. So löst sich das Stück in einzelnen Massenscenen auf, die, so meisterhaft sie auch dargestellt sein mögen, unser Herz nicht so tief bewegen können, als wenn es sich um das Schicksal eines Helden handelte. In diesem Schicksal würde uns der Menschheit ganzer Jammer anfassen; die Anhäufung dieses Jammers in dem Zustande einer ganzen Bevölkerung wirkt leicht abstoßend und niederdrückend.

Die Inscenirung und Darstellung kamen dem Stücke in hohem Grade zu Statten. Josef Kainz, Rudolf Rittner, Paul Pauli (der alte Baumert), Hermann Müller (der alte Ansorge), Arthur Kraußneck (der alte Hilse), Rosa Bertens (Luise Hilse), sie alle hatten den Geist der Dichtung richtig erfaßt und boten lebenswahre, charakteristische Gestalten. Rosa Bertens riß durch ihre ungezügelte Leidenschaft hin. Diese Schauspielerin scheint sich weit eher für solche Charakterrollen zu eignen, als für die Salondamen moderner Stücke. Die Vertreter der »Bourgeois« gaben sich viel Mühe, den Figuren Leben einzuflößen; aber mit Ausnahme Hermann Nissens (Fabrikant Dreißiger) gelang es niemand. Es lag dies mehr an dem Dichter, als an den Schauspielern, denn farblosen oder karikaturenhaften Gestalten vermag selbst der beste Künstler kein wahres Leben einzuflößen. Die Inscenirung der Massenscenen war ganz vortrefflich, namentlich die Zerstörung des Fabrikantenhauses. Die Aufnahme des Stückes war getheilt. Eine »zielbewußte« Claque wußte aber doch einen großen Theil des Publikums zum Beifall hinzureißen. Man wollte den Dichtereigenschaften Hauptmanns gern Gerechtigkeit widerfahren lassen, fühlte sich aber durch die Herbheiten und die politische Tendenz abgestoßen. Erwähnt mag werden, daß die sozialdemokratische Partei durch die Herren Liebknecht, Singer und einige andere Mitglieder im Zuschauerraum vertreten war.

PAUL SCHLENTHER *in* »*Vossische Zeitung*«, *Berlin,
vom 27. September 1894, Morgenausgabe*

Dienstag, 25. September. Zum ersten Male: »Die Weber«. Ein Schauspiel aus den vierziger Jahren in 5 Akten von Gerhart Hauptmann.

Dr. Alfred Zimmermann, ein aus der Schule Schmollers hervorgegangener Forscher, hat 1885 bei Korn in Breslau ein lehrreiches Buch über »Blüthe und Verfall des Leinengewerbes in Schlesien« veröffentlicht. Es beginnt mit den Anfängen der schlesischen Dorfweberei, die noch vor dem dreißigjährigen Kriege liegen, und führt bis zu den Wirkungen des Zolltarifs von 1885. Es ist eine überaus sorgfältige, streng historische Darlegung des Materials, das nach seiner technischen, volkswirthschaftlichen und sozialpolitischen Seite hin verarbeitet wird. Aus diesen wissenschaftlichen Erörterungen scheint von Zeit zu Zeit immer wieder dasselbe bleiche, spitznäsige, wundäugige, abgezehrte Menschengesicht hilfesuchend hervor, eine magere, zittrige Menschenhand scheint langend sich auszustrecken. Es ist die Hand und das Angesicht des alten, unausrottbaren Weberelends. Alle Wandlungen der Zeit, weder das österreichische Regiment noch das preußische, weder günstige noch ungünstige Handelsverhältnisse, weder Zölle noch Verordnungen sind im Stande gewesen, die Lage der Weber und Spinner anders als vorübergehend zu bessern. Immer wieder stand in den Thüren dieser Armen die Noth. Sie war das Erbe, das eine Generation der anderen hinterließ. Und von den Vätern auf die stets erstaunlich zahlreichen Kinder vererbt sich auch die Geduld, mit der jene Noth ertragen wurde. Nur einmal im Verlauf von dritthalb Jahrhunderten hob sich die Hand der Armuth drohend zum Himmel, und auf den Zügen der Noth zuckten Haß und Wuth. 1844, im Sommer, kam es zum Weberaufstand. »D'r Mensch muß doch a eenzichts Mool an Auchablick Luft kriechen«, läßt Gerhart Hauptmann einen alten Weber sprechen, der sich halb im Taumel dem Troß der jungen Aufrührer angeschlossen hat.

Diesen Augenblick Luft, diesen Weberaufstand hat Dr. Zimmermann in seinem Buch ganz besonders ausführlich behandelt. Das Kapitel liest sich trotz der ruhigen, sachlichen Darlegung wie ein sozialer Roman. Schon in dieser wissenschaftlichen Behandlung wird man gerührt und gerüttelt wie von Zolas Germinal. Zimmermanns Schilderung der äußeren Vorgänge, beruht zum Theil auf den treuen und ruhigen Berichten, die sich damals die »Voss. Ztg.« von einem Augenzeugen aus dem Eulengebirge schicken ließ. Es gewährt ein eigenes Interesse, in den beiden dickleibigen Büchern des Jahrgangs 1844 unseres Blattes nachzustöbern, was aus Schlesien gemeldet wurde. Ueber »das Blutgericht«, jenes plötzlich aus unbekanntem, nie erkanntem Ursprung aufgetauchte Weberlied heißt es hier: »Es ist ein offenes Manifest aller der Klagen und Beschwerden, welche bis dahin nur verstohlen und leise von Mund zu Mund wanderten. In seinen größtentheils wohllautenden und regelmäßig gebauten Versen spricht sich eine drohende Verzweiflung, ein wilder Haß und Grimm besonders gegen das vierte, zuerst angegriffene Handlungshaus aus, welches man offenkundig zu immer höherem Reichtum und Glanze neben der steigendsten Noth auf-blühen sah. Dieses in jeder Beziehung merkwürdige Dokument enthält neben der Schilderung der Trübsal und des Jammers auf der einen und der Pracht und Ueppigkeit auf der andern Seite überraschend verständige Ansichten und Anschauungen... Das Lied eilte wie ein Aufruf von Haus zu Haus; es fiel als Zündstoff in die gährenden Gemüther«. Wir finden bei unserem damaligen Korrespondenten auch eine Schilderung, wie man die Wohnhäuser der Fabrikanten plünderte und zerstörte; Gerhart Hauptmann hat sich bei der Demolirungsszene im vierten Akt seines Dramas ziemlich genau an diese Schilderung gehalten. Aber mit einer Wiedergabe der äußeren Vorfälle nach Zeitungsberichten konnte sich der historische Forscher nicht begnügen. Um die Ursachen der Noth und des Aufstandes festzustellen, mußte Zimmermann Einblick in amtliche Aktenstücke gewinnen. Die Staatsarchive und statistischen Aemter haben seiner Arbeit zur Verfügung gestanden, und das Resultat seiner Arbeit ist eine scharfe, zuweilen vernichtende Kritik, die Zimmermann nicht nur an den Fabrikanten, sondern noch mehr an den damaligen zuständigen Staatsbehörden übt. Verglichen mit der Darstellung des Historikers kommt im Drama des Dichters sowohl der Fabrikant Dreißiger als auch die Dorfpolizei noch ziemlich gnädig weg. Und in Hauptmanns Drama findet sich kein Zeichen der Noth, kein Ausdruck der Klage, kein Zustand des Hungers und auch keine Aeußerung der Rebellion, die nicht durch Zimmermann geschichtlich belegt wären. Soweit bei Hauptmann das Zuständliche, der Boden für den Aufruhr reicht, ließe sich die Fabel seines Dramas mit Zimmermanns Worten also wiedergeben: »In den meisten Orten waren die Leute allem Elend preisgegeben; auf den Straßen spielten keine Kinder, sie mußten mit ihren schwachen Kräften den Eltern bei der Arbeit helfen. Selbst das Gebell der Hunde, das sonst in keinem Dorf fehlt, ertönte hier nicht. Man besaß kein Futter für sie und hatte die treuen Wächter als willkommene Nahrung verzehrt. Die Häuser waren nicht selten halb verfallen, oft fehlte ihnen selbst der Schornstein, und der Rauch suchte durch ein Luftloch einen Ausweg. In ihren Lumpen scheuten sich die Leute zur Kirche zu gehen. Fleisch sahen die meisten Familien nie, bei einzelnen kam ein halbes Pfund an den drei hohen Festtagen auf den Tisch. Es war ein frohes Ereigniß, wenn ein Bauer der Familie etwas Buttermilch oder Kartoffelschalen schenkte.

Ein alter Weber erzählte mit Freudenthränen, daß zu seinem Glück in der Nähe zwei Pferde krepirt seien, die ihm und den Seinen eine Zeit lang Speise boten.«

Dr. Zimmermann steht im diplomatischen Reichsdienst, sein Buch ist dem staats- und königstreuen Professor Schmoller gewidmet, ein konservativer Zeitungsbesitzer hat es verlegt, und königliche Behörden versorgten es mit Material. Nie ist diesem kritischen Werk eine aufrührerische und umstürzlerische Tendenz nachgesagt worden. Ohne viel drüber nachzudenken, stellte man es wie jedes andre Werk freier Forschung unter den bekannten Verfassungsparagraphen: »Die Wissenschaft und ihre Lehre sind frei.« Sollte nun, was der Wissenschaft recht ist, der Kunst nicht billig sein? Sollte der Künstler, der Dichter nicht genau so wie der Forscher das Recht haben, ohne viel nach Tendenz und Widerhall zu fragen, einen historisch beglaubigten Vorgang historisch treu darzustellen? Sollte Gerhart Hauptmann, der schlesische Webersenkel, auf die künstlerische Formulirung eines Stoffes verzichten, der ihm seit ersten Kindheitstagen aus den Erzählungen des eignen Vaters ans mitleidvolle Herz gewachsen war? Nur deshalb darauf verzichten, weil seine historisch treue Darstellung dieses Stoffes zu aufreizenden Vergleichen mit der sozial bewegten Gegenwart unliebsamen Anlaß geben könnte? Das hieße, dem Adler den Fittig stutzen! Zum Entstehen der »Weber« hat gewiß auch die Gegenwart das Ihrige beigetragen. Familienüberlieferungen und Heimatbeziehungen hätten vielleicht doch nicht hingereicht, gerade diesen Dichter gerade an diesen Stoff zu ketten. Die Noth der Zeit erst lehrte ihn, die Noth jener Vergangenheit ganz verstehn. Denn wo war je der Dichter, der sein Höchstes nicht aus dem Nächsten gesogen hätte? Aber wo steht es geschrieben, daß derjenige, der ein mitfühlendes Herz für das Elend armer Menschen hat, in unsrer Zeit durchaus Anhänger einer bestimmten politischen Partei, einer bestimmten sozialistischen Richtung sein müsse? Einer der ersten, die damals gegen die Staatsregierung für die Weber eintraten, war Gustav Freytag gewesen. Und einer derer, die sich von diesem Elend durch den Augenschein überzeugten und dadurch der Regierung unbequem wurden, war Rudolf Virchow. Sie sind beide so wenig Sozialdemokraten wie der historische Kritiker Konsul Zimmermann; und von der alten Dichterexzellenz in Siebleben steht es fest, daß sie für die Dichtungen des schlesischen Landsmanns Gerhart Hauptmann unvergleichlich stärkere Sympathie empfindet als etwa der Sozialdemokrat Liebknecht.

In den »Webern« giebt es kein einziges Wort, das irgend einer bestehenden Partei das Recht gäbe, den Dichter auf ihre Fahne einzuschwören. Und es findet sich auch kein Wort, das aus dem Zwange der Situation herausfiele und von der Person des Dichters gesprochen wäre. Der Dichter verschwindet hinter dem Kunstwerk; und nur darüber kann Streit sein, ob dieses Werk wirklich ein Kunstwerk, ein Drama ist.

Ein Drama ist eine Dichtung, die auf der Bühne wirkt. Diese Wirkung haben »Die Weber« vor dem Publikum des Deutschen Theaters in höherem Grade erreicht als irgend ein andres Werk der neueren Literatur. Ein Kunstwerk ist ein Werk, das in sich eine Welt in bestimmter Form umschließt. Daß sich in den »Webern« eine Welt umschließt, wird nicht geleugnet werden können. Es fragt sich nur, ob die Form künstlerisch ist. Man vermißt einen Mittelpunkt und in diesem Mittelpunkt einen Helden, auf dessen Leidensscheitel alles das gehäuft ist, was bei Hauptmann auf so viele Schultern vertheilt wird.

Ein solcher Held entspricht nicht dem Stil des Gegenstandes. Noth und Armuth sind nicht vorhanden, wenn sie nicht bei vielen vorhanden sind. Und auch ein Aufstand ist nicht ohne Zusammenrottung vieler denkbar, die ihre Einheit, ihren Mittelpunkt in dem unsichtbaren Gedanken haben, der sie ein und demselben Ziele entgegentreibt. Mag man nun diesen einen Gedanken in den »Webern« mit Spielhagen als die Noth erkennen, oder mag man ihn unbestimmter als Volksstimme bezeichnen — vorhanden ist dieser eine Mittelpunkt; und in dem Weberliede, das da hetzt und hitzt, findet er seinen faßbaren Ausdruck. Der unbekannte Dichter dieser Strophen ist, wenn nicht der Held, so doch der heimliche Intrigant, der die Ereignisse in Fluß bringt und durch die fünf Akte hindurch friedfertige Menschen bis zum Raub und Blutvergießen treibt.

Von den »Webern« wird man in ihrer ganz besonderen Form dasselbe sagen dürfen, was Karl Werder von Lessings »Nathan« sagte, den die Aesthetiker auch nicht in ihr Schema einzuzwängen wußten: auch die »Weber« haben ihre eigne Aesthetik, sie sind ein Werk sui generis. Wie der »Nathan« nicht durch eine Tendenz, sondern durch seine literarische Größe etwas zu bedeuten hat, so muß es auch mit den »Webern« sein.

THEODOR FONTANE *über* »*Die Weber*«*)

(Erste namentlich gezeichnete Veröffentlichung
in »Das litterarische Echo«, Berlin, 1. Jg., 1898/99, Heft 2)

Gestatten Sie, nachdem Ihr P[aul] S[chlenther], bereits gesprochen, auch noch einem Veteranen ein Wort über Gerh. Hauptmanns »Weber«. Es ist ein Drama der Volksauflehnung, das sich dann wieder, in

---

*) Die Kritik war für die »Vossische Zeitung« bestimmt, erschien jedoch zunächst anonym 1894 im Salonfeuilleton No. 40. Text nach einer Photokopie des Ms. im Theodor-Fontane-Archiv, Potsdam.

seinem Ausgange, gegen die Auflehnung auflehnt, etwa nach dem altberlinischen Satze: »das kommt davon.«

Was Gerh. Hauptmann für seinen Stoff begeisterte, das war zunächst wohl das Revolutionäre darin; aber nicht ein berechnender Politiker schrieb das Stück, sondern ein echter Dichter, den einzig das Elementare, das Bild von Druck und Gegendruck reizte.

Die »Weber« wurden als Revolutionsdrama gefühlt, gedacht und es wäre schöner und wohl auch von unmittelbar noch mächtigerer Wirkung gewesen, wenn es sich ermöglicht hätte, das Stück in dieser seiner Einheitlichkeit durchzuführen. Es ermöglichte sich aber nicht und Gerh. Hauptmann sah sich, und zwar durch sich selbst, in die Nothwendigkeit versetzt, das, was ursprünglich ein Revolutionsstück sein sollte, schließlich als Anti-Revolutionsstück ausklingen zu lassen. Es ließ sich nicht anders thun, nicht blos von Staats- und Obrigkeits-, sondern, wie schon angedeutet, auch von Kunst wegen. Todessühne, Zugrundegehn eines Schuldigen, das ist ein Tragödienschluß, Radau und Spiegelzertrümmerung nicht. Das ist einerseits zu klein, andrerseits die reine Negation. Wir wollen das Unrecht unterliegen, aber zugleich auch das Recht (das kein absolutistisches zu sein braucht) triumphiren, sich als rocher de bronce stabiliren sehn. Was triumphirt, muß des Triumphes würdig sein. Hier aber, im Schluß des 4. Aktes, hätte der revolutionäre Sieg nichts bedeutet, — was zu wenig ist — den Sieg der Rache. Das Einsehen davon schuf den 5. Akt. Auch in ihm, — wiewohl er nicht blos ein Verstandes- sondern sogar ein Widerspruchsprodukt ist — bewährt sich noch Gerh. Hauptmanns großes dichterisches Talent, aber doch mit der Einschränkung, die sich aus dem alten »gebt ihr euch einmal für Poeten, so kommandirt die Poesie«, von selbst ergiebt.

Der 5. Akt ist ein Nothbehelf, ein Zwang, aber, was uns trösten muß, ein Zwang, der nicht blos in Klugheitserwägungen oder wohl gar in von außen kommenden Einflüssen, sondern viel viel mehr in der eigenen Einsicht von der Unvermeidlichkeit einer solchen Zuthat wurzelt.

Daß dadurch etwas entstand, was revolutionär und antirevolutionär zugleich ist, müssen wir hinnehmen und trotz des Gefühls einer darin liegenden Abschwächung doch schließlich auch gutheißen. Es ist am besten so. Denn das Stück erfüllt durch dieses Doppelgesicht auch eine doppelte Mahnung, eine, die sich nach oben und eine andere, die sich nach unten wendet und beiden Parteien ins Gewissen spricht.

In einer gewissen Balancirkunst des 5. Aktes gegen die vier voraufgegangenen, erinnert das Stück an Schillers Tell.

»Die Weber«

in »Germania«, Berlin, vom 2. Oktober 1894, nicht namentlich gezeichneter Artikel. Autorensignum: zwei liegende Kreuze links neben der Überschrift.

Das Hauptmann'sche Stück wird in Berlin weiter aufgeführt und beginnt jetzt seinen Rundgang in der Provinz, zunächst in seiner schlesischen Heimath. Ueber die erste Aufführung in Breslau meldet kurz das Berliner Tageblatt:

»Gerhart Hauptmanns ›Weber‹ wurden sehr enthusiastisch aufgenommen. Besonders stürmischer Beifall ertönte am Ende des zweiten, vierten und fünften Actes. Am Ende des vierten Actes wurde Director Witte-Wild gerufen, welcher auf den Trümmern der demolierten Wohnung Dreißigers (des Fabrikanten) dem ›freisinnigen Publicum, welches nicht zum Zweck von politischen Erörterungen das Theater besucht habe‹, für die begeisterte Aufnahme im Namen Gerhart Hauptmanns dankte, welcher in Folge der Vorgänge bei der Première der ›Weber‹ am Deutschen Theater in Berlin so schwer nervös erkrankt sei, daß er zur Breslauer Première nicht kommen konnte. Als Witte-Wild von ›begeisterter Aufnahme‹ sprach, ertönte Zischen und von dem ersten Rang lautes Lachen eines einzelnen Herrn, was durch noch stürmischeren Beifall beantwortet wurde. Die Darstellung verdiente volle Anerkennung.« In Berlin ist das Stück schon in vergangener Woche wiederholt worden, wurde auch am gestrigen Sonntag gespielt und wird auch im Laufe dieser Woche am Dienstag, Mittwoch und Freitag und dann auch wieder am nächsten Sonntag gegeben werden. Am gestrigen Sonntag war das Haus wieder ausverkauft, was vorher schon nicht mehr erreicht war, und die arrangirte socialdemokratische Demonstration der ersten Vorstellung fand keine Wiederholung. Von der gestrigen Vorstellung kann man sogar sagen, daß der Beifall in den ersten Acten selten und nicht sehr stark war; erst bei den gewaltthätigen und ergreifenden Scenen der letzten Acte wurde er stärker, aber doch so, daß sicher zwei Drittel des Publicums sich vollständig ruhig verhielt, weder Beifall noch Mißbilligung äußerte. Die Stimmung ist sehr verständlich: der besonnene Zuschauer kommt aus dem einander widerstrebenden Gefühlen nicht heraus.

Unterdessen hat die Debatte über das Stück und seine Aufführung ihren Fortgang genommen, und gestern beschäftigte sich das socialdemokratische Hauptorgan Vorwärts damit in einer Reihe von Spalten, über und unter dem Strich. Gegenüber der Erinnerung Franz Dernburgs u. A. an die Aufführung von Beaumarchais' Hochzeit des Figaro in Paris, kurz vor der großen französischen Revolution, schreibt der Vorwärts:

Gewiß, »Figaros Hochzeit« war eine revolutionäre That — der ganze angesammelte Grimm des »dritten Standes« kam darin zum Ausdruck; in flammender Sprache wurde dem Despotismus sein Sündenregister vorgehalten, mit tödtlichen, giftgetränkten Epigrammen, schärfer geschliffen und spitzer als der Dolch Cesario's, dem ancien régime — der alten Ordnung der Dinge — Stoß um Stoß in das Herz versetzt und das Volk Frankreichs in schmetternden Fanfaren zum jüngsten Gericht über seine Dränger, zur Vernichtung der tausendjährigen Zwingherrschaft geladen. Ja, das war die Ankündigung der Revolution, die Anmeldung der Revolution, die an die Thore pochte, und daß das ancien régime dieser tragischen Comödie, die eine colossale Welttragödie in sich schloß, begeisterten Beifall klatschte — das war allerdings Verblendung — das war allerdings »Tanzen auf einem Vulcan«. Freilich, auch wenn die Hofherrschaften nicht getanzt hätten, der Vulcan hätte sich doch entladen, das jüngste Gericht wäre doch hereingebrochen.

Aber was haben »Die Weber« von Hauptmann mit »Figaro's Hochzeit« gemein? Sie sind kein revolutionäres Stück, und ebenso wenig sind sie ein socialistisches Stück, wenn auch eine sociale Tragödie behandelnd. Wer vom Wesen des Socialismus einen Begriff hat, erkennt auf den ersten Blick, daß ein Socialist die »Weber« nicht geschrieben haben kann. Wir sagten es schon: ein socialistischer Dichter hätte einen anderen Stoff gewählt, der das Volk nicht bloß als leidendes, ohnmächtiges, sicherer Niederlage und sicherem Untergange verfallenes Opfer vorführt. Und wäre er durch irgend eine Verkettung von Umständen an diesen Stoff gefesselt worden, so hätte er doch durch irgend eine Andeutung, durch irgend einen Gedankenblitz verrathen, daß sich hier nur ein Vorpostengefecht der Verzweiflung abspielt — daß dieses Trauerspiel des Hungers nur die Einleitung ist zu Kämpfen und Schlachten, an denen immer größere Massen der Unterdrückten Theil nehmen, bis schließlich die Arbeiterclasse als Classe sich zum Gefecht stellt und mit ihrer eigenen Befreiung die Erlösung der Menschheit vollbringt. Kein Satz, kein Wort hiervon!

Aber sollten sich die »Genossen« das nicht dazu denken, und wird es ihnen nicht unter dem Strich vom Vorwärts selbst gesagt? Da heißt das Stück ein »aufrüttelndes Drama« und die Schlußworte des langen Artikels an die Kritiker des Stückes und der Aufnahme desselben auch durch Nichtsocialdemokraten lauten:

Sie mögen drängeln und schelten und toben nach Herzenslust. Wie schlecht kennen die Aermsten, alle zusammen, das heutige Proletariat, wenn sie annehmen, ihr geheimer Herzenswunsch werde in Erfüllung gehen und irgend ein selbstbewußter Proletarier werde sich zu einer Demonstration aus Anlaß der Weberaufführung hinreißen lassen.

Bewegten Gemüths wird er den Schicksalen der gemarterten Creatur, wie sie sich in der Dichtung erschütternd aufrollen, folgen. Aber längst ist jeder von ihnen vom Köhlerglauben entfernt, in der Verzweiflungsthat der unglücklichen Menschenkinder ein Symbol der Befreiung des modernen Proletariats zu erkennen. So kindisch ist heute keiner mehr, daß er meinte, Heil zu erringen, wenn irgend ein Gendarm durchgeprügelt, ein Polizeiverwalter zum Tempel hinausgejagt wird und ein paar Paläste, die von Fabrikanten errichtet wurden, demolirt werden. Kindische Unkenntniß und heilloses Angstgefühl zugleich verrathen nur Jene, die da meinen, solche Bühnenvorgänge könnten irgend einem Proletarier als etwas Anderes erscheinen, als das künstlerische Mittel eines Dichters, der beweisen will, wie äußerste Unterdrückung zur äußersten Empörung, zu Thaten verzweifelten Wahnsinns drängt.

Genügt das denn aber nicht, von dem Stück zu sagen, daß es eine »socialrevolutionäre Tendenz« habe? Daß die organisirten »Genossen« schon längst Einzelgewaltthaten und Putsche verurtheilen, wissen wir und ist in unseren Spalten oft genug gesagt. Auch für diese »zielbewußten Genossen« aber schafft das Stück die Stimmung für den großen Tag der Rache. Daß dabei aber immer ein Theil der »Genossen« aus derselben Stimmung heraus zur »Propaganda der That« kommt, und daß hier und da solche Thaten geschehen, ist doch ebenso sicher, ist aber nach unserer ebenfalls oft ausgedrückten Ueberzeugung nicht das Schlimmste an der socialdemokratischen Bewegung, sondern das Schlimmste ist, daß große Massen in die rechte Stimmung kommen für den »großen Kladderadatsch«. Und diese Stimmung nährt das Hauptmann'sche Stück, indem es entsetzliches Elend in den grellsten Farben schildert, das von harten oder gegen das Elend wenigstens gleichgültigen Menschen geschaffen wird, während jede Hoffnung auf Hilfe, auch die von König und Regierung, ausdrücklich in den Reden ausgeschlossen und das Gottvertrauen sogar verhöhnt wird. Dessen Vertreter, der alte Weber Hilse, der, während die anderen Weber mit dem Militär kämpfen, sich mit den Worten: »Hi hat mich mei himmlischer Vater hergesetzt, hi bleiben mer sitzen und thun, was mer schuldig sein«, an seinen Webstuhl setzt, wird auf der Webebank sofort durch eine Soldaten-Kugel, die durch das Fenster dringt, getötet, und das – ist der Schluß des Stückes, noch schrecklicher gemacht durch die hilflose einzige Umgebung des todten Mannes, ein Enkeltöchterchen und eine schwerkranke Frau!

Das Parlament und die »Weber«

Aus dem Protokoll der Sitzung vom 21. Februar 1895
des Preußischen Abgeordnetenhauses

PRÄSIDENT: Das Wort hat der Abgeordnete Dr. Freiherr v. Heereman.
Abgeordneter Dr. Freiherr v. HEEREMAN: Meine Herren, da wir gerade bei den Theatervorstellungen sind, möchte ich mir auch erlauben, ein paar Worte zu sagen. Ich will auf die Frage der polnischen Vorstellungen nicht eingehen, ich möchte im Allgemeinen aber den Herrn Minister bitten, wenn es ihm möglich ist, durch die Polizei schärfer und stärker dahin wirken zu lassen, daß sie manchen theatralischen Aufführungen, welche entweder der Sitte, der Religion völlig Hohn sprechen oder andere bedenkliche Tendenzen anzuregen und die Gemüther aufzuregen geeignet sind, schärfer entgegentrete, als es bisher geschehen ist. (Sehr richtig! rechts und im Centrum.)

Ich glaube in der That, daß alle wohlgesinnten Theile der Bevölkerung mit mir einverstanden sind, wenn ich sage, daß man jetzt zu lax in dieser Beziehung ist. Man gestattet in bekannten Stücken die Verhöhnung des Glaubens und der Religion, der Ehe und der Sitten in einer solchen Weise, wie es bisher nach meiner Meinung in Deutschland nicht zulässig gewesen ist. (Sehr richtig! im Centrum und rechts.)

Unser Theater ist herabgesunken von einer Stätte höherer Bildung oder geistvoller Anregung zu einer Stätte der Darstellung von Unsitte und Unfug, von Glaubensverhöhnung und Sinnenreiz und subversiver Tendenzen. (Sehr richtig!)

Wenn man sagt: das Publikum will solche Sachen sehen, die Theaterdirektoren erhalten die Anregung, solche Stücke zu geben, und sie erlitten sonst großen Schaden, — so spricht das für mich; denn es zeigt, wie sehr die Empfindungen und der Geschmack des Publikums heruntergesunken sind. (Sehr richtig!)

Ich meine, man kann in dieser Richtung nicht scharf genug sein; denn der Zweck des Theaters, einen Menschen harmlos zu unterhalten, oder auch literarisch und künstlerisch anzuregen, wird durch diese Stücke nicht erreicht; es werden umgekehrt leichtfertige Begriffe über Sitte und Ordnung, Mangel an religiöser Auffassung und vielfach auch Anregungen, die auf Unzufriedenheit, Umsturz und auf Unordnung im Staate sich richten, gefördert und gestärkt. (Sehr richtig!)

Nun weiß ich ja wohl, daß ein Verbot oder ein scharfes Eintreten gegen diese Dinge sehr schwierig ist. Es kommen die einzelnen Polizeibehörden in Frage, und es kommt auch das Oberverwaltungsgericht in Betracht. Aber ich glaube, wenn der Herr Minister will, so wird es ihm doch gelingen, in dieser Richtung eine schärfere Behandlung eintreten zu lassen und den gröbsten Unordnungen entgegenzutreten.

Mag dies auch einen Sturm der Entrüstung in einem gewissen Theile der Bevölkerung geben, mag man sagen, wir gingen in unserer Kultur und modernen Entwicklung zurück; ich glaube, wir können das ruhig auf uns nehmen. Ich halte auch dafür, daß der Herr Minister diese Art von Festigkeit und Entschiedenheit besitzt und gegen derartige Angriffe sehr gleichgiltig sein würde. In der That, es liegt im Interesse unseres öffentlichen Anstandes, unserer Sittlichkeit, Religion und Ordnung, daß das Theater und ähnliche Anstalten schärfer behandelt werden, als es bisher geschehen ist.

(Lebhaftes Bravo im Centrum und rechts.)

PRÄSIDENT: Der Herr Minister des Innern hat das Wort.

Minister des Innern v. KÖLLER: Meine Herren, ich bin dem Abgeordneten Herrn Freiherrn v. Heereman außerordentlich dankbar, daß er mir noch heute Gelegenheit gegeben hat, auf diese Sache, die er berührte, eingehen zu können. Ich bin allerdings auch der Ansicht, daß die Theater im Laufe der letzten Jahrzehnte das, was sie sein sollten, – eine Bildungsstätte zur Förderung von Sitte, eine Stätte zur Förderung historischer Erinnerungen, zur Förderung, kurz gesagt, alles Guten und Edlen – schon lange nicht mehr sind. (Sehr wahr!)

Es giebt ja natürlich Ausnahmen, und es ist ja selbstverständlich, daß in einzelnen Städten in einzelnen Theatern in der Beziehung noch sorgsam verfahren wird. Im Allgemeinen aber haben wir leider, und ich glaube auch hier in der Residenz, vor Allem eine Menge neuer Theater bekommen, die zunächst und zuerst Erwerbsquellen sind, die verdienen wollen und denen es nicht mehr darauf ankommt, gute Sitte und edlen Sinn zu nähren und zu pflegen, sondern denen es darauf ankommt, möglichst viel zu verdienen, selbst auf die Gefahr hin, die Moralität des Volkes zu ruiniren.

(Sehr richtig! rechts. – Zuruf des Abgeordneten Graf Strachwitz.)

Der Herr Abgeordnete ruft dazwischen: »Wie die meisten Schriftsteller!« Ja, meine Herren, ich hätte gewünscht, ich hätte auch Gelegenheit haben können, über die Literatur der neuen Zeit mal sprechen zu können; das ist nun schwer. (Zuruf.)

Ja, meine Herren, der Abgeordnete Rickert sagt: »Das wird noch hübsch werden!« Es hilft nichts, wir müssen die Sache doch mal offen und ehrlich darstellen. (Sehr richtig! rechts und im Centrum.)

Mit scherzenden Bemerkungen kommen wir über die Sache nicht mehr fort; die Moralität unseres Volkes ist in Gefahr verloren zu gehen.

(Sehr richtig! rechts. – Unruhe links.)

(Abgeordneter Rickert: Sehr richtig! — bei der Interessenwirthschaft
— da haben Sie ganz Recht!)

Nicht bei der Interessenwirthschaft, sondern bei der Spekulation auf die Unmoralität, — auf die Genußsucht und Vergnügungssucht des Volkes zu spekuliren und derartige Sachen, wie die Theater, in den Dienst dieser unedlen Eigenschaften zu stellen.

(Bravo! rechts. Unruhe links.)

Meine Herren, ich bin sehr gerne bereit, in dem Sinne, wie ich hier eben in Uebereinstimmung mit dem Herrn Abgeordneten v. Heereman ausgesprochen habe, zu wirken. Es ist aber nicht immer sehr leicht, seinen Willen durchzusetzen bei diesen Sachen, weil, wie Ihnen ja bekannt ist, über den polizeilichen Entscheidungen, zur Zeit die Entscheidungen der höheren Verwaltungsgerichte stehen. (Zuruf.)

Der Abgeordnete Parisius sagt: »Ein wahrer Segen!« (Heiterkeit.)

Meine Herren, die Polizeibehörden in vielen Orten, in richtiger Erkenntniß, z. B., um einen Fall vorzunehmen, daß ein Stück, wie »die Weber« nicht auf deutsche Bühnen gehört, haben das untersagt. Die Klagen gegen diese Verfügungen sind an das Oberverwaltungsgericht gegangen, und in zwei Fällen hat das Oberverwaltungsgericht die polizeilichen Verfügungen aufgehoben. Nun betrifft die Aufhebung einer solchen Verfügung durch das Oberverwaltungsgericht ja selbstredend nur den einen Fall. Niemals kann ein Oberverwaltungsgericht entscheiden, daß generell ein Stück wie »die Weber« erlaubt ist, — es hat auch nicht so entschieden; ich hoffe daher von den Polizeibehörden im Lande, daß sie immer von neuem den Fall wieder prüfen, eventuell derartige Stücke verbieten und die Frage von neuem zur Entscheidung bringen lassen werden; und ich hoffe, daß in nicht zu langer Zeit die Entscheidungen des Oberverwaltungsgerichts anders ausfallen werden. Ich will hier öffentlich der Polizeibehörde, die vor etwa 10 Tagen »die Weber« von neuem untersagt hat, meinen Dank aussprechen.

(Bravo! rechts und im Centrum.)

Herr v. Heereman wird, glaube ich, einverstanden sein mit den Ausführungen, die ich gemacht habe. Er hat ganz recht, daß man ja natürlich Angriffe darauf in hohem Maße in der Richtung machen wird, die Kultur sollte zurückgeschraubt werden. Meine Herren, ich mache mir nichts aus Angriffen in der Presse, ich mache mir nichts aus Angriffen in den Parlamenten; ich stehe für meine Ueberzeugung ein und werde, was ich thun kann, in dem Sinne wirken.

(Bravo! rechts und im Centrum.)

Ich werde Ihnen dankbar sein, wenn Sie zu jeder Zeit und zu jeder Stunde derartige Sachen, die als öffentlicher Skandal im Lande erachtet werden, hier zur Sprache bringen, und wenn Sie die Regierung unterstützen, für Religion, Sitte, Ordnung und Anstand im Lande wieder Boden zu schaffen und den Elementen, die das untergraben wollen, auf das allerenergischste entgegenzutreten.

(Lebhaftes Bravo rechts und im Centrum.)

PRÄSIDENT: Das Wort hat der Abgeordnete Graf zu Limburg-Stirum.

Abgeordneter Graf ZU LIMBURG-STIRUM: Meine Herren, auch im Kreise meiner politischen Freunde haben die Ausführungen des Herrn v. Heereman vollsten Widerhall gefunden. Wir sind auch der Meinung, daß in manchen Theatern Unfug getrieben wird, und wir werden sehr gern bereit sein, den Herrn Minister in seinen Bestrebungen in der Richtung, wie er es eben entwickelt hat, zu unterstützen. Aber ich möchte nicht unterlassen, Herrn v. Heereman doch auf eins aufmerksam zu machen. Wenn man in der Richtung, wie Herr v. Heereman es wünscht, einwirken will, muß man der Königlichen Staatsregierung, also den höchsten Verwaltungsinstanzen, eine gewisse Latitude lassen und eine gewisse Macht; denn die Meinungen über das, was in dem einzelnen Falle recht und unrecht ist, ob die Grenze des Richtigen überschritten ist oder nicht, werden immer verschieden sein, und wenn man dann die Regierung zu sehr eingeschränkt hat, kann sie nicht wirken.

Nun wird Herr v. Heereman mir es nicht übel nehmen, wenn ich ihn darauf aufmerksam mache, daß er vielleicht in diesem einen Punkte — der Theater — der Regierung ganz die Macht lassen will, daß er aber in anderen Dingen ihr nur ungern die nöthige Machtvollkommenheit lassen will, weil er die Besorgniß hat, daß möglicherweise Dinge geschehen könnten, die seinen politischen Freunden nicht gefallen. Meine Herren, ich hoffe, daß wir nach und nach auf den Standpunkt kommen werden, wo auch die Herren vom Centrum die Zeiten der kulturkämpferischen Streitigkeiten vergessen haben, und da, wo sie die Wahl haben, ob sie der Regierung die Macht lassen sollten, in schlimmen Fällen einzugreifen — aber nicht allein beim Theater, sondern in all den Dingen, die die Presse, Vereinsrecht u.s.w. betreffen, wo gegen die Sitte, die Ordnung und die Grundlagen des Staates angegangen wird —, nicht sich auf die Seite der Staatsgewalt stellen werden. Wir hoffen, daß wir dann ebenso, wie in diesem einen Fall, die Herren auf unserer Seite haben werden.

Das sind die Bemerkungen, die ich machen wollte, und die, wie ich hoffe, wie noch andere, die wir austauschen werden, zu einer Verständigung in wichtigen Dingen führen können. (Bravo! rechts.)

PRÄSIDENT: Das Wort hat der Abgeordnete Rickert.

Abgeordneter RICKERT: Meine Herren, es war nicht meine Absicht, mich heute bei der Debatte schon zu betheiligen; ich bin nicht wohl genug, um dem Herrn Minister in einer längeren Auseinandersetzung entgegen zu treten. Aber mein Gewissen zwingt mich dazu, hier doch

Das Parlament und die »Weber«

Verwahrung dagegen einzulegen, daß der Herr Minister es unternommen hat, den höchsten Verwaltungsgerichtshof in der Weise zu kritisiren. (Sehr richtig! links.)

Meine Herren, ich glaube, das Parlament muß auf allen Seiten dagegen Einspruch erheben.

(Bravo! links. Lebhafter Widerspruch rechts.)

Wohin soll es denn mit dem Ansehen der Gerichte — und es handelt sich hier um den höchsten Verwaltungsgerichtshof im Lande — kommen, wenn ein Minister es unternimmt, derartige Kritik an seinen Erkenntnissen zu üben, (sehr richtig! links)
wenn er diesen Erkenntnissen gegenüber den untergeordneten Polizeibehörden hier öffentlich seinen Dank ausspricht, wenn sie das Verbot aussprechen. Ich frage den Herrn Minister: Aehnelt das auch nicht subversiven Tendenzen? (Sehr richtig! links.)

Woher soll die Achtung vor den Gerichten und das Ansehen derselben kommen, wenn der Herr Minister, der erste Vertreter des Gesetzes, die Institutionen des Landes in solcher Weise kritisirt? Es wird sich noch Gelegenheit finden, im übrigen von den subversiven Tendenzen zu sprechen. Ich will das dem Herrn Minister gegenüber heute nicht näher motiviren. Was heute die öffentliche Moral untergräbt, das ist die gemeine Interessenwirthschaft, die in alle Zweige der Gesellschaft einzudringen droht, (sehr richtig! links)
und die namentlich von Leuten in einer ganz rückhaltlosen Weise — ich will nicht härter sein — betrieben wird, die sich immer ausgeben als die Stützen von Thron, Religion und Vaterland.

PRÄSIDENT: Der Herr Minister des Innern hat das Wort.

Minister des Innern v. KÖLLER: Meine Herren, wenn die gemeine Interessenwirthschaft in allen Kreisen, wie Herr Abgeordneter Rickert gesagt hat, Platz gegriffen hat, so möchte ich doch den Herrn Abgeordneten Rickert bitten, dafür zu sorgen, daß sie erst in seinen Kreisen beseitigt wird. (Bravo! rechts und im Centrum.)

Der Herr Abgeordnete Rickert hat gesagt, in allen Kreisen hätte sie Platz gegriffen. (Zuruf des Abgeordneten Rickert: Droht!)

Die Regierung wird für die Kreise sorgen, für die sie die Verantwortung übernimmt.

Der Herr Abgeordnete Rickert fing seine Bemerkungen an mit der Einleitung, sein Gewissen zwinge ihn, hier feierlich Protest einzulegen dagegen, daß ein Minister den obersten Verwaltungsgerichtshof herabwürdige oder wie er sich sonst ausdrückte. Der Herr Abgeordnete Rickert pflegt ja in sehr schönen Worten und mit besonderer Entrüstung solche Sachen auszusprechen. Er hat das auch hier gethan, obwohl die Auffassung, die er im Augenblick zum Ausdruck bringen wollte, nicht zutreffend ist. Der Herr Abgeordnete Rickert wolle mir verzeihen: er hat entweder nicht gehört, was ich gesagt habe, oder der Herr Abgeordnete Rickert hat zwar gehört, was ich gesagt habe, in diesem kritischen Moment aber es für einen taktisch richtigen Zug gehalten, die Worte etwas anders zu stellen

(sehr richtig! rechts und im Centrum)

und ihnen einen etwas anderen Sinn unterzulegen, als ihnen von Rechts wegen und von jedem, der mich angehört hat, unterlegt werden konnte.

(Bravo! rechts und im Centrum.)

Ich habe vorhin gesagt – und ich berufe mich auf die Stenographen –, daß das Stück »Die Weber« von verschiedenen Polizeibehörden verboten, und daß dieses Verbot im Wege der Klage, in der höchsten Instanz vom Oberverwaltungsgericht, als nicht zutreffend erkannt worden sei. Ich habe dann gesagt, daß es sich glücklicherweise in jedem Oberverwaltungsgerichtserkenntniß immer nur um den einzelnen Fall handle. (Sehr richtig! rechts und im Centrum.)

Ich dächte, der Herr Abgeordnete Rickert wäre so bewandert in diesen Sachen, daß er auch verstanden haben würde, was ich damit sagen wollte. Jenes Erkenntniß des Oberverwaltungsgerichtes, von welchem ich gesprochen habe, hat ausdrücklich hervorgehoben, daß lokale Gründe vorliegen könnten, aus denen die Aufführung des Stückes an einzelnen Orten als zulässig zu erachten sei. Es hat sich jedoch in seinen Gründen vorbehalten, in anderen Fällen zu entscheiden, daß es nicht aufgeführt werden könne. Meine Herren, ich habe weiter gesagt, daß durch dieses Erkenntniß die Polizeibehörden dort, wo sie es für nöthig erachteten, sich nicht würden abhalten lassen, von neuem jenes Stück zu verbieten, und habe ausgesprochen, daß das Oberverwaltungsgericht bei seinen weiteren Entscheidungen hoffentlich zu einem anderen Resultat komme. (Abgeordneter Rickert: Hört! Hört!)

– Jawohl, hört! hört! –

Wenn nun der Herr Abgeordnete Rickert daraus den kühnen Schluß zieht, daß ich die Entscheidung des obersten Verwaltungsgerichtshofes hier in tendenziöser Weise behandelt oder, wie er sich ausdrückte, herabgewürdigt hätte, so ist das absolut unzutreffend. Das Oberverwaltungsgericht hat in den Fällen Berlin und ich weiß nicht, wo noch anders, in Berücksichtigung der lokalen Verhältnisse entschieden, und ich habe gesagt, daß ich hoffte, daß die Polizeibehörden in weiteren Fällen, wo man versuche, dieses Stück aufzuführen, dies inhibiren würden.

Also die ganzen Schlußfolgerungen und die Behauptungen des Herrn Abgeordneten Rickert waren vielleicht, wie ich gesagt habe, im Augenblick taktisch richtig, zutreffend waren sie nicht. Ich kann mir ja denken, wie ich anfangs schon sagte, daß Ihnen das nicht angenehm ist, was ich hier ausgesprochen habe. Aber, meine Herren, es wird Zeit, daß mit diesen Sachen mal ein Ende gemacht wird.

(Sehr richtig! rechts und im Centrum.)

Wie lange sollen wir denn noch zusehen, daß in der schimpflichsten Weise alle die heiligsten Güter der Nation, die auch dem Volke wirklich noch heilig sind, herabgewürdigt und in den Schmutz gezogen werden?

(Lebhafter Beifall rechts und im Centrum.)

Noch ist es Zeit, noch haben wir die Macht hinter uns, noch haben wir die Gewalt, und zwar gebaut und basirt auf dem gesunden Sinn des Volkes, was noch nicht vergiftet und verworfen ist, und so lange wir, die Regierung, die Gewalt hinter uns haben, so lange werden wir sie benutzen; sonst würden wir unsere Schuldigkeit nicht thun. Ob nun der Herr Abgeordnete Rickert dagegen protestirt, ob ihm das fatal ist, das ist mir ganz gleichgültig.

(Lebhafter Beifall rechts und im Centrum.)

Ihre Kritik, Herr Rickert, hat für mich keinen anderen Werth als die Kritik der ganzen Presse, die über mich herfallen wird.

(Lebhafter Beifall rechts und im Centrum.)

PRÄSIDENT: Das Wort hat der Abgeordnete Dr. Freiherr v. Heereman.

Abgeordneter Dr. Freiherr v. HEEREMAN: Meine Herren, was die Verwahrung des Herrn Kollegen Rickert bezüglich der Beurtheilung des Oberverwaltungsgerichts und seiner Erkenntnisse anbetrifft, so hat der Herr Minister ja schon das ausreichend beantwortet. Ich möchte dazu bemerken: — ich habe kein Stück genannt, es sind nunmehr »die Weber« genannt; man könnte viele andere Stücke nennen, aber es ist nicht angenehm, hier Beispiele anzuführen, weil dadurch eine gewisse Reklame für ein solches Stück gemacht wird — ich will also zunächst sagen, wenn die Urtheile des Oberverwaltungsgerichts in einzelnen Fällen verschiedentlich ausgefallen sind, so kann das manchmal einen ganz zureichenden Grund haben; denn bei vielen Stücken, namentlich welche das Gebiet der Sittlichkeit oder vielmehr richtiger gesagt der Unsittlichkeit betreffen, da kommt es auf den Darsteller oder die Darstellerin in vielen Fällen an, ob ein Stück unmöglich oder ob es vielleicht erträglich ist. (Sehr richtig! im Centrum.)

Das ist ein großer Unterschied. Wenn aber der Herr Kollege Rickert jetzt so empfindlich ist, so verstehe ich es nicht, weshalb das gerade auf diesem Gebiete der Ordnung, der Sitte, der Religiosität und des Entgegentretens gegen die Verhöhnungen des Glaubens bei theatralischen und ähnlichen Darstellungen geschieht; wären ganz allgemeine Gebiete in Frage, hätte er vielleicht Grund, sich so zu ereifern; aber von allgemeinen Gebieten ist zur Zeit gar nicht die Rede. Nun sagt er ferner, man dürfe ein gerichtliches Urtheil hier nicht kritisiren. Ja, meine

Herren, ich nehme mir immer die Freiheit, jedes gerichtliche Urtheil in Betracht zu nehmen und zu kritisiren; natürlich werde ich die Richter und ihren guten Willen nicht angreifen, aber materiell und bezüglich der Rechtsauffassung steht es jedem vernünftigen Menschen frei, der sich für das öffentliche Leben interessirt, ein Erkenntniß zu beurtheilen. — Meine Herren, ich erinnere Sie an Vorgänge, — da waren Sie (links) es wohl gerade, Sie selbst und Ihre Presse, die ein großes gerichtliches Urtheil sehr scharf kritisirten, dessen Thatbestand sich außerhalb Deutschlands, in Afrika, dargestellt hatte.

(Hört! Hört! im Centrum.)

Ich will den Fall nicht nennen, aber die Herren werden alle wissen, was ich meine; da war doch ein Entrüstungssturm in der ganzen Presse und besonders auf der linken Seite über dieses Urtheil! War das da erlaubt und hier ist es ein Verbrechen? Diese Inkonsequenz wird mir doch der Herr Kollege Rickert selbst nicht zuschreiben wollen. Ich bin ganz überzeugt — ich habe mit dem Herrn Kollegen Rickert nicht über diese Frage gesprochen —, daß er damals, als dieses bekannte Urtheil bekannt wurde, ebenso entrüstet wie Andere war und ebenso für eine Kritik gestimmt war wie jetzt gegen dieselbe.

Nun hat der verehrte Herr Graf zu Limburg-Stirum, der sogar den Kulturkampf hineinzieht, wenn davon auch gar keine Rede ist,

(Heiterkeit)

gehofft, wir würden endlich vergessen, was im Kulturkampfe geschehen wäre, und deshalb würden wir auch nicht mehr so bedenklich sein, manche Zugeständnisse zu machen oder — manches mehr mit Vertrauen zu bewilligen. Ich will ihm gleich bemerken: auf dem Gebiete des Rechts und des eigentlichen Rechtsschutzes bin ich früher so hartnäckig gewesen wie jetzt und werde es auch zukünftig bleiben.

(Bravo! im Centrum.)

Da kann ich von Willkür und ähnlichen Dingen nichts zugeben und werde mich immer dagegen wenden, selbst wenn eine solche Maßregel momentan nicht so unpraktisch scheinen mag; Alles, was man als Willkür oder einseitige Richtung oder gar Protektion ansehen kann, will ich bei der Justiz nicht haben. Aber in diesen Fällen, wo es die gewöhnlichen Handlungen der Verwaltung betrifft, da muß ich der Polizei eine gewisse Freiheit der Bewegung geben; ohne diese kann sie gar nicht existiren, und da werde ich auch bereit sein, es zu thun.

Hierbei kann ich auch absehen von dem Kulturkampfe, den der Herr Graf auch jetzt wieder berührt hat. Wenn aber der verehrte Herr meint, wir bewegten uns noch immer zu viel in den Gedanken an den Kulturkampf und würden dadurch beeinflußt, so will ich ihm ein gutes Mittel dagegen sagen. Ich habe es ihm neulich schon genannt: unser Volk hat zu viel gelitten und wir haben zu viel erfahren, um das so

schnell zu vergessen und um die Empfindungen, die damals in die Herzen der Menschen hineingedrückt worden sind, so schnell verschwinden zu lassen. Aber will er sie rascher verschwinden lassen, so möge er uns beistimmen zu den Anträgen auf Beseitigung der großen Reste der Kulturkampfbestimmungen und Gesetze, die jetzt noch bestehen.
(Bravo! im Centrum.)

Thut er das mit uns, so wollen wir in anderen Fällen auch entgegenkommen und ihm wieder einen Gefallen thun. Stellen Sie z. B. mit uns die aufgehobenen Verfassungsartikel wieder her. Unter den Verfassungsartikeln ist doch Preußen groß geworden, sie haben keinen Schaden gebracht — man hat sie merkwürdiger Weise trotzdem aufgehoben in einem Momente akuter Erregung, was doch bei Verfassungsbestimmungen gewiß nicht geschehen sollte. Helfen Sie uns, die Artikel wieder herzustellen, wir werden Ihnen solche Anträge bringen. Dann können Sie sich darüber äußern, und wenn Sie in Ihrer Auffassung unseren Wünschen entgegenkommen, so werden Sie das öffentliche Wohl des Staates und die allgemeine Befriedigung aller Einwohner desselben fördern.

Nun bin ich dem Herrn Minister sehr dankbar für seine Aeußerung und verkenne nicht, daß es für ihn in sehr vielen Fällen sehr schwer hält, einzugreifen; aber ich glaube, daß die Andeutungen, die er gemacht hat, schon im Allgemeinen eine recht gute Wirkung ausüben werden, — jetzt schon — und ich nehme an — ich setze nämlich bei ihm eine erhebliche Energie voraus —, daß diese Energie weiter dahin führen wird, daß für öffentliche Ordnung und Sitte und für Achtung vor der Religion in energischer Weise eingewirkt wird, daß man alles, was entgegen wirkt und dagegen auftritt, mehr beschränken und hindern wird. Ich habe hier nicht bloß die eigentlichen theatralischen Aufführungen und Darstellungen im Sinn, sondern auch die Vorstellungen in den sogenannten Tingeltangeln, diese kommen vielfach noch mehr in Betracht, und es ist hierbei der Polizei viel leichter, einzuschreiten und Ordnung zu schaffen.

Ich wiederhole, ich bin dem Herrn Minister für sein Entgegenkommen sehr dankbar und ich glaube, das öffentliche Wohl wird durch ein solches Vorgehen gefördert. (Bravo!)

PRÄSIDENT: Das Wort hat der Abgeordnete Freiherr v. Zedlitz und Neukirch.

Abgeordneter Freiherr V. ZEDLITZ UND NEUKIRCH: Meine Herren, in die Auseinandersetzungen allgemeiner Natur, welche der Herr Vorredner und Herr Graf Limburg mit einander gepflogen haben, will ich mich nicht einmischen. Ich glaube, das war nach beiden Seiten recht charakteristisch, und man kann dabei manches sich denken; aber für andere ist es doch sehr mißlich, sich in diese Unterhaltung hineinzubegeben.

Meine Bemerkungen sollen sich lediglich auf den Gegenstand erstrecken, welchen Herr Freiherr v. Heereman angeregt hat, und auf den der Herr Minister eingegangen ist. Ich möchte nun namens meiner Freunde mit der Bemerkung nicht zurückhalten, daß wir mit der Auffassung des Herrn Ministers namentlich in Bezug auf die Zulassung von Stücken von der Natur der »Weber« durchaus einverstanden sind. Meine Herren, es ist davon die Rede gewesen, daß das Oberverwaltungsgericht in dem einen oder andern Falle — ich glaube, es sind 2 Fälle, in denen es die Aufführung der »Weber« zugelassen hat, ebenso die Aufhebung der entgegenstehenden Verfügung der Polizeibehörde angeordnet hat — gleichfalls unter Hervorhebung lokaler Bedenken in anderen Fällen die Verbotsbestimmung der Lokalbehörde aufrecht erhalten hat. Ich glaube, daß das Oberverwaltungsgericht selbst, wenn es sich die Vorgänge vergegenwärtigt, welche sich bei Aufführung der »Weber« hier abgespielt haben, wenn es sich das Betragen des Premierenpublikums in dem Falle unter der Leitung der Herren Singer und Liebknecht sich vergegenwärtigt, zu der Ansicht gekommen sein dürfte, daß die Auffassung, daß lokale Verhältnisse, nach welchen es man nur ausnahmsweise für angezeigt erachtet hat, die Aufführung der »Weber« zuzulassen — daß diese Auffassung den thatsächlichen Verhältnissen nicht entsprochen hat. (Sehr richtig!)

Es würde zu der Auffassung gelangen, daß selten — bei unsern heutigen Verhältnissen vielleicht niemals — die lokalen Verhältnisse die Aufführung von Stücken wie die »Weber« entschuldigen können. Dann glaube ich, wie hier nach dieser Richtung schon gesagt ist, haben wir durchaus ein Recht, auch vom prinzipiellen Standpunkt, auf unseren Theatern und öffentlichen Aufführungen den Sinn für das Gute und Hohe höher zu schätzen, als bisher es der Fall ist, die niedrigen, auf den gemeinen Reiz bedachten Aufführungen hintenan zu halten. Daß wir diesen allgemeinen Tendenzen unseren Beifall nicht versagen, ist selbstverständlich. Naturgemäß muß man hierbei energisch und kräftig nach dieser Richtung vorgehen, aber nicht in Kleinigkeiten sich derart verlieren, daß die wirkliche und hohe Kunst durch solche Polizeieingriffe geschädigt wird. Aber mit der Tendenz, daß wir unsere Theater und öffentlichen Aufführungen zu dem machen, was sie sein sollen, zu einer Pflegstätte höherer Kultur, — damit bin ich ganz einverstanden.

(Lebhaftes Bravo.)

PRÄSIDENT: Das Wort hat der Abgeordnete Graf zu Limburg-Stirum.

Abgeordneter Graf ZU LIMBURG-STIRUM: Meine Herren, auf die Worte des Herrn Freiherrn v. Heereman möchte ich einiges erwidern. Herr v. Heereman sprach davon, daß, wenn wir den Herren entgegenkommen wollten, sie mir dann auch mal einen Gefallen thun könnten.

Meine Herren, für mich persönlich verlange ich gar keinen Gefallen Wir beide sind so alt, daß wir wohl nicht mehr die Folgen der subversiven Tendenzen, die sich geltend machen, erleben. Wenn ich also mir etwas wünsche und es aussprechen, so wünsche ich es im Interesse der Zukunft, unseres Vaterlandes, für das wir beide zu wirken haben.

Nun will ich unterscheiden die Frage der kirchenpolitischen Auseinandersetzung und die Stimmung, die unter den Herren vom Centrum besteht. Was die kirchenpolitischen Verhältnisse an und für sich betrifft, so werden wir uns ja später darüber unterhalten, und ich will darauf jetzt nicht eingehen. Was aber die Stimmung anlangt, die bei den Herren herrscht, noch aus den Zeiten kirchenpolitischer Wirren, die dahin führt, daß Herr v. Heereman meinte, er würde in den Fragen des ausgiebigen Rechtsschutzes stets ebenso hart sein wie früher, so muß ich ihn doch darauf aufmerksam machen, daß das Maß von Rechtsschutz, das man einführt, und das Maß dessen, was man unter das Recht stellt oder nicht stellt, d. h., wo man verbietet oder erlaubt, — daß das Maß sehr dehnbar ist. Und das Gefährliche in der Haltung des Herrn v. Heereman ist, daß er lieber viele verderbliche Dinge nicht unter das Rechtsverbot stellen als die leise Möglichkeit eintreten lassen will, daß einmal etwas, was ihm unbequem ist, eintreten könnte. Das sind die Erwägungen, die später unsere Erörterungen noch beherrschen werden.

Ich will nun dem Herrn Abgeordneten Rickert erwidern. Herr Abgeordneter Rickert, dem ja schon von Seiten des Herrn Ministers vollkommen geantwortet ist, wollte sich da als der Führer des Hauses hinstellen und sagte: sämmtliche Parteien müssen dagegen auftreten, wenn ein oberster Gerichtshof so behandelt wird. Meine Herren, wir haben auch ein volles Interesse dafür, daß die Gerichtshöfe in ihrer unabhängigen Stellung bleiben, aber wir haben auch ein großes Interesse dafür, daß den Gerichtshöfen nicht eine größere Kompetenz eingeräumt wird, als ihnen gebührt. Nach der Meinung des Herrn Abgeordneten Rickert müßte die Sache eigentlich so sein, daß, nachdem der Oberverwaltungsgerichtshof die Aufführung des Stückes »Die Weber« irgendwo erlaubt hätte, dies im ganzen Lande gelten müßte, daß nun »die Weber« überall ungehindert aufgeführt werden könnten. Das Oberverwaltungsgericht hat im einzelnen Falle über die einzelnen Polizeiverfügungen zu entscheiden, seine Entscheidung ist die oberste und souverain, aber weiter geht sie nicht, und wenn die Auffassung des Herrn Abgeordneten Rickert Rechtens würde, wo bliebe denn da die Verwaltungskompetenz, wo blieben die Rechte der Krone. Wo bleibt denn die Befugniß des Ministers, die wir doch sehr gewahrt wissen wollen, der wir eine große Ausdehnung wünschen müssen, besonders in Zeiten, wo Schwierigkeiten bevorstehen.

Nun hat der Herr Abgeordnete Rickert in seiner Schlußbemerkung gesagt: Sitte, Ordnung und Recht würden nicht untergraben durch ungeeignete Stücke, sondern untergraben durch die wirthschaftlichen Agitationen Solcher, die, wie er sich ausdrückt, behaupten, sie wären die Stützen von Krone und Staat. Ja, meine Herren, wie soll das Sitte und Ordnung untergraben, wenn Leute im Lande, große Kreise dafür kämpfen, daß man ihnen nicht ihre wirthschaftliche Existenz untergräbt, und verlangen, daß man ihnen diese Existenz erhält, wo sie mit der Noth kämpfen und wo ihnen der Untergang droht? Sie können, einzelne geringfügige Ausnahmen ausgeschlossen, nicht behaupten, daß irgend die Grenzen der Loyalität in den Kämpfen überschritten worden wären. (Sehr richtig! Bravo! rechts.)

Ich möchte den Herrn Abgeordneten Rickert doch darauf hinweisen, daß die Art Agitation, die jetzt betrieben wird, doch ein Kinderspiel gegen das ist, womit er und seine politischen Freunde immer gegen uns im Lande zu kämpfen pflegten. Wie sie auch für die Interessen der Kreise, die hinter ihnen standen, eintraten, das heißt, für das Manchesterthum, für die Großhandelskreise und das Großkapital. Ich bitte den Herrn Abgeordneten Rickert, daß er uns in einer Frage, die einfach eine Frage der Verwaltungspraxis ist, nicht mit so großen Worten kommt. (Bravo! rechts.)

PRÄSIDENT: Das Wort hat der Abgeordnete Hobrecht.

Abgeordneter HOBRECHT: Meine Herren, ich kenne das Stück nicht, von welchem jetzt gesprochen wird. Ich habe genug davon gehört, um zu glauben, daß es sehr wünschenswerth ist, es nicht weiter verbreitet zu sehen, und hoffe, daß durch die heutige Diskussion nicht Reklame für dieses Stück gemacht werde. Meine Herren, wenn ich es auch nicht kenne, so bin ich doch sicher im Einverständniß mit meinen politischen Freunden zu sprechen, wenn ich sage, daß wir die in der zweiten Ausführung des Herrn Ministers gegebene Erklärung durchaus billigen. Wir freuen uns, wenn einmal von dieser Stelle ausgesprochen wird: es soll einem gewissen Treiben, welches schamlos gegen Sitte und Religion und vaterländische Gesinnung agitirt, entschieden entgegengetreten werden. Ich habe aber ausdrücklich hinzugefügt: »der zweiten Erklärung«, denn ich mag ja nicht aufmerksam genug gewesen sein bei der ersten; ich hatte aber auch eine Weile den Eindruck, dem der Herr Abgeordnete Rickert einen zu weit gehenden Ausdruck gegeben hat, als wenn eine Kritik geübt werden sollte an der Entscheidung des Oberverwaltungsgerichtes. Und nun, meine Herren, gestehe ich, ich halte das Oberverwaltungsgericht und den Einfluß, den es ausübt, für eine der werthvollsten Errungenschaften der letzten Jahrzehnte,
(sehr richtig!)
über jeder Strömung erhaben, und ich möchte nie einen Schritt thun,

Das Parlament und die »Weber«

auch den leisesten nicht, der die Autorität und die Bedeutung dieses Gerichtshofs irgendwie antasten würde. Ich glaube auch nicht, daß der vorliegende Fall dazu einen Anlaß giebt nach den Erklärungen, die der Herr Minister zuletzt abgab. Die Entscheidung des Oberverwaltungsgerichts braucht noch nicht im geringsten der Energie Abbruch zu thun, die der Herr Minister entwickeln zu wollen mit Recht sich entschlossen erklärte. (Bravo! links.)

PRÄSIDENT: Das Wort hat der Abgeordnete Rickert.

Abgeordneter RICKERT: Meine Herren, der Herr Abgeordnete Freiherr v. Heereman irrt, wenn er glaubt, daß ich das, was er gesagt hat, irgendwie empfindlich hingenommen hätte. Ich gebe jedem Abgeordneten vollkommen das Recht, auch Urtheile der Gerichte zu kritisiren, auch solche Wünsche auszusprechen, wie er z. B. in Betreff der Tingeltangel, obgleich es dabei sehr interessant wäre, eine Untersuchung darüber anzustellen, welche Gesellschaftsklassen denn vorzugsweise das Kontingent für den Besuch derartiger Tingeltangel und ähnlicher, manchmal noch höher gearteter unsittlicher Institute geben,

(sehr wahr! links),

ob das Arbeiterklassen oder andere höher gestellte Klassen sind.

(Zurufe rechts.)

Wenn der Herr Abgeordnete Arm in Arm mit uns gegen diese Unsitte ankämpfen will und zwar auf dem Gebiete der gesellschaftlichen Einwirkung, so stehen wir ihm zur Verfügung. (Zuruf.)

– Um so besser, dann sind wir mit Ihnen einig.

Das preußische Abgeordnetenhaus hat sich heute einmal wieder in den Reichstag verwandelt. Ich möchte aber doch nicht zu viel von den Debatten des Reichstags vorwegnehmen; wir werden dort noch die Ehre und die Gelegenheit haben, uns mit dem preußischen Herrn Minister des Innern auseinanderzusetzen über das, was Ordnung, Religion, Sitte verlangt, und inwieweit es zweckmäßig ist, den Dingen so beizukommen, wie er das mit der Umsturzvorlage will. Da werden ja auch die Herren vom Centrum hinreichend Gelegenheit haben – sie haben auch schon in der Kommission diese Gelegenheit benutzt –, in ihrem Sinne einzuwirken. Ich will also diese Reichstagsdebatte hier nicht weiter verfolgen.

Was der Herr Abgeordnete Hobrecht gesagt hat, überhebt mich eigentlich eines weiteren Eingehens auf das, was der Herr Minister ausgeführt hat.

Ich wollte aber wenigstens nicht unterlassen, dem Herrn Minister meinen Dank für die sehr liebenswürdige Freundlichkeit auszusprechen, mit der er erklärte, daß ihm an meinem Urtheil ebensoviel gelegen sei wie an dem Urtheil der ganzen Presse – nämlich garnichts!

(Heiterkeit.)

Das ist originell; ich kenne ja meinen alten Kollegen aus der Zeit unserer gemeinsamen palamentarischen Debatten, und ich finde, er ist ihm heute so ähnlich wie ein Ei dem anderen. Er hat dieselbe Frische behalten, auch als Minister; sie steht ihm auch gut an. Ich bin heute so unempfindlich gegen seine Liebe wie damals. Ich hoffe, das Verhältniß wird dasselbe bleiben wie bisher. (Heiterkeit.)

Nun finde ich aber doch, daß der Herr Minister mir hat etwas schnell entschlüpfen wollen. Ich habe den Eindruck, den Herr Abgeordneter Hobrecht gehabt hat, allerdings in noch verstärktem Maße gehabt.

Führer des Hauses, Herr Graf Limburg-Stirum, habe ich mir nicht angemaßt sein zu wollen. Ich würde stets darauf verzichten, Herrn Grafen Limburg und seine Freunde zu führen; das wäre eine unglückliche Rolle für mich, das gebe ich zu!

(Sehr wahr! rechts und Heiterkeit.)

Ich geize auch nach dieser Ehre absolut nicht. Aber ich möchte den Herrn Minister des Innern und auch die Herren von jener Seite des Hauses fragen: was würden Sie z. B. zu einem Justizminister sagen, wenn er das Urtheil des Kammergerichts in einem betreffenden Falle in der Weise kritisirt — ich kann den Ausdruck nicht zurücknehmen, meine Herren —, wie es hier der Herr Minister des Innern in Bezug auf das Urtheil des Oberverwaltungsgerichts gethan hat. (Zuruf rechts.)

Was würden Sie dazu sagen, wenn der Justizminister sagte: in diesem einzelnen Fall hat das Kammergericht so und so entschieden, ich würde Jedem dankbar sein, der dem Kammergericht nochmals die Gelegenheit zu einer Entscheidung giebt, und ich hoffe, daß dann das Kammergericht ein anderes Urtheil fällt.

(Zuruf rechts: Kommt ja alle Tage vor!)

So hat der Herr Minister sich ausgedrückt. Dagegen habe ich Protest erhoben, dagegen erhebe ich auch fernerhin Protest! Das darf der Herr Minister nicht! Das Oberverwaltungsgericht ist unabhängig, und es muß auch der Schein vermieden werden, als ob von jener Stelle, von Seiten des Herrn Ministers irgend welche Einwirkung ausgeübt werden soll, und ich möchte dem Herrn Minister wirklich das Beispiel seines Kollegen aus der Justiz empfehlen. Herr v. Schelling, der frühere Justizminister, hat stets auf das Peinlichste vermieden, sich in die Justizpflege selbst hineinzumischen, hat es niemals so gemacht wie der Herr Minister des Innern heute gegenüber dem Oberverwaltungsgericht, und ich würde mich freuen, wenn der Herr Minister aus diesem Falle Veranlassung nehmen würde, in Zukunft etwas vorsichtiger zu sein; denn ich bleibe dabei, das Ansehen des Oberverwaltungsgerichts ist damit verknüpft, daß die öffentliche Meinung von seiner Unabhängigkeit überzeugt ist. Die öffentliche Meinung duldet aber auch eine solche höfliche Einmischung nicht, wie sie der Herr Minister heute versucht hat.

Im Uebrigen will ich, wie gesagt, auf diese Materie nicht weiter eingehen. Wir werden ja im Reichstage — und daran liegt uns mehr — mit dem Herrn Minister ausführlich darüber sprechen, in wieweit die Schritte, die er wünscht, dazu beitragen können, wirklich im Volke Religion, Sitte und Ordnung zu stärken. (Bravo! links.)

PRÄSIDENT: Der Herr Minister hat das Wort.

Minister des Innern v. KÖLLER: Der Herr Abgeordnete Rickert schloß seine Bemerkungen mit dem Satze, er riethe mir, etwas vorsichtiger zu sein, als ich es vorhin gewesen bin. Nun sind mir ja alle Rathschläge, besonders von so alten Bekannten, wie Herr Rickert es ist, von außerordentlichem Werth; indessen der Herr Abgeordnete Rickert wolle mir verzeihen — ich kenne ihn zu gut und zu lange —, wenn ich sage, daß ich seinen Rathschlägen absolut niemals folgen werde,

(Heiterkeit rechts)

und wenn der Herr Abgeordnete Rickert mir gerathen hat, in der Bemerkung, die ich über das Erkenntniß, betreffend die Weber, gemacht habe, hätte ich doch etwas vorsichtiger sein können, so ist mir das ein klarer Beweis, daß ich ungefähr das Richtige getroffen mit dem, was ich gethan habe. (Bravo! rechts.)

Sehr geschickt hat der Herr Abgeordnete Rickert — was ihm ja eigen ist, ich kenne das von früher her — die ganze Sache in einem Hut durcheinander geschüttelt, dann das herausgezogen, was ihm für seine Deduktionen gerade in dem Augenblick paßte, und gesagt, ich hätte das Urtheil des Oberverwaltungsgerichts in dem betreffenden Falle kritisirt. Herr Abgeordneter Rickert, ich habe vorhin schon ausgeführt, daß das absolut nicht der Fall ist, und es thut mir leid, daß auch der verehrte Herr Abgeordnete Hobrecht, der mir zur Rechten sitzt, sagte, er sei nicht ganz sicher gewesen, ob die Ausführungen, die ich gemacht, nicht etwa in dem Sinne zu verstehen gewesen wären, wie es der Herr Abgeordnete Rickert gemeint hat. Ich habe bei meinen ersten Ausführungen sowohl, wie bei meinen zweiten Ausführungen gesagt, es handle sich in dem Erkenntniß um einzelne Fälle, wo Verfügungen der Polizeibehörden unter Berücksichtigung der lokalen Verhältnisse aufgehoben worden sind. Wie der Herr Abgeordnete Graf zu Limburg-Stirum richtig ausgeführt hat, ist damit die Sache für einzelne Fälle für das Oberverwaltungsgericht erledigt, und es fällt mir nicht ein und ist mir nicht eingefallen, an jenen Gründen Kritik zu üben, welche das Oberverwaltungsgericht ausgesprochen hat, als es in Breslau sowohl wie in Berlin die Aufführung der Weber genehmigte. Ich habe im Gegentheil gleich gesagt: die Gründe sind so lokaler Natur, daß ich hoffte, daß, wenn die Frage noch einmal zur Entscheidung des Oberverwaltungsgerichts kommen würde, das Oberverwaltungsgericht, nachdem man nun gesehen hat, welchen Erfolg und welche Resultate jene Aufführung gehabt hat, die Verbote aufrecht erhalten würde. Das ist eine Hoffnung, die ich ausspreche, das ist keine Kritik an dem bisherigen Erkenntniß; aber es ist mein gutes Recht, daß ich von sämmtlichen mir unterstellten Behörden verlange, auch wenn in einem einzelnen Falle das Oberverwaltungsgericht so erkannt hat, doch in jedem einmal von neuem wieder vorkommenden Falle kritisch zu prüfen, ob sie derartige Stücke zur Aufführung bringen lassen dürfen oder nicht. (Sehr richtig! rechts.)

Das ist keine Kritik, wie der Herr Abgeordnete Rickert beliebte auszuführen, eines Erkenntnisses des Oberverwaltungsgerichts, sondern eine Direktive für die mir unterstellten Polizeibehörden. Und wenn Herr Rickert sagte, ich sollte auch den Schein vermeiden, als ob das Oberverwaltungsgericht abhängig wäre, so bedarf es, glaube ich, einer bezüglichen Erklärung absolut nicht; denn jeder Mensch im Lande, der überhaupt etwas vom Oberverwaltungsgericht gehört hat, weiß, daß das eine unabhängige Behörde ist, und wenn Herr Rickert das hier so öffentlich und mit Emphase wiederholt ausspricht, so spricht er das aus, was schließlich jeder Mensch weiß, und wozu keine Veranlassung vorliegt, das hier von Neuem auszusprechen. Ich verwahre mich gegen die Ausführungen und Behauptungen des Herrn Abgeordneten Rickert, als wenn ich die Entscheidung des einzelnen Falles durch das Oberverwaltungsgericht hätte kritisiren wollen, und verwahre mich noch mehr gegen das Ansinnen, als wenn ich nicht ein Recht hätte, in einzelnen Fällen den Polizeibehörden im ganzen Lande meine Direktive zu geben; das ist mein gutes Recht, und das werde ich thun, selbst auf die Gefahr hin, die Liebe des Herrn Abgeordneten Rickert zu verlieren.
(Bravo! rechts.)

PRÄSIDENT: Das Wort wird weiter nicht verlangt; die Diskussion ist geschlossen.

Zu einer persönlichen Bemerkung hat das Wort der Abgeordnete Dr. Freiherr v. Heereman.

Abgeordneter Dr. Freiherr V. HEEREMAN: Meine Herren, ich habe nur eine kleine Bemerkung zu machen. Der Herr Abgeordnete Graf Limburg-Stirum hat mich mißverstanden, wenn er glaubt, als ich von persönlichem Entgegenkommen sprach, daß ich von seiner Person gesprochen hätte. Ich habe im Allgemeinen mich auf seine Stellung bezogen, wie er sie in seiner Partei vertreten hat. Ich glaube, das war wohl naheliegend; denn, wenn ich das andere gemeint hätte, hätten die Worte keinen rechten Sinn und keinen Zweck gehabt.

Dann hat der Herr Abgeordnete Graf Limburg-Stirum vom Kulturkampf angefangen — ich habe das nicht gethan —, und er hat mich auch da mißverstanden. Ich habe bemerkt, ich wäre bereit, an manchen Stellen etwas nachzugeben. Er hat geglaubt, es solle sich dies auf allgemeine Verhältnisse beziehen; das ist nicht richtig, ich werde im einzelnen Fall immer erwägen müssen, wo ich nachgeben kann; aber das will ich ihm sagen — und darauf bezog sich das, weil ich das vorausgeschickt hatte —: in Fragen prinzipieller Natur kann man nicht nachgeben, sondern diese muß man mit der Entschiedenheit, die man selbst im Innern hegt und fühlt, vertreten, und darum werde ich alle Fragen, die mit Recht und Rechtssprechung zusammenhängen, als prinzipielle Fragen für mich behandeln und da ein Nachgeben und Entgegenkommen nicht zeigen.

präsident: Zu einer persönlichen Bemerkung hat das Wort der Abgeordnete Parisius.

Abgeordneter parisius: Meine Herren, ich hatte mir einen Zwischenruf, der eigentlich gar nicht für den Herrn Minister bestimmt war, erlaubt. Als der Herr Minister davon sprach, daß gegen polizeiliche Verfügungen ja Beschwerden bis zum Oberverwaltungsgericht zulässig seien, da sagte ich das harmlose Wort: »Ein wahres Glück!« Der Herr Minister schien das besonders böse auffassen zu wollen, denn er trat dem unter Nennung meines Namens entgegen. Meine Herren, ich glaube, daß nicht bloß der Abgeordnete Hobrecht, sondern auf allen Seiten des Hauses Mitglieder derselben Meinung sein werden, daß es wirklich ein wahres Glück ist, daß wir endlich eine gerichtliche Entscheidung, einen Rechtsweg gegen Polizeiverfügungen haben. Ich glaube, daß es auch für die Regierung ein außerordentlich...

(Glocke des Präsidenten.)

präsident: Herr Abgeordneter Parisius, Sie dürfen in einer persönlichen Bemerkung nicht beweisen, warum das ein Glück ist.

(Heiterkeit.)

Abgeordneter parisius: Dann will ich nur noch sagen, daß ich mich in meiner Ansicht in Uebereinstimmung mit sehr vielen, sehr ehrenwerthen Mitgliedern auf allen Seiten des Hauses und auch mit Herren am Regierungstisch zu befinden glaube.

DAS RECHT

Das erste Urteil

Das Urteil des Preußischen Oberverwaltungsgerichts vom 2. Oktober 1893, das »Die Weber« zur Aufführung im Berliner Deutschen Theater freigibt, war als Abschrift dem Urteil beigefügt, das »Die Weber« am 2. Juli 1894 auch für das Lobe-Theater in Breslau freigibt.
Diese Abschrift ist hier, der Chronologie wegen, vorangestellt.

IM NAMEN DES KÖNIGS

In der Verwaltungsstreitsache
 des Schriftstellers Gerhard Hauptmann zu Schreiberhau, Klägers und Berufungsklägers,
wider
den Königlichen Polizeipräsidenten zu Berlin, Beklagten und Berufungsbeklagten,
hat das Königliche Oberverwaltungsgericht, Dritter Senat, in seiner Sitzung vom 2. Oktober 1893,
 an welcher der Oberverwaltungsgerichtsrath *Richter* als Vorsitzender, und die Oberverwaltungsräthe *Kunze, Waldeck, Schultzenstein* und *Meyn* Theil genommen haben,
für Recht erkannt,
 daß auf die Berufung des Klägers die Entscheidung des Bezirksausschusses zu Berlin vom 7. März 1893 dahin abzuändern, daß die Verfügung des Beklagten vom 4. Januar 1893 aufzuheben und die Kosten beider Instanzen, unter Festsetzung des Werthes des Streitgegenstandes auf 1000 M., dem Beklagten zur Last zu legen, die Pauschquanta jedoch außer Ansatz zu lassen.
Von Rechts wegen

Gründe

Der Kläger hat ein Drama in fünf Akten verfaßt, welches »Die Weber« Schauspiel aus den vierziger Jahren betitelt und sowohl in einer Dialekt-Ausgabe als in einer hochdeutschen Ausgabe erschienen ist. Dasselbe hat zum Gegenstande die Nothlage der Weber im Schlesischen Eulengebirge in den vierziger Jahren dieses Jahrhunderts und die dadurch veranlaßten Unruhen im Jahre 1844, welche durch Waffengewalt unterdrückt werden mußten, und bei welchen von den aufrührerischen Webern ein »das Blutgericht« genanntes, die Bedrückung der Arbeiter durch gewisse Fabrikanten behandelndes Lied eines unbekannt gebliebenen Verfassers gesungen worden ist.

Unter dem 20. Februar 1892 legte die Direktion des »Deutschen Theaters« zu Berlin dem Beklagten das Schauspiel in der Dialekt-Ausgabe mit dem Gesuch um Ertheilung der Erlaubnis zur öffentlichen Aufführung desselben vor, wurde aber am 3. März 1892 dahin beschieden, daß die Erlaubnis aus ordnungspolizeilichen Gründen versagt werde; Veranlassung zu dem Verbote geben der Inhalt des 1., 4. und 5. Aktes sowie Theile des 2. und 3. Aktes. Unter dem 22. Dezember 1892 legte die Direktion das Stück mit einigen vom Kläger vorgenommenen Streichungen von Neuem vor, dieses Mal in der hochdeutschen Ausgabe. Es erging hierauf eine Verfügung des Beklagten vom 4. Januar 1893, nach welcher durch die Streichungen diejenigen ordnungspolizeilichen Bedenken, welche für die unter dem 3. März 1892 erfolgte Versagung der Genehmigung zur öffentlichen Aufführung maßgebend gewesen, nicht beseitigt seien und es deshalb auch bezüglich der vorliegenden Bearbeitung des Stückes bei der Verfügung vom 3. März 1892 sein Bewenden behalte. Der Beklagte hat demnächst noch erklärt, daß nach seiner Auffassung eine eventuelle Aufhebung der Verfügungen vom 3. März 1892 und 4. Januar 1893 zur Folge haben würde, daß das Schauspiel auch in hochdeutscher Sprache aufgeführt werden dürfte.

Gegen die Verfügung vom 4. Januar 1893 hat der Kläger mit dem Antrage geklagt,

unter Aufhebung derselben den Beklagten zu verurtheilen, die Erlaubnis zur öffentlichen Aufführung des Schauspiels »Die Weber«, mindestens unter Berücksichtigung der vorgenommenen Streichungen, zu ertheilen.

Die Klage ist sowohl darauf gestützt, daß die angefochtene Verfügung durch Nichtanwendung bezw. unrichtige Anwendung des bestehenden Rechts den Kläger in seinen Rechten verletze, als darauf, daß die thatsächlichen Voraussetzungen nicht vorhanden seien, welche den Beklagten zum Erlasse der Verfügung berechtigt haben würden. Bei der mündlichen Verhandlung des Rechtsstreits vor dem Bezirksausschusse zu Berlin vom 7. März 1893, bei welcher der Referent den wesentlichen Inhalt des Stückes wiedergab und einzelne Stellen aus ihm vorlas, der Vorsitzende auch dem Kläger mittheilte, daß jedes Mitglied des Gerichts das gedruckte Exemplar des Schauspiels zur

Kenntnisnahme erhalten hätte, beantragte der Kläger die vollständige Verlesung des Stückes. Der Bezirksausschuß lehnte jedoch den Antrag ab und wies die Klage zurück, in letzterer Beziehung, weil das angefochtene Verbot des Beklagten nicht rechtswidrig sei und thatsächlich die Besorgnis nahe liege, daß, wenn das Stück in einem öffentlichen Theater in Berlin zur Aufführung gelangen sollte, die Empfindungen der etwa unter den Zuschauern befindlichen unzufriedenen Elemente in einer die öffentliche Ordnung gefährdenden Weise aufgeregt werden könnten.

Gegen das Urtheil des Bezirksausschusses hat der Kläger rechtzeitig die Berufung eingelegt. Er hat die Abweisung seines Antrages auf Verlesung des ganzen Stückes als nicht gerechtfertigt bezeichnet und den Antrag gestellt, daß das Berufungsgericht, falls es nicht schon ohnedies zur Aufhebung der angefochtenen Verfügung des Beklagten gelangen sollte, nicht blos das ganze Stück in der mündlichen Verhandlung verlesen lasse, sondern auch, da dasselbe in nächster Zeit auf der hiesigen »Neuen freien Volksbühne« zur Aufführung gelangen werde, dieser Aufführung, zu welcher Eintrittskarten zur Verfügung gestellt werden würden, unter Zuziehung der Parteien in der Art einer Augenscheinseinnahme beiwohne, denn nur so könne ein sicheres Urtheil über die Wirkung der Aufführung gewonnen werden. Im Übrigen ist die Berufung damit begründet worden, daß die angefochtene Verfügung sowohl durch Nichtanwendung und unrichtige Anwendung des bestehenden Rechts den Kläger in seinen Rechten verletze, als auch der zu ihrem Erlasse erforderlichen thatsächlichen Voraussetzungen entbehre.

Es war, wie geschehen, zu erkennen.

Ob der Vorderrichter den vom Kläger in der ersten Instanz gestellten Antrag auf Verlesung des ganzen Stückes mit Recht abgelehnt hat, kann dahingestellt bleiben. Da die Berufung zu einer vollständigen neuen Verhandlung führt, so würde, selbst wenn die Ablehnung nicht gerechtfertigt sein sollte, dieser Mangel des Verfahrens erster Instanz als solcher ohne Bedeutung bleiben. Der in der gegenwärtigen Instanz gestellte Antrag auf Verlesung des ganzen Stückes und Anhörung desselben bei seiner bevorstehenden Aufführung aber erledigt sich damit, daß er nur unter einer negativen Bedingung gestellt ist und die gesetzte Bedingung nach dem Ergebnisse der Entscheidung sich erfüllt.

In der Sache selbst war an der vom Oberverwaltungsgericht schon wiederholt ausgesprochenen Ansicht, daß die Polizeibehörden zum Einschreiten gegen die öffentliche Aufführung eines Theaterstückes im Interesse der Sittlichkeit oder der öffentlichen Ordnung rechtlich befugt seien (Preußisches Verwaltungsblatt Jahrgang XIV Seite 3 und 441; Entscheidungen des Oberverwaltungsgerichts Band XXIV

Seite 311), festzuhalten. Es kann sich deshalb nur noch darum handeln, ob die thatsächlichen Voraussetzungen vorhanden sind, welche den Beklagten zum Erlasse der angefochtenen Verfügung berechtigt haben würden (§ 127 Abs. 3 No. 2 des Gesetzes über die allgemeine Landesverwaltung vom 30. Juli 1883). Dies mußte abweichend von dem Vorderrichter verneint werden.

Die nachgesuchte Erlaubnis zur Aufführung des vom Kläger verfaßten Stückes ist nicht wegen Gefährdung der Sittlichkeit, sondern wegen Gefährdung der öffentlichen Ordnung versagt worden. Das Stück bietet auch keinen Anhalt für die Annahme, daß durch seine Aufführung die Sittlichkeit gefährdet werden könnte. Es ist daher lediglich zu untersuchen, ob die Aufführung geeignet ist, die öffentliche Ordnung zu gefährden. Hierbei ist der künstlerische Werth des Stückes, den der Prozeßbevollmächtigte des Klägers besonders betont hat, ganz außer Betracht zu lassen. Ebensowenig kommt es auf die Zwecke der dramatischen Kunst oder der Schaubühne an; zu deren Erreichung mitzuwirken, ist der Verwaltungsrichter nicht berufen. Es ist ferner unerheblich, ob der Kläger mit seinem Stücke sich lediglich an das allgemein menschliche Gefühl des Mitleids hat wenden wollen und ihm bei dessen Abfassung der Gedanke, ein den Zwecken der Sozialdemokratie dienliches oder sonst die öffentliche Ordnung zu gefährden geeignetes Werk herzustellen, gänzlich fern gelegen hat, sowie, ob das Stück durchweg nur historische Wahrheit enthält. Die Frage nach der Gefährlichkeit der Aufführung eines Stückes ist danach zu beurtheilen, welches die *Wirkung* der Aufführung ist, und diese Wirkung kann eine die öffentliche Ordnung gefährdende sein, gleichviel, ob das Stück eine bestimmte Tendenz und welche verfolgt, und wie es bei Behandlung historischer Vorgänge sich den wirklichen Begebenheiten gegenüber verhält. Es ist nicht richtig, daß die Vorführung wahrer Ereignisse auf der Bühne stets oder wenigstens sobald dabei nur rein künstlerische Zwecke verfolgt werden, gestattet sein müsse, wie Seitens des Klägers aufgestellt worden ist.

Dagegen ist dafür, ob die Voraussetzung der angefochtenen Verfügung: eine Gefahr für die öffentliche Ordnung durch die Aufführung, zu welcher die Erlaubnis nachgesucht war, vorhanden ist, Zweierlei von wesentlicher Bedeutung, was der Vorderrichter nicht ausreichend gewürdigt hat.

Zunächst ist zu beachten, daß nicht schon eine entfernte Möglichkeit, es könne die Aufführung des Stückes zu einer Störung der öffentlichen Ordnung führen, die Versagung der Erlaubnis zur Aufführung zu rechtfertigen vermag; hierzu ist vielmehr eine wirklich drohende, nahe Gefahr erforderlich. Nur bei einer solchen Gefahr greift der § 10 Titel 17 Theil II des Allgemeinen Landrechts Platz (vergl. Entscheidungen des Oberverwaltungsgerichts Band 10 Seite 418, Band VI Seite 352, Band VII Seite 377, Band IX Seit. 350, 353 ff., Band XV Seite 433).

Sodann ist zu berücksichtigen, daß es sich gegenwärtig allein um eine Aufführung im »Deutschen Theater« zu Berlin handelt, also dessen besondere Verhältnisse maßgebend sind, und nur für dieses eine Theater die Berechtigung der Versagung der Erlaubnis zu prüfen ist. Wie es nicht zu Gunsten des Klägers ins Gewicht fällt, daß an anderen Orten das Stück zur öffentlichen Aufführung zugelassen worden ist, und daß es in Berlin selbst von Privat-Theater-Gesellschaften mag ohne Weiteres aufgeführt werden dürfen und bereits unbeanstandet aufgeführt ist oder in nächster Zeit aufgeführt werden wird, ebensowenig ist auf der anderen Seite von Erheblichkeit, ob die öffentliche Aufführung an anderen Theatern in Berlin oder auf Theatern an Orten mit zahlreicher sozialdemokratischer Bevölkerung gefährlich werden würde, und daß im Jahre 1892 der Redakteur eines Blattes im Eulengebirge wegen einfachen Abdrucks des im Stücke wiedergegebenen Liedes »Das Blutgericht« auf Grund des §. 130 des Deutschen Strafgesetzbuchs (Anreizung verschiedener Klassen der Bevölkerung zu Gewaltthätigkeiten gegen einander) mit drei Monaten Gefängnis bestraft worden ist. Die Annahme des Beklagten, daß, falls das Stück für das »Deutsche Theater« freigegeben würde, es auch auf jedem anderen Berliner Theater zur Aufführung gelangen könnte, ist irrig. Eine Aufhebung der lediglich das »Deutsche Theater« betreffenden Verfügung des Beklagten entbindet diesen weder von der Pflicht, die Zulässigkeit der Aufführung auf einem sonstigen Berliner Theater selbstständig für das letztere zu prüfen, noch nimmt sie ihm das Recht zu solcher Prüfung, und noch weniger ist sie den Polizeibehörden anderer Orte präjudizierlich.

Von den vorstehenden beiden Gesichtspunkten aus erscheint nach dem Inhalte des Stückes im Einzelnen sowohl in seiner Gesammtheit die Aufführung desselben nicht gefährlich, und zwar auch dann nicht, wenn die nachträglich vorgenommene der Zahl und der Sache nach übrigens sehr unerheblichen Streichungen außer Betracht bleiben. Mag, worüber die Parteien streiten, der letzte Platz im »Deutschen Theater« 1,50 M. oder 1 M. kosten, jedenfalls sind, wie bekannt, die Plätze im Allgemeinen so teuer und ist die Zahl der weniger teueren Plätze verhältnismäßig so gering, daß dieses Theater vorwiegend nur von Mitgliedern derjenigen Gesellschaftskreise besucht wird, die nicht zu Gewaltthätigkeiten oder anderweiter Störung der öffentlichen Ordnung geneigt sind. Die Annahme des Beklagten, es werde dem »Deutschen Theater« die Arbeiterschaft der Hauptstadt in Massen zugeführt werden, entbehrt der Unterlage und ist, weil eine solche

Zuführung höchstens sich als eine entfernte Möglichkeit darstellt, zur Begründung einer Gefahr nicht geeignet. Es darf vielmehr nur mit der Thatsache gerechnet werden, daß blos ein verschwindend kleiner Theil der Besucher des »Deutschen Theaters« nicht unbedingt jeder Auflehnung gegen die öffentliche Ordnung widerstrebt, und es kann auch für diesen Theil nicht angenommen werden, daß seine Neigung zur Verletzung der öffentlichen Ordnung durch das Ansehen und Anhören des Stückes in wesentlicher, unmittelbar zu einer Störung der öffentlichen Ordnung führenden Weise werde befördert oder gestärkt werden. Bei den übrigen Zuschauern aber ist ganz ausgeschlossen, daß sie durch die Aufführung zu einer Störung der öffentlichen Ordnung veranlaßt werden könnten.

Unter Abänderung der Vorentscheidung war hiernach die angefochtene Verfügung des Beklagten aufzuheben, woraus dann die Ertheilung der nachgesuchten Erlaubnis Seitens des Beklagten von selbst folgt.

Die Bestimmung wegen der Kosten beruhe auf §. 103 und § 107 No. 1 des Landesverwaltungsgesetzes.

Urkundlich unter dem Siegel des Königlichen Oberverwaltungsgerichts und der verordneten Unterschrift.

L. J. gez. *Richter*

O. V. G. No. III 893

Die Freigabe für Breslau

IM NAMEN DES KÖNIGS

In der Verwaltungsstreitsache
des Direktors des Lobetheaters zu Breslau, Fritz Witte-Wild ebendaselbst, Klägers,
wider
den Königlichen Oberpräsidenten der Provinz Schlesien, Beklagten,
hat das Königliche Oberverwaltungsgericht, Dritter Senat, in seiner Sitzung vom 2. Juli 1894,
an welcher der Senats-Präsident, Wirkliche Geheime Oberregierungsrath *Rommel* und die Oberverwaltungsgerichtsräthe: *Richter, Kunze, Schultzenstein* und *Meyn* Theil genommen haben,
für Recht erkannt,
daß der Bescheid des Beklagten vom 29. Dezember 1893 und die dadurch aufrecht erhaltene Verfügung des Königlichen Polizeipräsidenten zu Breslau vom 12. Oktober 1893 außer Kraft zu setzen und die Kosten des Verfahrens, unter Festsetzung des Werthes des Streitgegenstandes auf 1000 M., dem Beklagten zur Last zu legen,

das Pauschquantum jedoch außer Ansatz zu lassen.
Von Rechts wegen

Gründe

Der Kläger hatte unter dem 3. März 1893 bei dem Königlichen Polizeipräsidenten zu Breslau die Genehmigung zur öffentlichen Aufführung des von dem Schriftsteller Gerhard Hauptmann verfaßten Schauspiels in fünf Akten »Die Weber«, welches sowohl in einer Dialektausgabe als in einer hochdeutschen Ausgabe erschienen ist und die Nothlage der Weber im Schlesischen Eulengebirge in den vierziger Jahren dieses Jahrhunderts und die dadurch veranlaßten, mit Waffengewalt unterdrückten Unruhen zum Gegenstande hat, für das Lobetheater zu Breslau nachgesucht, war aber dahin beschieden worden, daß die Aufführung polizeilicherseits nicht zugelassen werden könne. Nachdem das Königliche Oberverwaltungsgericht das Verbot der Aufführung des nämlichen Stücks auf dem Deutschen Theater zu Berlin durch den Königlichen Polizeipräsidenten daselbst auf Klage des Schriftstellers Gerhard Hauptmann mittelst Urtheils vom 2. Oktober 1893 aufgehoben hatte, wiederholte der Kläger mit Rücksicht hierauf seinen Antrag bei dem Königlichen Polizeipräsidenten zu Breslau. Dieses vom 9. Oktober 1893 datirte neue Gesuch bezog sich auf die hochdeutsche Ausgabe des Stückes, in deren Texte dabei eine Anzahl von Änderungen und Streichungen vorgenommen war, und enthielt gleichzeitig das Anerbieten, zu den Vorstellungen der »Weber« außer den Logen nur Plätze des Parketts, des ersten und zweiten Ranges, also nur solche zum Preise von mindestens 1,50 M. zu verkaufen. Außerdem wurde vorgeschlagen, die Erlaubnis zur Aufführung mit dem Vorbehalt zu ertheilen, daß die Vorstellungen einzustellen seien, wenn das Königliche Polizeipräsidium es im Interesse der öffentlichen Ordnung für gut erachten sollte. Der Polizeipräsident lehnte es jedoch durch Verfügung vom 12. Oktober 1893 wiederum ab, die öffentliche Aufführung der »Weber« im Lobetheater zu gestatten. Wenn auch die Aufführung für das Deutsche Theater in Berlin neuerdings von dem Oberverwaltungsgericht freigegeben worden sei, so walteten doch in Breslau, also in nächster Nähe des Schauplatzes der in dem Stücke geschilderten Ereignisse, ganz andere Verhältnisse ob, die eine Darstellung desselben außerordentlich bedenklich erscheinen ließen. Die im Texte vorgenommenen Änderungen seien ohne Bedeutung, auch mit diesen müsse das Schauspiel als ein seiner ganzen Tendenz und seinem Gesammteindrucke nach ungewöhnlich gehässiges und aufreizendes Machwerk bezeichnet werden, dem es an jedem versöhnenden Momente fehle. Es trete dies umso greller hervor, als die Sprache durchweg eine gewöhnliche, zum Theil geradezu widerwärtige sei und es an wirklichen dichterischen Schönheiten, welche geeignet wären, den Charakter und Gesammteindruck zu mildern und abzuschwächen, in diesem derbnaturalistischen Schauspiele vollständig mangele. Die gegen eine öffentliche Aufführung in Breslau sprechenden Bedenken würden durch eine Erhöhung des Eintrittspreises nicht behoben, da sich hierdurch diejenigen Bevölkerungsklassen, welche vom Besuche des Theaters ausgeschlossen werden sollten, wenigstens zum Theil nicht würden abhalten lassen, den Vorstellungen beizuwohnen. Außerdem aber würde eine solche mit dem Wesen und den Zwecken einer öffentlichen Bühne in unvereinbarem Widerspruche stehende Sperrmaßregel in einem gewissen Theile der Presse und in öffentlichen Versammlungen unzweifelhaft zum Gegenstande der gehässigsten Erörterungen und Provokationen gemacht werden und voraussichtlich dazu führen, daß der am wenigsten bemittelte und daher von dem Besuche der Vorstellungen ausgeschlossene Theil der Bevölkerung, durch die Aussperrung erbittert, im Theater, an der Theaterkasse oder vor dem Schauspielhause auf öffentlicher Straße sich zu groben Ausschreitungen hinreißen lasse. Als völlig belanglos könne endlich nicht in Betracht kommen das Erbieten, von weiteren Vorstellungen abzusehen, sofern die erste Aufführung zu Unzuträglichkeiten irgendwelcher Art Veranlassung geben sollte. Denn einerseits würde der Polizeibehörde ohnehin das Recht zustehen, die ertheilte Aufführungsgenehmigung erforderlichen Falls zu widerrufen, andererseits aber gebiete es die Pflicht, auch die Gefahren, welche sich aus einer einmaligen Aufführung für die öffentliche Ruhe und Ordnung ergeben würden, von vornherein auszuschließen. Hiernach müsse die nachgesuchte Genehmigung auf Grund des § 10 Titel 17 Theil II des Allgemeinen Landrechts und des Gesetzes über die Polizeiverwaltung vom 11. März 1850 versagt werden.

Gegen diese Verfügung des Polizeipräsidenten legte der Kläger Beschwerde ein. Er änderte darin sein früheres Anerbieten bezüglich der Plätze in der Weise ab, daß die Preise der billigsten Plätze, nämlich der Gallerie, auf 1 M. erhöht werden sollten, und wendete sich im Übrigen besonders gegen die Annahme, daß das Stück seiner ganzen Tendenz und seinem Gesammteindrucke nach ein ungewöhnlich gehässiges und aufreizendes Machwerk sei. Dasselbe schildere nur wahrheitsgetreu vergangene Zustände, welche mit den heutigen weder in politischer noch in wirtschaftlicher Beziehung irgendeine Berührung hätten, enthalte auch nicht, namentlich nicht nach den vorgenommenen Streichungen, eine abfällige Schilderung der herrschenden Klassen, und es trügen in ihm Gesetz und Ordnung, nicht die Rebellion, den endlichen Sieg davon. Für den Fall, daß dem Stücke wirklich eine verwerfliche Tendenz beizulegen wäre, machte der Kläger geltend daß die Verhältnisse im Lobetheater nicht nur nicht ungünstiger, sondern vielmehr günstiger für die Zulassung der Aufführung lägen, als im Deutschen Theater zu Berlin, und daß die größere Nähe des Schauplatzes der geschilderten Ereignisse ohne Bedeutung sei.

Der Königliche Regierungspräsident zu Breslau wies durch Bescheid vom 2. November 1893 »aus den in der angefochtenen Verfügung angeführten, für zutreffend und auch durch die Ausführungen der Beschwerdeschrift nicht für widerlegt erachteten Gründen« zurück.

Auf die weitere Beschwerde des Klägers, in welcher namentlich wieder die Gleichheit des Lobetheaters und des Deutschen Theaters zu Berlin betont wurde, erging der ablehnende Bescheid des Beklagten vom 29. Dezember 1893 mit folgender Begründung:

»Ich muß mich der Auffassung der Vorinstanzen über die Tendenz ›der Weber‹ und die Aufnahme dieses Stücks Seitens des Publikums anschließen. Denn auch meiner Ansicht nach sind ›die Weber‹ nicht nur ein derb naturalistisches, sondern auch höchst aufreizendes Bühnenwerk, dessen öffentliche Aufführung unter gewissen Verhältnissen sehr wohl geeignet ist, den Klassenhaß zu erregen und die öffentliche Ordnung zu gefährden.

Die hiergegen erhobenen Einwendungen namentlich die Behauptung, daß hinsichtlich der Aufführung des Stücks in Breslau noch viel weniger ein Versagungsgrund geltend gemacht werden könnte, als bei dem Deutschen Theater in Berlin, erscheinen mir nicht zutreffend.

Das Hauptmannsche Drama muß vielmehr als besonders aufreizend auch um deshalb erscheinen, weil neben den in der Sache selbst liegenden und den örtlichen, noch vielfach persönliche Anknüpfungspunkte zwischen den geschilderten Ereignissen von 1844 und der Gegenwart vorhanden und besonders hervorgehoben sind.

In Erwägung dieser Verhältnisse finde ich mich nicht veranlaßt, die von dem Königlichen Regierungspräsidenten hier aufrecht erhaltene Verfügung aufzuheben oder abzuändern.«

Gegen den Bescheid des Beklagten hat der Kläger mit dem Antrage auf Aufhebung desselben und der durch ihn aufrecht erhaltenen Verfügungen des Königlichen Polizeipräsidenten und des Königlichen Regierungspräsidenten geklagt. Die Klage ist sowohl darauf, daß der angefochtene Bescheid durch unrichtige Anwendung des bestehenden Rechts den Kläger in seinen Rechten verletze, als auch darauf, daß die thatsächlichen Voraussetzungen nicht vorhanden seien, welche den Polizeipräsidenten zum Erlasse seiner Verfügung berechtigt haben würden, gestützt.

Es war, wie geschehen, zu erkennen.

Daß die Polizeibehörde zum Verbot einer öffentlichen Schauspielaufführung befugt ist, wenn die Voraussetzungen des § 10 Titel 17 Theil II des Allgemeinen Landrechts, wonach es das Amt der Polizei ist, die nöthigen Anstalten zur Erhaltung der öffentlichen Ruhe, Sicherheit und Ordnung und zur Abwendung der dem Publikum oder einzelnen Mitgliedern desselben bevorstehenden Gefahr zu treffen, vorhanden sind, ist vom Oberverwaltungsgericht schon wiederholt näher dargelegt worden (z. B. Entscheidungen Band XX Seite 311, Preußisches Verwaltungsblatt, Jahrgang XIV Seit. 3 und 441/482, sowie Jahrgang XV Seite 202). Hiermit erledigt sich der aus dem § 127 Abs. 3 Ziffer *1* des Gesetzes über die allgemeine Landesverwaltung vom 30. Juli 1883 entnommene Klagegrund.

Anlangend das Vorhandensein der thatsächlichen Voraussetzungen der Verfügung des Königlichen Polizeipräsidenten zu Breslau vom 12. Oktober 1893 (§ 127 Abs. 3 Ziffer *2* a. a. O.), so ist davon auszugehen, daß der Kläger die Erlaubnis zur Aufführung der »Weber« nur für die hochdeutsche Ausgabe des Stückes unter den vorgenommenen Änderungen und Streichungen und mit dem Anerbieten einer Erhöhung des Preises der billigsten Plätze auf 1 M., welches Anerbieten statt des ursprünglichen, zu den Vorstellungen der »Weber« außer den Logen nur Plätze des Parketts, des ersten und des zweiten Ranges zu verkaufen, als das letzte, zwar erst nach der Verfügung des Polizeipräsidenten gemachte, diesem jedoch nachträglich bekannt gewordene und dem Beklagten bei Erlaß seines Bescheides vorliegende maßgebend ist, nachgesucht hat und daß es sich daher lediglich um das Verbot einer Aufführung unter diesen Bedingungen handelt.

Im Übrigen hat das Oberverwaltungsgericht in den früheren, das Verbot der Aufführung der »Weber« auf dem Deutschen Theater zu Berlin betreffenden Urtheile vom 2. Oktober 1893 angenommen, daß eine öffentliche Aufführung dieses Stückes nach ihrer *allein entscheidenden Wirkung* unter den Umständen und Verhältnissen, die bei dem damals in Betracht kommenden Deutschen Theater vorlagen, keinen Grund zum polizeilichen Einschreiten aus dem § 10 Titel 17 Theil II des Allgemeinen Landrechts gäbe. An dieser Ansicht muß auch bei erneuter Prüfung des Stücks und gegenüber den gegentheiligen Ausführungen des Beklagten und seiner Vorinstanzen festgehalten werden. Es scheidet insbesondere die *Frage des künstlerischen Werths* des Stückes nach Inhalt und Form ganz aus, und *auch auf dessen Tendenz darf kein ausschlaggebendes Gewicht gelegt werden*. Hinsichtlich der Wirkung aber besteht zwischen den Stücke »Die Nothwehr«, bei dem inzwischen das Oberverwaltungsgericht durch das Urtheil vom 8. März 1894 — III. 301 — das Verbot der Aufführung aufrecht erhalten hat, und den »Webern« der bedeutungsvolle Unterschied, daß das erstere in der Gegenwart spielt und einen aktuellen Gegenstand, das Vorkommen von Soldatenmißhandlungen, unter unrichtiger Wiedergabe der bestehenden rechtlichen Vorschriften behandelt, während in den »Webern«, wie der Kläger mit Recht geltend gemacht hat und durch die Schriften von *Kries*, Über die Verhältnisse der Spinner und Weber (1845), und von *Zimmermann*, Blüthe und Verfall des Leinengewerbes in Schlesien (1885), bestätigt wird, in durchaus wahrheitsgetreuer Weise fünfzig Jahre zurückliegende Zustände dargestellt werden, von denen die gegenwärtigen wesentlich verschieden sind. Die Unzufriedenheit und die Gewaltthätigkeiten der Weber hatten ihren alleinigen Grund in dem Hunger, welchen sie litten, und diese Nothlage des bis zum Verhungern gehenden Hungerns war wieder durch ganz spezielle Verhältnisse, namentlich durch den damaligen Übergang der Schlesischen Weberindustrie vom Handbetriebe zum Maschinenbetriebe, veranlaßt. Wenn der Beklagte besonders noch das Vorhandensein *persönlicher* Berührungspunkte zwischen den geschilderten Ereignissen von 1844 und der Gegenwart hervorhebt, so sind diese Berührungspunkte doch nur gering und bestehen hauptsächlich blos darin, daß die theilweise gegenwärtig noch bestehenden Firmen der betheiligt gewesenen Fabrikanten mit unbedeutenden, leicht erkennbaren Änderungen beibehalten sind. Sie können daher ebenfalls eine nähere Beziehung des Stückes zur Gegenwart nicht herstellen.

Hiernach ist lediglich noch in Frage, ob die Verhältnisse des Lobetheaters in Breslau derartig verschieden von denjenigen des Deutschen Theaters in Berlin sind, daß für jenes die für dieses angenommene Ungefährlichkeit der Aufführung *nicht* angenommen werden kann. Das ist umsomehr zu verneinen, als die vom Kläger vorgenommenen Änderungen und Streichungen den Eindruck des Stückes immerhin noch etwas mildern. Die Bevölkerung von Breslau ist derjenigen von Berlin wesentlich gleich jedenfalls zu Ausschreitungen nicht in höherem Grade geneigt. Auch der Charakter des Lobetheaters ist nach dem, was sich hierüber aus den übereinstimmenden Erklärungen der Parteien ergiebt, als im wesentlichen übereinstimmend mit demjenigen des Deutschen Theaters zu Berlin anzusehen, namentlich auch in Bezug auf die Stellung des Theaters selbst zur dramatischen Kunst, auf die Art, wie diese bei ihm geübt wird, und vor Allem in Bezug darauf, von welchen Bevölkerungsklassen es besucht zu werden pflegt. Als eine erhebliche Verschiedenheit bleibt mithin nur die nähere Lage Breslau's zu dem Schauplatze der dargestellten Ereignisse. Selbst wenn diese Lage Bedeutung haben sollte, wogegen spricht, daß nach einer in den vorgelegten Akten des Königlichen Polizeipräsidiums zu Breslau befindlichen Notiz eine öffentliche Aufführung der »Weber« zu Schreiberhau im Oktober oder November 1893 stattgefunden hat, also nicht weit von dem Thatorte und innerhalb einer zahlreichen Arbeiterbevölkerung, und daß diese Aufführung offenbar, sonst wäre dies jedenfalls Seitens des Beklagten oder seiner Vorinstanzen verwerthet worden, ohne irgend welche Unzuträglichkeiten geblieben ist, so ist doch jedenfalls Breslau nicht so nahe gelegen, um deshalb für Breslau die für Berlin nicht bestehende Gefahr als vorhanden ansehen und das Stück verbieten zu müssen.

Daß bei den Aufführungen des Stückes im Lobetheater der durch die Erhöhung der Preise von dem Besuche ausgeschlossene Theil der Bevölkerung sich in der von dem Königlichen Polizeipräsidenten geltend gemachten Weise zu Ausschreitungen sollte hinreißen lassen, ist eine zu entfernte Möglichkeit, als daß hierin eine das Einschreiten aus dem § 10 Titel 17 Theil II des Allgemeinen Landrechts rechtfertigende Gefahr gefunden werden könnte.

Demgemäß war der angefochtene Bescheid und die durch ihn aufrecht erhaltene Verfügung des Königlichen Polizeipräsidenten zu Breslau außer Kraft zu setzen, wegen der Kosten aber nach den §§ 103 und 107 No. 1 des Landesverwaltungsgesetzes Bestimmung zu treffen.

Urkundlich unter dem Siegel des Königlichen Oberverwaltungsgerichts und der verordneten Unterschrift.

L. S. gez. *Rommel*

O.V.G. No. III 771

RICHARD GRELLING: *Glossen zum Weberprozeß**)

in »Das Magazin für Litteratur«, Berlin, Nr. 41 v. 14. Oktober 1893.

Zum zweiten Male hat das Oberverwaltungsgericht ein Zensurverbot des Polizei-Präsidenten von Berlin aufgehoben. In drei Zensurfällen ist diese höchste Instanz bisher angegangen worden. In zwei Fällen davon hat sie den Klägern Recht gegeben und das Zensurverbot für unbegründet erklärt. In dem ersten dieser beiden Fälle stand die Frage zur Entscheidung, ob der Aufführung **sittenpolizeiliche** Bedenken entgegenstehen; in dem zweiten, ob die **öffentliche Ordnung** gefährdet werden könne. Das Oberverwaltungsgericht hat in beiden Fällen Gefahren nicht als vorhanden angenommen. Damit hat dieser höchste preußische Verwaltungs-Gerichtshof eine Praxis inaugurirt, welche hoffentlich in Zukunft allzu eifrigen Polizeizensoren einigermaßen Zügel anlegen wird.

*) Wir freuen uns, unseren Lesern eine Darstellung des für unsere litterarischen Rechtsverhältnisse so wichtigen Weberprozesses aus der Feder desjenigen Juristen geben zu können, der diesen Prozeß geführt und gewonnen hat — sowie auch den früheren ernsthaften Zensurprozeß, den um Hartlebens Hannah Jagert — und der unserer modernen dramatischen Produktion durch seine eigenen dramatischen Leistungen innerlichst nahe steht. *Die Red.*

Mit dem Institut der Theaterzensur überhaupt kann uns natürlich auch die liberalste Gerichtspraxis nicht versöhnen. Die Theaterzensur ist und bleibt ein Überbleibsel aus dem Polizeistaate, welches mit den Grundlagen des modernen Rechtsstaates, mit den Prinzipien der Rechtsgleichheit, der Nichtbevormundung, der freien Gedankenäußerung, die nur an den Normen des Strafgesetzes ihre Schranken findet, in hellem Widerspruche steht. Die Preßzensur ist in allen Kulturländern mit Ausnahme Rußlands — wenn man dieses zu den Kulturländern noch rechnen will — seit einem Menschenalter abgeschafft. Alle Gründe, welche gegen die Preßzensur sprechen, führen auch zur Verwerfung der Theaterzensur. Alle Gründe, welche von den wenigen noch vorhandenen Verteidigern zu Gunsten der Theaterzensur ins Feld geführt werden, sind seinerzeit auch von den Befürwortern der Preßzensur geltend gemacht worden. Das Theater ist keineswegs gefährlicher in seinen Wirkungen auf die öffentliche Sitte und Ordnung, als es die Presse ist. Im Gegenteil: selbst die größten Theater umfassen nur wenige tausende von Plätzen, während manche Zeitungen auf hunderttausend von Lesern gleichzeitig wirken, und manche Flugblätter vielen hunderttausend gleichzeitig ins Haus geworfen werden.

Wie die Preßfreiheit, so ist auch die Redefreiheit unbeschränkt. Nachdem das Sozialistengesetz gefallen, können täglich in den fünfzig größten Sälen Berlins vor je fünftausend Zuhörern alle Grundlagen unserer sogenannten Staats- und Gesellschaftsordnung: die Ehe, das Eigentum, die Monarchie sogar — einer vernichtenden Kritik unterworfen werden, ohne daß die Polizeibehörde zum Einschreiten berechtigt wäre — vorausgesetzt natürlich, daß der Redner sich nicht zu strafbaren Aufreizungen, zu Gewalttätigkeiten, zum Hochverrat, zur Verletzung bestehender Gesetze usw. hinreißen lassen. Solche Versammlungen stehen jedermann bedingungslos offen; nicht einmal Eintrittsgeld wird verlangt, es sei denn, daß Herr Ahlwardt Vorstellungen giebt. Und doch verlangt kein Polizeipräsident die vorherige Einreichung des Konzepts behufs Prüfung, ob die Rede nicht eine Gefahr für die öffentliche Ordnung herbeiführen könne. Das Sozialistengesetz gestattete bekanntlich das Präventivverbot von Versammlungen, »bei denen durch Tatsachen die Annahme gerechtfertigt ist, daß sie zur Förderung sozialdemokratischer Umsturzbestrebungen bestimmt seien«. Nach Beseitigung des Sozialistengesetzes dürfen in Versammlungen auch sozialistische Bestrebungen frei zu Tage treten. Auf dem Theater aber soll die bestehende Staats- und Gesellschaftsordnung in all ihren Ausläufen bis zum Gendarmen Kutsche in Peterswaldau herunter, dem fürsorglichen Schutze der Polizeibehörden unterworfen bleiben.

Wie weit man in dieser Behütung geht, beweist das Urteil des Bezirksausschusses im Weberprozeß, welches die Klage des Dichters in erster

Instanz abgewiesen hat. Weil die in dem Stücke auftretenden Träger der öffentlichen Gewalt eine »klägliche Rolle spielen«, weil der Gendarm Kutsche »ein moralisch defekter Mann« sei, weil dem Polizeiverwalter der Helm vom Kopfe geschlagen wird, weil der Landrat »nicht Achtung einflöße, sondern ein Mitleid erregendes Zerrbild« sei — aus diesen und ähnlichen Gründen ist von der Aufführung des Hauptmannschen Dramas eine Gefährdung der gegenwärtigen Staats- und Gesellschaftsordnung zu befürchten. Wahnsinnige Könige, bestechliche Minister, lächerliche Richter und schurkische Präsidenten dürfen dem hochverehrten Publiko anstandslos vorgeführt werden, aber vor der Majestät des preußischen Landrats und Gendarmen, vielleicht auch des Reserve-Offiziers, muß ehrfurchtsvoll Halt gemacht werden.

Anzuerkennen ist immerhin, daß auch die polizeiliche Bevormundung des Theaters unter den Märzstürmen dieses Jahrhunderts sich ein wenig gebessert hat; wie ja kein Bösewicht so verstockt ist, daß er den fortdauernden Einflüssen einer guten Umgebung widerstehen könnte. Wenn man in der preußischen Ministerial-Verfügung vom 8. Mai 1825 liest:

»Wie die Polizei das Recht hat, salvo jure dem Dienstherrn einen widerspenstigen Dienstboten zurückzuführen, so hat sie dieselbe Verpflichtung noch mehr bei einem Histrionen, der eine angekündigte Rolle nicht spielen will, weil sie durch ihr Einschreiten verhindert, daß das getäuschte Publikum im Schauspielhause Unruhe erregt«, dann freut man sich doch, daß wir heute 1893 schreiben. Aber die Freude wird einigermaßen gemildert durch den Umstand, daß derselbe Landrechtssatz — der berüchtigte § 10 Allgemeinen Landrechts II, 17 — aus welchem die damalige Polizei ihr Recht zum Einschreiten gegen widerspänstige Histrionen herleitete, noch heute zur Maßregelung widerspänstiger Dichter verwendet werden kann.

Das Oberverwaltungsgericht hat nämlich trotz seiner dankenswerten Liberalität in der Beurteilung der seiner Prüfung unterworfenen Stücke prinzipiell doch die Theaterzensur in Preußen als zu Recht bestehend anerkannt. Ob die Hinkeldeysche Verordnung, welche die Handhabung der Theaterzensur für Berlin im einzelnen regelt und insbesondere die Einreichungspflicht vorschreibt, rechtsgiltig sei, ließ der höchste Gerichtshof in seinen bisherigen Entscheidungen dahin gestellt. Das Recht, Theaterstücke zu verbieten, welche gegen die Sittlichkeit oder die öffentliche Ordnung verstoßen, ist nach der Ansicht des Gerichtshofs von jener Verordnung unabhängig, es wird aus der allgemeinen Vorschrift des Landrechts hergeleitet, wonach die Polizei »die nötigen Anstalten zur Erhaltung der öffentlichen Ruhe, Sicherheit und Ordnung und zur Abwendung der dem Publiko oder einzelnen Mitgliedern desselben bevorstehenden Gefahren zu treffen hat«. Diese Vorschrift steht im 17. Titel zweiten Teils, welcher »von den Rechten und Pflichten des Staates zum besonderen Schutze seiner Untertanen« handelt; sie ist so recht eigentlich die Quintessenz dessen, was man unter Polizeistaat versteht: nicht nur die **öffentliche Ruhe und Ordnung** hat der Staat zu bewahren, sondern auch jeden **einzelnen** Untertanen hat er vor den Gefahren zu schützen, die seinem geistigen, sittlichen oder materiellen Wohlergehen etwa drohen könnten. Die Bestimmung trägt deutlich die Spuren der Zeit, aus welcher sie erwachsen ist, der Zeit des aufgeklärten Absolutismus. Nach der Ansicht des Oberverwaltungsgerichts hat aber die Polizei **noch heute** das Recht, überall da regelnd und schützend einzugreifen, wo ihr der Eingriff durch spätere Gesetze nicht ausdrücklich verwehrt wird.

Dem Rechte des Staates, seine Untertanen zu schützen, ist durch die Verfassungsurkunde das »Recht der Preußen«, sich selbst zu schützen, entgegengestellt worden. Jede neue freiheitliche Errungenschaft hat eine neue Bresche in die Zwangsmauern des Polizeistaates gelegt. Die gesetzlich gewährleistete Rede- und Preßfreiheit darf nicht angetastet werden, auch wenn ihr Gebrauch die öffentliche Ruhe oder Ordnung gefährden könnte. Die Bäcker können nicht polizeilich gezwungen werden, größeres Brot zu liefern, auch wenn zu befürchten steht, daß die Menge, erbittert über zu kleine Semmeln, die Bäckerläden stürmen könnte. Ein berliner Polizeipräsident hat einmal versucht, auf Grund jenes § 10 eine Zeitung mit Beschlag zu belegen, weil er von ihrer Verbreitung eine Beunruhigung des Publikums befürchtete. Die höheren Instanzen haben ihn indessen belehrt, daß Verfassung und Preßgesetz den Zeitungen das Recht geben, unter Umständen auch Unruhe zu verbreiten, sofern sie sich nur vor einem Verstoß gegen das Strafgesetzbuch hüten.

Von allen Gedankenäußerungen ist nur die dramatische dem alten Polizeiparagraphen noch unterworfen, weil ihr nach Ansicht des Oberverwaltungsgerichts ein **besonderes Gesetz**, welches sie von der Vormundschaft befreite, nicht zur Seite steht. In einem früheren Artikel dieses Blattes*) habe ich nachzuweisen versucht, daß der Artikel 27 der preußischen Verfassung, welcher jedem Preußen das Recht giebt, durch Wort, Schrift, Druck und bildliche Darstellung seine Meinung frei zu äußern, auch die Theaterzensur aufgehoben habe. Das Oberverwaltungsgericht ist leider anderer Meinung. Da also de lege lata gegen die Zensur als solche nicht anzukämpfen ist, so bleibt nichts übrig, als de lege ferenda die Abschaffung dieses veralteten Instituts zu verlangen.

Die Verwerflichkeit der Theaterzensur ist in dem Weberprozeß noch durch einen besonderen Umstand ins grellste Licht gesetzt worden —

*) Siehe Nr. 44 des Jahrgangs 1890 des »Magazins für Litteratur«.

einen Umstand, der vielfach eine unrichtige Beurteilung erfahren hat. Die »Weber« sind zur Aufführung am »Deutschen Theater« frei gegeben worden, da das Oberverwaltungsgericht angenommen hat, daß die Aufführung an diesem Theater eine Gefahr für die öffentliche Ordnung nicht befürchten lasse. Diese Entscheidung ist durchaus korrekt und entspricht genau dem klägerischen Antrage. Das »Deutsche Theater« hatte die Erlaubnis zur Aufführung der »Weber« nachgesucht. Dem »Deutschen Theater« hat der Polizeipräsident diese Erlaubnis versagt. Nur über die Berechtigung dieser Verfügung hatte das Ober-Verwaltungsgericht zu befinden, nur auf Aufhebung dieser Verfügung war der Klageantrag gerichtet. Der Urteilstenor mußte sich also notwendig auf das »Deutsche Theater« beschränken. Die Urteilsbegründung, deren schriftliche Formulierung übrigens noch nicht vorliegt, hätte allerdings generell aussprechen können, die »Weber« seien überhaupt kein aufreizendes, die Ordnung gefährdendes Stück — ähnlich wie in dem »Hannah Jagert« betreffenden Vorprozeß allgemein ausgesprochen wurde, daß die Aufführung dieses Stückes der öffentlichen Sittlichkeit keinen Schaden bringe. Verpflichtet aber war das Gericht zu dieser allgemeinen Untersuchung nicht. Die Entscheidung war schon gerechtfertigt, wenn die spezielle Untersuchung der Verhältnisse des »Deutschen Theaters« zu der dem Kläger günstigen Beantwortung der Frage führte. Der Vertreter des Klägers hat denn auch diesen Punkt von Anfang an mit großer Entschiedenheit betont. Er hat zwar hervorgehoben, daß das Hauptmannsche Drama den schlesischen Weberaufstand von 1844, nicht soziale Verhältnisse von 1893 schildere; daß das Drama nicht aufreizend wirke, weil es nicht an die schlechten Instinkte der Armen, sondern an die guten Instinkte der Reichen appellire; daß die Grundströmung des Mitleids und der Nächstenliebe, wenn sie aus der Seele des Dichters auf die Zuschauer überfließe, eher geeignet sei, die sozialen Gegensätze zu versöhnen, als sie zu erweitern. Vor allem aber hat der klägerische Mandatar entgegen dem Standpunkte des Polizeipräsidenten stets betont, daß im »Deutschen Theater« mit seinem Bourgeois-Publikum und seinen teuren Eintrittspreisen der Resonanzboden fehle, aus welchem selbst ein revolutionäres Stück den entsprechenden Widerklang hervorlocken könnte.

Diesen Gesichtspunkt hat das Ober-Verwaltungsgericht adoptirt und zur Grundlage seiner Entscheidung gemacht. Und zwar mit Recht.

So sehr man auch die Theaterzensur an sich bekämpfen mag, so lange sie existirt, kann sie eben nur nach den Gesichtspunkten gehandhabt werden, welche jede polizeiliche Bevormundung leiten, nach Gesichtspunkten der Opportunität. Gleiches Recht existirt eben auf dem Gebiete der Sicherheitspolizei nicht. Eine Ansammlung von fünfzig Menschen in einer engen Straße kann der Behörde zum Einschreiten im Verkehrsinteresse Veranlassung geben. Eine Ansammlung von doppelt so vielen Menschen auf einem weiten Platze kann unbeanstandet geduldet werden. Für eine dicht bevölkerte Stadtgegend, wo ein Haus ans andere stößt, muß die Feuerpolizei schärfere Bestimmungen treffen, als für einzelstehende Gehöfte auf dem Lande. So kann, wenn man sich auf den Standpunkt der Präventivpolizei stellt, eine Theateraufführung in der Schumannstraße ganz unbedenklich sein, während sie in der Frankfurter Allee Gefahren hervorrufen kann. Es ist sicher ein großer Unterschied, ob die »Weber« im Hoftheater zu Wiesbaden oder im Dorftheater zu Langenbielau zur Darstellung gelangen. Und wenn der Vertreter des Polizeipräsidiums darauf hinwies, daß der Redakteur des »Proletariers aus dem Eulengebirge« wegen bloßen Abdruckes des Weberliedes zu mehreren Wochen Gefängnis verurteilt worden sei, so konnte ihm mit Recht erwidert werden: das Publikum des »Deutschen Theaters« setzt sich weder aus Proletariern noch aus schlesischen Webern zusammen.

Das Resultat ist also: die Theaterzensur ist ihrem Wesen nach darauf angewiesen, ihre Verfügungen unter Berücksichtigung der örtlichen und zeitlichen Verhältnisse jedes einzelnen Falles zu treffen; sie ist verpflichtet, mit ungleichem Maße zu messen, eine Verpflichtung, der sie übrigens in Berlin, sofern es sich um den Schutz der Sittlichkeit im Theater handelt, pünktlich nachzukommen pflegt; mit ungleichem Maße je nach den Gefahren, die sie für die Sittlichkeit oder Ordnungsliebe des bestimmten Publikums eines bestimmten Theaters befürchtet. Vivat opportunitas, pereat justitia!

Auf denselben Boden muß sich auch das die Polizeiverfügung nachprüfende Verwaltungsgericht stellen, welches zu untersuchen hat, ob die »tatsächlichen Voraussetzungen«, welche die Polizeibehörde geleitet haben, zutreffen oder nicht. Das Gericht hat nicht Rechtsfragen, sondern Zweckmäßigkeitsfragen zu entscheiden, und es ist leicht möglich, daß die Beantwortung je nach den Verhältnissen des klagenden Theaters eine bunte Reihe von jas und neins aufweist.

Aber damit nicht genug. Die Zeit- und Ortsverhältnisse können sich ändern. Dem »Deutschen Theater« kann es eines Tages einfallen, seine Eintrittspreise auf ein Minimum herabzusetzen — nun können wirklich, wie es der Polizeipräsident schon jetzt fürchtet, die hauptstädtischen Proletarier in Massen den Aufführungen der »Weber« zuströmen. Auch die Zeitverhältnisse können sich ändern, es kann eine Periode sozialer Unruhen kommen, kurz die Voraussetzungen, unter denen die Aufführung der »Weber« dem »Deutschen Theater« jetzt gestattet worden ist, können von Grund aus andere werden, und der Polizeipräsident kann möglicherweise später einmal unter dem Beifall des Oberverwaltungsgerichts eine Verfügung treffen, welche heute von demselben Gerichtshofe als ungerechtfertigt aufgehoben worden ist.

Da hilft kein Klagen und kein Ereifern. **Diese Unsicherheit ist die notwendige Konsequenz jeder polizeilichen Bevormundung.** Wer diese Unsicherheit nicht will, der soll sich nicht über die Polizei oder die Verwaltungsgerichte beklagen, obwohl durch die Anstellung geeigneter Zensoren manche Mißgriffe vermieden werden könnten, der soll der Zensur als solcher, diesem Petrefakt aus vormärzlicher Zeit, zu Leibe gehen.

Doch die Tragödie hat auch ihr Satyrspiel. Die »Weber« sind bisher, abgesehen von Zürich, noch an keiner öffentlichen Bühne aufgeführt worden; dagegen haben verschiedene freie Bühnen in Berlin und auswärts sie zur Darstellung gebracht und es steht nichts im Wege, daß auch die ausgesprochen sozialdemokratischen Bühnenvereine sich dieses Drama zu eigen machen. Der Vertreter des Polizeipräsidiums hat in seinem Plaidoyer in bewegten Worten geschildert, wie dieses starke Drama auf ein Publikum von »Arbeitslosen und Ballonmützen« wirken müsse. Nun mögen ja allerdings im »Deutschen Theater« viele Arbeitslose sitzen, aber das sind wohl mehr Leute, die nicht arbeiten **wollen**, weil sies Gott sei Dank nicht nötig haben, als solche, die keine Arbeit finden können. Auch »Ballonmützen« dürften sehr selten in den Garderoben des »Deutschen Theaters« zu finden sein. In den Vorstellungen der freien Bühnen dagegen überwiegen die Mützen, wenn auch nicht die Ballonmützen. Und wenn auch nicht gerade Arbeitslose den Zuschauerraum füllen mögen, so sind die Mehrzahl doch jedenfalls Arbeiter, welche mit ihrem Lose und der bestehenden Wirtschaftsordnung unzufrieden sind. Die Gefahren, welche man im »Deutschen Theater« wittert, müßten hier doppelt und dreifach vorhanden sein, zumal die Eintrittspreise äußerst gering sind und der Zuhörerraum bis auf den letzten Platz gefüllt zu sein pflegt, von Leuten, welche durch das Bewußtsein, derselben sozialen Klasse anzugehören, zusammengehalten werden. Diese Bühnenvereine sind keiner Zensur unterworfen, weil sie in der Form geschlossener Gesellschaften auftreten. Sie sind gegründet worden wesentlich zu dem Zwecke, Stücke aufzuführen, welche zur öffentlichen Darstellung nicht zugelassen werden. **Jedes Verbot eines Stückes drängt dasselbe also geradezu den freien Bühnen zu und vergrößert die Gefahr, welche es beseitigen will.**

Die Theater-Zensur ist somit nicht allein verwerflich, sondern auch nutzlos.

Und darum — ceterum censeo: eine gesunde und kräftige Fortentwicklung des deutschen Dramas ist nur nach Aufhebung der Theater-Zensur möglich, die um so dringender nötig wird, je größer der Raum ist, den die dramatische Produktion in unserem litterarischen Schaffen einzunehmen verspricht. Wie die Zeitungen vielfach die Bücher verdrängt haben, so wird das knappe Drama in unserer schnell lebenden Zeit mehr und mehr an die Stelle der dickleibigen Romane treten. Die Freiheit des Theaters bedeutet also die Freiheit der Litteratur überhaupt. — Möge das Oberverwaltungsgericht noch so dankenswerte Entscheidungen treffen, so lange die Theater-Zensur als rechtsgiltig anerkannt wird, bleibt die Krankheit bestehen und man kurirt vergeblich an den Symptomen herum.

ZEITTAFEL

Herbst 1888	Plan zu einem »Weber«-Drama, gefaßt in Zürich.
Frühjahr 1890	Vorarbeiten zu den »Webern« in Bln.-Charlottenburg.
November 1890	Fortsetzung der Vorarbeiten, Beginn einer ersten Niederschrift.
Frühjahr 1891	Zwei Reisen ins Webergebiet.
Sommer 1891	Fortsetzung der Arbeiten an den »Webern« in Marienthal, Schlesien.
Ende 1891	»De Waber« in der Dialektfassung beendet.
20. Februar 1892	»De Waber« zur Zensur beim Polizeipräsidium Berlin eingereicht.
2. März 1892	»Die Weber«, zweite, dem Hochdeutschen angenäherte Fassung beendet.
3. März 1892	»De Waber« zur öffentlichen Aufführung vom Polizeipräsidenten verboten.
22. Dezember 1892	Vorlage der »Weber«, zweite, dem Hochdeutschen angenäherte Fassung, mit einigen Kürzungen beim Polizeipräsidium.
4. Januar 1893	Neues Verbot, da nur »einige brutale, bzw. unanständige Worte und ein Vers des Weberliedes« gestrichen waren.
14. Januar 1893	Klage Hauptmanns beim Berliner Bezirksausschuß, Anwalt: Dr. Richard Grelling.
26. Februar 1893	Uraufführung der »Weber« als Veranstaltung der »Freien Bühne« im Neuen Theater.
14. März 1893	Bestätigung des Polizeiverbots durch den Bezirksausschuß.
Frühjahr 1893	Klage Dr. Grellings gegen die Entscheidung des Bezirksausschusses beim Preußischen Oberverwaltungsgericht.
29. Mai 1893	Französische Erstaufführung der »Weber« im Pariser »Théâtre Libre«, als erstes deutsches Drama nach 1871, in Anwesenheit Zolas.
2. Oktober 1893	Das Kgl. Preußische Oberverwaltungsgericht in Berlin hebt das Verbot der »Weber« auf (Vor-

	sitzender: Oberverwaltungsgerichtsrat Richter). Die Freigabe gilt nur für das »Deutsche Theater«.
10. Oktober 1893	Der Landrat von Goldfuß in Nimptsch (unweit von Langenbielau, Schlesien) weist seine Polizeibehörde an, jeden Antrag auf Freigabe der »Weber« »bis auf weiteres« ohne Rücksicht auf das Berliner Urteil abzulehnen, »selbstverständlich ohne den betreffenden Bescheid seiner Fassung nach als auf höherer Weisung beruhend kenntlich zu machen«.
12. Oktober 1893	Der Polizeipräsident von Breslau, Dr. Bienko, lehnt ein Gesuch des Lobe-Theater-Direktors, Fritz Witte-Wild, »Die Weber« aufführen zu dürfen, ab, da in Breslau, »also in nächster Nähe des Schauplatzes der in dem Stück geschilderten Ereignisse, ganz andere Verhältnisse obwalten«, als im Berliner »Deutschen Theater«.
15. Oktober 1893	Aufführung der »Weber« im Viktoria-Theater vor den Mitgliedern der von Bruno Wille gegründeten »Neuen Freien Volksbühne«; drei Wiederholungen.
2. November 1893	Eine Beschwerde des Breslauer Lobe-Theaters beim Regierungspräsidenten von Breslau wird abgelehnt.
3. Dezember 1893	Aufführung im National-Theater unter der Leitung von Franz Mehring vor Mitgliedern der »Freien Volksbühne«; sieben Vorstellungen.
Anfang 1894	Klage Dr. Grellings beim Preußischen Oberverwaltungsgericht gegen das Verbot, »Die Weber« im Breslauer Lobe-Theater aufzuführen.
2. Juli 1894	Das zweite Urteil des Preußischen Oberverwaltungsgerichts gibt »Die Weber« für das Lobe-Theater frei.
25. September 1894	Erste öffentliche Aufführung der »Weber« im Deutschen Theater, das Otto Brahm am 31. August öffentlich übernommen hatte. Regie: Cord Hachmann, unter persönlicher Leitung des Dichters.
1. Oktober 1894	Erstaufführung am Breslauer Lobe-Theater. Die Preise hatten auf polizeiliche Anordnung im dritten Rang von 30 und 50 Pfennig auf 1 Mark und 1,25 erhöht werden müssen.
Oktober 1894	Kaiser Wilhelm II. kündigt auf Antrag des Hausministeriums seine Loge im »Deutschen Theater«

	wegen der »demoralisierenden Tendenz« der »Weber«.
22. Oktober 1894	»Das Kleine Journal« meldet, der Kaiser habe »Die Weber« und das Urteil des Oberverwaltungsgerichts gelesen, das er nicht billige, öffentlich aber nicht desavouieren wolle.
21. Februar 1895	Innenminister von Köller erklärt im Preußischen Abgeordnetenhaus, »daß in nicht zu langer Zeit die Entscheidungen des Oberverwaltungsgerichts anders ausfallen werden«. Er dankt den Polizeibehörden, die Hauptmanns »Weber« verboten haben. Eine Kritik am Urteil wolle er freilich nicht üben.
6. März 1895	Der »Vorwärts« meldet, Innenminister von Köller habe den Vorsitzenden des Gerichts, Oberverwaltungsgerichtsrat Richter, »angerüffelt«. Bei einem Hoffest habe der Kaiser ihm so wenig freundliche Dinge gesagt, daß Richter seinen Abschied erbeten habe. Sein Name fehlt im dritten Urteil des Oberverwaltungsgerichts vom 15. Oktober 1896. An seiner Stelle präsidierte Oberverwaltungsgerichtsrat Schelling. (Im zweiten Prozeß: Oberregierungsrat Rommel.)
29. August 1895	Verbot der »Weber« in Hannover aus »ordnungspolizeilichen Gründen«.
30. Oktober 1895	Bestätigung des Verbots durch Oberpräsident von Benningsen.
15. Oktober 1896	Freigabe der »Weber« durch das dritte Urteil des Oberverwaltungsgerichts für Hannover.
6. November 1901	Das Kgl. Sächsische Oberverwaltungsgericht in Dresden gibt »Die Weber« frei. Das Gericht war nach jahrelangen Bemühungen des Leipziger Theaterdirektors Kurz um »Weber«-Gastspiele auswärtiger Bühnen von Kurz angerufen worden. Alle Versuche waren gescheitert. Nach dem Urteil gastierte das Neue Deutsche Theater, München, unter seinem Direktor Emil Meßthaler am 13. April 1902 zum erstenmal im Leipziger Alberttheater.

BIBLIOGRAPHISCHE HINWEISE

Max Baginski, Gerhart Hauptmann unter den schlesischen Webern In: Sozialistische Monatshefte, Nr. 2, 1905.
C. F. W. Behl, Wege zu Gerhart Hauptmann, Goslar, 1948.
–, Zwiesprache mit Gerhart Hauptmann, München, 1949.
– und F. A. Voigt, Chronik von Gerhart Hauptmanns Leben und Schaffen, München, 1957.
Gerhart Hauptmann, Das Abenteuer meiner Jugend, Berlin, 1937.
–, De Waber, Berlin, 1892.
–, Die Weber, Berlin, 1892.
–, Gespräch über den Naturalismus (mit Walter Tritsch in der »Literarischen Welt«, 1932, enthalten in: Dichtung über Dichtung, ausgewählt und kommentiert von Walter Schmiele, Darmstadt, 1955.)
Frederick W. J. Heuser, Gerhart Hauptmann, Tübingen, 1961.
Walter Heynen (Hrsg.), Mit Gerhart Hauptmann, Berlin, 1922.
H. H. Houben, Verbotene Literatur, Berlin, 1924.
Viktor Ludwig, Gerhart Hauptmann. Werke von ihm und über ihn, Neustadt, Schlesien, 1932.
Georg Lukács, Der russische Realismus in der Weltliteratur, Berlin, 1952.
P. Marx, Der schlesische Weberaufstand in Dichtung und Wirklichkeit, in: Das Magazin für Litteratur, Heft 7, 1892.
Kurt May, Die Weber, in: Das deutsche Drama, hrsg. von Benno von Wiese, Düsseldorf, 1958.
Hans Mayer, Von Lessing bis Thomas Mann, Pfullingen, 1959.
Franz Mehring, Die Weber, in: Nr. 24 (XI. Jahrg., I. Bd.) der »Neuen Zeit«, 1892/93.
Hans Rabl, Die dramatische Handlung in Gerhart Hauptmanns »Webern«, Halle, 1928.
Peter Szondi, Theorie des modernen Dramas, Frankfurt, 1956.
Paul Schlenther, Gerhart Hauptmann, Berlin, 1898.
W. Schremmer, Das Weberlied aus dem Eulengebirge, in: Mitteilungen der Schlesischen Gesellschaft für Volkskunde, Bd. 20, 1918.
S. D. Stirk, Aus frühen Weber-Kritiken (im Hauptmann-Jahrbuch 1948, Goslar).

Kurt Lothar Tank, Gerhart Hauptmann in Selbstzeugnissen und Bilddokumenten, Reinbek bei Hamburg, 1959.
Bernhard Zeller (Hrsg.), Gerhart Hauptmann, Leben und Werk, Katalog der Gedächtnis-Ausstellung zum 100. Geburtstag in Marbach, im Auftrag der Deutschen Schillergesellschaft, Stuttgart, 1962.

Otto von Bismarck, Gedanken und Erinnerungen, Stuttgart und Berlin, 1898.
Hans Blum, Die Deutsche Revolution 1848—1849, Jena, 1906.
P. Dienstag, Öffentliches Theater- und Lichtspiel-Polizeirecht, in: Handbuch des deutschen Theaters-, Film-, Musik- und Artisten-Rechts, hrsg. von P. Dienstag und A. Elster, Berlin, 1932.
Gerhart Hauptmann zu seinem 90. Geburtstag, Festschrift der Deutschen Akademie der Künste, Berlin, 1952.
H. H. Houben, Polizei und Zensur, Berlin, 1926.
C. G. Kries, Über die Verhältnisse der Spinner und Weber in Schlesien und die Tätigkeit der Vereine zu ihrer Unterstützung, Breslau, 1845.
Jürgen Kuczynski, Die Geschichte der Lage der Arbeiter in Deutschland von 1800 bis in die Gegenwart, Berlin, 1946.
Carl Misch, Deutsche Geschichte im Zeitalter der Massen, Stuttgart, 1953.
Werner Richter, Bismarck, Frankfurt, 1962.
Erich Ruprecht (Hrsg.), Literatische Manifeste des Naturalismus, Stuttgart, 1962.
Alexander Schneer, Über die Noth der Leinen-Arbeiter in Schlesien und die Mittel ihr abzuhelfen, Berlin, 1844.
Friedrich C. Sell, Die Tragödie des deutschen Liberalismus, Stuttgart, 1953.
Paul Sethe, Deutsche Geschichte im letzten Jahrhundert, Frankfurt, 1960.
Adolf Stahr, Die Preußische Revolution, Oldenburg, 1849.
Emil Stutzer, Deutsche Sozialgeschichte vornehmlich der neuesten Zeit, Halle, 1920.
Heinrich von Treitschke, Deutsche Geschichte im Neunzehnten Jahrhundert, 1879—94, Ausg. Leipzig, 1927.
Treumund Welp, Über den Einfluß der Fabriken und Manufacturen in Schlesien, Leipzig, 1843.
W. Wolff, Das Elend und der Aufruhr in Schlesien, in: Deutsches Bürgerbuch für 1845, hsg. von H. Püttmann, Darmstadt, 1845.
Alfred Zimmermann, Blüthe und Verfall des Leinengewerbes in Schlesien, Breslau, 1885.

INHALT

GERHART HAUPTMANN: *Die Weber. Schauspiel*	5
HANS SCHWAB-FELISCH: »*Die Weber*« — *ein Spiegel des 19. Jahrhunderts*	73

DER AUFSTAND 115

Zur Dokumentation des Aufstandes 115
Das Blutgericht 115
(Fassung in: Dr. Alfred Zimmermann, »Blüthe und Verfall des Leinengewerbes in Schlesien«, Breslau 1885)
Die erste Meldung 118
(»Allgemeine Zeitung«, Augsburg, Nr. 164 vom 12. Juni 1844)
Gegen die Schuldbücher 119
(»Leipziger Zeitung« vom 10. Juni 1844)
»Bedeutende Truppenabtheilungen« 119
(»Kölnische Zeitung« vom 18. Juni 1844)
Aufruf 120
(»Allgemeine Zeitung«, Augsburg, vom 16. Juni 1844)
Bekanntmachung 121
(Veröffentlicht im »Schweidnitzer Kreisblatt«, zitiert nach »Leipziger Zeitung« vom 21. Juni 1844)
»Theilnahme den Geplünderten« 122
(»Kölnische Zeitung« vom 18. Juni 1844)
Wenige Tage danach 124
(»Allgemeine Zeitung«, Augsburg, Nr. 176 vom 24. Juni 1844)
Das Ende 127
(»Allgemeine Zeitung«, Augsburg, vom 26. Juni 1844
Folgerungen 128
(»Kölnische Zeitung« vom 23. Juni 1844)
Eine Erklärung 129
(»Leipziger Zeitung« vom 4. Juli 1844)
Amtliche Stellungnahme 130
(»Leipziger Zeitung« vom 11. Juli 1844)
Wilhelm Wolff: Das Elend und der Aufruhr in Schlesien 133
(In »Deutsches Bürgerbuch für 1845«, hsg. von H. Püttmann, Darmstadt, 1845)

WEBERLIEDER 153

Heinrich Heine: Die schlesischen Weber 153
Ferdinand Freiligrath: Aus dem schlesischen Gebirge 154

Hermann Püttmann: Der alte Weber 156
Georg Weerth: Die Weber 157
Ludwig Pfau: Der Leineweber 158

GERHART HAUPTMANN UND DIE WEBER 161
Gerhart Hauptmann: Erlebnisse 161
(In »Breslauer Neueste Nachrichten« vom 25. September 1938,
Jubiläumsausgabe zum 50jährigen Bestehen)
Gerhart Hauptmann: »Die Weber sind frei« 165
(Aus einem Artikel zum 50. Geburtstag Felix Holldenders in
»Vossische Zeitung«, Berlin, vom 31. Oktober 1917)
Max Baginski: Gerhart Hauptmann unter den schlesischen Webern 166
(In »Sozialistische Monatshefte«, Februar 1905)
Gerhart Hauptmann: Grüßen Sie die Weber des Eulengebirges 176
(In »Der Proletarier aus dem Eulengebirge«,
Nr. 268 vom 15. November 1930)

KRITIKEN, STELLUNGNAHMEN, REAKTIONEN 177
Leopold Schönhoff in »Frankfurter Zeitung« vom 26. Januar 1892,
Abendblatt 177
Paul Marx: Der schlesische Weberaufstand in Dichtung und
Wirklichkeit
in »Das Magazin für Litteratur«, Berlin, vom 13. Februar 1892 180
Eugen Zabel in »Nationalzeitung«, Berlin, vom 28. Februar 1893 185
(Aus den Beständen des Westf.-Niederrheinischen Instituts für
Zeitungsforschung der Stadt Dortmund)
Maximilian Harden: Die Weber
in »Die Zukunft«, Berlin, vom 11. März 1893 191
Franz Mehring: Gerhart Hauptmann, Die Weber
in »Die Neue Zeit«, Berlin, Jg. 1892/93, Heft 24 195
Die Premiere im »Deutschen Theater« 203
(»Hamburger Nachrichten« vom 1. Oktober 1894)
Der Herr »Hauptmann« und seine Leute 209
(»Das Kleine Journal«, Berlin, vom 28. September 1894)
Paul Schlenther in »Vossische Zeitung«, Berlin, vom 26. September 1894, Morgenausgabe 209
Eugen Zabel in »Nationalzeitung«, Berlin, vom 26. September 1894 211
(Aus den Beständen des Westf.-Niederrheinischen Instituts für
Zeitungsforschung der Stadt Dortmund)
Otto Elster in »Neue Preußische Zeitung«, (Kreuzzeitung) Berlin,
vom 26. September 1894 213

Paul Schlenther in »Vossische Zeitung«, Berlin,
vom 27. September 1894, Morgenausgabe   217
Theodor Fontane über »Die Weber«   220
(Erstveröffentlicht in »Das litterarische Echo«, Berlin,
1. Jg., 1898/99, Heft 2)
»Die Weber«   222
In »Germania«, Berlin, vom 2. Oktober 1894, nicht namentlich
gezeichneter Artikel. Autorensignum: zwei liegende Kreuze
links neben der Überschrift)
Das Parlament und die »Weber«   225
Aus dem Protokoll der Sitzung vom 21. Februar 1895 des
Preußischen Abgeordnetenhauses

DAS RECHT   243
  Das erste Urteil   243
  Die Freigabe für Breslau   248
  Richard Grelling: Glossen zum Weberprozeß   254
  in »Das Magazin für Litteratur«, Berlin, Nr. 41 vom 14. Oktober
  1893
ZEITTAFEL   262
BIBLIOGRAPHISCHE HINWEISE   265

Hermann Glaser,
Jakob Lehmann,
Arno Lubos

Wege
der deutschen
Literatur

Eine geschichtliche
Darstellung

Ullstein Buch 34492

Ullstein Sachbuch

Die Darstellung gibt – unter Einschluß sachlicher literarhistorischer Information – ein anschauliches Bild vom geschichtlichen Werden der deutschen Literatur, wie es sich auf die vielfältigste Weise im Laufe der Jahrhunderte vollzog. Entscheidend war das Bemühen, im jeweiligen dichterischen Beitrag gleichzeitig ein die Epoche sowie den Dichter charakterisierendes Beispiel und eine allgemein – wenn auch oft nur bedingt – gültige menschliche Aussage zu haben.

Hermann Glaser,
Jakob Lehmann,
Arno Lubos

Wege
der deutschen
Literatur

Ein Lesebuch

erweiterte Auflage mit
fünf neuen Textbeispielen
von Max Frisch, Siegfried
Lenz, Günter Grass,
Peter Handke und
Günter Eich.

Ullstein Buch 34493

Ullstein Sachbuch

Die Textsammlung will die
literaturhistorischen Ent-
wicklungslinien innerhalb
des deutschen Sprachraums
erleben lassen, die viel-
fältigen Wege der deutschen
Literatur aufzeigen und nach-
vollziehbar machen. Die
exemplarisch zu verstehen-
den Quellenauszüge spiegeln
über ihren geschichtlichen
Aspekt hinaus Welthaltung
und Lebensgefühl der
Epochen und Strömungen
und stellen somit in künstlerischer Gestaltung
verdichtete menschliche
Zeugnisse dar.

Ullstein Theater Texte

Gerhart Hauptmann

Der Biberpelz
Fuhrmann Henschel
Die Ratten
Rose Bernd
Vor Sonnenaufgang
Vor Sonnenuntergang
Der rote Hahn
Die Tochter der Kathedrale
Gabriel Schillings Flucht
Winterballade
Einsame Menschen

Ullstein Buch 4975–4985

ein Ullstein Buch

»Gerhart Hauptmanns Werk gehört als gesamte Erscheinung für das heutige Deutschland durchaus zur gegenwärtigen, im vollen Sinne lebendigen, also immer noch modernen und gleichzeitig zu seiner klassischen Literatur, deren Rang in der Geschichte und Ästhetik unverrückbar feststeht.«
Carl Zuckmayer